KB071543

문화 · 언어 다양성을 위한 다문화 교실의 교육과정과 수업

교과 학습과 백워드 설계

Amy J. Heineke &
Jay McTighe 공저

강현석 · 황선경 · 이지은
김수영 · 노진규 공역

Using Understanding by
Design in the Culturally and
Linguistically Diverse Classroom

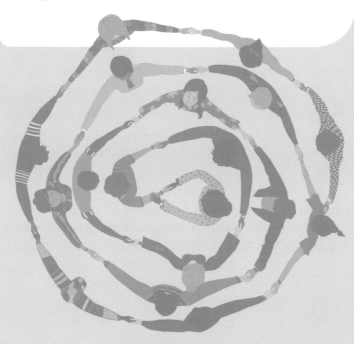

학지사

　본 역서는 Amy J. Heineke와 Jay McTighe(2018)가 집필한 『Using Understanding by Design in the Culturally and Linguistically Diverse Classroom』을 우리말로 옮긴 것이다. 그대로 직역해 보면 '문화적으로 그리고 언어적으로 배경이 다양한 학생들이 학습하고 있는 교실 수업에서 UbD를 사용하는 것'이다. 주지하다시피 UbD는 여러 가지 의미로 불린다. 우선 설계를 통하여 이해에 도달하는 방법을 말하며, 이 경우 설계는 백워드 설계 방식을 말하며, 도달해야 할 이해는 단순한 이해가 아니라 영속적 이해를 보장하는 심층적 이해로서 전이 능력을 획득하는 것이다. 이런 점에서 UbD는 이해 기반 설계라고도 불린다. 동시에 UbD는 일반적으로 백워드 설계(Backward Design)의 별칭이기도 한다. 따라서 본 역서는 문화적으로 그리고 언어적으로 배경이 다양한 학생들과 함께 수업할 경우에 백워드 설계를 활용하여 진정한 이해에 도달하는 방법을 논의한다.

　백워드 설계에 대한 일반적인 저술은 그동안 많이 출간되었지만, 특정 교과에 집중적으로 적용한 경우는 거의 없는 실정이었다. 그런데 이렇게 언어 교과에 집중하여 백워드 설계를 적용한 경우가 등장하여 이론가들이나 현장 실천가들에게는 매우 반갑고 의미 있는 작업이라고 생각한다. 백워드 설계를 연구하고 실천하다 보면 그 적용의 용이성이나 효과의 파급이 교과마다 다소간 차이가 있다. 특히, 사회, 과학, 문학, 역사과에서는 백워드 설계의 적용이 상당히 쉽게 이루어지나 흔히 기능 교과로 대변되는 언어, 기술, 예체능 교과에서는 백워드 설계의 적용이 어렵다고 호소하는 경우를 많이 접하곤 하였다. 기능 교과라고 해서 백워드 설계가 불가능하거나 어려운 것이 아니다. 더욱이 기능 교과에서 백워드 설계가 더 잘 적용되어야 우리가 실수를 해 오던 단순 기능 반복의 교육을 넘어설 수 있다. 그런 점에서 본 역서는 매우 시사하는 바가 크다고 볼 수 있다.

동시에 최근에 흔히 다문화 교실 수업에서 언어를 가르치는 수업의 어려움을 많이 호소하는 경향이 늘고 있다. 문화적으로 배경이 다양하고 언어 사용 범위나 양상이 다양한 여러 학생이 모여 있는 교실에서 수업을 잘 해 나가는 일이 중요해지고 있다. 비단 이러한 다양한 배경이 일상인 미국에서만이 아니라 한국에서도 다문화 교육을 보다 한 단계 진전시키고 진정한 수업을 해야 할 필요성이 증가하고 있다. 이런 배경에서 보면 본 역서는 한국의 모든 교사나, 특히 다문화 교육이 절대적으로 필요한 학교의 경우에는 반드시 유의해야 할 내용이라고 생각한다.

따라서 이러한 중요한 의미와 시점들을 고려하여 역서 제목을 『교과 학습과 백워드 설계』로 설정하였으며, 그 부제로 '문화 · 언어 다양성을 위한 다문화 교실의 교육과정과 수업'으로 정했다. 이 제목은 백워드 설계가 본격적으로 특정 교과 학습과 수업에 적용하는 것임을 말하는 것이며, 학습자들의 문화적 다양성과 언어 다양성을 깊이 숙고하여 진정한 교육과정과 수업을 실천하는 길이라는 점을 의미하는 것이다. 그렇다고 하여 본 역서가 언어과에만 국한되는 것은 아니며 모든 교과 수업에서는 언어를 통하지 않고서는 수업이 불가능하므로 모든 교과에 적용될 수 있는 것이다. 따라서 본 역서는 언어과 외의 모든 교과 수업에서도 적용 가능한 것이라고 볼 수 있다.

이 책은 크게 세 파트로 이루어져 있다. Prat 1은 백워드 설계와 언어 발달의 문제를, Part 2는 언어 발달을 위한 백워드 설계의 단계를, Part 3은 교실 수업과 학교에서 학습과 언어 발달의 문제를 다루고 있다.

보다 자세하게 살펴보면 Part 1은 백워드 설계를 이해하기 위한 기초, 학습과 교수에서 언어의 역할을 이해할 수 있는 기반을 독자들에게 제공해 주고 있다. 제1장은 학습과 이해의 포괄적인 원리와 실천가가 목표를 설정하고 증거를 수집하고 수업을 계획하도록 촉진하는 교육과정 설계의 3단계를 포함하여 UbD 프레임워크에 대한 개요를 제공한다. 제2장은 독자들이 언어의 복잡성을 해결하고 그것이 어떻게 교과 학습과 수업의 일부로 발전하는지 이해할 수 있는 토대를 제공해 주고 있다. 제3장은 문화적으로 그리고 언어적으로 민감하게 반응하는 수업 실천이 어떻게 수업 계획에 유익한 정보를 제공해 줄 수 있는지를 고려한다. 그것을 통하여 3단계로 이루어지는 UbD 프레임워크에 언어 렌즈를 적용해 본다. 교사들은 학생들의 강점과 니즈를 활용하는 수업 설계를 위하여 학교에서 다양한 계층의 학생들이 지니는 특수하고도 미묘한 배경과 능력을 조사하여 신중하게 접근한다.

Part 2는 단원 수준에서 UbD 수업 설계의 3단계에 언어 발달을 접목시켜 적용해 보는 부분이다. 즉, 3단계를 기본으로 하여 여기에 언어 발달에 관한 렌즈를 추가한다. 제4장은 백워드 설계 1단계에 해당한다. 여기에서는 교사가 단원 학습에 관여하는 데 필요한 분야별 언어 기능과 특징을 고려하여 최종 목표를 결정하는 '1단계'에 대해 살펴본다. 제5장은 백워드 설계 2단계에 해당한다. 여기에서는 교육과정 설계자가 목표를 향한 학생들의 향상과 진보를 측정하기 위해 문화적으로, 언어적으로 반응하는 평가를 설계하는 '2단계'에 대해 살펴본다. 제6장은 백워드 설계 3단계에 해당한다. 여기에서는 실천가들이 학생들이 교과 학습과 언어 개발을 위한 목표에 도달하는 것을 지원하기 위해 학습 궤적을 계획하는 '3단계'를 구체화한다.

Part 2는 교실 수업의 다양성이 어떻게 민감하게 반응하는지, 그리고 엄격한 교수 학습을 필요로 하는지를 설명하기 위해 학생들의 상황을 분명히 보여 주는 짤막한 글로 시작한다. UbD의 각 단계에 대한 주요 측면을 검토한 후, 교수 학습 설계의 전반에 걸쳐 언어 렌즈를 추가하는 방법을 탐색하고 시연한다. 그다음에 교실 수업에서 적용하기 위하여 주요 단계를 우선 요약하고 학생들의 학습과 언어 발달을 지원하기 위해 엄격하고 의미 있는 교수 학습을 교사들이 백워드 설계와 구현을 할 수 있도록 적절한 교실 장면을 제공하고 있다.

Part 3은 단원 계획을 넘어 다양한 교실 수업과 학교 일상의 실천 상황으로 확장하여 학생들을 지원하는 데 UbD를 어떻게 사용할 수 있는지를 검토하는 파트다. 제7장에서는 백워드 설계가 어떻게 차시 수준에서 언어 발달을 강화시킬 수 있는지 알아보기 위해 교실에서 이루어지는 일상적인 수업 활동에 대해 설명하고 있다. 이 과정에서 학습자 간의 커뮤니티를 의도적으로 구축하고, 진정으로 의사소통과 협업을 촉진시키며, 언어 발달을 위한 발판을 일관되게 만드는 교실 환경을 조성하는 방법을 탐구한다. 실천가들은 또한 백워드 설계를 사용하여 콘텐츠와 언어 학습에 대한 엄격한 목표를 설정하고, 참여적이고 쌍방향적인 수업을 설계하며, 목표를 향한 이해와 진전을 확인하는 방법을 배우게 된다. 제8장은 언어 렌즈가 있는 UbD 프레임워크가 교실 수업, 교과, 학년 수준에 걸쳐 학생들의 장기적인 성취도에 영향을 미치기 위해 어떻게 사용될 수 있는지를 고려하기 위해 학교 수준까지 전개한다. 이러한 과정을 책 전반에 걸쳐 주요 아이디어를 취합하여 이해 당사자들이 학교 전체에 걸쳐 UbD를 효과적으로 구현하기 위해 취할 수 있는 실행 가능한 단계를 제공해 주고 있다.

이 책을 번역하는 데에 다소간의 어려움이 있었다. 미국에서의 언어 관련 교과 수업 상황이 매우 다양하고 우리와 다른 문화적·언어적 상황하에 있어서 보다 자연스러운 번역을 하는 데에 지장이 있었음을 고백해 본다. 그럼에도 불구하고 함께 번역 작업을 한 공역자들의 전문성에 힘입어 무리 없이 역서를 출간하게 되어 다행으로 생각한다. 특히, 황선경 선생님의 노고가 컸으며, 학교 현장에서 영어를 담당하면서 체득한 실감 나는 전문성을 통하여 번역서가 부드럽게 마무리되었다. 특별히 감사드린다.

이 책은 학교 현장 교사, 언어교육 종사자나 연구자, 언어 관련 교과 교육자, 교육 전문직들에게 유용한 책이라고 생각한다. 아무쪼록 본 역서를 통하여 학생들의 언어 발달을 수업에서 백워드 설계를 통하여 보다 진정한 언어 학습이 정착되기를 기원해 본다. 마지막으로 역서 출간에 지원을 아끼지 않은 학지사 김진환 사장님 이하 출판 관계자들께도 감사의 마음을 전한다.

역자를 대표하여
강현석 씀

많은 친구들과 동료들이 이 글의 내용을 구성하는 데 직간접적으로 도움을 주었다. 시카고 로욜라 대학교에서는 Kristin Davin, Aimee Papola-Ellis, Sarah Cohen, Amanda Roudebush, Brigid Schultz, Michelle Lia 그리고 Beth Wright가 언어 발달에 관한 렌즈를 가지고 백워드 설계를 위한 예비 프레임워크의 기초 작업과 실험을 지원했다. 시카고 커뮤니티 트러스트(Chicago Community Trust)의 지원으로 Peggy Mueller와 Aida Walqui는 특히 시카고의 다양한 교실에 내재된 문화적·언어적으로 반응하는 교육 실천의 뉘앙스와 씨름하는 동안 지속적인 협업과 숙의를 촉진했다. Grant Wiggins, Christian Faltis, Carmen Martínez-Roldán 그리고 Jodi Swanson을 포함한 다른 이들은 이전의 노력에서 파트너십과 멘토십을 통해 간접적으로 이 프로젝트에 기여했다.

우리는 여러 해 동안 우리와 함께 일해 온 많은 선생님들과 행정가들을 포함한 시카고 공립학교와의 파트너십에 감사드린다. 헌신적인 교육자들 중 우리는 본문에서 보여 준 교사들―Luke Carman, Jillian Hartmann, Bridget Heneghan, Lindsay Niekra, 그리고 Karen Tellez―에게 감사를 표하고 싶다. Devansi Patel, Karoline Sharp Towner, Brandy Velazquez, 그리고 Teresa Garcia를 포함한 다른 교사들도 교육 설계의 공동 작업을 도왔다. 그들의 시간과 전문지식을 아낌없이 제공한 선생님들 외에도, 그들의 학교 지도자들 Scott Ahlman, Kyla Bailenson, Georgia Davos, Tami Forsline, Marie Garza-Hammerlund, Hiliana Leon, Edwin Loch 그리고 Pilar Vazquez-Vialva가 이

작업을 지원했다. Anna Alvarado, Becky Bancroft, Demetra Bolos-Hartman, Jason Major, Emily Mariano, Kate Ramos, Wendee Schavocky, Kerrin Staskawicz, 그리고 Camille Unger를 포함한 Network One 팀은 등 학교에서 진행되는 작업에 필수적이었다. 이 작품의 초기 단계에서 구상한 파트너 역할을 하고 연구자들 간의 연대를 촉진하여 결국 이 책을 결실로 만든 Camille Unger에게 특별히 감사하게 생각한다.

집필 과정 내내 통합적인 피드백을 해 주신 동료 분들께도 감사드린다. Cynthia Bushar Nelson은 원고의 명확성, 실용성, 교실 교사들에게 적용할 수 있는 가능성을 보장하기 위해 여러 버전의 원고를 검토했다. Jenna Carlson, Wenjin Guo, 그리고 Ali Kushki를 포함한 로욜라 대학교 시카고 교육과정 및 수업 프로그램에 있는 다른 박사과정 학생들은 그들의 전문적인 교수학적 및 언어학적 안목을 제공해 주었다. 우리는 UbD 및 영어 학습자에 대한 이중 전문지식을 사용하여 검토 및 사전 피드백을 제공한 Humble 사립학교 지역의 교육자 Chandra Torres, Deborah Perez, Martha Garcia, 그리고 Luma Blanco-Lajara에게 감사를 표한다. ASCD의 편집 및 제작팀, 특히 편집자 Darcie Russell과 Carol Collins, Julie Houtz, Genny Ostertag, Stefani Roth, Kathleen Florio, Megan Doyle 및 Donald Ely에게 이 프로젝트를 완결시켜 주신 데 대해 감사를 전하는 바이다.

마지막으로, 이번 여정을 통해 지속적인 지원의 원천을 제공해 주신 가족들에게 감사드린다. Amy의 남편 Josh에게, 특히 Shea의 도착을 준비하면서 긴 글쓰기를 하는 동안 기다려 준 인내심과 격려에 많은 감사를 드린다. Amy의 부모님과 여동생들에게, 전화벨이 울릴 때마다 필요한 무엇이든—응원가, 아이디어·결정 등에 대한 반응 테스트의 대상이 되는 사람, 또는 방해꾼 등—해 줘서 고맙다. Jay는 계속되는 글쓰기의 요구에 대해 아내이자 베테랑 교육자인 Daisy가 지속적으로 이해해 주는 것에 감사한 마음을 가지고 있다. 손녀인 Sage가 즐거운 기분전환을 제공하는 것처럼.

이해 기반 설계 프레임워크(UbD framework)는 전 세계의 교육 환경에서 교육과정 및 수업 설계에 널리 사용되고 있다. 본질적으로 유연한 UbD 프레임워크는, 교육과정 계획에 대한 목적적 사고를 촉진하기 위해 교육과 실생활 및 수행 모두에 학습의 전이를 촉진하기 위해, 이해의 개발과 심화에 초점을 맞춘다. 학생들에게 교과서에 의존하거나 정보를 전달하는 데 일관성이 없는 활동에 의존하게 하는 대신, 교사들은 장기적인 목표 수립에서 시작하는 3단계의 백워드 과정을 활용해 수업을 계획한 뒤, 학생들이 학습목표를 성공적으로 달성할 수 있도록 진정성 있는 평가와 학습 궤적을 설계한다. 지난 20년 동안, 실무자들은 각본이 짜인 교육과정은 한쪽으로 치워 두고, 학생들의 학습을 의미 있고 진정성 있는 방법으로 촉진하기 위해, 자신의 학습 단원을 설계하기 위해 UbD 프레임워크를 사용하여 교수와 학습을 혁신해 왔다.

교육자들이 더 깊은 학습과 이해를 촉진하는 이러한 교수학적 변화를 수행함과 동시에, 인구통계학적 변화는 교실과 학교에서 학생들의 면모를 변화시켰다. 세계화와 이민에 힘입어, 전 세계의 단일민족 공동체는 이제 점점 더 다양한 인구의 보금자리 역할을 하고 있다. 늘 그렇듯이 준비는 부족했지만, 실천가들은 문화적·언어적으로 다양한(CLD) 많은 학생들을 가르치고 있으며, 가정에서 표준 영어를 사용하는 학습자보다 다양한 언어를 사용하는 학습자들의 마음을 사로잡기 위해 포괄적 용어가 사용되고 있다. 이러한 변화는 매우 중요한 질문을 제기하였다. 어떻게 교육자들이 교실에서 CLD 학생들에게 가장 잘 봉사하고 지원할 수 있을까?

이해관계자들은 이 질문과 변화하는 현실에 대응하기 위해 고군분투해 왔지만, 그 결과는 종종 CLD 학생들에 대한 불평등한 교육적 실제일 뿐이었다. 우리는 저장고로 특징지을 수 있는 학교—이러한 학생들을 소위 주류 동료들과 별개로 배치하거나 끌어당겨 기능 기반 언어 커리큘럼에 집중하는—를 일관되게 본다. 교사가 모든 학생의 학습과 언어 발달을 촉진하는 데 있어 그들의 역할을 집단적으로 수용하는 학교에서도 CLD 학생들을 위한 교육 고려 사항은 종종 일회성 만능 전략, 사후 수업 수정, 물을 탄 약화된 커리큘럼, 그리고 학습에 대한 낮은 기대치로 특징지어진다: 이는 교사들 때문이 아니라 CLD 학생들의 엄격한 학년 수준의 교수와 학습에 대한 접근을 체계적으로 제한해 온 더 큰 교육 시스템 때문이다.

최근의 정책 변화로 인해 이해관계자들은 이전의 접근법에 대해 재고하게 되었고, 미국 주지사협회(NGA)와 최고 주 학교책임자위원회(CCSO)가 제정한 새로운 표준과 같은 개발로 이어졌다. 영어과와 수학을 위한 공통 핵심 성취 기준, 차세대 과학 표준, 그리고 C3 사회과 기준에 요약된 바와 같이, 유치원부터 12학년까지의 교과 학습과 언어 사용에 대한 점점 더 엄격한 기대와 함께, 교육자들은 어떻게 모든 학습자의 필요를 충족시키는 수업을 수행하는지를 협상해 왔다. 다행히 CLD 학생들이 장기적인 기대에 발맞추기 위해서는 학년 수준의 교과 학업 학습에 참여하고 수업 시간 내내 언어를 발달시켜야 한다는 공감대가 높아지고 있다. 그럼에도 불구하고, 이것은 특히 CLD 학생들의 엄격한 교육에 대한 공정한 접근을 오랫동안 제한해 온 제도화된 구조 내에서, 말하기는 쉬워도 이루어지기는 쉽지 않다.

이 책은 실천가와 교육 이해관계자가 직면한 이러한 도전에 대응할 수 있는 수단을 제공한다. CLD 학생을 위한 UbD에 초점을 맞춤으로써, 우리는 엄격하고 진정한 교육을 위해 널리 사용되는 UbD 프레임워크를 원리 및 효과적인 실천과 결합하여, 문화 및 언어적으로 다양한 교실에서 학생들의 학습 및 언어 발달을 촉진한다. 우리의 목표는 두 가지다. ① 엄격한 커리큘럼과 고품질 수업에 대한 공평한 접근을 CLD 학생들에게 제공하는 것과 ② 언어 발달과 교과 학습을 동시에 지원하는 것이다. 우리는 모든 상황에 맞는 일원화되고 통용화된 전략이나 사후 변경이나 수정을 삽입하는 대신 수업 설계 프로세스 전반에 걸쳐 언어에 대한 명시적 렌즈를 의도적으로 통합하고 유지함으로써 이러한 목표를 달성한다. 수업 설계에 대한 이러한 포괄적이고 전체론적 접근 방식은 모든 학습에서 언어가 풍부하고 학교 일과와 그 이후 내내 언어의 발달에 집중해야 할 필요성을 인식하여 모든 교육 환경에 적용된다.

이 책의 구성 방식

이 책의 제1부는 백워드 설계를 이해하기 위한 기초와 학습과 교수에서 언어의 역할을 이해할 수 있는 기반을 독자들에게 제공한다. 제1장은 학습과 이해의 포괄적인 원리와 실천가가 목표를 설정하고 증거를 수집하고 수업을 계획하도록 촉진하는 커리큘럼 설계의 3단계를 포함하여 UbD 프레임워크에 대한 개요를 제공한다. 제2장은 독자들이 언어의 복잡성과 씨름하고 그것이 어떻게 교과 학습과 수업의 일부로 발전하는지 이해할 수 있는 토대를 마련한다. 제3장은 문화적으로 그리고 언어적으로 반응하는 실천이 어떻게 수업 계획에 정보를 줄 수 있는지를 고려함으로써 UbD 프레임워크에 언어 렌즈의 적용을 시작한다. 교사들은 학생들의 강점과 필요를 활용하는 수업 설계를 시작하기 위한 방법으로 학교에서 정해진 다양한 계층 안에 있는 학생들의 미묘한 배경과 능력을 조사한다.

제2부는 단원 수준에서 UbD 수업 설계의 3단계에 언어 발달에 관한 렌즈를 추가한다. 제4장에서는 교사가 단원 학습에 관여하는 데 필요한 교과(학문) 분야별 특정 언어 기능과 특징을 고려하여 최종 목표를 결정하는 '1단계'에 대해 살펴본다. 제5장에서는 커리큘럼 설계자가 목표를 향한 학생들의 향상과 진보를 측정하기 위해 문화적으로, 언어적으로 반응하는 평가를 설계하도록 유도하는 '2단계'에 대해 살펴본다. 제6장은 실천가들이 학생들이 교과 학습과 언어 발달을 위한 목표에 도달하는 것을 지원하기 위해 학습 궤적(과정)을 계획하는 '3단계'를 구체화한다. 교실 다양성이 어떻게 반응적이고 엄격한 교수 학습을 필요로 하는지를 설명하기 위해 각 장에서 학생들의 상황을 분명히 보여 주는 짧막한 글로 설명한다. 각 단계에 대한 UbD의 주요 측면을 검토한 후, 우리는 교수 학습 설계 전반에 걸쳐 언어 렌즈를 추가하는 방법을 탐색하고 시연한다. 그런 다음 우리는 교실에서의 응용을 위한 주요 단계를 요약하고 학생들의 학습과 언어 발달을 지원하기 위해 엄격하고 의미 있는 교수 학습을 교사들이 백워드 설계와 구현을 할 수 있도록 교실 장면을 제공한다.

제3부는 단원 계획을 넘어 UbD가 다양한 교실과 학교에서 일상 실습에서 학생들을 지원하는 데 어떻게 사용될 수 있는지 검토한다. 제7장에서는 백워드 설계가 어떻게 차시 수준에서 언어 발달을 강화시킬 수 있는지 탐구하기 위해 교실에서의 일상적인 직무나 수업 활동에 대해 설명한다. 우리는 학습자 간의 커뮤니티를 의도적으로 구축하

고, 의사소통과 협업을 진실로 촉진하며, 언어 발달을 위한 발판을 일관되게 만드는 교실 환경을 조성하는 방법을 탐구한다. 실천가들은 또한 백워드 설계를 사용하여 콘텐츠와 언어 학습에 대한 엄격한 목표를 설정하고, 참여적이고 쌍방향적인 수업을 설계하며, 목표를 향한 이해와 진전을 확인하는 방법을 배운다. 제8장은 언어 렌즈가 있는 UbD 프레임워크가 교실, 교과, 학년 수준에 걸쳐 학생들의 장기적인 성취도에 영향을 미치기 위해 어떻게 사용될 수 있는지를 고려하기 위해 학교 수준까지 전개한다. 우리는 책 전반에 걸쳐 주요 아이디어를 취합하여 이해당사자들이 학교 전체에 걸쳐 UbD를 효과적으로 구현하기 위해 취할 수 있는 실행 가능한 단계를 제공한다.

차례

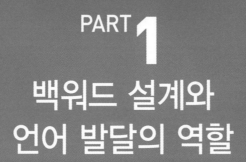

PART **1**

백워드 설계와
언어 발달의 역할

| 1 |
깊이 있는 학습 조성하기: UbD 틀

전이 교육자들은 다음의 과제를 수행하기 위하여 자신의 학습을 자율적으로 사용할 수 있을 것이다.

• 학생들의 학습과 이해를 지원하는 교육과정 단원을 설계하는 데 UbD 틀을 적용하기

이해 교육자들은 다음 사항을 이해할 것이다.

• 효과적인 교육과정 설계는 반복적 과정이며, 3단계 과정이고, 명확한 목표로부터 백워드로 계획된다.
• UbD는 계획이나 교수를 위한 처방적 공식이 아닌, 사고방식과 계획(설계)의 방식이다.
• 이해는 반드시 학생들에 의해 개발되어야 한다. 그러므로 교사의 일은 학습자가 의미 형성을 촉진하도록 하는 것이다.
• 이해는 학생들이 자신들이 학습한 것을 새로운 상황에 효과적으로 적용할 수 있을 때 드러난다. (즉, 전이 능력을 형성하는 것을 의미한다.)

본질적인 질문 교육자들은 다음 사항을 지속적으로 고려할 것이다.

• 무엇이 효과적인 교육과정 설계인가? 왜 백워드로 설계하는가?
• 이해와 전이를 위해 우리는 어떻게 가르치는가?
• 학생이 실제로 이해했다는 것을 우리는 어떻게 알 수 있는가?

지식 교육자들은 다음 사항을 알 것이다.

• UbD 틀의 기본 원리
• 백워드 설계의 3단계

이 장에서 우리는 UbD 틀(프레임워크)과 교육과정 설계의 3단계 과정을 소개한다. 이 틀은 모든 학생이 다양한 맥락에 걸쳐서 학습을 전이하고 폭넓은 이해, 지식 및 기능을 발달시킬 수 있는 목표를 추구하도록 교육자들을 안내하기 위한 것이다.

UbD란 무엇인가

UbD는 인지심리학과 신경과학의 연구를 반영한 교육과정 계획 틀, 체계다. 이 UbD라는 타이틀에서 알 수 있듯이, UbD는 두 개의 독립적인 아이디어를 수렴한 것을 반영한다. ① 이해와 전이를 위해서 교수와 평가가 중심이 되어야 함을 강조하는 학습과 인지에 관한 연구, ② 교육과정을 설계하기 위한 유서 깊은 전통이 있는 과정.

UbD는 7개의 주요 원리에 근거한다.

1. 학습은 교사들이 교육과정 계획을 의도적이고 유목적적으로 생각할 때 향상된다. UbD 프레임워크는 엄격한 프로세스 또는 처방적 프로그램이 아닌 신중하고도 세심한 교육과정 설계를 지원한다.

2. UbD 프레임워크는 교육과정과 교수를 학생 이해의 발달과 심화, 학습의 전이, 즉 내용 지식과 기술을 효과적으로 사용하는 능력에 초점을 맞추도록 돕는다.

3. 학생들이 진정한 수행을 통해 자신의 학습을 의미 있게 하고 전이할 수 있을 때 이해력이 드러난다. 이해의 여섯 가지 측면(설명, 해석, 적용, 관점 전환, 공감 및 자기평가 능력)이 이해의 지표로 작용할 수 있다.

4. 효과적인 교육과정은 3단계 설계 과정을 통해 장기적인 결과로부터 거꾸로(backward) 계획된다. 이 과정은 세 가지의 일반적이고도 흔한 교육 문제들을 피하는 데 도움이 된다. ① 교과서를 하나의 자료가 아닌 교육과정으로 취급하는 것, ② 우선순위와 목적이 명백히 드러나지 않는 활동 지향적 교수 학습, ③ 학생들이 시험 내용에만 집중하면서 표준화된 시험 형식(대개 선다형 문항)을 연습하는 그런 성격의 시험을 준비하는 것.

5. 교사는 단순히 내용 지식, 기술 또는 활동의 제공자가 아니라 이해를 위한 코치다. 교사들은 학습의 전이가 일어나도록 하는 것에 초점을 맞추고 있다. 교사들은 자신들이 열심히 가르친 것이 학생들에게 바로 학습되었다고 추정하지 않는다.

6. UbD 설계 기준에 대한 교육과정의 정기적인 검토는 교육과정의 질을 높여 더 깊은 학습으로 이어진다. 반면에 전문 학습 공동체(PLCs)에서 학생들의 수행(혹은 작품)에 대해 수반되는 부수적 검토는 학생 학습을 극대화하기 위해 교육과정과 수업에 대한 조정이 필요함을 알려 준다.

7. 교사, 학교, 지역구는 Eduplanet21 Unit Planner and Shared Database(https://www.eduplanet21.com/) 등과 같은 웹 기반 도구를 통해 교육과정 및 평가 설계를 다른 사람과 공유함으로써 보다 현명하고 효과적으로 일할 수 있다.

교육 목표로서의 이해

이 섹션의 제목은 독자들이 불필요하다고 생각할 수 있다. 모든 교사는 자신이 가르치는 것을 학생들이 이해하기를 원하지 않는가? 아마 원할 것이다. 그러나 수많은 교실 수업을 조사한 결과, 교육은 종종 국가, 주 또는 지역 기준에 의해 지정되거나 교과서에 수록된 많은 내용의 피상적인 진도 나가기(coverage)에 초점을 맞춤을 알 수 있다. 더욱이 이해를 위한 교수는 표준화된 책무성 검사와 관련된 압력에 의해 축소될 수 있다. 너무 자주 교사들은 성취도 점수를 올리기 위한 수단으로 시험 준비에 매진할 것으로 예상된다. 최악의 경우 이러한 관행은 보다 심층적인 아이디어를 탐구하고 진정한 적용을 희생해 가면서, 피상적인 학습을 초래하는 선다형 교수를 장려하게 된다.

UbD 설계는 이러한 일반적으로 유행하고 있는 방법들에 대해서 믿을 만한 대안을 제안한다. UbD는 교사가 학습자에게 그들의 학습을 의미 있고 진정한 맥락에서 적용해 볼 수 있는 여러 기회를 제공하는 동시에, 전이 가능한 개념과 과정을 이해하도록 가르칠 때, 장기적으로 더 이득이 크다는 생각에 근거한다. 학생들은 능동적으로 의미를 구성함으로써 필요한 지식과 기술을 배운다. 즉, 이해하게 되고, 학습이 새로운 상황에 전이된다.

수업과 교실 평가에 대한 이해 기반 접근에 대한 지지는 인지심리학 연구로부터 나온다. 다음은 UbD의 수업 및 평가 실제에 대한 이론적 기반을 제공하는 몇 가지 연구 결과(Bransford, Brown, & Cocking, 2000)에 대한 간략한 요약이다.

- 널리 적용되려면 학습은 일반화된 원리에 의해 지도되어야 한다. 기계적 암기 수준에서 학습된 지식은 거의 전이되지 않는다. 전이는 학습자가 새로운 맥락에서

문제에 적용될 수 있는 기본적인 개념과 원칙을 알고 이해할 때 일어날 가능성이 크다. 단순히 텍스트나 수업에서 정보를 암기하는 것보다 이해력을 가지고 배우는 것이 전이를 촉진할 가능성이 더 높다.

- 전문가들은 먼저 핵심 개념이나 빅 아이디어에 비추어 생각하면서 어떤 문제에 대한 이해를 개발시키려고 노력한다. 초보자들의 지식은 빅 아이디어를 중심으로 조직될 가능성이 훨씬 적다. 초보자들은 이미 갖고 있는 개념에 맞는 정확한 공식과 기계적 정답을 찾아 문제에 접근할 가능성이 더 높다.

- 전문가 지식에 대한 연구에서는 다양한 주제에 대한 피상적인 적용은 학생들이 미래의 학습과 일에 대비할 역량을 발달시키도록 돕는 데에 좋지 않은 방법임을 시사한다. 지식의 폭을 강조하는 커리큘럼은 어떤 것도 깊이 있게 배울 수 있는 충분한 시간을 허용하지 않기 때문에 지식의 효과적인 조직이나 구성을 방해할 수 있다. 폭이 1마일이고 깊이가 1인치인 교육과정은 지식의 연계보다는 단절된 상태로 발전할 위험이 있다.

- 많은 평가들은 명제적(사실적) 지식만 측정하고, 학생들이 배운 것을 언제, 어디서, 왜 사용해야 하는지의 여부를 아는 지식, 즉 조건적 지식을 요구하지 않는다. 이러한 실제 목표를 고려할 때 평가는 절차나 사실에 대한 기억에만 초점을 맞추지 말고 이해에 초점을 맞추어야 한다.

UbD의 원리와 실천에 대한 추가적인 검증은 학습의 신경과학에 대한 새로운 연구(Willis, 2006)에서 비롯된다. 뇌가 학습하는 방법에 대해 다음과 같은 중요한 점을 고려해 보자.

- 패턴화는 뇌가 이전에 학습한 자료에 새로운 자료를 연관시키거나 이전에 사용하지 않았던 패턴으로 그룹화하여 패턴을 지각하고 생성하는 과정이다. 학생들이 관련성을 볼 수 있는 방식으로 새로운 자료가 제시될 때마다, 더 큰 뇌세포 활동이 생성된다(새로운 신경 연결 형성). 그리고 학생들은 학습을 더 성공적으로 장기 기억 속에 저장하고 그것을 인출할 수 있다.

- 직접 해 보는 체험형 과학과 같이 학생들의 다양한 감각을 자극하는 경험적 학습은 학습의 가장 매력적인 형태일 뿐만 아니라 장기 기억으로 저장될 가능성이 가장 높다.

- 가장 잘 기억되는 정보는 여러 가지 다양한 노출을 통해 학습된 후 지식의 진정한 사용을 통해 학습된다.
- 뇌의 집행 기능을 제어하는 신경망은 20대 중반까지 학창시절에 발달하여 성숙한 다. 이러한 신경망들은 주의 집중, 비판적 분석, 추론과 판단, 위험 평가, 유연하고 창조적인 혁신, 그리고 메타인지적인 자기관리 등 최고 인지 능력을 통제한다. 이러한 기능을 잘 사용할 수 있도록 하는 수업은 그 기능들을 더욱 강화시킨다.

이러한 연구 결과는 UbD에 대한 개념적 기초를 제공하고, 수업 실천과 함께 교육과 정과 평가의 설계를 안내해 준다.

이해란 무엇인가

이해라는 용어는 그 의미가 까다로울 수 있다. 그 의미의 모호함은 여러 가지 함축과 의도를 가지고 사용될 수 있다는 사실을 반영한다. 사실 여러분은 Benjamin Bloom과 그의 동료들이 이 용어의 의미를 부정확하다고 생각해서 인지 영역의 분류 체계(Bloom, 1956)에서 사용하는 것을 피했다는 것을 알고 있을 것이다.

그 용어의 의미를 탐구하는 한 가지 방법은 이해가 어떻게 나타나는지 고려하는 것이다. 다음의 정신 훈련을 해 보자. 자신이 가르치는 과목이나 취미에 관련된 아이디어 등 내가 깊이 이해하고 있는 것을 생각해 보라. 이제 당신의 이해력이 보이게 되는 방법에 대해 생각해 보자. 어떻게 다른 사람들이 당신이 그런 이해를 가지고 있는지 알수 있을까? 당신의 이해 상태나 수준을 고려할 때, 당신은 그러한 이해가 없는 사람에게 무엇을 할 수 있겠는가? 워크숍에서 이러한 연습을 해 볼 때, 우리는 참가자들로부터 [그림 1-1]과 같은 예측 가능한 반응을 얻을 수 있다.

심층적 이해의 지표는 우리가 이해를 이해하는 데 도움을 준다. 그 지표들은 이해라는 용어가 사용되는 다양한 방법을 강조할 뿐만 아니라 평가를 위한 구체적인 아이디어를 제공한다. 즉, 학생들이 어떤 개념이나 과정을 이해하는지 알고 싶을 때, 우리는 위에 나열된 것들 중 하나 이상을 해 보도록 요청할 수 있다. 학생들의 반응은 그들이 이해하는 정도를 보여 줄 것이다. 피상적 지식의 지표로 열거된 능력들은 뇌의 집행 기능과 연관되어 있음을 주목하라. 실제로 이러한 인식이 이 책의 핵심에 놓여 있다. 즉, 깊은 이해를 위해 가르치고 평가하는 것은 뇌의 전두엽 피질에 신경망을 구축한다. 이

약간의 지식은 있지만 깊은 이해에 해당하지 않는 지표

당신은 할 수 있다.

- 들은 것을 되돌려 주기(기억 상기)
- 기술을 습득한 방식으로만 적용할 수 있다(즉, 학습을 새로운 상황으로 전이할 수 없다.).
  (그러나 당신은 아래 나열된 '심층적 이해의 지표'들을 수행할 수 있는 능력이 떨어진다.)

심층적 이해의 지표

당신은 할 수 있다.

- 대상에 대해 명확하고 완벽하게 설명하기
- 다른 사람들을 효과적으로 가르치기
- 당신의 이해를 유연하게 새로운 상황에 적용하기(전이)
- 분석하고 평가하기
- 당신의 아이디어/구상을 정당화하고 지지하기
- 의미를 해석하기(예: 텍스트, 데이터, 경험 등)
- 새로운 문제를 제기하기
- 어떤 문제에 대해 다른 관점을 인정하기
- 다른 사람과 공감하기
- 오류를 진단하고 바로잡기
- 자가 진단 및 진행 상황 모니터링
- 진행 중 조정하기
- 자기 자신의 학습을 반성하기

[그림 1-1] 심층적 이해 vs 표면적(피상적) 이해

와 동시에 이러한 신경망이 성숙하고 확장됨에 따라 학생들의 이해 능력과 학습의 전이 능력이 풍부해진다.

본질적으로 UbD 프레임워크는 교육자들이 우리가 학생들이 깊은 수준에서 이해하기를 원하는 빅 아이디어를 파악하도록 도와서 자신들의 학습을 새로운 상황으로 전이할 수 있도록 하기 위한 것이다. 그런 빅 아이디어들은 본질적으로 추상적이다. 이들은 개념(예: 적응), 원리(예: $F = MA$), 과정(예: 표현의 명확성을 달성하기 위한 작가의 초안 작성 및 수정)의 형태를 취한다. 지식과 기술을 효과적으로 전이할 수 있는 능력은 우리가 알고 있는 것을 취하여 다른 장면이나 다른 문제에서 창의적이고, 유연하고, 유창하게 사용할 수 있는 능력을 포함한다. 암기 학습은 학생에게 전이를 위한 준비를 갖추게 하지 못할 것이다. 전이가 되려면 이해력이 필요하다.

학생들의 이해와 전이에 초점을 맞춘다고 해서 수업이 기본적인 기술을 무시하거나

사실의 교수를 삼가야 하는 것은 아니다. 기본 지식과 기술은 기초적인 것이다. 실제로 사고에는 지식 기반이 필요하며, 기본적인 기술이 부족하면 학습을 효과적으로 적용할 수 없다. 하지만 우리는 기본은 천장이 아니라 바닥으로 생각해야 한다고 주장한다. 학생들이 스마트폰으로 세계의 많은 지식을 구글로 검색할 수 있는 시대에, 그들의 학습을 새로운, 심지어 예측할 수 없는 상황으로 발전시킬 수 있도록 준비하는 것에 더 많은 프리미엄을 붙이는 것이 이치에 맞다. 학교가 명제적 지식인 아는 것(knowing)뿐만 아니라 방법적 지식인 노하우(know-how)를 발달시켜야 한다는 얘기다.

백워드 설계의 3단계

교수 활동은 목적을 위한 수단이며, 교육과정 계획은 수업에 선행하는 것이다. 가장 성공적인 교수는 바라는 학습 성과(의 명확성)와 그 학습이 일어났음을 보여 줄 증거에 대한 명확성과 함께 시작된다. UbD는 바람직한 이해와 수행과제가 필요한 교육과정 단원을 계획하기 위한 백워드 설계 과정을 통해 이러한 관점을 지원한다. 그런 다음 매일매일의 차시 학습은 보다 포괄적인 단원 설계의 맥락에서 개발된다. 구체적으로는 UbD 틀이 단원 템플릿, 프로세스를 돕는 설계 도구, 질 관리를 위한 일련의 설계 기준을 포함하는 3단계 교육과정 설계 프로세스를 제공한다. UbD 프레임워크에 기초하는 교육과정의 핵심 요소는 일치된 연계성(alignment, 정렬)이며, 세 단계 모두 기준뿐만 아니라 서로서로 간에도 분명하게 연결되어 있다.

바라는 결과에서 백워드 교육과정을 계획한다는 개념은 새로운 것이 아니다. 1948년 Ralph Tyler는 수업에 초점을 두기 위해서 효과적인 과정으로 이 접근법을 지지했다. William Spady(1994)는 도출 결과로부터 설계하는 아이디어를 대중화했다. 그리고 Stephen Covey는 그의 베스트셀러인 『성공하는 사람들의 7가지 습관(7 Habits of Highly Effective People)』(1989)에서 효과적인 사람들은 항상 '목적이나 목표를 마음에 새기고' 계획을 세운다고 말한다. 참신한 아이디어는 아니지만 우리는 백워드 설계를 의도적으로 사용함으로써 더 명확하게 정의된 목표, 더 적절한 평가, 더 유목적적인 가르침으로 이어짐을 알아냈다. 다음 절에서는 UbD 교육과정 계획에 사용된 백워드 설계의 3단계에 대해 요약한다.

1단계: 바라는 결과 확인하기

이 첫 번째 단계에서, 교육과정 계획자들은 학습자들이 단원 학습이 끝났을 때 무엇을 이해하고, 알고, 행하기를 원하는지 고심한다. 그들은 다음과 같은 질문을 고려한다. "우리는 학생들이 자신들의 학습(장기 전이)으로 무엇을 할 수 있기를 바라는가? 학생들이 자신들의 학습을 전이시키기 위해서는 무엇을 이해해야 하는가? 학생들이 탐구할 본질적 질문은 무엇인가? 학생들은 어떤 지식과 기술을 습득해야 할까?"

설계 프로세스의 첫 번째 단계는 수업상의 우선순위 및 장기 목표 대 단기 목표에 대한 명확성을 요구한다. 1단계에서 우리는 우리가 학생들이 이해하게 되기를 원하는 빅 아이디어와 그러한 아이디어들이 가능하게 하는 장기적인 전이 목표를 고려한다. 우리는 빅 아이디어와 그 관련된 전이의 수행을 확인하기 위해, 이미 설정(확립)된 내용 기준과 21세기 기술과 같은 교육과정 성과를 검토한다. 우리는 이러한 목표로 삼는 이해와 전이 목표를 중심으로 해서 어와 연계되는(부수적으로 동반되는) 본질적 질문을 구성한다. 마지막으로 지식과 기술(기능)에 관련된 보다 구체적인 목표를 확인한다.

2단계: 수용 가능한 증거 결정하기

이 두 번째 단계에서 교육과정 계획자는 학습자가 단원 목표와 관련된, 전이와 이해를 입증하는 데 필요한 증거를 결정한다. 그들은 다음과 같은 질문을 고려한다. "어떤 수행과 결과물이 학생들의 이해와 전이 능력의 증거를 드러낼까? 다른 학습 성과를 평가하기 위해 어떤 추가적인 평가 증거를 사용할 것인가?"

백워드 설계는 세 번째 단계에서의 차시 활동을 계획하기 전에 평가자처럼 생각하도록 한다(Wiggins & McTighe, 2005, p. 78). 즉, 우리는 우리 학생들이 1단계에서 제시한 학습 성과를 어느 정도 달성했는지를 보여 줄 평가에 대해 생각한다. 학생들이 X를 이해하고 Y를 할 수 있어야 한다고 말하는 것과, 어떤 증거들이 학생들이 X를 이해하고 Y를 효과적으로 적용할 수 있다는 것을 보여 줄 것인가를 질문하는 것은 다른 것이다. 우리는 필요한 평가 증거를 고려하는 것이 3단계에서 학습계획에 집중하고 그것을 구체화하는 데 도움이 됨을 발견했다.

이해의 증거는 학생들에게 그들이 만든 의미를 설명하고 새로운 상황에 대한 학습을 적용하도록 요구하는 수행과제를 통해서 수집된다. 우리는 수행평가가 가능할 때마다 의미 있고 진정한 맥락에서 일어나게 될 것을 권고한다. 사실에 대한 퀴즈나 기능 확인과 같은 보충적인 평가는 학생들의 지식 습득과 기능 숙련도에 대한 추가 증거를 제공한다.

　UbD의 2단계는 다음과 같은 기본적인 if-then 명제를 구현한다. 만약 당신이 현대 교육의 주요 목표가 학생들이 그들의 학습을 새로운 상황으로 전이할 수 있도록 하는 것임을 인정한다면, 당신은 단편적인 주제나 기술의 긴 리스트가 아니라 진정한 전이 수행으로부터 거꾸로(backward) 교육과정을 설계해야 한다.

3단계: 학습 경험 및 수업 계획하기

　이 세 번째 단계에서 교육과정 설계자는 학습자가 목표에 도달하기 위한 경험을 설계하고 목표의 도달 방법을 보여 준다. 그들은 다음과 같은 질문을 고려한다. "어떤 활동, 경험, 수업을 통해 원하는 결과를 달성하고 평가에서 성공을 거둘 수 있을까? 학습 계획은 학생들이 원하는 지식과 기술을 습득하고 의미를 부여하며 전이를 하는 데 어떤 도움을 줄 것인가? 모든 학습자의 성취도를 최적화하기 위해 단원을 어떻게 배열하고 차별화할 것인가?"

　분명하게 확인된 학습 결과와 적절한 평가 증거를 염두에 두고, 우리는 이제 학습자가 목표한 지식과 기술을 습득하고, 중요한 아이디어를 이해하고, 그들의 학습을 의미 있는 방법으로 적용할 수 있도록 돕기 위한 가장 적절한 수업 활동을 계획한다. 1단계에서 파악된 다양한 유형의 학습목표—지식과 기술의 습득, 빅 아이디어의 이해, 그리고 전이—는 직접 수업자, 촉진자 및 코치와 같은 수업 전략과 교수적 역할을 선택하는 데 영향을 미친다. 즉, 수업이 이루어지는 실제는 바라는 결과(1단계)와 그 결과의 평가(2단계)에 맞춰야 한다.

　우리는 교사들이 이 3단계 계획 과정을 따를 때 계획과 교수의 익숙한 '쌍둥이 과실'을 피할 가능성이 높다는 것을 알아냈다(Wiggins & McTighe, 2005). 첫 번째 과실은 초등학교와 중학교 수준에서 더 광범위하게 일어나는 **활동 중심적인 교수**로 분류될 수 있다. 교사들은 다양한 활동들을 계획하고 실행하는데, 이것은 참여적이고, 실제적이고, 어린이들에게 친숙할 수 있다. 활동들이 명료하고 중요한 목표에 목적적으로 초점을 맞추고 그들이 적절한 학습 증거를 제시한다면 이런 활동들의 특성은 훌륭하다고 볼 수 있다. 그러나 너무 자주 활동을 수집하면 일관되고 집중적인 학습으로 이어지지 않는다. 우리 모두는 이러한 시험에서 탈락하는 교실 활동의 예를 보지 않았는가? 그러한 활동은 솜사탕과 같다. 지금은 충분히 즐겁지만 장기적 본질을 결여하고 있다.

두 번째 과실, 즉 중등교육과 대학 교육의 차원에서 더 널리 퍼진 것은 진도 나가기라는 이름으로 알려져 있다. 이 경우 수업은 내용을 통해 연대순으로 열거하는 것으로 구성되고, 종종 교과서에 있는 학년 수준의 표준이나 자료의 긴 목록 형태로 이루어진다. 중등교육의 내용 관련 도전과 무관하게, 교사의 일은 단순히 책에 있는 것을 다루는 것이 아니라 중요한 아이디어에 대한 학생들의 이해를 계발하고 심화시키는 방법으로 내용을 밝혀내고 그들이 의미 있는 방식으로 그들의 학습을 향상시킬 수 있도록 하는 것이다. 교과서는 교수요목이 아니라 하나의 자료로서의 역할을 해야 한다. 우리는 백워드 설계가 교사들이 그들의 우선순위와 교과서와 다른 자원의 역할을 더 잘 이해할 수 있도록 돕는 열쇠임을 발견했다.

UbD 단원 템플릿

우리는 UbD 단원을 계획할 때 교사들이 사용할 수 있는 단원 계획 템플릿을 만들었다. 이 템플릿은 UbD의 다양한 요소를 구현하고 백워드 설계의 논리를 반영하는 그래픽 조직자(graphic organizer)를 제공한다. [그림 1-2]는 UbD 단원을 계획할 때 교사들이 고려하는 질문과 함께 템플릿을 제시한다.

교사들이 UbD를 처음 접했을 때, 특히 철저하고 상세한 소개가 없다면 그들은 교육과정 설계에 대한 이러한 접근 방식은 단순히 템플릿에 빈칸을 채우는 것이라고 생각할 수 있다. 이러한 관점은 도구(단원 템플릿)를 백워드 설계 프로세스와 혼동한다. 우리는 백워드 설계가 중요한 논리를 가지고 있다고 주장한다. 그것은 항상 이해와 전이라는 목적(목표)을 염두에 둠으로써 성과의 명확성, 적절한 평가, 초점이 있는 교수 활동을 보장하기 위한 사고 및 계획 방식을 반영한다.

단원 템플릿을 완성하는 것이 UbD의 목표가 아니라고 생각하지만, 이 템플릿은 교육과정 계획을 위한 귀중한 도구로 입증되었다. 다른 효과적인 그래픽 조직자와 마찬가지로 UbD 템플릿은 사용자를 위한 가이드 역할을 하며, 결과적으로 교사들이 강력한 커리큘럼 계획 과정을 내실화하도록 돕는 정신적 템플릿이 된다. UbD 템플릿은 또 다른 장점을 가지고 있다. 그것의 공통적인 레이아웃은 교사들로 하여금 학교 전체, 지역 또는 주 전체, 그리고 세계 어느 곳에서나 다른 교사들과 인식 가능한 형식으로 단원을 공유할 수 있게 한다.

운영 사례

실제 실행 중인 백워드 설계 과정을 설명하기 위해 UbD가 운전자 교육에 어떻게 사용될 수 있는지 생각해 보자(Wiggins & McTighe, 2011). 1단계에서는 미국 운전자 및 교통안전교육협회의 국가 운전자 발달 기준을 참조한다.

• 자동차 운행의 규칙, 규정 및 절차에 대한 실무 지식을 입증하라.
• 정확한 정보를 얻고 효과적인 속도 및 위치 조정을 위한 위험 감소 결정을 하기 위해 시각적 검색 기술을 사용하라.
• 충돌을 방지하고 위험을 줄이기 위해 속도, 공간 및 통신을 조정하여 고속도로 교통 시스템 내의 다른 사용자와 상호작용하라.
• 다양한 불리한 조건에서 정확히 적시에 조종, 제동 및 가속을 통해 균형 잡힌 차량 이동을 시연하라.

그런 다음 우리는 ① 기본 자동차 부품 및 그 기능, ② 운전자의 관할을 위한 운전 규칙 및 규정, ③ 교통 표지판 및 신호의 의미, ④ 사고 발생 시 따라야 할 절차 등 초보 운전자가 알아야 할 정보를 명시한다. 그리고 ① 운전석 및 미러 조정, ② 가스 및 브레이크 페달 조정, ③ 다른 운전자에게 의도를 알리는 것, ④ 고속도로의 교통 상황 속으로 들어가는 것, ⑤ 병행 주차 등 초보 운전자가 연습해야 할 다양한 기술을 파악한다.

지식과 기술을 목표로 하는 것 외에도, UbD와 함께 계획하는 교사들은 학생들이 이해하기를 원하는 빅 아이디어들을 확인할 것이다. 다음은 주행에 대한 몇 가지 이해 사항이다.

• 자동차는 치명적인 무기가 될 수 있고, 운전자는 손상, 부상 또는 사망을 피하기 위해 지속적인 주의를 요한다.
• 방어 운전은 다른 운전자들이 부주의해서 예상치 못하거나 위험한 행동을 할 수 있다고 가정한다.
• 효과적인 운전자들은 다양한 교통, 도로, 기상 조건에 따라 끊임없이 운전을 조정한다.

1단계-바라는 결과

성정된 목표

이 단원이 다룰 내용 기준 및 프로그램 또는 미션 관련 목표는 무엇인가?

전이

학생들은 다음의 과제를 수행하기 위하여 자신의 학습을 자율적으로 사용할 수 있을 것이다.

어떤 종류의 장기적이고 독립적인 성취를 원하는가?

의미 구성

이해	본질적인 질문
학생들은 다음 사항을 이해할 것이다.	학생들은 다음 사항을 지속적으로 고려할 것이다.
학생들이 구체적으로 무엇을 이해하기를 원하는가?	사고를 유발하는 어떤 질문들이 탐구를 발전시키고, 의미를 만들고, 전이를 촉진시킬 것인가?

습득

학생들은 다음 사항을 알 것이다.

학생들이 알고 기억할 수 있어야 할 사실과 기본 개념은 무엇인가?

학생들은 다음 사항에 능숙해질 것이다.

학생들이 사용할 수 있어야 할 구체적 기술과 과정은 무엇인가?

2단계—증거

평가 준거	평가 증거
• 원하는 결과의 달성을 평가하기 위해 각 평가에서 어떤 기준을 사용할 것인가? • 학생이 수행함에 있어 가장 중요한 지표은 무엇인가?	**수행과제(들)** 학생들은 어떻게 복잡한 수행을 통해 그들의 이해(의미 형성, 전이)를 증명할 것인가? 이해의 평가를 발달할 때 여섯 가지 시스템을 고려하라. 선택 사항: 과제에 실제적인 상황을 주기 위해 GRASPS 요소를 사용하시오. **보충 증거** 1단계 목표가 달성되었는지 여부를 결정하기 위해 어떤 증거를 수집할 것인가?

3단계—학습계획

학생들의 사전지식, 기술 수준, 잠재적 오해 등을 점검하기 위해 어떤 사전평가를 사용할 것인가?

학습 사태
- 학생들을 돕기 위해 어떤 교수 및 학습 경험이 사용될 것인가?
  - 목표한 지식과 기술을 습득하는 데
  - 박 아이디어를 의미 있게 만드는 데
  - 그들이 전이될 수 있게 하는 데
- 학습자가 학습목표를 알고, 이 학습의 가치를 인식하며, 학습자의 학습이 어떻게 평가되는지 이해하도록 어떻게 도울 것인가?
- 어떻게 학습자의 관심을 끌고 참여하게 할 것인가?
- 모든 학생들의 다양한 관심사와 성취 수준을 다루기 위해 학습계획을 어떻게 조정(즉, 구별되게)할 것인가?
- 학습자가 자신의 성과를 스스로 평가하고, 학습에 대해 성찰하며, 미래의 목표를 설정하는 데 어떻게 도움을 줄 것인가?

사전평가

형성평가
- 어떤 지속적인 평가를 사용하여 단원 전체의 학생들의 습득, 의미 형성 및 전이를 모니터링 할 것인가?
- 학생들은 어떻게, 언제 그들이 필요로 하는 피드백을 얻고 그것을 이용할 기회를 가질 것인가?

[그림 1-2] 계획 질문으로 이루어진 UbD 템플릿

출처: The Understanding by Design Guide to Creating high-Quality Units (pp. 16-17), by G. Wiggins and J. McTighe, 2011, Alexandria, VA: ASCD. Copyright 2011 by Grant Wiggings and Jay McTighe. 수정 허가됨.
* GRASPS에 관한 정보에 대해서는 p. 152-153을 보시오.

이는 사실이 아니라 경험 많은 운전자가 자동차를 안전하게 운전할 수 있도록 안내하는 개념적 이해라는 점에 유의하라.

마지막으로 자신에게 다음과 같이 물어보라. 운전자 훈련 프로그램의 궁극적인 목표는 무엇인가? 확실히 효과적인 운전은 초보 운전자들이 단순히 도로의 규칙을 외우고 각각의 운전 기술을 마스터하도록 하는 것 이상의 것을 요구한다. 운전을 위한 장기적 전이 목표는 다음과 같은 목표가 되어야 한다. "효과적인 운전자들은 사고나 불필요한 위험 없이 정중하고 방어적으로 운전한다. 안전운전에 대한 지식을 다양한 교통, 도로, 기상 조건에 맞춰 적용시킨다." 이러한 장기적 목적을 염두에 두는 것은 가르치는 것과 배우는 것에 초점을 맞춘다. 실제로 성공적인 운전자 훈련 프로그램은 그러한 목표로부터 거꾸로 설계되어야 한다.

1단계 템플릿은 본 예시—본질적 질문—에서 아직 언급하지 않은 범주에 포함되어 있음을 알 수 있을 것이다. 그러한 질문들은 개방적이다. 즉, 그들은 단 하나의 정답을 구하지 않는다. 오히려 학생들이 의미를 형성하고 이해를 심화시키는 데 도움이 되는 수단으로 시간이 흐르면서 고려되는 것이다. 운전자 교육을 위한 목표 이해와 전이 목표를 고려할 때, 여기 전체 코스를 프레임화하는 데 사용할 수 있는 두 가지 필수 질문이 있다.

- 내가 운전할 때 위험과 사고를 최소화하기 위해 무엇을 예측하고 운전해야 하는가?
- 무엇이 정중하고 방어적인 운전자를 만드는가?

이와 같은 본질적 질문은 단원이나 코스에 대한 개념의 우산을 제공한다. 그들은 교사들과 학생들 모두에게 단순히 정보나 기본적인 기술을 습득하는 것이 불충분함을 상기시킨다. 궁극적인 목표는 전이이며, 전이에는 이해가 필요하다. [그림 1-3]은 UbD 단원 템플릿의 1단계 내에서 운전자 교육의 예를 보여 준다.

운전자 교육 예시 2단계로 넘어가면서 백워드 설계 과정을 계속 검토해 보자. 2단계에서는 교사가 평가자처럼 생각하거나 학생들이 1단계에서 확립한 확인된 지식, 기술, 이해 및 전이 목표를 달성한 정도를 결정하는 데 필요한 증거를 고려할 것을 요구한다(Wiggins & McTighe, 2005, p. 78). 백워드 설계의 논리는 교사들에게 평가(2단계)와 교육(3단계)에 대해 이러한 서로 다른 목표가 무엇을 의미하는지 신중하게 고려할 것을 요구한다.

1단계-바라는 결과

설정된 목표

국가 운전자 발달 기준

• 자동차 운행의 규칙, 규정, 절차에 대한 실무 지식을 입증하라.

• 정확한 정보를 얻고 효과적인 속도 및 위치 조정을 위한 위험 감소 결정을 하기 위해 시각적 검색 기술을 사용하라.

• 충돌을 방지하고 위험을 줄이기 위해 속도, 공간 및 통신을 조정하여 고속도로 교통 시스템 내의 다른 사용자와 상호작용하라.

• 다양한 불리한 조건에서 정확히 적시에 조종, 제동 및 가속을 통해 균형 잡힌 차량 이동을 시연하라.

출처: Goals from American Driver and Traffic Safety Education Association.

전이

학생들은 다음의 과제를 수행하기 위하여 자신의 학습을 자율적으로 사용할 수 있을 것이다.

• 사고나 불필요한 위험 없이 정중하고 방어적으로 운전하기

• 안전 운전에 대한 지식을 다양한 교통, 도로, 기상 조건에 적용하기

의미 구성

이해

학생들은 다음 사항을 이해할 것이다.

• 자동차는 치명적인 무기가 될 수 있고, 운전자는 지속적인 주의를 요한다.

• 방어 운전은 다른 운전자들이 부주의해서 예상치 못하거나 위험한 행동을 할 수 있다고 가정한다.

• 효과적인 운전자들은 다양한 교통, 도로, 기상 조건에 따라 끊임없이 운전을 조정한다.

본질적인 질문

학생들은 다음 사항을 지속적으로 고려할 것이다.

• 내가 운전할 때 위험과 사고를 최소화하기 위해 무엇을 예측하고 운전해야 하는가?

• 무엇이 정중하고 방어적인 운전자를 만드는가?

습득

학생들은 다음 사항을 알 것이다.

• 기본적인 자동차의 부품과 기능

• 그들의 관할구역을 위한 도로의 운전법 및 규칙

• 교통 표지판 및 신호의 의미

• 사고 시 대처 방안

학생들은 다음 사항에 능숙해질 것이다.

• 운전석 및 자동차 미러 조정

• 가스와 브레이크 페달 조정

• 의도 신호 주기

• 고속도로 교통 상황에 적응하기

• 평행 주차

[그림 1-3] 운전자 교육 예시가 있는 UbD 단원 템플릿의 1단계

여러분은 [그림 1–3]에서 백워드 설계의 2단계에는 수행과제, 보충 증거 및 평가 기준의 세 가지 주요 범주가 포함되어 있다는 것을 보았다.

우리는 일반적으로 수행과제가 학생들이 중요한 아이디어를 이해하고 그들의 학습을 새로운 상황으로 전이할 수 있는지를 평가하는 데 가장 적합하다고 믿는다. 실제로 효과적인 수행과제는 전이를 요구하는 진정한 상황을 설정한다.

템플릿의 보충 증거 섹션은 수행과제에 의해 달리 평가되지 않는 지식, 기술 및 기준에 대한 다른 (전통적인) 평가를 나열할 수 있는 장소를 제공한다. 예를 들어, 만약 우리가 학생들이 주의 수도를 알고 있는지 또는 수학적 사실을 알고 있는지 알고 싶다면, 우리는 필요한 증거를 효율적으로 제공하기 위해 객관식, 배합형(연결형), 진위형 또는 빈칸 채우기(완성형) 평가 형식을 사용할 수 있다. 마찬가지로 우리는 기술 점검이나 간단한 시연을 통해 개인 기술의 숙련도를 평가할 수 있다. 운전 예제에서 교사들은 전통적인 시험을 이용하여 운전 규제에 대한 학생들의 지식과 교통 신호와 신호의 의미를 확인할 수 있다.

성과 과제 및 단 하나의 정답이 없는 다른 개방형 평가에 대한 평가 기준이 필요하다. 템플릿의 왼쪽에 표시된 이러한 기준은 학생의 성적을 평가하는 기준이 된다. (참고: 식별된 기준을 사용하여 필요에 따라 보다 상세한 점수 채점 기준이 발달할 수 있다.)

[그림 1–4]에는 운전자 교육 예제를 위해 완료된 2단계 템플릿을 제시했다. 이 예에서는 관련 기준을 가진 여섯 가지 성과 작업을 보여 준다. 6은 적절한 숫자인데, 왜냐하면 이것은 전체 코스고 운전은 수행에 기반한 활동이기 때문이다. (참고: 대부분의 짧은 교과 단원에서 우리는 전형적으로 한두 가지 수행과제를 보게 될 것이다.) 보충평가에는 지식에 대한 평가 특정 기술에 대한 관찰이 포함된다. 왜냐하면 이것들은 또한 1단계에 열거된 목표이며 평가되어야 하기 때문이다.

3단계는 교사들이 단원 학습계획을 수립하는 단계다.

다시 말하지만, 백워드 설계의 논리는 학습자들이 목표한 지식과 기술을 습득하고, 중요한 아이디어의 의미를 만들고, 의미 있는 방식으로 학습을 전이할 수 있는 능력을 갖추기 위해 우리의 학습계획을 우리의 목표(1단계에서 확인됨)와 긴밀하게 일치, 정렬할 필요가 있음을 상기시킨다. 또한 학습계획은 2단계에서 설명한, 해당하는 평가에 학생들을 대비시켜야 한다.

뇌의 근본적인 과정은 새로운 정보를 사전지식과 관련된 기억 네트워크와 연결시키는 것을 포함하기 때문에, 교사들은 새로운 주제를 소개하기 전에 학생들이 이미 알고

2단계—증거	
평가 기준	**평가 증거**
• 숙련된 • 통제된 • 방어적인 • 주의를 기울이는 • 공손한 • 열의를 보이는 • 정확한 • 명료하고 완벽한 설명 • 통과된	**수행과제(들)** 과제 1: 실제 조건에서 숙련되고, 반응하며, 관대하고, 방어적인 운전을 보여주기 위해 낮 시간대에 지정된 장소(예: 집에서 학교까지 등)를 왕복 운전하라. 과제 2: 과제 1과 같지만 비가 오는 조건 과제 3: 과제 1과 같지만 혼잡 시간대의 교통량 과제 4: 과제 1과 같지만 어두워지고 난 뒤 과제 5: 연구 안내: 안전하고 효과적인 운전에 대한 주요 이해를 소개하고 설명하기 위해 초보 운전자를 위한 조언의 학습 가이드를 발달시키라. 과제 6: 운전면허 취득에 필요한 도로 주행 테스트
• 박식한 • 통제된 • 숙련된 • 통과된	**보충 증거** • 도로의 규칙과 표지판과 기호에 대한 지식을 시험 • 운전 시뮬레이터 또는 자동차에서 연습하는 동안(오프로드) 운전 학습자의 관찰 • 기술 테스트, 평행 주차, 교통 체증에 끼어들기 • 운전면허 취득에 필요한 필기 시험

[그림 1-4] 운전자 교육 예시가 있는 UbD 단원 템플릿의 2단계

출처: Based on *The Understanding by Design Guide to Creating High-Quality Units* (pp. 18-20), by Grant Wiggins and jay McTighe, 2011, Alexandria, VA: ASCD. Copyright 2011 by Grant Wiggins and Jay McTighe. Adapted with permission.

있는 것(또는 알고 있다고 생각)을 알아내야 한다. 따라서 3단계 템플릿 상단에 있는 섹션([그림 1-2] 참조)을 참고하여 학생의 사전지식, 기술 수준 및 단원 주제와 관련된 잠재적인 오해들을 확인하는 데 사용할 사전평가를 확인한다.

3단계 템플릿은 학습 과정을 측정하고 조정에 필요한 피드백을 제공하는 데 사용될 형성평가를 계획하기 위한 별도의 열을 오른쪽에 포함시킨다. 비디오 게임 모델(및 광범위한 연구 기반)이 우리에게 상기시키듯, 빈번하고 시의적절하며 이해 가능한 피드백은 가장 수익성이 높은 교실 전략 중 하나다. 따라서 우리는 형성평가를 설계별 학습계획에 포함시켜야 한다.

단원의 초안을 작성할 때 설계자는 3단계를 모든 세부 사항이 계획되어 있는 완전한 학습계획으로 발달할 필요가 없다. 단원 설계의 핵심은 보다 큰 그림을 보는 것이다. 즉, 어떤 학습 경험과 교육이 필요한지, 어떤 자원이 사용될 것인지, 어떤 순서가 학습을 최적화할 것인지를 결정하는 것은 필요한 만큼 더 세부적인 내용으로 수업 계획을

3단계—학습계획	사전평가

3단계—학습계획

사전 테스트(등급 없는) 및 주행 시뮬레이터를 사용하여 주행 지식과 기술의 사전평가

학습 사태

노트: 다음은 학습계획의 간략한 개요를 제공한다.

• 운전 기술은 4단계의 숙련도와 자율성을 구현하는 정도에 따라 발달되고 조청적으로 평가된다.

— 기술은 비디오 및 운전 강사를 통해 소개 및 시범을 보인다.

— 강사의 피드백을 통해 통제된 상황에서 강사의 지시에 따라 기술을 연습한다.

— 강사의 피드백을 통해 통제된 상황에서 독자적으로 기술을 연습한다.

— 기술을 다양한 상황에(예: 낮 시간대, 젖은 도로, 도시, 국가, 혼잡한 교통 상황)에 자율적이고 효과적으로 적용된다.

자동차 점검	역행
안전 점검	주차
제어 장치 및 기구	응급 제동
시동, 이동, 제동	미리 예상하고 계획하기
안전한 위치 선정	속도 사용
거울(미러)	다른 교통편들
신호	교차로
회전	어두움
횡단보도	기후 조건
고속도로	규칙과 법률
방향 변환	

• 학생과 강사는 각 가상 및 실제 운전 경험 후 본질적 질문에 대해 논의한다.

• 학생들은 각 가상 및 실제 운전 경험 후 스스로 학습한다.

사전평가

형성평가

학생들이 시뮬레이터와 도로에서 기술을 적용함에 따라 강사의 조형 평가 및 피드백

강사는 다음과 같은 일반적인 오해와 기술 부족을 찾는다.

• 미러 점검 및 주변 시야 사용 실패

• 도로, 날씨 또는 교통 상황의 변화에 적응하지 못함

• 운전할 때 안전히 회전을 하는 동안 마주 오는 차의 속

• 끼어들기와 회전을 하는 동안 마주 오는 차의 속 도를 부정확하게 판단함

• 다른 차들을 너무 바짝 따라다님

[그림 1-5] 운전자 교육 예시가 있는 UbD 단원 템플릿의 3단계

출처: Based on The Understanding by Design Guide to Creating High-Quality Units (pp. 18–20), by Grant Wiggins and Jay McTighe, 2011, Alexandria, CA: ASCE. Copyright 2011 by Grant Wiggins and JayMcTighe. Adapted with permission.

구체화할 수 있다. [그림 1-5]에는 운전자 교육 코스의 학습계획 개요가 간략하게 나와 있다.

UbD 설계 기준

UbD 템플릿에는 백워드 설계인의 각 단계에 해당하는 설계 기준 세트가 첨부된다 ([그림 1-6] 참조). 기준(표준)은 질문으로 프레임화된 기준을 단원 발달 및 완료된 단원 설계의 품질 관리를 위해 제공한다. 질문으로 프레임화된 UbD 설계 기준은 점수 채점 시 학생들에게 제공하는 것과 같은 방식으로 교육과정 설계자들에게도 제공된다. 예를 들어, 확인된 이해가 정말로 빅 아이디어인지 또는 평가 증거가 목표에 적절하게 부합하는지 교사들이 정기적으로 확인할 수 있다.

교사들은 또한 교실에서 단원의 초안을 제정하기 전에 동료들과 함께 단원 초안을 검토하고 필요한 개선 사항을 파악하기 위해 이 기준을 사용하여 동료 평가를 지도할 수 있다. 우리 직종에서는 교사가 설계한 단원과 평가에 대해 이런 수준의 비판적 검토는 거의 다루지 않는다. 그럼에도 우리는 UbD 설계 기준에 의해 안내된 구조화된 점검이 매우 유익함을 발견했고, 동료 점검 시간의 참가자들은 동료들과 커리큘럼 및 평가 설계를 공유하고 토론하는 가치에 대해 정기적으로 논평한다.

단원은 어느 정도까지 계획하는가			
1단계	3	2	1
1. 탐구하고 이해할 가치가 있는 중요하고 전이 가능한 아이디어를 확인하는가?			
2. 완전히 일반화로 형태로 진술된 이해 사항을 확인하는가?: 학생들은 _____을 이해하게 될 것이다.			
3. 진정한 성취가 수반되는 원하는 장기적 전이 목표를 명시하는가?			
4. 개방적이고, 사고적이고, 집중적인 본질적 질문의 틀을 짜는가?			
5. 세 가지 단계에서 모두 다루어야 할 관련 기준, 미션 또는 프로그램 목표를 확인하는가?			
6. 설정된 목표를 이해하고 해결하는 데 필요한 지식과 기술을 확인하는가?			
7. 1단계가 집중되고 일관되도록 모든 요소를 정렬하는가?			
2단계			
8. 모든 원하는 결과에 대한 유효한 평가 증거를 명시한다. 즉, 2단계는 1단계와 일치하는가?			
9. 하나 이상의 이해 측면에 기초한 진정한 수행과제를 포함하는가?			
10. 학생들이 자신의 성취를 밝힐 충분한 기회를 제공하는가?			
11. 각 과제를 원하는 결과에 맞추고 성과에 대한 적절한 피드백을 제공하는 평가 기준을 포함하는가?			
3단계			
12. 학습자를 돕는 데 필요한 학습 사태들과 수업을 포함하는가?			
a. 목표한 지식과 기술을 습득할 수 있는가?			
b. 중요한 아이디어를 유의미하게 하는가?			
c. 그들의 학습을 새로운 상황에 전이하는가?			
13. 단원이 모든 학습자에게 매력적이고 효과적일 수 있도록 WHERETO 요소를 효과적으로 통합하는가? *			
전반적으로			
14. 세 단계를 모두 일관성 있게 일치, 정렬하는가?			

[그림 1-6] UbD 설계 기준

* WHERETO에 대한 정보를 위해서는 제6장을 보시오.

3 = 기준 충족, 2 = 기준 부분 충족, 1 = 기준 불충족.

출처: *The Understanding by Design Guide to Creating High-Quality Units* (p. 27), by G. Wiggins and J. McTighe, 2011, Alexandria, VA: ASCD. Copyright 2011 by Crant Wiggins and Jay McTighe. Adapted with permission.

요약

　이 장에서는 학문 분야와 교과(학문) 배경 전반에 걸쳐 엄격하고 의미 있는 커리큘럼을 통해 학생들의 학습과 이해를 함양하는 수단으로 UbD 프레임 틀을 소개했다. 교실 수업을 정교화하기 위해 3단계 백워드 설계를 사용함으로써, 실천가들은 학생들이 전체적인 이해와 다소 복잡한 지식과 기술을 발달할 수 있는 기회를 제공할 뿐만 아니라, 맥락에 걸친 학습의 전이를 촉진하기 위해 결과를 염두에 두고 시작한다.

　이 책을 통해 우리는 수준 높은 교육과정을 설계하는 방법과 문화적·언어적으로 다양한 교실 수업을 위한 수업을 고려하는 학습에서 언어의 역할에 대해 고민한다. 특히 UbD 프레임워크를 활용해 언어 발달을 동시에 지원하면서 모든 학생들의 심층적인 학습과 이해를 촉진하는 수업을 설계하는 방법을 탐구한다. 다음 장에서는 UbD 프레임워크의 이러한 기초적 이해를 바탕으로 학습과 수업에서 언어의 중심적 역할을 고려한다.

|2|
언어 발달 촉진하기:
언어, 학습 그리고 수업

이 장의 목표

전이 교육자들은 다음의 과제를 수행하기 위하여 자신의 학습을 자율적으로 사용할 수 있을 것이다.

• 학생들의 교과 학습과 언어 발달을 지원하기 위해 UbD 설계 과정을 적용하기

이해 교육자들은 다음 사항을 이해할 것이다.

• 언어는 학교의 내부와 외부에서 학습과 의사소통을 중재한다.

• 언어와 언어의 발달은 복잡하고 역동적이다. 언어가 지니는 뉘앙스는 교과 수업에서 사용된다.

본질적인 질문 교육자들은 다음 사항을 지속적으로 고려할 것이다.

• 학생들은 어떻게 언어를 배우고 발달시키는가?

지식 교육자들은 다음 사항을 알 것이다.

• 학문적 언어의 측면

• 언어의 네 영역

• 제2외국어 습득 단계

언어 발달이 수업 설계에 대한 UbD 접근법에서 교과 학습과 어떻게 통합될 수 있는 지 이해하기 위해서는 우선 언어 자체에 대해 더 많은 이해가 필요하다. 이러한 이해에 는 언어의 기능, 언어의 특성, 언어의 복잡성, 언어의 습득 방법 등 학습과 수업에서 언 어의 역할에 대한 지식이 포함된다.

학습에서 언어의 역할

이해를 발달시키고, 깊게 하고, 의사소통을 하기 위해, 우리는 언어에 의존한다 (Vygotsky, 1978; Walqui & van Lier, 2010). 바로 이 사례에서 언어를 학습에 사용하는 것에 대해 생각해 보라. 당신은 이 글을 읽고 당신의 교실 수행과 경험에 근거하여 해석을 하고 있다. 당신은 멈춰서 머릿속에서 읽은 것을 처리하면서 다음과 같은 질문을 하고 대답할 수 있다. 여기서 뭐라고 하고 있는가? 나는 이것을 하는가? 내 교실에서는 이것이 어떻게 보일까? 아마도 당신은 메모를 하고 눈에 띄는 핵심 아이디어를 적고 있을 것이다. 조만간 당신은 당신의 동료나 교수들과 텍스트와 그와 관련된 적절한 이해와 수업의 적용에 대해 토론할 수 있다. 당신의 이해와 학습은 언어에 의존한다. 그것은 우리가 정보를 처리하고, 내용의 의미를 만들고, 생각과 질문을 조직하고, 서로 의사소통하고, 생각을 공유하기 위해 사용하는 매체다.

언어는 항상 학습에 본질적인 역할을 해 왔지만, 최근의 교육 정책과 기준은 수업 설계에서 학문적 언어를 우선시하고 있다. 학문적 언어[1]는 개인이 교과 주제, 개념, 아이디어에 대해 배우고 소통하는 매개체다(Uccelli et al., 2015; Walqui & van Lier, 2010). 학습자들이 해석, 평가, 비평과 같은 고차원의 사고 과정을 통해 의미를 만들고 의사소통을 할 때, 그들은 특정한 단어, 문법 패턴, 문장 구조, 조직 전략, 텍스트 특징을 사용한다(Zwiers, 2014). 학문적 언어는 단어에서 본문에 이르기까지 다면적이다. 또 학문적 언어는 초점 교과를 바탕으로 다양한 언어 사용역을 가지고 있다. 예를 들어, 수학과의 언어들은 사회과나 미술과의 언어와는 다르다. 심지어 교과 내에서조차 다른데, 즉 우리는 사회과 내의 역사, 시민, 경제, 심리학과의 언어들 사이의 차이에서 분명히 알 수 있듯이 이해와 학습에 적극적으로 참여하기 위해 미묘한 방법으로 언어를 사용한다.

이해에 대한 중심성에도 불구하고 학문적 언어는 교육자들이 수업을 설계할 때 종종 오해되기도 하고 오용된다([그림 2-1]을 보라). 교사들은 내용 학습의 전제 조건으로 언어를 미리 가르칠 필요가 있다고 잘못 생각하거나 주제 영역 어휘 용어 목록에만 집중

---

1) 역자 주: 학문적 언어(academic language)를 쉽게 말하면 일상적 회화 수준을 넘어서 다양하고 깊이 있는 교과 (학문) 분야와 학습 상황에서 무엇을 언제 어떻게 말하고 써야 하는지를 의미한다. 학문적 언어 + 언어 기능 + 언어 구조 + 담화가 종합되어 있기도 하다.

할 수 있다. 많은 교사들이 학문적 언어가 학교의 일반적인 언어라고 이해하는데, 이는 학교 안팎에서 학습에 참여하는 데 필요한 학과별 언어의 뉘앙스를 포착하지 못하는 가정이다(Heineke & Neugebauer, 출판 중). 학문적 언어라는 용어는 언어와 교과 학습의 연관성을 더 잘 포착하는 동시에 학문적 언어의 흔한 오해를 피한다. (우리는 이 텍스트 전반에 걸쳐 학문적 언어를 사용한다.) 그러나 용어와 상관없이 이 중요한 개념은 오늘날의 교실에서 정책과 실천을 안내한다. 그럼에도 불구하고 학습에서 언어의 복잡하고 역동적인 성격을 개념화하기 위해서는 더 깊은 탐구가 필요하다.

학문적 언어의 복잡성

당신과 당신의 학생들이 교실에서 어떻게 언어를 사용하는지 생각해 보라. 언어는 학교에서 어떤 목적과 기능을 하는가? 당신은 단어, 구문, 문장, 텍스트 또는 교실 담화의 패턴이나 경향을 어디에서 보는가? 어떻게 언어를 다양한 방법으로 사용하여 사상을 처리하고 소통하는가? 누가 배우고 이해하기 위해 스페인어나 아프리카계 미국인의 토착 영어(AAVE)와 같은 다양한 언어 매체를 사용하는가? 학습자가 학문적 언어를 적극적으로 사용하고 발달하기 위해 집중 지원이 필요한 때는 언제인가? 주로 언어를 사용하여 학습, 이해 및 의사소통에 적극적으로 참여하는 복잡하고 역동적인 방법 때문에 이러한 질문에 빠르고 쉽게 대답할 수 없을 가능성이 높다. 하지만 학생들과 교실에서 언어가 우리의 일상 과제에 어떤 영향을 미치는지 고심할 때 이러한 복잡성을 고려하는 것이 중요하다.

학습자는 언어를 적극적으로 사용하여 이해를 발전시키고 심화하며 소통하기 때문

학문적 언어에 해당하는 것	학문적 언어에 해당되지 않는 것
• 고유한 단어, 문장 및 담화 특징을 가진 교과 특정 언어 • 이해, 학습, 발달, 소통으로 얽혀 있음 • 학생, 교사, 전문가를 포함한 모든 개인이 사용함 • 구어 및 필기, 일정 기간 동안 사용되는 언어	• 학교의 일반적인 언어 • 오직 어휘에 해당(예: 단어, 용어) • 사회적 언어의 반대 • 학문적 학습의 전제 조건 • 교사만 사용하는 언어 • 전적으로 서술된 텍스트 및 인공물 • 영어로 한정되어 있음

[그림 2-1] 학문적 언어: 이해와 오해

에 다양한 언어 기능을 활용한다. 여러분과 여러분의 학생들이 학교에서 언어를 사용하는 여러 가지 방법들을 생각해 보라. 서로 인사하기, 이전 학습의 요약, 텍스트의 해석, 가설의 예측, 방정식의 평가, 정치적 논쟁의 분석, 아이디어의 협상, 그리고 숙제의 설명. 우리가 인사말을 주고받고, 감정을 나누고, 정보를 요청할 때처럼 언어는 자연스러운 상황에서 더 의사소통할 수 있다. 학문적 언어의 기능은 분석, 비교, 비평, 유추와 같은 고차원의 사고력과 인지 능력으로 연결된다(Assessment and Accountability Comprehensive Center at WestEd [AACCW], 2010; O'Malley & Pierce, 1996).

용어의 구별에도 불구하고, 이러한 언어 기능은 학교생활 내내 서로 다른 시간에 별도로 또는 분리해서 사용되지 않는다. 화학 수업에서 실험을 하든, 점심시간에 친구들과 어울리든 간에, 학생들은 매일의 상호작용에 의사소통과 학문적 언어 기능을 혼합하고 사용한다. 아이디어를 설명하거나 논쟁하거나 종합하면서 개인은 다양한 언어적 특징과 관련된 지식과 기술을 역동적으로 융합한다. 학습자는 소리, 문자, 단어 부분과 같은 미시적 수준의 언어 구성 요소에 대한 지식을 적용하는 것 외에도 초점으로 삼는 교과에 해당하는 단어, 구문, 문장, 담화를 사용해야 한다(Brown & Abeywickrama, 2010; WIDA, 2012).

언어과의 언어, 특히 학생들이 시를 해석하고 평가하고 창조할 때 고려하라. 학생들은 교과 학습에 특정한 단어와 구(예: 비유어, 다의어)를 사용해야 한다. 또한 문법, 규약 및 역학을 포함한 부문별 문장 구조(예: 술어 명사, 대명사, 덜 일반적인 구두점)를 사용해야 한다. 또한 학습자는 독특한 형태의 담화, 또는 텍스트와 언어의 조직과 구조(예: 단어, 구문 또는 절에 따른 다양한 시적 형태와 구조, 시간에 따른 다양한 언어 다양성)를 조작해야 한다.

우리는 실제로 언어 기능과 특징을 모두 통합하여 듣기, 말하기, 읽기, 쓰기의 네 가지 언어 영역을 통해 사상을 해석하고 전이한다(Nagy & Townsend, 2012). 학생이 언어를 사용하여 교실에서 학습에 참여하는 방법을 생각해 보라. 그들은 당신이 정보를 제시하고 학습 경험에 대한 방향을 제시하는 동안 듣는다. 그들은 본질적 질문과 씨름하고 발전하는 이해를 공유하기 위해 서로 이야기한다. 그들은 다양한 시각과 생각을 해석하고 의미를 만들기 위해 텍스트, 기사, 웹 사이트, 다른 자료들을 읽는다. 그들은 아이디어를 종합하고 전이하며, 보고서, 대본, 계획, 프로젝트, 프레젠테이션을 제작하여 학습을 응용하기 위해 쓰기를 한다. 이와 같이 교과 언어는 구어(듣고 말하기)와 읽고 쓰는 능력(읽고 쓰기)을 모두 포함하며, 학습자는 이 4개의 상호 연결된 영역을 통해 동적으로 이해력을 발달하고 심화시킨다([그림 2-2]를 보라).

	수용 언어	생산적 언어
구어	듣기	말하기
문어	읽기	쓰기

[그림 2-2] 교실에서 언어의 영역

이러한 다양한 언어 기능, 특징, 영역에도 불구하고 학생들은 분리된 언어 지식과 기술의 공식적인 진행을 통해 언어를 배우지 않는다. 대신에 학습자들은 교과 주제, 텍스트, 과제를 통해 교실 안과 교실 전체에 걸쳐 학습에 적극적으로 참여하면서 언어와 인지력을 동시에, 실제적으로 발전시킨다(Heritage, Walqui, & Linquanti, 2015; Walqui & Heritage, 2012; Walqui & van Lier, 2010; Zwiers, 2014).

진정한 교과 학문의 경험을 통해 이해력을 계발하고 심화시키는 수업을 설계할 때 효과적인 실행자들은 언어과, 수학, 과학, 사회, 미술에서 학생들의 언어 발달과 콘텐츠 학습의 동시적 발전을 지원하기 위해 이러한 언어적 복잡성과 뉘앙스를 인식하고 이에 참여한다. 이러한 방식으로, 수업 설계는 모든 학습자의 학문적 언어 사용역과 레퍼토리를 보강하는 동시에 중요하고 엄격한 교과 이해, 지식 및 기술에 대한 접근성을 높이고 숙달시킨다.

언어 발달 및 습득

학자들과 실천가들은 언어의 복잡한 뉘앙스 때문에 모든 학생이 학문적 언어를 배운다고 인식한다(Gottlieb, 2006). 학생들은 진정한 학습 경험을 통해 시간이 지남에 따라 그들의 이해를 심화하면서, 점점 더 복잡한 언어를 사용하여 내용에 관여하고, 개념의 의미를 만들고, 아이디어를 소통한다. 이러한 방식으로 모든 학생은 명시적인 언어의 렌즈가 있는 수업—교과(학문) 학습과 동시에 언어 발달을 촉진하기 위해 전략적으로 설계되고 시행된 수업—으로부터 이익을 얻는다.

그럼에도 학문적 언어를 발전시키고 있는 모든 학생의 상당한 범위 내에서, 개별 학습자들의 요구를 고려하고 우선순위를 매기는 것은 필수적이다. 만약 모든 학습자가 영어를 매개로 하는 교육 환경에서 일생을 보낸 영어 사용자들을 포함한 교과(학문) 교실에서 언어를 발달해야 한다면, 영어가 아닌 다른 언어를 사용하는 학생들을 고려하라. 스페인어, 아랍어, 우르두어, 폴란드어, 나바호어 또는 집에서 다른 언어를 사용하는 학생들을 위해, 그들은 어떻게 제2외국어에서의 숙련도를 습득하고 발전시킬 것인가? 정답은 ① 학생들이 다양한 문화적·언어적 배경에서 지식과 능력을 전이함으로써 제2외국어를 발달시키고, ② 교사의 비계와 지원의 전략적 통합으로 교과(학문) 학습 경험 중 사회적 상호작용을 통해 제2외국어를 발달시키는 핵심 요소를 가지고 있다. 모든 학생은 주어진 학습 환경에서 지배적인 문화와 언어에 맞지 않는 것처럼 보이는 학생들도 교실에 풍부한 학습 자원을 가지고 온다. 당신이 캄보디아 문학 교실로 옮겨졌다고 상상해 보라. 크메르어로 가르침에도 불구하고 당신은 여전히 학습의 자원으로 사용될 수 있는 귀중한 지식, 기술, 그리고 능력을 가지고 있다. 주변의 교사와 학생들이 크메르어를 사용하여 배우고 소통하기 때문에, 당신은 당신의 문화적 배경지식을 이용하여 콘텐츠에 접근할 수 있다(예: 집에서 이야기를 읽고, 지역사회의 문화 기관을 방문하고, 이전의 학교교육으로부터 특정한 장르에 대해 알고 있음. 그리고 언어의 의미를 부여하는 당신의 언어적 능력을 이용할 수 있다. 소리와 단어의 구성, 텍스트와 자원의 방향성 인쇄). 가르침의 매체와 상관없이 당신은 여전히 배우고 이해하는 능력이 뛰어나다.

이 전제는 다양한 문화적·언어적 배경을 가지고 우리 교실에 들어오는 학생들에게 여전히 적용된다. 학습의 가장 귀중한 자원은 독특하고 다양한 가정, 지역사회, 학교에서 온 것이다(Herrera, 2016). 학교 밖에서의 문화적 경험에 의해 종종 형성되는 학생들의 배경지식은 그들이 교실에서 의미를 부여하는 스키마를 제공한다. 이러한 경험들이 교사나 다른 학생들의 경험과는 얼마나 다를 수 있든 간에, 이러한 자원들은 학습을 함양하는 데 사용되어야 한다. 마찬가지로 배경지식 언어가 중요한 것은 학습자가 ① 교과 학문의 개념과 아이디어를 의미 있게 하고, ② 언어 지식과 기술을 한 언어에서 다른 언어로 전이하기 위해 그들의 지배적인 언어를 사용하기 때문이다(August & Shanahan, 2008). 교사들은 교실 학습에서 다국어의 역할을 받아들여야 하는데, 우리는 결코 모국어 사용을 그만두지 않기 때문이다. 학생들이 선호하는 언어로 생각하고 토론하도록 유도하거나 언어가 어떻게 유사하고 다른지 입증하든, 제1언어와 제2외국어의 발달은 학습과 이해를 촉진한다.

앞에서 설명한 바와 같이 모든 학생은 동료들과 의미 있고 협력적인 교과(학문) 학습을 하면서 학문적 언어를 발전시킨다(Nagy & Townsend, 2012; Zwiers, 2014). 이러한 현실은 아직 영어 실력이 발달하고 있는 사람들을 포함하여 다양한 문화적·언어적 배경을 가진 학습자들에게도 다르지 않다. 즉, 학생들은 사회적으로, 인지적으로, 그리고 교과(학문) 학습적으로 발달하면서 동시에 언어를 습득하게 된다(Collier & Thomas, 2007). 그렇다고 영어 중심 교실과 학습 체험에 학생들이 단순히 능동적인 참여자로 뛰어들 것이라는 기대감만으로 몰입할 수는 없다. 예를 들어, 여전히 영어 수업 매체에 능숙하게 배우고 있는 학생들의 경우, 교과(학문) 학습과 언어 발달 모두 교사들이 전략적으로 지도를 할 때 발생한다(Walqui & van Lier, 2010). 교과(학문) 언어 요구 사항의 참석, 배경지식 활용, 시각 및 그래픽 조직자 제공 또는 언어 배경 교사들에 의한 학생 그룹화와 같은 특정한 방법으로 교육을 설계함으로써 학생들은 언어 발달을 지원하고 촉진하는 동시에 학습에 공평하게 접근할 수 있다.

학생들은 교실 공동체에서 또래들과 사회적으로 교류하면서 제2외국어 습득 단계를 거쳐 나아가 언어를 발달시킨다(Krashen, 1981, 1982). 학생들은 조용히 세상을 받아들이거나 단어나 짧은 문구를 만들어 내는 것으로 시작할 수 있지만, 시간이 지남에 따라 단어 선택, 문법과 문장 구조, 그리고 복잡한 텍스트와 구술 담화를 사용하고 확장함으로써 언어를 발달시킨다. 교사는 영어 이외의 언어에 대한 배경과 능력뿐만 아니라 언어 능력의 경로에 따라 학생들의 개별적 요구에 참여함으로써 전략적으로 학습과 언어 발달을 도모할 수 있다. 학생들은 이전의 학교교육 경험이나 모국어를 읽고 쓰는 능력과 같은 요인에 따라 이러한 단계를 가변적인 속도로 통과한다(Collier, 1989). [그림 2-3]은 개별 주(애리조나, 캘리포니아, 뉴욕, 텍사스)와 2개 이상의 여러 주 컨소시엄(WIDA 및 영어 능력 평가 [ELPA] 21)을 포함하여 제2외국어 습득 단계에 대한 학생들의 진척도를 표시하기 위해 미국에서 사용되는 여러 가지 라벨 중 일부를 보여 준다. 서로 다른 맥락에서 숙련도 수준의 기술어(예: WIDA의 경우 6, 캘리포니아의 경우 3)를 사용하는 반면에, 모두 제2외국어 습득 이론에 기초하며 궁극적으로 동일한 고급 수준의 언어 숙련도를 초래한다(Krashen, 1981, 1982).

학생들은 언어를 발달시키면서, 그들은 학년 수준의 동료들과 동시에 교과(학문) 학습을 한다. 심지어 언어 능력의 기초 단계에 있는 학생들도 교사들이 제공하는 적절한 비계와 지원으로 엄격하고 진정한 교실 경험에 참여할 수 있다. 학생들이 그들의 언어 사용에서 실수를 할 것이라는 것에 주목하는 것이 중요하다. 그러한 실수는 제2외국어를 배울 때 예상되며 교사들에 의해 격려를 받아야 한다. 만약 당신이 영어를 지배적으로 사용하는 교사로서 스페인어나 폴란드어와 같은 다른 언어로 된 전문적인 발달 세션에 들어가게 되었다고 상상해 보라. 교육자로서 풍부한 배경지식을 활용하고 촉진자

WIDA	입문 (Entering)	초급 (Beginning)	발전(하는) (Developing)	확장(하는) (Expanding)	연결(짓는) (Bridging)	도달(하는) (Reaching)
ELPA21	발현하는 (Emerging)		진전 중 (Progressing)		능숙한 (Proficient)	
Arizona	발현-전 (Pre-Emergent)	발현 (Emergent)		기본 (Basic)	중급 (Intermediate)	
California	발현하는 (Emerging)		확장하는 (Expanding)		연결(짓는) (Bridging)	
New York	입문 (Entering)	발현 (Emerging)	과도기 (Transitioning)	확장하는 (Expanding)	구사하는 (Commanding)	
Texas	초급 (Beginning)	중급 (Intermediate)		고급 (Advanced)	상위 고급 (Advanced high)	

[그림 2-3] 제2외국어 습득 단계에 대한 컨소시엄 및 국가 라벨

가 제공하는 비주얼, 그래픽 조직자를 다른 영어 사용 동료들과 함께 학습에 참여한다. 당신은 다른 언어에 능숙하게 발전하고 있기 때문에 당연히 오류를 범할 수 있지만, 당신은 여전히 동료들과 교류하고 내용을 의미 있게 만들 수 있다. 간단히 말해서 학습자들은 언어를 발달시키고 연습하면서 이해력을 발달하고 심화시킨다.

제2외국어로서, 특히 영어의 많은 불규칙성과 특이한 점들을 배우는 것은 길고 복잡한 과정이다. 연구에 따르면 학생들이 제2외국어를 능숙하게 구사하는 데 4년에서 10년이 걸리고, 학업 성취도 측정에서 영어를 모국어로 구사하는 또래들을 따라잡는 데 7년에서 9년이 걸린다(Collier, 1989; Commins, 2009; Hakuta, Butler, & Witt, 2000). 이러한 사실은 학년과 학창시절에 걸쳐 모든 교사가 학생들의 언어 발달을 지원하는 데 있어 적절한 역할을 하고 있는 가운데, 교육에서 언어에 대한 명확한 초점을 요구하고 있다. 교육자들은 학생들의 강점을 두드리고 교실 안과 교실 전체에 걸쳐 언어에 대한 렌즈를 유지함으로써 학생들의 이해를 증진시키고 심화시키는 동시에 교과[교과(학문)] 언어의 발달을 촉진할 수 있다.

수업에서 언어의 역할

교실 수업에서 언어의 역할을 탐구하기 시작하기 전에 제1장에서 소개했던 운전자 교육 예시로 돌아가 보자. 몇 년 이상 특정 관할권 내에서 운전을 했을 가능성이 높은 사람으로서, 당신은 수업의 학습 단원의 목표가 비교적 간단하다는 것을 발견할 수 있다. 우리는 교통, 날씨, 도로 상태, 부주의한 운전자와 같은 일반적인 위험에 안전하고, 책임감 있고, 예의 바르고, 반응성이 빠른 운전자들을 확실히 준비시키고 싶다. 운전하는 법을 배우고 운전대에 손을 올려놓는 방법을 알고 있거나 시내 거리의 자동차 사이에 평행 주차를 할 수 있는 등, 운전하는 법을 배우고, 운전하는 데 수반되는 특정한 지식과 기술을 생각해 볼 수 있다.

이러한 목표는 다양한 배경을 가진 학생들이 있는 운전자 교육 수업을 고려하기 위해 지역사회에서 숙련된 운전사로서 당신에게서 멀어지게 되면 덜 간단해진다. 운전 규칙과 절차는 맥락에 따라 다르기 때문에, 특정 학생들은 도로의 왼쪽에서 운전하거나 속도와 거리를 계산하기 위해 미터법을 사용하는 것과 같이 이해와 학습 경험에 영향을 미치는 독특한 배경지식을 가지고 올 수 있다.

운전 규범도 사회적 환경에 따라 다르기 때문에 아르헨티나나 뉴욕에서 운전자의 언어적 상호작용을 관찰한 학생은 현재 상황에서 가정하거나 제시된 것과 상충할 수 있다. 다른 사람들은 다른 나라의 외진 시골 지역 출신이든, 대중교통이 지배하는 도시 중심지에서 왔든, 운전을 직접 해 본 경험이 거의 없을 수도 있다.

학생들이 교실에 가지고 오는 다양한 경험과 상관없이, 우리는 모든 학생이 안전하고 효과적인 운전이라는 최종 목표에 도달하기를 바란다. 운전과 관련된 학생들의 다양한 경험에 대한 지식을 이용하여, 우리는 운전자 교육 단원에서 상호작용하고 이해하고 배우는 데 필요한 학문적 언어를 비판적으로 고려한다. 일부 학생들은 운전하는 법을 배우는 동시에, 자동차 부품에 대한 용어(예: 운전대)와 같은 언어 지식과 기술을 쌓고, 문화적으로 적절한 방법으로 운전자와 법 집행 기관과 상호작용해야 할 수도 있다. 다른 학생들은 도로 표지판을 번역하거나 속도 거리를 킬로미터가 아닌 마일 단위로 계산하는 것과 같은 교과(학문) 언어를 발달하기 위해 다른 환경에서 언어 지식과 기술을 전수해야 할 수도 있다.

따라서 운전자 교육 단원은 독특하고 다양한 학습자 그룹을 바탕으로 뚜렷하게 보일 것이다. 코스 강사로서 효과적인 운전자의 준비를 보장하기 위해 더 큰 단원 목표를 유지하고 싶은 것은 분명하지만, 이러한 목표를 완전히 달성하기 위해서는 모든 학생이 공평하게 접근할 수 있도록 하기 위해 추가적인 고려 사항이 필요하다는 것을 알고 있다. 학생들이 교실에 가져오는 배경지식과 경험을 인식하여, 여러분은 이 다양한 그룹의 학생들의 교과(학문) 학습과 언어 발달 요구 모두를 충족시킬 수 있는 교육을 설계하기 위해 노력한다. 당신은 UbD 프레임워크에 언어의 명시적 렌즈를 추가함으로써 이것을 성취할 수 있다.

언어와 UbD 프레임워크

제1장은 UbD의 기초가 되는 일곱 가지 주요 원리를 제시하는 것으로 시작했는데, 이는 여러 분야에 걸쳐 학생들의 이해와 학습을 발달시키고 심화시키는 데 효과적이었기 때문에 전 세계적으로 널리 구현된 수업 설계 프레임워크였다. 이러한 방침은 3단계 백워드 설계 과정을 이용하여 학생들의 이해를 증진시키는 커리큘럼과 수업을 의도적으로 계획할 필요성에 중점을 두고 있다. 학교와 분야를 아우르는 전문 교사들은 학문 토픽, 개념, 아이디어를 가진 진정한 경험을 통해 학생 심층 학습의 코치 및 촉진자로서의 역할을 아우른다.

이 책에서 우리는 UbD 프레임워크를 모든 학생들의 학습과 언어 발달을 중재하는 수단으로 사용하는 것에 초점을 맞추고 있으며, 특히 다양한 배경과 경험을 가진 CLD 학생들에게 공평한 접근을 제공하는 것에 초점을 맞추고 있다. 이 점을 염두에 두고, 우리는 현대 교실 수업에서 이 중요한 작업을 구성하기 위해 다음과 같은 세 가지 주요 원리를 추가한다.

1. 모든 교사는 학생들의 학습과 언어 발달을 지원할 책임이 있다. 언어는 수학, 사회, 과학, 미술과 같은 과목 분야에서 이루어지는 교과(학문) 학습의 맥락에서 발달한다. 따라서 언어는 제2외국어(ESL)로서 영어와 영어과와 같은 코스의 특정 수업에서만 준수해야 하는 유일한 의무로서 분리되고 유지될 수 없다.

2. 모든 학생은 특정한 변수나 지정 라벨에 상관없이 학습과 이해를 위한 엄격한 학년 수준의 목표를 달성할 수 있다. 예를 들어, 표준 영어 이외의 언어 또는 다양한 언어를 구사하는 학생, 최근 이민자, 다른 나라에서 온 난민 등이 교실과 학교의

교육에서 의도하지 않게 낮은 기대감을 유발하는 경우가 많다.

3. 모든 학생은 백인, 중산층, 영어권 학생과는 다른 지식, 경험, 언어 레퍼토리를 가진 학생들을 포함한 풍부한 학습 자원을 교실에 가지고 온다. 교사는 학생들의 배경과 다면적인 언어 능력을 수업 설계에 수용하고 통합하여 학습과 언어 발달을 지원해야 한다.

이러한 원리는 이 책에서 제시된 아이디어의 기초를 제공하며, 이 원리는 CLD 학생들을 포함한 모든 학생의 학습과 언어 발달을 촉진하기 위해 UbD 프레임워크를 사용하게 한다.

언어와 백워드 설계의 세 가지 단계

앞에서 설명한 바와 같이 UbD는 단원 수준 수업 설계의 세 가지 상호 연결되고 정렬된 단계로 구성되며, 이를 통해 실천가들이 학습에 대해 원하는 결과를 식별하고(1단계) 단원 목표에 도달하기 위한 수용 가능한 증거를 결정하고(2단계) 그에 상응하는 학습 경험과 수업을 계획할 수 있다(3단계). 커리큘럼 설계에 언어에 대한 렌즈를 추가할 때 이 세 단계는 그대로 유지되지만, 우리는 교과(학문) 학습과 함께 학생들의 언어 발달을 구체적으로 고려함으로써 수업 계획을 강화한다. 우리의 목표는 모든 학생이 UbD 프레임워크를 사용하여 설계되고 구현된 엄격하고 진정한 수업에 공평하게 접근할 수 있도록 하는 것이다.

UbD의 1단계는 교사들에게 학습자가 학습의 수업 단원이 끝날 때 무엇을 이해하고, 알고, 무엇을 하기를 기대하는지를 규정하도록 요구한다. 운전자 교육 사례에서 설명했듯이 목표는 (UbD 프레임워크의 전이 목표, 이해 및 본질적 질문에서 표현된 바와 같이) 전이와 의미 구성 모두에 대해 원하는 결과를 유지하는 것이다. 모든 학습자가 엄격한 교과(학문) 학습에 접근할 수 있고, 이에 접근해야 한다는 것을 인식해야 한다. 그럼에도 불구하고 학생들은 교과(학문) 학습에 적극적으로 참여하고 단원 목표를 성공적으로 달성하기 위해 언어를 발달시키고 사용할 필요가 있으며, 이것은 교사들이 본질적인 언어 지식(단어, 문장, 담화 수준의 언어 특징)과 기술(언어 기능 및 영역)을 정확히 파악하여 다음 사항을 안내하도록 요구한다.

UbD의 2단계에서는 학습자가 수행과제, 보충 증거 및 해당 평가 기준을 포함하여

1단계 단원 목표에 따라 전이 및 이해를 입증할 수 있는 적절한 근거의 설계와 선택을 촉구한다. 언어의 렌즈를 추가할 때, 우리는 다양한 수준의 언어 능력을 고려하면서 학생들의 배경지식과 능력을 두드리는 공정하고 편견이 없는 평가를 설계하는 방법을 고려한다. 그 목적은 모든 학습자가 영어 능력이나 추정된 문화적 배경지식에 의해 방해받거나 평가되지 않고, 교과(학문) 단원 목표와 관련하여 이해하고, 알고, 할 수 있는 것을 증명할 수 있는 진정한 기회를 모든 학습자에게 제공하는 것이다.

UbD의 3단계는 1단계와 2단계에서 제시된 것처럼 학생이 목표 달성에 도달하고 시연할 수 있도록 정렬되고 적절한 학습 경험을 설계하는 단계다. 사전평가는 교사들이 학생들의 가정과 지역사회, 이전의 교육에서의 독특하고 다양한 경험을 포함하여 교과(학문) 내용에 대한 학생들의 배경지식을 분별하도록 한다. 3단계의 학습 활동은 주어진 학습 단원에서 교사의 수업 시간의 대부분을 포함하며, 언어의 렌즈는 교과(학문) 학습과 언어 발달에 공평하게 접근하기 위해 필요한 비계설정과 지원뿐만 아니라, 일일 수업 전반에 걸쳐 학생들의 배경지식을 일관성 있게 통합할 수 있도록 보장한다. 수업에 내재된 형성평가는 미래의 가르침과 학생들의 이해, 학습 및 언어 발달을 촉진하기 위해 지속적인 데이터 수집을 촉진한다.

교사들은 백워드 설계의 3단계 전반에 걸쳐 언어에 대한 렌즈를 추가하고 유지함으로써 모든 학생을 대상으로 교과(학문) 학습과 언어 발달을 동시에 촉진하는 수업을 설계한다. 또한 언어 렌즈는 다양한 학생들의 배경, 능력, 요구가 교실 수업에서 우선시되도록 보장한다. 궁극적인 목표는 공평이다. 특히 학교에서 종종 소외되는 문화적이고 언어적으로 다양한 배경을 가진 모든 학생이 그들의 이해, 학습, 언어 발달을 효과적으로 발달시키고 심화시키는 엄격하고 진정한 교과(학문) 수업을 공평하게 이용할 수 있도록 한다.

요약

이렇게 도입 부분에서 우리는 널리 사용되고 효과적인 UbD 프레임워크의 중심 원리와 구성 요소를 소개하였다(Wiggins & McTighe, 2005, 2011). 우리는 또 언어의 복잡성과 그것이 교수와 학습에 미치는 영향을 비판적으로 고려하기 위해 언어 렌즈를 추가했다.

실제로 오늘날의 학교 학생들은 다양한 프로그램, 커리큘럼, 교수를 통해 교과(학문) 학습과 언어 발달에 동시에 참여한다. 많은 학교에서 영어에 의존함에도 불구하고 집이나 지역사회에서 다른 언어를 사용하는 학생들은 학습과 발달을 위한 풍부한 자원을 가지고 있다. 이 책의 목적은 교사들에게 학생들의 언어적·문화적 자원과 니즈를 중시하고 이에 대응하는 엄격하고 의미 있는 가르침을 계획할 수 있는 효율적 방법을 제공하는 것이다.

UbD와 언어 발달에 대한 이러한 기초적인 이해에 기초하여, 우리는 이제 언어에 대한 명확한 렌즈를 가지고 커리큘럼과 수업 설계에 대한 심층적인 탐구로 전환한다. 다음 장에서는 학생의 배경, 강점 및 니즈에 대한 다양한 데이터 출처의 수집 및 분석을 포함하여 언어 발달을 위한 사전 계획에 관련된 관련 단계를 고려한다. UbD 프레임워크를 문화적이고 언어적으로 반응하는 실천의 원칙과 융합시킴으로써(Gay, 2010; Lucas, Villegas, & Freedson-Gonzalez, 2008), 제4장의 1단계, 제5장의 2단계, 제6장의 3단계 등 단원 계획의 각 단계에서 언어 발달을 위한 수업 설계를 다루게 되는 제2부의 토대를 마련한다.

|3|
학생과 함께 시작하기:
언어 발달을 위한 사전 계획

이 장의 목표

전이 교육자들은 다음의 과제를 수행하기 위하여 자신의 학습을 자율적으로 사용할 수 있을 것이다.

• 학생들의 교과 학습과 언어 학습을 강화하기 위하여 학생들의 풍부한 다양성을 수용하고, 검증하며, 통합하기

이해 교육자들은 다음 사항을 이해할 것이다.

• 학생들 각자는 학습과 발달의 차원에 걸쳐 자신들의 독특한 배경지식, 장점 및 요구를 가지고 수업에 들어온다.

• 수업은 학생들이 교실에 가져오는 언어적·문화적 자원과 자산에 기초해야 한다.

본질적인 질문 교육자들은 다음 사항을 지속적으로 고려할 것이다.

• 라벨링이 학생들에 대한 우리의 인식을 어떻게 형성하는가?

• 학생들의 언어가 학습에 어떤 영향을 미치는가?

• 학생들이 교실에 가지고 오는 자원은 무엇인가?

지식 교육자들은 다음 사항을 알 것이다.

• 학생 학습과 발달의 사회문화적·언어적·인지적·교과(학문) 차원

• 언어 발달의 단계와 영역

기능 교육자들은 다음 사항에 능숙해질 것이다.

• 문화적·언어적으로 반응하는 수업 설계의 시작점으로 여러 데이터의 출처를 분석하는 것이다.

학생들의 여러 가지 문화적 · 언어적 다양성의 측면에 대해서 수집한 정보를 이해하는 것이 학생들의 독특한 배경, 강점, 니즈에 대응하는 수업의 계획에 전제 조건이 된다.

교실과 학교에서 존재하는 학생들의 다양성

2014년 현대 미국 학교 역사상 처음으로 백인 학생이 전체 등록 학생의 50% 미만으로 떨어지면서 미국 학교에서 대다수를 차지하지 않는 것으로 나타났다(National Center for Education Statistics [NCES], 2015a). 세계화 확대와 중남미 및 전 세계 이민 증가에 힘입어 K-12 학교의 인구는 실제로 최근 수십 년 사이에 이동했다(〈표 3-1〉 참조)(Suárez-Orozco & Suárez-Orozco, 2006). 캐나다, 프랑스, 독일, 영국 등 다른 나라뿐만 아니라 전 세계 각지에서 미국으로 이주하는 사람들이 늘어나면서 문화와 언어의 다양성은 급속도로 성장했다. 미국에서는 5명 중 1명이 집에서 영어 이외의 언어(LOTE)를 구사하고 있으며, 전국 가정에서 350개 이상의 언어가 사용된다. 이러한 이질성은 도시, 교외 및 농촌 교육자들이 다양하고 독특한 배경, 강점 및 니즈를 가진 학생들의 학습, 발달 및 성취도를 지원하고자 하는 교실과 학교에서 가장 눈에 띄게 나타난다.

〈표 3-1〉 인종별 K-12 학교 등록률

인구 조사 범주	1995년	2015년
백인	64.8%	49.3%
흑인	16.8%	15.6%
히스패닉	13.5%	25.9%
아시안, 태평양의 섬 사람	3.7%	5.3%
미국 인디언, 알래스카 원주민	1.1%	1.0%
두 개 이상의 인종	n/a	2.9%

출처: U.S. Development of Education, National Center for Education Statistics, Common Core of Data, "State Nonfiscal Survey of Public Elementary and Secondary Education," 1995-95 through 2011-12'; and National Elementary and Secondary Enrollment Projection Model, 1972 through 2023.

여기서 Zaia와 Lorenzo라는 두 학생을 소개한다. 이들은 이 책 전반에 걸쳐 소개될 다른 어린이들, 청소년들과 함께 많이 증가하는 CLD 학생들의 인구를 대표한다.

3학년의 Zaia

문화적·언어적으로 다양한 도시 지역에서 태어나 자란 Zaia는 아시리아어와 아랍어를 구사하는 것뿐만 아니라 아랍어로 읽고 쓰기를 하면서 성장했다. 그녀의 부모는 그들의 고향인 이라크의 분쟁을 피해 청소년 시절 미국으로 건너왔다. 만남과 정착, 결혼 등을 거쳐 공동체의 주요 상업 지역에 작은 사업체를 열었다. Zaia는 중동 가족들이 주로 영화와 비디오 게임을 빌리고, 송금을 주고받으며, 유료 인터넷 서비스를 이용하면서 서로 어울리는 이 가게에서 많은 시간을 보냈다. 그녀는 세 살 때 아시리아어와 아랍어로 비즈니스 거래를 교류하고 지원하여 고객의 언어 선호도에 따라 언어 간의 사용을 완벽하게 바꿀 수 있었다. 가족의 강한 기독교 신앙 때문에 주말에는 아시리아 공동체의 종교 예배에 참석했다. Zaia가 다섯 살이 되었을 때, 그녀의 부모는 그녀를 이웃 초등학교에 등록시켰는데, 주로 스페인어를 사용하는 학생들뿐만 아니라 다른 아프리카 언어를 사용하는 아이들도 있었다. 세계 각국에서 온 가족들과 함께 다양한 학생들로 구성된 독립적인 교실에서 그녀는 제3외국어로 영어를 배우기 시작했다. 2년 동안 학교를 다닌 후에, 그녀의 2학년 선생님은 그녀의 뛰어난 지능을 인정했고 영재 교육을 요청했다. 현재 3학년이고 영어 학습자(EL)로서 재능을 겸비하고 있는 Zaia는 가정, 지역사회, 학교에서 얻은 풍부한 자원을 이용하는 탐구 프로젝트를 통해 배우기를 좋아한다.

12학년의 Lorenzo

미국의 한 중견 기업 도시에서 태어나 자란 Lorenzo는 유치원 때부터 학교에서 일반교육 수업에 등록해 왔다. 이제 고등학교 3학년인 그는 아버지의 소규모 사업장에서 계속 일하는 동안 지역사회 대학에 입학하기를 고대하고 있다. 무역업을 하는 그의 아버지는 Lorenzo가 열 살이었을 때 계약 회사를 설립하여, 나이가 들면서 점점 더 까다로워지는 건설과 행정 과제를 모두 돕도록 그를 격려했다. 학교나 직장에 다니지 않을 때, Lorenzo는 자신만의 음악을 만들고 야구를 하는 것을 즐긴다. 그의 음악은 혼혈 정체성과 공동체 주변 환경이 독특하게 어우러진 음악으로, 아버지와 동료, 친구들이 말하는 아프리카계 미국인의 베르나르 영어는 물론 주말에 방문하는 어머니의 대가족이 말하는 치카노(멕시코계 미국인) 영어까지 힙합으로 이야기를 들려주는 것을 목표로 하고 있다. 주로 아프리카계 미국인이 사는 동네에서 자라 대부분의 시간을 아버지와 함께 보낸 Lorenzo는 어린 시절의 대부분을 아프리카계 미국인으로 자칭했다. 고등학교 야구팀을 만든 후, 이 사교계는 그의 멕시코계 미국인 동료들을 포함하도록 확장되었고, 그는 자신의 라틴계 정체성을 본격적으로 탐구하기 시작했다. Lorenzo는 고등학교 졸업 후 어머니와 함께 멕시코 게레로를 여행하는 것은 물론 커뮤니티 대학의 스페인어 수업을 등록할 계획이다.

반응적 교수학 및 실천

학교의 다양성이 증가함에 따라, 많은 실천자들은 다양한 배경을 가진 학생들의 교육 경험과 결과를 개선하기 위해 문화적으로 반응하는 교수학을 받아들였다. 이러한 교수 접근법은 학생들에게 일률적인 커리큘럼을 제공하기보다는 학생들의 문화적 배경, 지식 및 경험에 부합하고 이를 활용하는 학습과 발달을 촉진할 필요성을 강조한다.

Geneva Gay(2010)는 문화적으로 반응하는 교수학을 "그들에게 보다 유목적적이고 효과적으로 이루어질 수 있도록 인종적으로 다양한 학생들의 문화적 지식, 사전 경험, 참조 틀 및 수행 스타일을 검증하고 통합하는 수업"으로 정의한다(p. 31). 문화적 다양성이 매우 높기 때문에 문화적으로 반응하는 교수학은 처방적인 커리큘럼이나 수업적 접근보다는 역동적인 틀로서 교실의 학생들에 따라 다른 모양과 형태를 취한다. 즉, 교사들은 개별 학생들의 문화적 배경과 생활 경험에 대한 개인화된 지식을 이용하여 의미 있는 교실 수업을 형성하고 고안한다. 학습목표와 학습 활동이 학생들의 독특하고 다양한 경험과 관점에 부합할 때 학생들은 동기부여, 참여, 학습의 증가를 보여 준다(Gay, 2010; Herrera, 2016).

문화와 문화적 다양성에 대한 넓은 시야를 좁히면서, 언어학적으로 반응하는 교수법은 언어와 언어의 다양성을 구체적으로 인식하고 대응하는 실천을 강조한다(Lucas & Villegas, 2010; Lucas et al., 2008). 교수학 및 실천에 대한 이러한 접근 방식에서 교사는 언어 발달에 대한 명확한 렌즈를 가지고 수업을 계획하는데, 이는 학생들의 언어 배경, 경험, 능률에 따라 달라지는 엄격한 교과(학문) 교수와 학습을 초래한다. 언어적으로 반응하기 위해, 교육자들은 먼저 언어 학습과 발달의 원리를 이해하고 학생들의 독특하고 다양한 언어 배경과 능력을 학습의 자원으로 인식하기 위해 노력한다. 언어학적으로 반응하는 수업은 언어 발달과 교과(학문) 학습을 지원하기 위해 학술적 과제와 비계 과제에서 언어상의 요구에 명확하게 주의한다(Heritage et al., 2015; Lucas et al., 2008; Walqui & Heritage, 2012). 언어적으로 반응하는 실천은 문해력, 수학, 과학, 사회, 특수 분야 또는 유아기, 초등, 중등 또는 특수교육 환경에서 2개 국어 또는 1개 국어 또는 단일 언어의 교육 매체를 사용하여, 모든 교사는 학생들의 언어 발달을 지원한다. 문화적으로나 언어적으로 반응하는 실천에 대해서는 [그림 3-1]을 참조하기 바란다.

앞에서 언급한 바와 같이 이 책은 UbD 프레임워크에 요약된 것처럼 교과(학문) 학습을 위한 수업 설계에 언어에 대한 구체적 렌즈를 추가하고 있다. 이 프레임워크의 중요한 목표는 학생들의 풍부하고 다양한 배경을 두드리고 그들의 언어 발달을 지원함으로써 의미 있고, 진실하며, 엄격한 학습목표와 학습 경험에 공평하게 접근하는 것이다([그림 3-2] 참조). 이를 달성하기 위해 우리는 UbD 프레임워크를 문화적으로 반응하는 교수학(Gay, 2010)과 언어학적으로 반응하는 교수의 원리에 뿌리박고 있다(Lucas et al., 2008). 따라서 우리는 CLD 학생들을 커리큘럼 설계의 중심에 배치하고 학생들의 배경을 학습 자원으로 개념화함으로써 자산에 기반한 접근 방식(asset-based approach)을 채택한다. 우리의 틀은 학생들이 ESL 풀 아웃 세션과 같은 또래와는 분리된 별도의 수업을 받는 기존의 방식과 다르다. 즉, 단순화된 텍스트와 자료와 같은 결함 기반의 조절이나 수업 계획안의 마지막에 있는 차별화 상자와 같은 대규모 수업 계획 내에서 모든 것을 하나로 맞추는 전략과는 다른 방식이다. 문화적으로, 언어적으로 반응하는 수업

문화적으로 반응하는 페다고지	언어에 반응하는 교수
• 가르침은 학생들의 배경을 반영하기 위해 역동적이고 유연하다.	• 가르침은 언어 학습과 발달의 이론적 원리에 기초한다.
• 배경지식 및 경험에 대한 학습 진도의 촉진	• 언어 배경과 능률에 대한 학습 지도의 촉진
• 교사는 학생들의 배경과 일치하도록 교육을 형성하고 제작한다.	• 교사는 언어 능력별 언어 수요와 비계 지도에 주의한다.
• 목표는 학습이 학생들에게 더 목적적합하고, 매력적이며, 효과적이 되도록 하는 것이다.	• 학생들의 교과(학문) 학습과 언어 발달을 촉진하는 것이 목표다.

[그림 3-1] 문화 및 언어에 반응적인 실천의 핵심 사항

출처: Based on *Culturally Responsive Teaching: Theory, Research, and Practice* (2nd ed.), by Geneva Gay, 2010, New York: Teachers College Press; and "Linguistically Responsive Teacher Education: Preparing Classroom Teachers to Teach English Language Learners," by T. Lucas, A. M. Villegas, and M. Freedson-Gonzalez, 2008, *Journal of Teacher Education*, 59(4), 361-373.

을 계획하기 위해, 교사들은 학생들의 언어 배경, 강점, 니즈를 인식하고, 우선순위를 정하고 통합하는 것으로 시작한다.

언어 발달과 문화적 배경이 지니는 무수한 뉘앙스를 탐구하기 위해 구성된 이 장의 다음 섹션은 UbD 단원 초안 작성에 앞서 적절한 사전 계획 단계를 위한 토대를 마련한다. 우리는 교실, 학교, 학군에서 교육자들이 흔히 사용하는 라벨(label) 내에서부터 시작한다.

라벨 내에서 바라보기: 언어 발달과 오늘날의 학생들

이러한 CLD 학생들을 위한 수업 설계 책 전반에 걸친 논의에서 우리는 그 용어를 전략적으로 사용한다. 왜냐하면 그것은 다양성의 여러 측면에 걸친 넓은 범위 때문이다. 많은 라벨이 민족성(예: 라틴계), 출생지(예: 루마니아인), 이민 환경(예: 새로 온 자), 문화적 배경(예: 멕시코계 미국인), 토착 언어(예: 스페인어권), 제2외국어(예: 영어 학습자)를 명시하고 있는 반면, CLD라는 용어는 학습자를 보다 폭넓게 포괄하여, 미국 태생, 백인, 영어권 등 주류라고 일컬어 온 것에 속하지 않는 사람들을 포함시킨다. 수업 설계에 자주 사용되는 다른 공식적인 교육적 용어와 라벨은 특히 언어, 언어 다양성 및 언어 학습의 다양한 측면에 초점을 맞춘 이 우산 분류 아래에 포함된다.

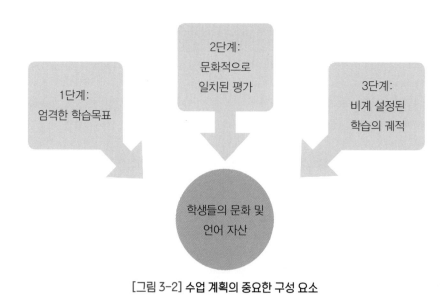

[그림 3-2] 수업 계획의 중요한 구성 요소

이중언어 학생들

미국에서 약 1천만 명의 학생들이 영어 이외의 언어를 사용하며, 전국 취학 연령 어린이의 20%를 차지한다(American Community Survey, 2015). 이 학생들 중 약 절반이 영어와 다른 언어 모두 능숙한 상태로(또는 유창하게) 입학하는데, 이는 그들이 2개의 언어로 된 배경과 능력을 가지고 있다는 것을 의미한다. 학교는 전형적으로 학생들의 이중언어 능력을 포착하기 위한 공식적인 라벨을 가지고 있지 않지만, 학술적 문헌들은 영어 이외의 언어를 사용하는 학생들을 더 잘 개념화하기 위한 중요한 용어를 제공한다. 예를 들어, 2개의 언어를 동시에 배우는 것을 동시 이중언어라고 부르는 반면, 순차적 이중언어는 먼저 그들의 모국어를 발전시킨 다음 대개 학교에서 제2외국어를 배운다. 비록 2개 국어를 배우는 사람들의 인구 통계는 전형적으로 영어가 모국어가 아닌 배경을 가진 학생들이 중심이 되지만, 겉으로 보기에 우세한 영어 사용자들 또한 2개 국어를 사용하는 것으로 간주될 수 있다. 여기에는 2개 국어를 동시에 사용하는 가정에서 자란 사용자나 장기 이중언어 교육 프로그램에 참여하는 다른 사용자들도 포함된다. 우리는 또한 다국어에 능통한, 앞서 소개한 3학년 Zaia처럼 다국어 학생들을 포함하도록 용어를 확장해야 한다(de Jong, 2011).

영어 학습자들(ELs)

영어 외의 언어(LOTE)를 사용하는 많은 학생 인구 중 약 절반은 영어 학습자(ELs)로 표시되며, 약 460만 명의 학습자 또는 미국 학생 인구의 9.1%를 차지한다(NCES, 2017). 2개 국어를 사용하는 학생들 그룹과 유사하게 영어 학습자(EL) 그룹은 스페인어, 아랍어, 중국어, 다양한 영어, 베트남어 등 다양한 언어 배경(〈표 3-2〉 참조)을 포함한다(NCES, 2015). 영어 언어 학습자(ELL)와 동의어로, 이 용어는 듣기, 말하기, 읽기, 쓰기의 표준화된 시험에 의해 측정된 영어 실력을 아직 입증하지 못한 학생들을 명시한다(Linquanti & Cook, 2013). EL이 대부분의 환경에서 선호되는 용어가 되었지만, 교사들은 비원어(영어) 습득에 대한 학생의 제한에 대한 결함 기반 강조 때문에 비판에도 불구하고 'No Child Left Behind'에 의한 '제한적으로 영어에 능숙한(LEP)' 라벨에 익숙할 수 있다. 아직 통과하지 못한 학생들은 '유창하게 영어에 능숙한 실력자(FEP)'로 재분류되었다. LEP의 결함 렌즈와 대조적으로, 발현 수준의 이중언어 사용은 자산 기반 담화 때문에 학자와 교육자들 사이에서 인기를 끌고 있는 비교적 새로운 그룹이다(Garcia, 2009b). 발현이라는 것은 이 새로운 그룹의 학생이 여전히 영어를 배우고 있다는 것을 암시하지만, 그렇게 하는 것은 모국어에 이미 존재하는 능력 때문에 이중언어가 되고 있다.

초보 및 장기 영어 학습자

다음 섹션에서 탐구하는 공식적인 EL 그룹에는 충분한 이질성이 존재하지만, 추가 라벨링은 미국 학교에서 보낸 시간을 바탕으로 학습자들의 고유한 요구를 구별하기 위해 시도한다. 시간적 스펙트럼의 초기에는 신입생들이 EL이나 2개 국어 프로그래밍에 등록하고 학교 기반의 정식 언어 학습을 시작했다. 일반적으로 최근의 이민자들과 난민들로 라벨링되는 새로 온 사람들은 일반적으로 영어를 하지 못하고, 문화적 규범과 학교 기대에 익숙해지고 있다(Cohen & Daniel, 2013).

입학자들을 최근에 들어온 자들의 의미를 지니는 초보자 그룹으로 부르는 반면, 장기 영어 학습자(LTEL)의 공식 분류는 영어-중등학교에 등록하고 EL로 라벨링을 붙인 학생들을 가리킨다(Menken & Kleyn, 2009; Olsen, 2014).

〈표 3-2〉 2015년 미국 학교 영어 학습자 상위 10개 국어

모국어	ELs의 수	총 EL의 백분율
스페인어/카스티야어	3,770,816	76.5%
아랍어	109,170	2.2%
중국어	107,825	2.2%
영어	91,669	19.%
베트남어	89,705	1.8%
몽족언어	39,860	0.8%
아이티어/아이티 크리올어	37,371	0.8%
소말리아어	34,472	0.7%
러시아어	33,821	0.7%
한국어	32,445	0.7%

출처: U.S. Department of Education, National Center for Education Statistics, EDFacts file 141, Data Group 678; Common Core of Data, "State Nonfiscal Survey of Public Elementary and Secondary Education." See *Digest of Education Statistics 2015*, table 204.27.

전형적으로 중·고등학교에 입학하는 LTEL은 구어로는 2개 국어를 구사하고 영어에 능숙하지만, 그들은 모국어와 교과(학문)를 읽고 쓰는 능력에 어려움을 겪는다 (Menken & Kleyn, 2009). 새로 온 사람들과 LTEL 모두 동일한 중요 EL 라벨 안에 속하지만, 그들은 지시를 설계하고 실행할 때 반드시 설명되어야 하는 광범위한 학습 니즈를 가지고 있다.

정규 공식교육이 제한되거나 중단된 학생

EL의 또 다른 하위 그룹은 공식적인 교육 경험을 바탕으로 구성된다. 학교 출석과 관련해 제한적이거나 중단된 정규교육(SLIFE)을 받은 학생은 고립된 지리적 지역에 거주하거나, 직장에 들어가야 하거나, 내전이나 자연재해에 대한 악영향을 다루거나, 사회적 기대에 부합하는 등, 과거 상황에 따라 다양한 이유로 학교 환경에 지속적인 접근이 부족했다. SLIFE 학생들은 종종 새로 온 사람들이며, 전 세계 다양한 맥락의 어려운 상황에서 이민자 또는 난민으로 도착한다. 정규 교육이 중단된 학생인 이와 유사한 그룹은 또한 학교 출석의 연장된 휴가로 인해 부분적으로 어려움을 겪고 있는 LTELs를 포함한 기성 이민자 가정의 학생들을 포함시킬 수 있다. 교육 궤도에 한계나 방해를 받는 학생들은 공식적인 학교교육의 역학 관계에 익숙할 뿐만 아니라 모국어에서의 읽고 쓸 수 있는 능력과 학업 능력이 부족할 수 있다. 또한 SLIFE 학생들은 전쟁, 폭력, 가족 분리 같은 충격적인 사건과 경험으로 인해 사회 정서적 니즈가 큰 경우가 많다.

표준 영어 학습자

방금 논의된 라벨은 LOTE(영어 외의 언어) 사용자들에 초점을 맞춘 반면, CLD 학생들의 가장 중요한 인구는 또한 다양한 영어를 사용하는 어린이와 청소년들을 포함할 수 있다. 앞 장에서 설명한 바와 같이, 언어는 복잡하고 역동적이며, 사회의 모든 구성원에 걸쳐 사용되는 단일 표준이 없다. 언어의 다양성과 방언은 동일한 정의된 언어(예: 영어, 스페인어)로 존재하며, 음운론, 형태론, 통사론(구문론), 어휘론 또는 의미론의 언어적 구성 요소에 걸쳐 다양한 규칙, 형태 및 구조를 가지고 있다(LeMoine, 1999). 영어가 정식으로 모국어로 여겨지지만 학생들의 언어 사용은 조상들의 언어 구조에 의해 영향을 받아 아프리카계 미국인의 토착 영어(AAVE), 치카노 영어와 같은 언어의 다양성이 발생한다(Delpit, 2006). 그럼에도 표준 영어는 종종 언어의 다양성이 학습과 언어 발달에 영향을 미친다는 사실을 인식하지 못한 채, 학교에서 숙달과 성취도를 입증하기 위해 일관되게 기대되는 언어다(Lippi-Green, 1997). EL과 2개 국어를 사용하는 학생들의 모국어가 학교 기반 학습에서 본질적인 역할을 하듯이, 비표준 영어의 다양성이 교육을 위한 자원으로 인식되고 활용되어야 한다.

〈표 3-3〉에 열거된 라벨과 같은 그룹은 타당한 이유로 교육에 존재한다. 교실의 복잡성 안에서, 라벨은 학생들의 특정한 학습 욕구를 강조한다. CLD 학생을 묘사하는 데 사용되는 일반적인 라벨을 숙지함으로써, 실천가들은 지시를 계획하고 실행할 때 그러한 학생들의 능력과 요구에 대한 명시적인 주의를 보장할 수 있다. 그럼에도 불구하고 겉으로 보기에 동질적으로 보이는 용어들은 가정 언어, 언어의 비효율성, 언어의 다양성, 문화적 배경과 같은 풍부한 이질성을 가릴 수 있다. UbD 수업 설계를 통해 문화적으로 언어적으로 반응하는 수업 실천에 참여하려면, 교사는 우선 학생들의 개별적인 강점과 니즈를 인식하기 위해 라벨 내의 다양성을 탐구해야 한다. 우리는 다음 섹션에서 학생들의 언어에 대한 뉘앙스를 고려한다.

〈표 3-3〉 공통 라벨 및 해당 두음문자 및 약어

두음문자/ 약어	라벨
CLD	Culturally and Linguistically Diverse(문화적 · 언어적으로 다양한)
EB	Emergent Bilingual(이중언어 사용자)
ELL	English Language Learner(영어 언어 학습자)
EL	English Learner(영어 학습자)
FEP	Fluent English Proficient(유창하게 영어에 능숙한 실력자)
LEP	Limited English Proficient(제한적으로 영어에 능숙한)
LOTE	Language Other Than English(영어 이외의 언어)
LTEL	Long-Term English Learner(장기 영어 학습자)
SEL	Standard English Learner(표준 영어 학습자)
SIFE	Student with Interrupted Formal Education(정규 공식교육이 중단된 학생)
SLIFE	Student with Limited or Interrupted Formal Education(정규 공식 교육이 제한되거나 중단된 학생)

학습과 발달의 언어적 차원

〈표 3-3〉의 라벨은 학생 학습과 발달의 한 가지 핵심 차원, 즉 언어 또는 우리가 '언어적 차원'으로 부르는 것을 강조한다(Collier & Thomas, 2007; Herrera, 2016). 학교에서 흔히 사용되는 이러한 동질적 라벨을 넘어서서, 우리는 학생들의 제1의 언어, 가정어, 모국어(원어민어) 또는 지배적 언어(L1)와 그들의 제2외국어(L2)를 언어적 배경, 강점 및 니즈를 알고 사용하고, 학생들의 언어와 레퍼토리 사이의 관련 상호연계도 고려한다.

모국어 능력

연구는 학생들의 L1이 읽고 쓰는 능력과 내용 학습에 필수적이라는 것을 보여 준다(Lindholm-Leary & Borsato, 2006). 따라서 교사들이 지도에서 L1을 활용하고 발달할 수 있도록 학생의 언어 능력을 아는 것이 중요하다. CLD 학생들의 이질적인 모집단을 위해 L1은 공식적으로 정의된 언어(예: 스페인어, 영어)와 언어 다양성(예: 카스텔라노, AAVE)의 광범위한 배열을 포함한다. 유사한 알파벳과 음운론적 시스템(예: 독일어, 스페인어)을 사용하는 인도 유럽어 등 영어와 공통점을 공유하는 언어가 있는 반면, 알파벳이 아닌 문자를 사용하는 비알파벳 시스템(예: 중국어, 일본어)과 같이 상당히 구별되는 언어도 있다. L1과 L2의 유사성이나 차이와 상관없이 언어 능력은 언어에 걸쳐 전이된다. 간단히 말해서, 당신은 오직 한 언어로 듣고, 말하고, 읽고, 쓰는 것을 배우기만 하면 된다. 그 기술들은 다른 언어로 전이된다(August & Shanahan, 2008). 이 전이를 촉진하기 위해서는 언어 자체에 대한 지식뿐만 아니라 L1에서 학생들의 능력에 대한 지식

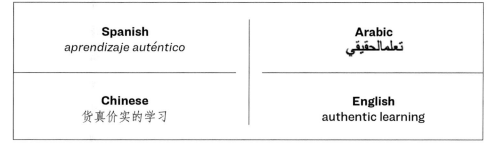

[그림 3-3] 스페인어, 아랍어, 중국어 및 영어 부호(기호) 체계

이 필요하다. [그림 3-3]은 미국 학교에서 학생들이 사용하는 네 가지 기본 언어인 스페인어, 아랍어, 중국어, 영어의 기호 체계의 예다.

스페인어

미국에서 영어 다음으로 가장 많이 사용되는 언어는 스페인어로 EL의 3/4이 넘는 가정에서 사용된다(Lipski, 2008; NCES, 2015b). 두 언어 모두 인도유럽어족이기 때문에 스페인어와 영어는 유사한 알파벳(스페인어에는 ch, ll, ñ의 세 글자가 추가됨), 활자 방향성(읽고 쓰는 것은 왼쪽에서 오른쪽으로 위에서 아래로 행함), 어휘(예: 전체 언어에서 같은 모양, 소리, 의미를 갖는 단어) 등 다양한 특징을 공유하고 있다. 스페인어와 영어의 주요 차이점의 예로는 음운론적 부분(스페인어는 매우 음운론적인 반면에 영어는 다양한 음운을 말하는 다양한 방법이 있음)과 구문론적 부분(예: 스페인어의 명사-형용사, 영어의 형용사-명사와 같은 단어 순서에 대한 다른 규칙)이 있다. 수백만 명의 학생들이 공통적이고 상호 이해 가능한 언어를 공유함에도 불구하고, 미국에는 스페인어 안에 많은 종류가 있다. 사투리(예: 멕시코계 미국인, 푸에르토리코인, 쿠바인, 도미니카인, 중앙아메리카인)에 따라 스페인어 사용자들은 단어를 뚜렷하게 발음하거나 동일한 대상이나 행동을 묘사하기 위해 완전히 다른 단어를 가질 수 있다(Lipski, 2008). 이러한 복잡성은 원산지와 미국 양쪽의 지역 언어적 변화로 인해 더욱 악화된다(Zentella, 2005). 예를 들면, 멕시코 도시와 시골의 할리스코에서 사용되는 스페인어의 차이점이나 뉴욕시와 남부 캘리포니아에서 사용되는 영어의 차이를 생각해 보자.

아랍어

아랍어는 2천년 이상의 역사를 가진 언어로서, 중동과 아프리카 일부 지역에서 사용되는 L1이다. 고전 아랍어가 종교적인 목적으로 사용되고 현대 표준 아랍어가 22개국의 공용어인 반면, 구어 아랍어는 지역에 따라 다양한 방언(예: 아라비아반도, 이라크)과 교육, 도시화 등의 문맥적 요인을 가지고 있다(Versteegh, 2014). 이슬람교 신앙의 언어를 사용하는 데 있어서, 전 세계 사람들은 아랍어 L1과 L2에서 종교적 전통에 종사하면서 다양한 구술 언어와 읽고 쓸 수 있는 능력, 즉 문해력을 가지고 있다(Razfar & Rumenapp, 2014). 최근 수년간 이슬람 국가들로부터의 급속한 이민은 아랍어 사용을 더욱 증가시켰다. 미국의 학교들에서 아랍어는 지난 5년간 68%가 증가하여 영어 학습자들 중 가장 빠르게 성장하고 있는 L1이다(NCES, 2017). 특히, 영어와 다른 점은 아랍

문자(우르두, 파르시 등 다른 중동어와 마찬가지로)를 사용하는 언어 기호 체계와 왼쪽에서 오른쪽이 아닌 오른쪽에서 왼쪽으로 읽는 방식([그림 3-3] 참조)이다. 음운론적으로 모음은 영어와 많이 다르게 작동한다. 반면에 영어는 복잡한 모음 사용법(예: 짧은 모음, 긴 모음, 모음 패턴, 이중 모음, r-제어 모음)으로 표시된다. 아랍어의 모음 체계는 구어로 매우 간단하여 모음이 글로 표현되지 않는다(Razfar & Rumenapp, 2014). 따라서 영어를 배우는 아랍 사용자들은 읽을 때 자음을 강조하고 글을 쓸 때 모음을 생략할 수 있다.

중국어

중국어는 언어학자들 사이에 의견 차이가 있기는 하지만 매우 복잡하다. 어떤 사람들에게 중국어는 미국에서 가장 널리 사용되는 방언으로, 만다린어(베이징에서 널리 사용되는 언어)와 광둥어(홍콩에서 일반적으로 사용하는 언어) 등 특정 지역에 사용되는 다양한 방언이 많은 언어로 개념화되어 있다(Kurpaska, 2010; NCES, 2017). 다른 사람들에게 중국어는 언어의 가족이기 때문에, 중국어와 광둥어(다른 언어들 중)는 문자표지 시스템을 공유하지만, 그렇지 않으면 상호 이해할 수 없는 구별되는 언어로 본다(Razfar & Rumenapp, 2014). 중국어는 억양(tone)으로 같아 보이는 단어들을 구별하지만, 다양한 언어(또는 방언)들은 다른 억양을 사용하며 종종 화자들 사이에서 이해할 수 없는 결과를 초래한다(Sin-wai, 2016). 비록 만다린어, 광둥어, 그리고 다른 지역 언어는 일부 화자들이 서로 구두로 이해할 수 없을 정도로 다르지만, 그들의 공통 기호 체계는 서면 의사소통을 허용한다. 중국어는 남아 있는 몇 안 되는 생략 부호를 사용하는 언어 중 하나다. 글자가 음운과 음운으로 대응되는 알파벳 시스템과 달리 표어 문자 체계는 단어나 아이디어를 나타내기 위해 기호([그림 3-3] 참조)를 사용한다. 유용한 비교는 기호가 의미를 포착하는 이모티콘의 사용이다(Razfar & Rumenapp, 2014). (문자-소리 관련성보다는) 이 기호-문자 관련성 때문에, 중국어 사용자들은 미국 학교에서의 음성 기반 학습과는 크게 다른 수만 개의 문자를 배운다.

영어

독자들은 영어를 EL의 L1으로 보고 놀랄지도 모른다. 이 통계에 대한 가능한 근거로는 동시 이중언어 가정(따라서 영어와 다른 언어는 모두 모국어로 간주됨)에 거주하는 학생 또는 해외에서 태어나 영어를 주로 사용하는 가정에 입양된 아이들이 있다(McFarland, 2016). 그 이유가 무엇이든 표준 영어는 모든 가정에서 표준 영어로 간주될 수 없기 때문에, 그 데이터는 영어 사용자들 사이의 다양성을 고려할 기회를 제공한다. 대표적인 예로는 흑인 영어 또는 아프리카계 미국인의 가정과 지역사회에서 사용되는 흔한 방언인 에보닉스로도 알려진 AAVE가 있다(Perry & Delpit, 1998). Lippi-Green(1997)은 AAVE를 "사회적 의미를 담화에 계층화하기 위해 구조적 변동에 의존하는 기능적 구어"로 정의한다(p. 176). AAVE는 단순히 표준영어의 파생어가 아니라 아프리카, 아메리카, 카리브해의 언어적 영향과 노예제도에 기원을 둔 복합어다(Delpit, 2006). 그러므로 언어에서의 음운론적·문법적·문화적 차이는 무작위가 아니라 화자의 아프리카 조상에 근거한 규칙을 따른다(Lippi-Green, 1997). 방금 설명한 언어와 유사하게, AAVE는 도시 중서부와 농촌 남부의 어휘가 서로 다른 등 사회적·지역적 영향에 따라 다양하다(Lippi-Green, 1997). 요컨대, 비표준적인 영어의 다양성은 모국어로서, 수업 중 학습의 자원으로 이용되어야 한다.

학생과 가족이 가정에서 사용하는 350개 언어 중 4개 언어에만 초점을 맞춘 이러한 뉘앙스는 미국의 언어적 지형의 이질성과 복잡성의 겉만 핥는다. 벵골어, 체로키어, 노르웨이어, 파슈토어, 퓨젓사운드 살리시어, 타라스칸어 등에서 구술이나 읽고 쓸 줄 아는 능력을 가지고 학교에 오든, 학생들의 L1은 믿을 수 없는 자산이므로, 수업을 위한 자료로 받아들여야 한다. 연방법에 따르면 미국 학교들은 등록 시 모든 학생의 L1에 대한 데이터를 수집하기 위해 가정 언어 조사를 관리해야 한다. 교육자들은 이 정보를 특정 언어의 뉘앙스에 대해 더 많이 배울 뿐만 아니라 학생들의 L1 구술 언어, 읽기 및 쓰기를 공식적·비공식적으로 평가할 수 있도록 기회, 자원 및 인력을 지원하는 출발점으로 사용할 수 있다. 공통의 언어가 많은 경우에, 학교는 학생들의 L1 능력을 식별하고 평가할 수 있는 평가, 텍스트 및 개인에 접근할 수 있어야 한다. 공통의 언어가 별로 없는 경우에 교육자들은 웹 기반 자원을 찾을 수 있을 뿐만 아니라 부모, 가족, 지역사회 조직의 지원을 받을 수 있다. 비록 학생들의 L1 능력에 대한 평가가 학교에서 필수적이거나 흔한 것은 아니지만 그 데이터는 매우 귀중한 자료로, 교사들이 학생들의 언어 능력을 이용하여 학습을 지원할 수 있다.

제2외국어 능력

CLD 학생들은 L1에서 능력을 갖추고 학교에 입학하는데, 이것은 L2를 발달시키는 자원으로 사용될 수 있다. 미국뿐만 아니라 영국, 캐나다, 호주 등의 다른 나라에서도

L2는 일반적으로 영어를 가리킨다. 제2장에서는 학술적 장면에서 언어의 뉘앙스와 관련된 이론과 연구, 그리고 학생들이 학문 특유의 학습으로 언어를 발전시키는 방법에 대해 기술했다. 이 하위 섹션에서 우리는 학교에서 언어가 어떻게 사용되는지, 또는 학습에 적극적으로 참여하는 데 필요한 특정 기술을 고려하면서 이론을 실천에 옮긴다([그림 3-4] 참조). 우리는 또한 학습자들이 영어 능력의 수준에 기초하여 언어 영역(듣기, 말하기, 읽기, 쓰기)에 걸쳐 무엇을 할 수 있는지를 고려한다. 진정한 학습과제는 모든 언어 영역을 통합하는 반면, 듣기와 읽기를 포함하는 수용적 언어와 말하기와 쓰기를 포함하는 생산적 언어 안에서 개인의 능력, 강점, 니즈를 이해하고 인식하고 발전시키는 것이 중요하다(O'Malley & Pierce, 1996).

수용적인 언어

듣기 영역과 읽기 영역인 두 수용적 언어 영역 중에서 후자는 교실 수업에 있어서 분명한 강조점 중 가장 큰 부분을 차지한다. 유치원에서 시작해 대학과 진로를 거치며 계속 이어지는 읽기는 학습의 중심이다. 그림책, 시, 요리법, 매뉴얼, 보고서, 차트, 지도, 교과서, 편지, 일기, 소설, 에세이, 정책 문서 등 무엇을 읽든 학습자는 맥락에 접근하여 이해해야만 수업에 적극적으로 참여하고 원리, 이해, 지식, 기술을 발달시킬 수 있다. 학생들은 문자, 소리, 단어 부분, 단어, 문장 구조, 텍스트 구조, 활자 방향성과 같은 언어와 활자에 대한 지식을 적용하여 의미를 이해하고, 추론을 하고, 아이디어를 평가한다. 이를 위해 학생들은 자신의 배경지식을 활용하고 본문과 상호작용하여 시험의 개념, 주장 및 아이디어와 관련된 새로운 지식을 구성한다. 또한 학생들은 독해(이해)에 도움을 주기 위해 다양한 전략(예: 시각화, 예측, 자기 모니터링)을 사용한다. 여기에서 이해는 성적과 교과(학문)에 걸쳐 있는 무수한 장르와 텍스트에 따라 달라진다.

수용적인 구어, 즉 듣기는 교실 수업에서 관심이나 구체적인 지원을 덜 받는다. 우리는 종종 듣기가 다른 언어 영역의 직접적인 전제 조건이라고 가정하지만, 효과적인 듣기는 특히 교실의 맥락에서 충분한 지식과 기술을 필요로 한다. 읽기는 맥락의 이해를 수반하는 반면, 듣기 위해서는 언어의 의미를 지녀야 하는데, 이것은 전이율, 연속 문장, 중복성, 정교함, 수정, 일시 정지, 구어적 언어의 다양한 비율로 특징지어진다(Brown & Abeywickrama, 2010). 진정한 듣기는 다른 사람과의 상호작용을 수반하므로, 얼굴 표정, 몸짓 언어, 이해와 수행에 도움이 되는 개인적 근접성과 같은 비언어적 단서들을 사용해야 한다. 읽기와 비슷하게, 듣기는 이해 처리 정보를 필요로 하고, 배경지식을 사용하여 의미를 만들고, 중요한 아이디어와 개념을 끌어내야 한다. 교실에서 학생들은 선생님과 반 친구들의 확장된 담화를 잘 들을 필요가 있는데 그들이 아이디어와 정보를 포착하는지에 있어서 전략적이기 때문이다.

영역: 듣기

언어 기술의 예

- 말에서 독특한 소리와 강조 패턴을 구별하기
- 다양한 일시 중지 및 오류를 서로 다른 전이 속도로 스피치를 처리하기
- 실제 지식을 활용하여 상황, 참가자, 언어의 목표를 유추하기
- 얼굴 표현, 운동 표현, 그리고 비언어적인 단서들을 사용하여 의미를 해독하기
- 키워드 자체 모니터링 검색과 같은 청취 전략 사용하기

영역: 말하기

언어 기술의 예

- 음성 모니터링 및 전략적 장치(예: 일시 중지, 추임새, 자가 개조) 사용
- 관련 일시 중지 및 호흡 패턴이 있는 적절한 문구로 말을 만들기
- 적절한 스타일, 상황에 따라 달라지는 언어의 사용 영역, 규칙 및 대화 규칙을 사용하기
- 사건, 아이디어, 감정, 정보 사이에 연결과 연결을 만들기
- 의미에 대한 문맥을 바꾸고 제공하는 것과 같은 말하기 전략을 사용하기

영역: 읽기

언어 기술의 예

- 문자, 문자 조합 및 맞춤법 패턴을 구분하기
- 단어를 인식하고 단어 순서 패턴과 의미를 해석하기
- 글의 수사적 관습과 의사소통 기능을 인식하기
- 활성화 및 배경지식 사용에 의해 명시되지 않는 문맥을 유추하기
- 문맥에서 의미를 분별하고 훑어보기와 같은 독서 전략을 사용하기

영역: 쓰기

언어 기술의 예

- 다른 단어, 구문, 문법 형식을 사용하여 의미를 표현하기
- 관련 양식을 사용하여 다양한 목적(예: 설득, 알림)으로 소통하기
- 주요 아이디어와 지원 세부 사항 등 활동 간 연결 전이하기
- 글을 쓰는 동안 문자 그대로의 의미와 묵시적인 의미를 구별하기
- 사전 작성과 같은 쓰기 전략과 수정하기 위한 피드백을 사용하기

[그림 3-4] 학교에서의 특정 영역별 언어 사용

출처: Based on "Principles of Language Assessment." by H. D. Brown & P. Abeywickrama, 2010, *Language Assessment: Principles and Classroom Practices* (2nd ed., pp. 25-51), Boston: Pearson.

교실에서 학문적 읽기와 듣기는 모든 학습자에게 어려울 수 있지만, 제2외국어로 하는 학습자들의 추가적인 어려움을 고려해 보라. 스페인어를 사용하는 라디오 방송 채널을 맞추거나, 일본 생물학 교과서를 탐색해 보라. 영어 구두와 문자를 해독하고 이해하기 위해 시도하고 있는 CLD 학생들을 공감하는 데 그리 긴 시간이 걸리지 않을 것이다. 우리 모두는 효과적인 듣기와 말하기를 용이하게 하기 위해 언어적 배경지식을 사용하기 때문에, 언어와 텍스트의 언어적 복잡성, 다양한 언어 형태와 관습, 그리고 전반적인 어휘 사용을 다루는 것을 포함하여 학생들이 언어를 가지고 무엇을 할 수 있는지 고려하는 것이 유익하다(WIDA, 2012). 영어를 습득하는 초기 단계의 학생들은 패턴화된 문장 구조와 인식 가능한 내용 관련 용어를 통해 정보를 처리할 수 있다. [그림 3-5]에 나타낸 것처럼 학생들이 영어 능력의 수준을 통해 발전함에 따라, 그들은 담화, 문장, 단어/구사 수준에서 더 복잡한 언어를 이해한다. 학생들의 듣기 및 읽기 영역별 능력을 숙지하는 것은 언어 렌즈를 이용한 교육 계획에 필수적이다.

생산적인 언어

듣기, 말하기의 생산적인 상대는 다른 영역과 격리되어 사용되는 경우가 드물기 때문에, 우리가 보통 구어에 듣기 말하기 두 가지를 모두 포함한다. 종종 교육자들과 비교육자들에 의해 모두 자신도 모르게 사용되며, 말하기 능력은 개인의 모든 언어 능력을 측정하기 위한 리트머스 시험의 역할을 한다. 학생, 직장 동료 또는 지인과 처음 만나는 것을 고려해 보라. 이 때문에 당신은 그 사람의 연설에 기초하여 더 넓은 언어적 가정을 하게 된다. 말하기란 생산적이고 일상적인 상호작용에 자주 사용되기 때문에, 우리는 음운론(예: 소리의 생산), 구문(예: 동사 시제와 일치, 복수화, 단어 순서), 어휘(예: 단어, 표현, 숙어 등의 축소된 형태)를 포함한 사람의 언어 지식의 발현을 들을 수 있다. 듣는 것과 비슷하게, 말하는 것은 이해를 평가하고 언제 중단하거나, 다시 말하거나 맥락을 제공하는지 알기 위해 사회언어적 단서, 규칙, 구술 대화에 대한 기대치에 대한 이해를 필요로 한다(Brown & Abeywickrama, 2010). 화자는 주제에 따라 배경지식이 달라지는 등 다양한 사회적·학술적 목적을 위한 언어를 생산한다.

생산적인 읽고 쓰는 능력, 즉 글쓰기는 다양한 장르의 교육에서 다양한 목적으로 발생한다. 우리는 학생들에게 에세이, 보고서, 이야기, 시, 일기, 편지뿐만 아니라 목록, 일정, 메모, 양식, 주의 사항, 이메일, 퇴장 티켓 등 덜 공식적인 문서도 작성해 줄 것을 요구한다. 글쓰기는 적절한 글씨체로 인쇄물과 필기체를 배우고, 철자 시험을 치르며,

문법 규칙에 근거한 문장을 도식화하는 등 스스로 학습한 기억을 떠올리게 할 수 있다. 대부분의 현대 교실은 학생들이 언어적 지식(예: 문법적 형태)과 작문 능력(예: 의사소통 아이디어)을 분야별로 실제 연습에 맞는 방식으로 적용하는 글쓰기에 보다 정통한 접근 방식을 채택했다. 커리큘럼 전체에 걸쳐 효과적으로 학업 성적을 작성하기 위해 학생 들은 초점 주제(지구온난화 또는 기하학 등)와 글짓기 규약(철자법, 구두점 등)에 대한 지

듣기와 읽기에 대한 WIDA 수행 정의, K-12학년			
언어 처리를 위한 사회문화적 맥락 내에서			
	담화 수준	문장 수준	단어/구문 수준
	언어의 복잡성	언어 형태와 관습	어휘 사용
Level 6–Reaching Bridging에 해당하는 레벨 5를 통해 모든 기준을 충족하는 언어			
각 학년마다, 주어진 수준의 영어 실력이 끝나갈 무렵, 그리고 지도적인 지원으로, 영어 학습자들은 다음을 처리하게 될 것이다.			
Level 5 연결 짓는 (Bridging)	•복잡한 문장을 가진 풍부한 서술적 담화 •응집력 있고 조직화된 관련 아이디어	•복합적이고 복잡한 문법 구조(예: 여러 구문 및 절) •특정 콘텐츠 영역의 특징인 문장 패턴의 넓은 범위	•기술적이고 추상적인 콘텐츠 영역 언어 •내용 영역 전반에 걸쳐 의미 음영이 있는 단어 및 표현
Level 4 확장하는 (Expanding)	•다양한 문장과 연결된 담화 •관련 아이디어 확대	•복잡한 문법 구조의 다양성 •특정 내용 영역의 문장 패턴 특성	•특정 및 일부 기술 콘텐츠 영역 언어 •내용 영역 간에 여러 의미를 가진 단어 또는 표현
Level 3 발전하는 (Developing)	•일련의 확장 문장으로 대화 •관련 아이디어	•복합 및 일부 복합(예: 명사구, 동사구, 전치사 구문 문법 구문) •내용 영역 간 문장 패턴	•표현을 포함한 특정 내용 언어 •내용 영역 간에 공통적인 조합과 숙어가 있는 단어 및 표현
Level 2 발현 (Emerging)	•관련된 여러 개의 간단한 문장 •세부적인 내용이 있는 아이디어	•복합 문법 구조 •내용 영역에 걸친 반복적인 표현 및 문장 패턴	•어원이 같은 말을 포함한 일반적인 내용 단어 및 표현 •내용 영역에 걸친 사회 및 교육용 단어와 표현
Level 1 입문 (Entering)	•단일 문항 또는 질문 •언어의 단어, 구문 또는 단위 내의 아이디어	•간단한 문법 구성(예: 명령, Wh-question, 선언문) •일반적인 사회 및 교육 형태와 패턴	•일반 내용 관련 단어 •일상 사회 및 교육용 단어와 표현

[그림 3-5] 숙련도별 수용언어

출처: Based on WIDA ELP Standards ⓒ 2007, 2012 Board of Regents of the University of Wisconsin System. WIDA is a trademark of the Board of Regents of the University of Wisconsin System. For more information on using the WIDA ELD Standards, please visit the WIDA website at www.wida.us. Used with permission.

식과 아이디어 구성(아이디어의 형식과 순서 지정 또는 그룹화에 나타난 바와 같이)과 관련 단계 적용에 관한 전략(예: 사전 작성 및 수정)을 사용한다(O'Malley & Pierce, 1996). 학습자들은 목적, 음성, 청중을 고려한 다음, 특정한 단어, 문장, 담화 구조를 사용하여 의도된 목표를 달성한다.

수업 설계는 EL에 대한 특정한 주의와 함께 진정한 언어 생산을 위한 충분한 기회를 통합해야 한다. [그림 3-6]에서 설명했듯이 학생들은 시간이 지남에 따라 말하기와 쓰기를 발전시켜, 일반적인 단어와 패턴의 문법 구조, 문장 패턴, 기술적이고 추상적인 언어를 가진 복잡한 문장으로 확장한다(WIDA, 2012). ELs는 L2에 대한 숙련도를 계속 발전시키면서 부문별 특정 언어를 생산할 수 있다는 점에 주목해야 한다. 학생들은 유창함, 기법, 관습의 오류에도 불구하고 L2 말하기와 쓰기에서 아이디어를 표현하도록 장려되어야 한다. 즉, 올바른 철자법, 적절한 구두점, 흠잡을 데 없는 문법은 학술적 과제에 참여하기 위한 전제 조건이 아니다. ELs는 종종 L1로부터의 이전으로 인해 L2를 조작하고 발달하면서 생산적인 언어에서 오류를 범하게 될 것이며, 그들의 노력은 장려되고 지원되어야 한다. 이러한 오류들은 교육자들이 어떻게 L2를 처리하고 생산하고 있는지 이해할 수 있도록 학생들의 사고와 언어에 창문을 열어 주고, 그렇게 하기 위해 L1을 사용하는 유용한 데이터를 제공한다(Goodman, 1973). 학생의 영역별 능력을 고려하여 교사는 강점을 두드리는 수업(예: 글쓰기를 지지하는 말하기)과 필요에 의한 비계(예: 교과별 특정 문장 패턴 사용)를 계획할 수 있다.

L1과는 별개로 학생의 L2에는 충분한 공식 데이터가 존재한다. 연방 요건에 따라 가정에서 LOTE를 사용하는 모든 학생은 판별, 분류 및 배치를 위해 심사를 받아야 한다. ELs로 표시된 학생들에게 표준화된 언어 능력 시험은 성장을 모니터링하고 학생들의 언어 능력, 강점 및 니즈의 교실 장면을 제공하기 위해 매 학년마다 주어진다. 예를 들어, WIDA 컨소시엄 구성원들은 매년 학생들에게 ACCESS 시험을 제공하며, 이 시험들은 듣기, 말하기, 읽기, 쓰기에서 복합적이고 영역별 점수를 산출한다. 이 숫자 점수는 'Can-Do-기술어'에 해당하며, 학생들이 숙련도 수준에 따라 언어로 무엇을 할 수 있는지를 상세히 기술한다(WIDA, 2016). 이러한 데이터는 ELs의 L2 능력을 이해하는 출발점을 제공하지만, 실천가들은 연간 한 번만 수집되는 공식 데이터와 함께 비 ELs에 대한 L2 데이터를 수집하기 위한 추가 정보가 필요하다. 실제 학습 중에 포착된 일화 데이터뿐만 아니라 영역 전체에 걸친 언어에 대한 형태별 평가는 언어 차원에 대한 이해를 뒷받침할 수 있다.

이중언어와 다언어 능력

가정과 제2외국어가 별개의 실체로 여겨질 때, 우리는 학생들의 언어 능력에 대한 제한된 감각만을 얻게 된다. 매일 반복되는 연습은 복잡하고 역동적이며, 표준 영어와 같이 공식적인 언어로 간주되는 언어에 구속되지 않는다. 즉, 이중언어 개인은 한 번에

말하기와 쓰기에 대한 WIDA 수행 정의, K–12학년		
언어 처리를 위한 사회문화적 맥락 내에서		
담화 수준	문장 수준	단어/구문 수준
언어의 복잡성	언어 형태와 관습	어휘 사용
Level 6–Reaching Bridging에 해당하는 레벨 5를 통해 모든 기준을 충족하는 언어		
각 학년마다, 주어진 수준의 영어 실력이 끝나갈 무렵, 그리고 지도적인 지원으로, 영어 학습자들은 다음을 생산하게 될 것이다.		
Level 5 **연결 짓는** **(Bridging)**	• 여러 개의 복잡한 문장 • 체계적이고, 화합적이며, 일관성 있는 아이디어 표현	• 목적에 맞는 다양한 문법 구조 • 특정 내용 영역의 특징인 광범위한 문장 패턴	• 기술적이고 추상적인 내용 영역 언어(내용별 데이터 정렬 포함) • 내용 영역 전반에 걸쳐 정확한 의미를 가진 단어 및 표현
Level 4 **확장하는** **(Expanding)**	• 짧은 문장, 확장된 문장 및 복잡한 문장 • 조직화된 아이디어 표현과 새로운 응집력	• 다양한 문법 구조 • 특정 내용 영역의 문장 패턴 특성	• 특정 및 일부 기술 콘텐츠 영역 언어 • 내용 영역에 걸친 조합 및 숙어의 사용을 통해 표현적 의미가 있는 단어 및 표현
Level 3 **발전하는** **(Developing)**	• 간단하고 일부 확장된 문장으로 복잡성 증가 • 하나의 아이디어의 확장된 표현 또는 여러 관련 아이디어의 새로운 표현	• 간헐적인 변동을 갖는 반복적인 문법 구조 • 내용 영역 간 문장 패턴	• 어원이 같은 말 및 표현을 포함한 특정 내용 언어 • 내용 영역 간에 사용되는 여러 의미를 가진 표현 단어
Level 2 **발현** **(Emerging)**	• 구문 또는 짧은 문장 • 떠오르는 아이디어 표현	• 공식 문법 구조 • 내용 영역에 걸친 반복적인 표현 및 문장 패턴	• 일반 내용 단어 및 표현 • 내용 영역에 걸친 사회 및 교육용 단어와 표현
Level 1 **입문** **(Entering)**	• 언어의 단어, 구 또는 단위 • 아이디어를 표현하는 데 사용되는 단일 단어	• 구 수준의 문법 구조 • 일반적인 사회 및 교육 상황과 관련된 표현 패턴	• 일반 내용 관련 단어 • 일상적인 사회, 교육 및 일부 콘텐츠 관련 단어

[그림 3-6] 숙련도별 생산적 언어

출처: Based on WIDA ELP Standards ⓒ 2007, 2012 Board of Regents of the University of Wisconsin System. WIDA is a trademark of the Board of Regents of the University of Wisconsin System. For more information on using the WIDA ELD Standards, please visit the WIDA website at www.wida.us. Used with permission.

한 언어로 사고하고 대화하는 2개의 분리된 단일 언어로 작동하지 않는다. 예를 들어, '학교에서는 영어'와 '집에서는 스페인어'처럼 말이다. 대신에 학교 안팎에서 배우고 소통할 때 방대한 언어 자원의 배열에서 동시에 그림을 그린다(Grosjean, 1989).

그들은 다른 언어의 우선순위를 정하기 위해 한 언어를 사용하지 않게 할 수 없다(그리고 해서는 안 된다.). 그럼에도 불구하고 CLD 학생들을 가르치는 전통적인 교육 접근 방식은 교실 환경, 평가 및 수업에서 언어를 분리함으로써 이중 단일 언어 사용 능력을 악화시켰다. 학생들이 영어만을 사용할 수 있도록 하는 일반 교육 교실이나, 선생님이나 내용 영역별로 언어를 엄격하게 구분하는 2개 국어를 사용하는 교실을 생각해 보자. 공식 평가는 영어로만 능력을 평가하는 표준화된 언어 능력 시험(예: Access)에서 보듯이 언어 매체의 분업을 유지한다.

일화 데이터를 수집하면 교육자들이 모든 언어적 자원으로부터 끌어내어 학습자들과 관찰과 대화를 통해 학습에 참여할 때 학생들의 진정한 언어 사용을 포착할 수 있고, 교사는 언어적 차원을 더 잘 이해하고 더 완전하게 이해할 수 있도록 충분한 정보를 얻을 수 있다. 우리는 학생들의 언어 선호를 고려하기를 원한다는 점에 유의하라. 여러 가지 언어 자원을 동원하여 학생들은 과제나 주제에 따라 특정 언어를 사용하는 것을 선호할 수 있다. 예를 들어, 균형 잡힌 문해력 영역에서 영어를 사용하는 것에 자신감을 느끼면서도 수학 문제를 처리하고 푸는 데 한국어를 선호하는 초등학생이다. 학생들의 문해력 및 교과 학습 경험에 따라 언어 선호도는 영역(예: 말하기 또는 읽기)과 내용 영역(예: 수학 또는 체육)에 따라 달라진다. 다른 학생들은 동시에 여러 언어에서 그림을 그리는 것을 선호할 수 있으며, 여러 언어를 교차 사용하는 트랜스랭기징(translanguaging)[1]이라고 알려진 2개 국어가 가진 독특한 능력을 이용할 수 있다(Garcia, 2009a). 커리큘럼 설계에 대한 UbD 접근 방식은 학생들의 배경과 강점을 기반으로 하기 때문에, 수업을 계획하기 전에 이러한 선호와 능력을 인식하는 것이 중요하다.

언어 간의 연결을 용이하게 하는 것은 수업에서 필수적이다. 학습자의 L1은 L1 능력이 L2 발달 및 학업으로 전이되기 때문에 문해와 교과 학습에 풍부한 자원이다. 학생들의 기본 언어에 익숙할 때, 선생님들은 언어가 어떻게 비교되고 대조되는지를 알 수 있

---

1) 역자 주: 교과 영역 수업에 몰두하면서 다른 언어의 습득을 촉진하기 위해 한 언어를 전략적으로 사용하는 것이며, 다국어를 구사할 수 있도록 하는 목적을 지니고 있다. 다양한 배경을 가진 많은 가족들이 영어를 습득하기 위해 모국어를 잃지 않기 위해 자녀를 학교에 보내 다국어를 구사하기를 원한다. 학생들이 모국어를 유지하면서 영어를 습득하고 이를 통해 다른 관점에서 세상을 보고 갈등을 해소하는 중요한 능력을 습득하게 되는 것이다.

다. 그들은 언어 전이를 이해하기 위해, 또는 학습자들이 L2를 이해하기 위해 L1을 어떻게 사용하는지를 이해하기 위해 먼저 이 인식을 사용할 수 있다. 예를 들어, 스페인어를 사용하는 EL은 스페인어의 구문 구조 때문에 명사와 형용사를 영어로 교환할 수 있다(예: la casa roja는 'the house red'로 번역된다.). 우리는 학생들의 언어 전이를 장려하여 메타언어적 인식을 발달시키고 싶다(Bialystok, 1993; Nagy & Townsend, 1995). 학생들이 언어 지식이 언어에 걸쳐 어떻게 전이되는지를 인식할 때, 그들은 학교에 가져다주는 여러 가지 자원을 활용한다. 예를 들어, Zaia의 아랍어를 읽고 쓰는 능력은 유사성(이해 전략 등)과 차이점(활자 방향성 등)을 포함한 영어에서의 읽고 쓰는 능력을 뒷받침한다. Lorenzo는 형태론, 구문론(통사론), 실용론(화용론)과 같은 언어적 요소를 이해하기 위해 AAVE와 표준 영어 사이의 대조 분석에 관여할 수 있다(Siegel, 2006). 일화적인 데이터를 사용하여 학생들이 어떻게 언어 기능을 연결하고 전이하는지를 이해하면 교사들은 수업에서 메타언어적 인식을 촉진할 수 있다.

이 책을 통해, 우리는 문화적·언어적으로 다양한 교실을 위해 효과적인 수업을 설계하는 방법을 탐구하며, 특히 UbD 프레임워크 내에서 언어 발달에 참여한다. 이 접근 방식은 실천가들이 이중언어, ESL, 보호자 및 일반 교육 교실을 포함한 다양한 교육 장면 및 프로그램을 계획할 때 지원하기에 목적적으로 광범위하다. 비록 이 책의 명시적인 초점은 아니지만, 이중언어 능력과 이중언어 문해력(biliteracy)의 원칙은 언어 발달에 대한 렌즈를 가지고 UbD의 우리의 틀에 기초를 두고 있다. 따라서 맥락에 관계없이, 가정 언어와 언어의 다양성은 학교에서 이용되고, 실제로 통합되고, 의도적으로 유지되는 주요 자원이 되어야 한다. 그럼에도 불구하고, 언어는 CLD 학생들 사이에서 유일한 변수는 아니며, 학습자들이 교실에 가져다주는 유일한 자원도 아니다. 다음 섹션에서는 학생들의 문화적 배경이 언어 발달과 교과 학습을 형성하고 영향을 미치기 때문에 그 가치를 고려한다.

문화적 다양성과 오늘날의 학생들

ELs와 같은 동질적 라벨은 영어 능력을 강조하면서 교실에서 유사한 요구를 가진 학생들의 동질적 그룹을 생각하게 하는 경향이 있다. 언어 차원의 이질성 외에도, 문화는 교실 다양성과 그에 상응하는 가르침에 영향을 미친다. 일반적인 오해에도 불구하고, 문화는 멕시코계, 아프리카계 또는 라틴계와 같은 인종에 기인하거나 인구 통계학적 범주보다 훨씬 더 많다. Gay(2010)는 문화를 "다른 사람의 삶뿐만 아니라 우리 자신의 삶에도 질서와 의미를 부여하기 위해 사용되는 사회적 가치, 인지적 코드, 행동 기준, 세계관, 신념의 역동적 체계"(p. 9)로 정의한다. 요컨대, 문화는 학습과 발전의 모든 측면을 형성한다(Rogoff, 2003). 문화적으로, 언어적으로 반응하는 UbD 수업을 계획하기 위해서는 우리는 우선 언어와 문화가 학교 기반의 학습과 발전에 어떤 영향을 미치는지 고려한다.

앞서 말했듯이, 이 책은 UbD 프레임워크를 통해 학생들의 언어 발달과 그들의 진정한 읽고 쓰는 능력과 교과(학문) 학습을 동시에 지원하는 것에 초점을 맞추고 있다. 언어로 통합된 커리큘럼 설계 계획을 달성하기 위해서는 언어 발달이 진공 상태에서 존재하지 않는다는 것을 이해하는 것이 필수적이다. 언어와 문화가 어떻게 교차하여 학습과 발달에 영향을 미치는가를 고려하기 위해, 우리는 학교에서 언어 습득의 다차원을 예시한 프리즘 모델을 사용한다(Collier & Thomas, 2007; Thomas & Collier, 1997). [그림 3-7]에서 볼 수 있듯이 이 모델은 언어 발달, 인지 발달, 학문 발달의 상호 연계된 성격을 강조했는데, 이 모든 것이 학교 안팎에서 사회문화적 과정을 중심으로 이루어졌다. 여러 차원에 걸쳐 학생의 L1과 L2는 전체적인 학습과 발달에 본질적인 역할을 한다. 우리는 이전 섹션에서 학생들의 언어 발달에 대한 뉘앙스를 탐구했다. 이제 우리는

[그림 3-7] 프리즘 모형: 학교에서 언어 습득

출처: From "Predicting Second Language Academic Success in English Using the Prism Model," by V. P. Collier and W. P. Thomas, in J. Cummins & Davison (Eds.), *International Handbook of English Language Teaching, Part 1* (p. 334), 2007, New York: Springer. Copyright © 2007, by V. P. and W. P. Thomas. Reprinted with permission.

인지적·교과(학문), 사회문화적 차원을 오늘날의 교실에서 학생들의 문화적 다양성을 탐구하는 수단으로 생각한다.

인지적 차원: 앎과 학습의 문화적 방식

학습자가 학교에서 언어를 발달시키면서 학생의 뇌가 무의식적으로 처리하고 배우는 방식을 가리키는 인지도 발달한다(Collier & Thomas, 2007). 종종 수업 계획에서 간과되는 인지 차원은 문화가 어떻게 개별 학생의 생각, 지식, 학습 및 발전을 독특하게 이끄는지를 고려한다(Herrera, 2016; Rogoff, 2003). Gay(2010)는 "우리가 의식적으로 의식하지 않아도 문화는 우리가 생각하고 믿고 행동하는 방식을 결정하며, 이는 결국 우리가 가르치고 배우는 방식에 영향을 미친다"(p. 9). 학습자들은 이야기를 하고 문제를 해결하고 결정을 내리기 위해 문화적으로 특정한 렌즈와 스키마를 사용하여 정보를 처리한다. 이러한 문화적 의미 형성 방법은 다음과 같다. 예를 들어, 언어적 차원(예: L1/L2 강점과 선호도)과 교과(학문) 차원(예: L1/L2의 사전 교과 학습)에 따라 학생들은 특정 언어 또는 언어의 혼합으로 정보를 처리한다. 인지적 엄격성이 결여된 낮은 수준의 활동으로 학업을 단축시킨 전통적인 EL 교육에 대한 접근법에도 불구하고 이론과 연구는 언어와 인지력이 학교에서 동시에 발달한다는 전제를 지지한다(예를 들면, Bowerman & Levinson, 2001; Clark, 2004; Collier & Thomas, 2007; Dromi, 1993; van Lier & Walqui, 2012; Vygotsky, 1962를 참조). 학습 경험이 인지 수요의 증가에 따라 학생들은 더욱 발전된 언어를 사용하고 발전시킨다(Walqui & van Lier, 2010). 그러므로 수업 설계는 학생들의 다양한 관점, 아는 방법, 인지 및 인식 전략, 그리고 모든 접근법 학습을 수용해야 한다.

교과(학문) 차원: 학습을 위한 언어 발달

학교에서 언어 발달을 탐구할 때, 우리는 또한 학업 차원에서 배우는 학생과도 연결된다. 교과(학문) 발전은 "각 학년 단원인 K-12의 어학, 수학, 과학, 사회, 미술에 관한 모든 학교 활동을 포함한다"(Collier & Thomas, 2007, p. 335). 표준화된 시험에 의해 측정된 책임의 시대에, 이 차원은 학업 성취를 위한 교육 목표를 보다 광범위하게 고려할 때 학교에서 일차적인 중요성을 유지한다. 그러나 언어 발달이 교과(학문) 학습에 선행한다는 잘못된 가정에 기초하여 CLD 학생들을 가르치는 전통적인 접근법에서 이 차원은 종종 제거되었다. 언어와 인지 사이의 입증된 연결고리로, 학생들이 문화적·언어적 스키마를 이용하여 배우고 발달함에 따라, 학교 기반의 학문에서의 학습과 발달의 확장은 명백해진다. 예를 들어, 수학에서 교과 학습에 참여하기 위해 학생들은 문화적 렌즈를 사용하여 아이디어를 개념화하고 문제를 해결하고 결과를 처리하고 전이하기 위한 언어적 능력을 해결한다. [그림 3-7]에 나타낸 것처럼, L1을 L2로 이전하는 학생의 L1의 교과(학문) 내용 지식과 기술로서 교과(학문) 차원 또한 L1과 L2에 대한 관심을 포함한다(Collier & Thomas, 2007). 영어-중간 또는 다른 교실에서 학업 성취도를 지원하기 위해 효과적인 교사는 언어, 인지, 학문을 다루는 수업을 계획한다. L1과 L2 둘 다에서 균등하게 발달하는 동시에 사회문화적 차원을 두드린다.

사회문화적 차원: 학습을 위한 배경지식

학습과 발달 언어, 인지 및 교과(학문) 측면의 모든 측면은 사회문화적 과정을 통해 발생한다(Thomas & Collier, 1997; Vygotsky, 1978). 탐구해야 할 마지막 부분인 사회문화적 차원은 학생들이 태어날 때부터 배운 자산과 자원으로부터 교실에 가져온 것을 나타내며, 이를 배경지식이라고도 한다(Herrera, 2016). 학습자의 정체성의 핵심, 이러한 사회문화적 과정은 차원을 초월하여 학습하는 데 필수적이다(Herrera, 2016). 사회문화적 차원이 학생 성취에 매우 필수적이기 때문에, 우리는 학습자의 배경지식에 대한 정보를 가정, 지역사회, 학교에서 수집하기를 원한다. [그림 3-8]과 같이, 이 세 가지 배경지식의 원천은 각각 지식 자산, 사전지식, 그리고 학문지식이라고 할 수 있다(Herrera,

가정에서 얻은 지식 자산	지역사회에서 얻은 사전지식	학교에서 배운 교과(학문) 지식
전통	지역사회 환경	이전의 내용 지식
가치	언어적 풍경	학교 문해력 연습
모국어	가족 고용	교과(학문) 언어 능력
가정에서 문해 연습	지역사회 지원 시스템	학교 기반 협력 및 협업 기술
가정에서 숫자 연습	이중언어로 말하는 지역사회	정규 학교의 다양성
가정의 다양성	언어 중개	

[그림 3-8] 학생 배경지식의 출처

출처: From *Biography-Driven Culturally Responsive Teaching* (2nd ed., p. 82), by Socorro G. Herrera, New York: teachers College Press. Copyright 2016 by Teacher College, Columbia University. Reprinted by permission of the Publisher. All rights reserved.

2016). 자원들은 상호 연결되어 있고 학습자의 다차원을 포착하기 위해 전체적으로 고려되어야 하지만, 범주는 이러한 자원을 초기에 개념화하고 관련 데이터 자원을 탐구할 수 있게 해 준다. 이 책 전반에 걸쳐 명백해지겠지만, 사회문화적 차원은 교사들로 하여금 학생들의 배경을 학습의 출발점으로 삼는 수업 계획의 기초가 되어야 한다.

가정에서 얻은 지식 자산

가르치고 배우는 데 중심적이고 자산에 기반을 둔, 지식의 자원은 그들이 집에서 충분한 시간을 보내는 학생 가정의 자원과 경험을 강조한다. 지식의 기금은 "가정이나 개인의 기능과 복지에 본질적인 지식과 기술을 역사적으로 축적하고 문화적으로 발전시킨 기구"를 말한다(Moll, Amanti, Neff, & González, 1992, p. 133). 가정에서 활동적인 구성원으로서, 아이들은 농업, 사업, 건설, 수리, 의학과 관련된 다양한 지식과 기술을 배운다. 또 문화적·종교적 제휴는 도덕적 지식, 윤리, 세례, 명절과 같은 가족 가치와 전통을 형성한다(Moll et al., 1992). 가족의 다양성은 학생들이 가정에서 수행하는 역할을 포함한다. 예를 들어, 많은 멕시코 가정에서는 아이들이 요리, 청소, 육아와 같은 분야에서 일상생활 관리에 중요한 기여자들이다(Orellana, 2001). 이러한 활동 속에서 가족 구성원들은 놀이, 노래, 춤, 기도, 토론, 이야기하기, 신문 읽기, 목록 만들기, 형제자매들을 가르치기 등을 하면서 언어, 문해력, 산술 능력 등의 독특한 레퍼토리를 사용한다(Heath, 1983; Zentella, 2005).

학생들의 지식 자원을 알아가는 것은 학교에서 제공하는 공식적인 자료를 보는 것 이상의 노력을 필요로 한다. 교사들이 등록 양식에서 가정 언어, 기원 등 기본적인 정보를 얻을 수 있는 반면, 가정에서의 학생들의 경험에 대한 풍부한 정보는 학생, 학부모, 가족들과의 의미 있고 진정한 상호작용을 통해 일화적인 자료 모음에서 나온다. 지식의 자원에 관한 자료를 수집하기 위해서 우리는 곧장 출처인 가정으로 가는 것을 추천한다. 가정 방문을 통해 직접 관찰, 참여, 대화를 통해 학생들의 일상에 대한 전체적인 감각을 얻을 수 있다(Moll & González, 1997). 가정 방문에 이어 교사들은 가정과 학교 사이의 열린 의사소통을 유지할 수 있다. 학부모–교사 회의와 학교 기반의 가족 행사를 학교 직원이 학부모에게 정보를 전이하는 기회로 개념화하기보다는, 이러한 학교를 학생들의 가정, 가족, 지식의 기금에 대해 배우는 쌍방향 대화로 받아들인다(García-Sánchez, Orellana, & Hopkins, 2011). 데이터를 분석할 때, 교육자들은 가정에서의 연습이 학교 기반 학습에 어떤 가치가 있는지에 대한 자신의 가정과 편견을 해체해야 한다.

비록 그들은 충분한 책과 취침 시간 이야기를 가지고 자랐을지 모르지만, 다른 경험들은 교실 학습에 있어 가치가 있다(Heath, 1983; Zentella, 2005).

지역사회로부터의 사전지식

학생들이 집이나 학교에 없을 때, 그들은 식당, 가게, 교회, 직장, 지역사회 조직, 도서관, 박물관, 스포츠 행사, 또는 사교 모임 등 지역사회의 다양한 지역에서 친구, 가족 등과 교류하고 있다. 가정에서 축적된 지식의 자원과 연계되어, 선행지식은 더 큰 공동체에 살면서 발생한 학생들의 경험과 이해를 말한다(Herrera, 2016). 가족 고용에 기초하여, 학생들은 Zaia가 패밀리 스토어에서 많은 역할과 아버지의 소규모 사업을 위한 Lorenzo의 실무 작업에서 알 수 있듯이, 직장에서 언어, 읽고 쓰는 능력, 숫자와 관련될 수 있다. 일, 문화적 배경, 종교 등의 관계를 이용하여 가정은 정기적으로 소셜 네트워크를 발달하여 육아, 재정, 교육 및 기타 필요를 충족시키기 위한 상호 유익한 지원 시스템을 구축한다(Moll et al., 1992). 비공식 소셜 네트워크든 공식적인 커뮤니티 조직이든, 구성원들은 종교, 스포츠 및 활동과의 진정한 참여를 통해 언어적 레퍼토리를 융합하는 이중언어적 언어 공동체에 참여한다(Herrera, 2016; Zentella, 2005).

어린이와 청소년은 이러한 다양한 언어 환경에서 본질적인 역할을 하며, 종종 지역사회의 다른 구성원들에게 L1과 L2 사이의 언어 브로커 역할을 한다(Morales & Hanson, 2005).

주소, 가족 또는 부모 고용과 같은 공식적인 데이터로부터 만들어질 수 있는 일반적인 추론을 넘어, 일화적인 데이터는 사전지식의 다양한 출처를 설명한다. 가정 방문이 지식 자원에 대한 문맥별 데이터를 산출하는 것처럼, 커뮤니티 워크는 커뮤니티 내에서 사회적 상호작용, 언어 레퍼토리 및 문화적 관행의 추세를 관찰하고 문서화할 수 있는 진정한 기회를 제공한다(Moll et al., 1992; Zentella, 2005). 교회, 언어 수업 또는 스포츠 리그에서 동일한 학생과 함께 일하는 교실 교사 및 공동체 구성원 간의 협업과 같은 지역사회 단체 및 이해관계자와의 파트너십은 사전지식의 인식과 이해를 지원할 수 있다(Kenner & Ruby, 2013). 교실에서 학생과의 대화는 커뮤니티 기반 경험에서 얻은 사전지식을 포함하여 배경지식의 모든 측면에 대한 데이터를 수집할 수 있는 기회를 제공한다(Kenner & Ruby, 2013). 구두든 서면으로든 학생과 교사는 학교 밖 경험, 활동, 관심사에 대해 대화를 나눌 수 있다. 교사들은 또한 학생들이 진정한 학습과제를 수행함에 따라 학생들의 문화적 의미 부여 방법을 창으로 제공하는 생각-말하기 등 학생들이 어떻게 선행지식이 나타나는지에 대한 유용한 일화 자료를 수집할 수 있다(Herrera, 2016; Rogoff, 2003).

학교에서 배운 교과(학문) 지식

가정과 지역사회의 사전지식은 종종 교육 계획에서 무시되는 반면, 특히 CLD 학생들은 주로 백인이며, 영어에 능숙한 교수 군단−학술적 지식과는 다른 경험을 가지고 있을 가능성이 높다. 이는 교실에서 가장 널리 사용되는 배경지식의 형태다. Herrera(2016)는 교과(학문) 지식을 학생들의 출신 국가와 현재 학교 맥락에서 모두 공식적인 교육 환경에서 습득한 것으로 설명한다. 교과(학문) 지식은 공식적인 학교 역학 관계와 협업 패턴에 대한 경험뿐만 아니라, 학생들의 이해와 읽고 쓰는 능력과 내용을 가진 능력을 포함한다. 이전에 다른 나라에서 학교를 다닌 경험이 있는 학생들의 경우, 교사들은 그들의 L1 능력, 내용 지식과 기술, 그리고 학교교육 관행에 대한 친숙함을 이용할 수 있다. 그러나 많은 국가에서 학교는 학생들의 행동과 학습에 대한 다른 기대를 유지한다. 교사들은 학생들의 상호작용이 제한적인 교사 지도나 일을 보여 주지 않고 정답을 찾으려는 기대와 같은 다양한 학교 역학 관계와 학문을 인식함으로써, 학생들이 적극적으로 학습에 참여하기 위해서는 추가적인 지원이 필요할 수 있다.

교과(학문) 지식은 교육자들이 학생들의 전체적인 배경, 능력, 요구를 이해하기 시작할 수 있도록 종종 공식적인 데이터를 쉽게 이용할 수 있는 배경지식의 한 유형이다. 미국에서 사전교육을 받은 학생들을 위해, 교육자들은 성적과 표준화된 시험 점수와 같은 학업 기록에 접근하고 탐구할 수 있다. 또한 그들은 주 표준과 지역 커리큘럼에 대한 지식을 사용하여 학생들의 이전 범위와 학습 순서에 대한 일반적인 감각을 얻을 수 있다. 다른 나라에서 학교에 입학하는 학생의 경우, 종종 공식적인 문서나 학교 성적 없이 학교 직원은 어떤 언어가 교직에 사용되는지, 다양한 교과 커리큘럼의 궤적, 그리고 출신 국가의 공식적인 학교 학문과 역학 관계와 같은 광범위한 교육 경향과 특성을 연구할 수 있다(Flaitz, 2006). 그런 다음 실천가들은 이 정보를 배경으로 교사의 관찰과 학생들의 전반적인 학교 참여에 대한 자기평가, 내용 및 읽고 쓰는 능력, 언어와 학습에 관한 선호도 등 교실에서 수집된 일화 데이터의 의미를 부여할 수 있다.

요약하자면 연령, 민족, 문화적 배경, 종교, 토착 언어, 학습 선호도, 사회경제적 지위, 성 정체성, 그리고 그 이상의 모든 교실의 학생들 사이에 엄청난 다양성으로, 우리는 UbD 수업의 설계와 시행에 있어 대응해야 할 필요성을 수용한다. CLD 학생에 대한 특정 렌즈를 사용하여, 실천가들은 학교에서 주장하는 교육 라벨을 넘어 사회문화적·언어적·인지적·교과(학문) 등 학생 학습의 복잡성과 다차원적 측면을 포용한다(Collier & Thomas, 2007; Thomas & Collier, 1997). 그렇게 하려면 교사들이 미국 주류 학교에서 전형적으로 가치 있는 배경지식으로 인식되는 것을 먼저 해체한 다음, 학생들에게 다양한 데이터 출처([그림 3-9] 참조)를 수집하고 분석해야 한다(Herrera, 2016). UbD 수업에 대한 사전 계획을 세운 후, 교사들은 학습자로서 학생들의 독특한 배경, 강점, 니즈를 통합한 목표를 설정하고 교실 경험을 설계할 수 있다.

교실 적용: 학생들의 배경지식, 장점과 니즈를 지원하기

학생들의 학습과 발달의 다차원에서 도출하여, 우리는 이제 UbD 프레임워크를 이용한 수업 계획에서 따라야 할 구체적인 단계를 개략적으로 설명한다. 이 섹션에서는 다양한 학생을 위한 수업을 사전에 효과적으로 계획하기 위해 적절한 데이터를 수집, 분석 및 적용하는 방법에 대해 설명한다.

형식 데이터 저장

교육 정책, 관련 양식 및 필수 평가의 과다함을 감안할 때, 교육자들은 학생들을 알기 위해 충분한 데이터에 접근할 수 있어야 한다. 학부모와 보호자는 학교에 입학할 때 일반 발달 정보(연령, 학년 등)와 특정 문화·언어적 세부 사항(민족 배경, 가정 언어 등)을 포함한 다양한 양식을 제출한다.

매년 ACCESS와 같은 표준화된 시험은 학생들의 언어 발달과 관련된 데이터를 생산하고, PARCC와 같은 표준화된 시험들은 학업 성취도에 관한 데이터를 생산한다. 영재 교육 심사 및 개별화 교육 계획(IEP)의 데이터를 포함하여 학생 개개인에 대한 평가 데이터도 제공될 수 있다. 여러분의 학교나 학군이 본사에 저장된 데이터가 있는 누적 폴더, 온라인 플랫폼에 정리된 데이터가 있는 컴퓨터 소프트웨어, 또는 둘 다의 조합으로 사용하든, 여러분은 학생들의 학습과 발전과 관련된 유용한 정보를 의도적으로 찾고 조립할 수 있다.

데이터 자원	방향(지침)
교실에서의 관찰	학생들이 다른 학생들과 글들과 어떻게 소통하고 상호작용하는지를 보고 들어라. 그들이 언어를 사용하여 교실 안과 밖에서 모두 작업에 참여하는 방법에 주목하라.
커뮤니티 산책	학생들이 살고 있는 학교의 지역사회를 거닐어 보라. 실제 사용 시 정통 언어와 읽고 쓰는 능력을 관찰하라. 학습을 위한 커뮤니티 지원 시스템 및 자료를 기록해 두라.
대화 저널	학생들이 가정, 지역사회, 학교 경험에 대해 일기에 쓰도록 하라. 입력된 내용에 응답하여 서면 대화 형식을 만들라. 관련 사실을 조사하기 위한 프롬프트와 질문을 제공하라.
가정 방문	학생의 집에 방문할 시간을 예약하라. 보호자와 대화할 수 있는 개방형 질문의 초안을 작성하라. 보호자가 학습자에 대한 정보를 비공식적으로 공유하도록 권장하라.
학부모–교사 회의	학부모–교사 회의를 쌍방향 대화로 활용해 교실의 자원으로 활용할 수 있는 학생들의 배경지식과 경험에 대한 정보를 수집하라.
학생부	나이, 학년, 민족성, 가정 언어, 원산지, 선행 교육 및 표준화된 언어 및 내용 시험 점수를 포함한 누적 폴더 또는 전자 데이터베이스에서 기존 데이터를 검색하라.
학생 자기 평가	학생들이 언어 사용과 교실 학습에 대한 자기평가를 통해 강점과 니즈, 선호를 공유할 수 있도록 한다. 학생들이 학습목표를 설정하고 목표를 향한 진보를 스스로 평가하도록 한다.
학생–교사 대화	비공식적이고 공식적인 기회를 구성하여 학생과 일시적 상호작용을 할 수 있도록 한다. 관심사, 경험 및 선호도에 대한 대화에 참여하고 구술어를 평가하기 위한 개방형 질문 초안을 작성하라.
생각 말하기	학생들이 생각을 소리내서 말하도록 격려한다. 언어 기술, 문화 및 언어학적으로 특정한 인지 및 전이 과정에 대한 정보를 수집하기 위해 정보를 처리하는 방법을 관찰하고 기록하라.

[그림 3-9] 학생 배경에 대한 데이터 수집

일화 데이터 수집

공식적인 조사는 서류상으로 학생들을 알아갈 수 있는 출발점을 제공하지만, 이러한 데이터는 학생들의 능력에 대한 정적이고 제한적인 교실 장면을 산출한다. 주류 학생들이 규범화한 전통적인 시험과 도구를 넘어 사회·학술 환경에서 배경지식, 문화적 의미 부여 방법, 언어 선호도 등과 관련된 부가적인 정보를 편중시켜 학습자의 상세한 모습을 더욱 풍성하게 연출할 수 있다. 이런 식으로 당신은 종종 교실과 지역사회에서 학습에 종사하면서 학생들과 가족들로부터 직접 정보를 찾음으로써 학생들의 학습과 발전에 관한 일화적인 자료를 수집할 수 있다. 관찰·면접 등 정성적 방법을 우선시하여 대화일지와 학생 자기평가와 같은 수단들을 사용하여 형성평가를 통해 일차적 자료를 수정할 수 있다. 그리고 독서회의, 소그룹 과제 등 상황에서의 일일 수업 상호작용, 가정 방문 및 학부모-팀 방문 시 가족 참여 등을 통해 일화적 데이터를 수집할 수 있다.

학생을 전체적으로 분석하기

공식 데이터를 수집하고 일화적인 데이터를 수집하여 학생들을 학습자로서 전체적으로 파악한 후, 당신은 그 데이터를 분석하여 개별 학생들의 배경, 강점 및 니즈를 파악한다. 학생에게 반응하는 교육을 계획하려면 사회문화적(가정, 지역사회, 학교의 배경지식), 언어적(L1과 L2의 듣기, 말하기, 읽기, 쓰기), 인지적(학습과 문제 해결에 대한 문화적으로 특정한 접근법), 학문적 차원(읽고 쓰는 능력과 내용 영역)을 포함한 학습자의 다차원적 측면을 고려한다. [그림 3-10]의 총체적 학생 프로파일은 개인의 자원, 능력, 강점 및 니즈를 식별하기 위해 형식적이고 일화적인 데이터의 여러 출처를 구성하고 분석하는 데 도움이 되는 도구다. 우리가 이 책을 통해 강조했듯이, 이 전체적인 분석은 학습과 발전을 강화하기 위한 학생들의 자산에 초점을 맞춘다.

장기적인 학습목표 세우기

전체론적으로 학생들을 프로파일링하기 위해 형식적인 출처와 일화적인 출처를 모두 파악한 후, 이러한 데이터를 사용하여 개별 및 전체 학급 목표를 설정하라. 이 과정은 선생님과 교실의 맥락에 따라 달라질 것이다. 예를 들어, 초등학교 교사들은 자립형 교실의 각 학생들을 대상으로 할 수 있는 반면, 고등학교 교사들은 특정 학급에 걸쳐 일반화할 수 있다. CLD 학생의 장기 학습목표는 특히 인지 및 학업 차원에서 원하는 성과를 고려할 때 모든 학습자의 엄격한 과정 수준 목표와 일치해야 한다. 사회문화적 차원과 관련된 목표(예: 미국 학교교육 및 문화적 정체성 발달), 언어적 저하(예: L1 유지 및 L2 쓰기 개선)를 추가한다. 이러한 목표를 사회문화, 언어, 인지 및 교과(학문) 차원에 걸친 학생 학습에 사용하여 학년을 위한 수업을 계획한다.

영역	공식 데이터	일화 데이터	분석 및 목표
사회문화적	나이: 학년: 국적: 이전 학교교육: 미국에서 지낸 시간:	지식 자원(가정) 사전지식(지역사회) 학술 지식(학교)	강점: 요구: 목표:
인지적	영재: IEP: 504: RtI 단계: 기타:	학생의 과정: 학습 선호도: 선호 그룹화:	강점: 요구: 목표:
언어적	모국어(L1): L1 전반: L1 듣기: L1 말하기: L1 읽기: L1 쓰기 제2외국어(L2): L2 전반: L2 듣기: L2 말하기: L2 읽기: L2 쓰기	언어 선호도: 읽고 쓰는 능력 선호도: 언어의 다양성: 메타언어 인식: 언어 번역 능력:	강점: 요구: 목표:
교과(학문)	표준화된 내용 시험 점수: 읽기: 수학: 과학: 기타:	ELA 능력/자기효능감: 수학 능력/자기효능감: 과학 능력/자기효능감: 기타:	강점: 요구: 목표:

[그림 3-10] 전체적인 학생 프로파일

출처: Based on "Predicting Second Language Academic Success in English Using the Prism Model," by V.P. Collier and W.P. Thomas, in J. Cummins & C. Davison (Eds.), *International Handbook of English Language Teaching, Part 1,* 2007, New York: Springer; and *Biography-Driven Culturally responsive Teaching* (2nd ed.), by S. G. Herrera, 2016, New York: Teachers College Press.

지원 환경 설계

이 책은 특히 문화적으로 언어적으로 반응적인 UbD 틀을 통한 수업 계획에 중점을 두지만, 문화적·언어적으로 다양한 교실과 학교의 맥락적 특성은 언어 발달과 교과 학습을 지원하는 데 있어서 똑같이 중요하다. 맥락적 특성은 사회문화적·인지적·언어적 문화를 포함한 학생들의 다차원적 발달 환경을 지원하는 긍정적인 학습 환경을 창조, 육성 및 유지하는 것을 목표로 하는 행위적 지식에 국한되지 않는 광범위한 요소들이다. 이러한 맥락적 특성들은 학생들의 배경과 요구에 응대해야 한다. 예로는 학습을 위한 다중언어적인 축복과 비계를 제공하는 언어와 문해력이 풍부한 환경을 지원해 주고, 학생들이 언어를 가지고 위험을 무릅쓰는 것을 지원해 주는 교실 공동체를 포함한다.

유의미한 수업을 계획하기

학생들의 장기 학습목표 달성을 지원하고자 할 때, UbD 프레임워크를 사용하여 의미 있고 진실한 수업을 계획하라. 이어지는 장에서는 앞에서 설명한 전체론적 데이터 분석과 장기적인 목표를 도출하여 차원에 걸쳐 학생의 학습과 발달을 촉진하기 위한 수업을 계획하는 방법을 탐구한다. 1단계(제4장)에서는 교사가 언어 수요에 대한 학습 단원을 분석하고 지식 및 기술 지표를 통해 단원 학습목표를 설정한다. 2단계(제5장)에서는 수행과제, 총괄평가, 기타 평가에서 가능한 문화적·언어적 편향성을 분석하여 수정한다. 3단계(제6장, 제7장)에서 교사들은 배경지식을 활용하고 수업 전·중·후에 적절한 비계 및 지원을 제공한다.

교실 장면: 학생들과 함께 시작하기

Karen Tellez 씨는 시카고의 북서쪽에 있는 활기차고 다양한 알바니 파크 공동체의 뉴턴 Bateman 초등학교 8학년 언어예술 교사다. Bateman에는 유치원부터 중학교까지 60명의 선생님들이 가르치는 약 1,000명의 학생들이 다닌다. 그 학생들 중 80%, 즉 800명이 집에서 LOTE를 많이 말한다. 학교의 대다수인 85%의 라틴계 학생들이 집에서 스페인어를 사용하며, 멕시코, 과테말라, 엘살바도르, 에콰도르, 콜롬비아, 푸에르토리코, 스페인 출신 가족들이 사용하는 다양한 언어 품종이 있다. 스페인어 외에도 아랍어, 타갈로그어, 파르시어, 우르두어, 말라얄람어, 러시아어, 스와힐리어, 태국어, 버마어, 프랑스어 등 언어적 배경을 가진 학생들이 학교에 온다. CLD 학습자의 광범위한 모집단 내에서 Bateman 학생의 약 3분의 1은 접근 언어 능력 시험의 점수에 기초하여 EL로 분류된다. 따라서 학교 커뮤니티 전체 학생 3명 중 1명은 여전히 영어 듣기, 말하기, 읽기, 쓰기에 능숙해지고 있다.

중학교 3학년 때 Tellez 씨는 8학년 언어예술의 여러 분야에 걸쳐 약 5명의 학생을 대상으로 가르치고 있다. 많은 학생들을 가르쳤음에도 불구하고, 그녀는 수업 설계를 하기 전에 학생들의 배경과 능력을 알아가는 것이 중요하다는 것을 알고 있다. Bateman의 EL 전문가가 집계한 자료를 이용해 Tellez 씨는 L1 배경과 L2 비효율성 등 학생들의 언어 능력을 분석하는 것으로 학년을 시작한다. 우선 가정 언어 설문 조사에 나와 있는 L1과 함께 학생 목록을 사용하여, 그녀는 L1이 스와힐리어인 한 신입생과 SLIFE 학생처럼 이전에 그녀의 교실에서 표현되지 않았던 새로운 언어들을 숙지하고 있다. 그런 다음, 각 반에 대해 학생들의 표준화된 언어 능력 시험 점수를 표시하는데, 이 점수는 학생들의 언어 능력과 요구를 영역별(듣기, 말하기, 읽기, 쓰기)별로 요약하여 지도 계획과 지원을 알려 준다.

Tellez 씨는 이러한 공식적인 자료를 사용하는 것 외에도 학생들을 알기 위해 의미 있고 상호작용적인 기회를 의도적으로 통합하고 그들의 사회문화적·인지적·언어적·교과(학문) 배경에 대한 일화적인 정보를 수집한다. 그녀는 학습자들이 안전하고, 편안함을 느끼고, 자신의 이야기를 나누고, 개개인의 정체성을 발달하도록 격려하는 협력적인 교실 환경을 꾸준히 조성한다. 학년 초, 그녀는 학습자들이 이야기를 하고 아이디어를 공유할 수 있도록 커뮤니티를 형성하는 노력을 설계하고, 동시에 학생들의 배경, 경험, 관심, 선호에 대한 관련 자료를 수집한다. Tellez 씨는 학년 내내 문학계나 학술지와 같은 문해력 관련 콘퍼런스와 구성주의 학습 맥락에서 관찰한 내용을 문서화한다. 그렇게 하는 것은 그녀가 가정 구조, 종교, 언어 선호, 이전의 학교교육, 그리고 다른 요소들에 있어서 학생들의 배경의 다양성에 대한 인식을 쌓고, 학습자들이 가정, 지역사회, 학교에서 가져오는 특정한 배경지식을 주목하는 데 도움이 된다. 그녀는 또한 부모-교사 회의를 양방향 대화로 전략적으로 사용하여 학습자의 전체적인 배경, 능력, 강점 및 니즈에 대한 추가 정보를 수집한다.

이러한 형식적이고 일화적인 데이터는 그녀에게 학생들의 문화적·언어적 배경에 대응하고 통합하는 수업 설계에 적절한 정보를 제공한다. 그녀의 8학년 언어예술 단원이 여행과 정체성 발달에 초점을 맞춘다고 생각해 보자([그림 3-11] 참조). Tellez 씨는 학생들의 배경을 잘 알고, 특히 『Red Glass』(Resau, 2009)를 중재 텍스트로 선정한다. 주인공 소피는 이 책에서 멕시코를 거쳐 중앙아메리카로 건너가 애리조나에서 국경을 넘는 집단의 유일한 생존자인 다섯 살짜리 입양 동생 Pablo의 가족을 찾는다. 이 위험한 여정에서 많은 고난과 도전에 직면하면서 Sophie는 내면의 힘을 발견하고 트라우마, 도전, 죽음에 직면했을 때 정체성과 자각심을 키운다.

Tellez 씨는 사전 계획 자료를 수집하여 대부분의 학생들이 이민자들이거나 국경 통과, 가족 분리, 기타 관련된 고난에 대한 개인적·가족적 이야기를 모두 가진 이민자들의 자녀라는 사실을 알고 있다. 많은 학생들이 멕시코와 중앙아메리카의 환경에 대해 직접적인 지식을 가지고 있는 반면, 다른 학생들은 이라크, 미얀마, 콩고에서 온 비슷한 여정을 경험했다. 학생들의 경험을 바탕으로 문화적으로 관련성이 있는 교과서를 선택함으로써, 그녀는 학생들이 배경지식을 활용하여 이해를 쌓고, 본질적 질문과 씨름하며, UbD 프레임워크의 1단계에서 제시된 지식과 기술을 발달할 수 있도록 한다. 2단계의 수행평가와 3단계의 학습 계획 등 단원 전체에 걸쳐 학생들의 여정과 정체성을 통합함으로써 그녀는 지도 설계 전반에 걸쳐 CLD 학생들을 위한 언어의 렌즈를 유지한다.

Tellez 씨는 또한 학습자들의 프로필의 다른 요소들에 대응하여 단원을 계획한다. 학생들의 언어 차원에 대한 사전 계획 데이터를 사용하여, 그녀는 분야별 언어의 발달을 우선시한다. Bateman의 이질적인 수업 부분에는 EL과 영어 능력으로 분류되는 학생들이 포함된다. 콩고에서 최근에 도착한 것 외에, 그녀의 라벨로 표시된 ELs의 대부분은 L2 발달 후기 단계에 있다. 그녀는 이 정보를 사용하여 어휘, 문학적 장치 및 해설 텍스트 구조와 같은 영역에서 학생들의 언어 지식뿐만 아니라 다른 말로 바꾸어 표현하기 및 토론과 같은 특정 언어 기능 및 영역에서의 능력을 계발하기 위해 교과(학문) 언어를 대상으로 한다. 1단계에서의 언어 분석의 일환으로, Tellez 씨는 스페인어 2개 국어를 사용하는 학생들을 위해 어원이 같은 언어를 사용할 수 있는 반면, 다른 학습자들은 교과(학문) 언어를 발달하기 위해 추가적인 지원이 필요할 것이라고 인식한다. 아랍어, 타갈로그어, 태국어, 버마어 등 학생들의 언어 배경과 상관없이 Tellez 씨는 교실에서 그들의 L1을 받아들여 쌓고 싶어 한다. 이를 위해 그녀는 2단계 수행과제와 3단계 학습

계획을 설계하여 2개 국어, 외래어, 언어 횡단 능력(언어를 상호 교차적으로 사용하는 능력)을 위한 빈번한 기회를 통합한다. 대부분의 학습 계획이 문학 서클을 통한 학생 중심이기 때문에 Tellez 씨는 이러한 협력적 학교교육의 역동성에 익숙하지 않을 수도 있는 자신의 콩고 학생 등을 교실 커뮤니티에 지원할 필요성도 인식했다.

요약

언어 발달을 위한 수업의 사전 계획 수립에 중점을 둔 이 장에서는 학습과 발달의 차원에 걸쳐 학생의 고유한 배경, 강점, 니즈에 대응하는 수업을 인식하고, 구별하고, 계획하는 필요성을 강조해 왔다(Herrera, 2016). 이 장 내내 우리는 학교에서 흔히 사용되는 동질적인 라벨 안에서 학생들의 문화적 · 언어적 배경과 능력의 이질성을 탐구했고, 또한 개별 학생들을 독특하고 총체적인 학습자로 포착하기 위해 여러 자료의 출처를 수집하고 사용하는 구체적인 방법을 탐구했다.

우리는 학생들이 가정 언어와 문화적 배경을 포함하여 교실에 가져오는 자원과 자산에 기반을 둔 수업을 계획하는 방법에 대해 설명해 왔다. CLD 학생들을 일률적인 전략으로 가르치는 전통적인 접근법과는 달리, 우리의 접근법은 교실에서 다양한 학생들을 먼저 인식하고 이에 민감하게 반응해야 한다는 점을 강조해 왔으며, 이는 교육 관련 문헌에서 문화적으로나 언어적으로 반응하는 교수학에서 도출된 결과들을 가져왔다(Gay, 2010; Lucas et al., 2008).

다음 장들에서 우리는 언어와 문화에 초점을 맞춘 커리큘럼 설계와 수업 계획을 위한 UbD 프레임워크에 통합한다. 우리가 세 가지 수업 설계 단계를 살펴볼 때, 여러분은 사전 계획 단계에서 축적된 데이터의 취약성을 볼 수 있을 것이다. 1단계에서 학생들의 언어 차원에 대한 데이터는 언어 발달을 위한 관련 언어의 결정과 그에 상응하는 목표를 뒷받침한다. 2단계에서 다양한 데이터는 배경지식을 적절히 활용하고 언어 능력에 따라 학습을 입증할 기회를 차별화하는 수행과제의 설계를 알려 준다. 3단계에서는 모든 데이터가 통합되어 진정한 학습과제와 복잡한 텍스트에 대한 공평한 접근을 비계 및 지원하면서 학생들의 고유한 강점과 흥미가 통합된 학습 궤적을 구상한다. 다음 장에서는 1단계 수업 설계에 초점을 맞추어 문화적 · 언어적으로 다양한 교실에서 UbD 프레임워크의 활용에 대한 탐색을 시작한다.

1단계–바라는 결과		
설정된 목표	전이	
CCSS–ELA–RL–8.4: 텍스트에서 사용되는 단어와 구문의 의미를 결정하며, 특정 단어 선택이 의미와 톤에 미치는 영향을 분석한다. CCSS–ELA–RL–8.6: 등장인물이나 독자의 관점의 차이가 어떻게 서스펜스나 유머와 같은 효과를 만들어 내는지 분석한다. CCSS–ELA–W–8.1: 명확한 이유와 관련 증거가 있는 주장을 뒷받침하는 논거 작성 CCSS–ELA–SL–8.5: 멀티미디어와 비주얼 디스플레이를 프레젠테이션에 통합하여 정보를 명확히 하고, 청구 및 증거를 강화하며, 관심을 더한다.	학생들은 다음의 과제를 수행하기 위하여 자신의 학습을 자율적으로 사용할 수 있을 것이다. • 실제 경험과 연결된 텍스트로 테마가 어떻게 발달되는지 분석하면서 비판적으로 읽기	
	의미 구성	
	이해 학생들은 다음 사항을 이해할 것이다. • 사람들은 신체적 · 감정적 · 정신적 · 문화적 여행을 포함한 많은 여행을 한다. • 우리의 여행은 우리의 정체성을 형성한다. • 우리의 가치는 우리가 하는 선택을 통해 발전한다. • 강력한 스토리 쓰기는 테마의 발달을 통해 우리의 삶과 타인의 삶에 연결되도록 도와준다.	본질적 질문 학생들은 다음 사항을 지속적으로 고려할 것이다. • 사람은 어떤 여행을 할 수 있는가? • 우리의 여행은 우리를 어떻게 변화시키는가? • 인생에서 가장 중요한 것은 무엇인가? • 가상의 텍스트는 어떻게 인맥을 형성하도록 돕는가? • 텍스트의 주제는 어떻게 우리가 다른 사람들을 더 잘 이해하는 데 도움을 주는가?
	습득	
	학생들은 다음 사항을 알 것이다. • 단원 및 텍스트별 어휘[예: 여행, 목적지, 사막, 이민, 미등록, (유리, 금속 등의) 조각, 불안, 주인공, 적대자)] • 문학적 장치(예: 단순성, 은유, 과대포장, 보장성, 의인화, 반복) • 특정 문장 구조와 신호 단어가 포함된 설명 텍스트	학생들은 다음 사항에 능숙해질 것이다. • 발언자의 주장과 주장을 결정하고 증거의 타당성을 평가하기 • 소피의 변화에 대한 동료의 주장과 주장을 다른 말로 바꾸어 표현하기 • 소피에게 가장 큰 영향을 미치는 사건들에 대해 토론하기 • 소피의 변화에 가장 큰 영향을 미치는 사건들을 확인하기 • 소피에게 가장 큰 영향을 미치는 사건들에 대한 논쟁과 주장을 뒷받침하는 주장하기

2단계-증거	
평가 준거	평가 증거
• 진정성 • 증거 기반성 • 설득력 있는 합리성 • 매력성 • 언어의 풍부성	**수행과제** **소피의 이민 여행** 당신의 임무는 개인의 여정을 말하는 것이다. 당신은 이민에 대한 개인적인 이야기를 대중에게 알리는 임무를 맡은 지역 기자다. 다가오는 코너는 소피의 여정을 중심으로, 소피의 여정을 규정하는 사건에 대한 당신의 주장과 지지 주장을 포함한다. 또래들과 함께 인터뷰, 롤플레잉, 그리고 소피의 여정 이야기를 꾸며 줄 보충 영상과 사진 등이 포함된 동영상 코너를 만들게 된다. 당신은 당신의 여행과 모국어를 포함한 이 임무를 수행하기 위해 당신의 문화적·언어적 자원을 사용해야 한다. 당신의 연기는 그녀의 이야기를 들려주면서 동시에 당신의 조작된 줄거리로 관객들을 설득시킬 필요가 있다.
• 협력적인 • 해석적인 • (주의, 관심을 사로잡는) 매력적인	**보충 증거** • 쌍방향 학습 활동 참여(즉, 소크라테스 세미나, 문학 서클) • 초점 텍스트(즉, 『Red Glass』) 및 관련 텍스트에 기반한 교사-학생 콘퍼런스

3단계-학습계획

사전평가
• 여정에 대한 배경지식 얻기: 학생들이 방을 돌아다니며 단원의 본질적 질문에 단어나 그림으로 답하는 그래피티 형식을 사용한다. 단체들은 포스터에서 나온 주요 아이디어를 공유한다.
• 대화형 예상 가이드(영어 및 스페인어): 학생들은 문장의 프롬프트에 반응하고 자신의 아이디어를 『Red Glass』라는 큰 주제를 가지고 서로 교류한다.

학습 활동	형성평가
• 이민자 국경 통과에 관한 논픽션 기사의 모델링 및 적용: Think Marks를 사용한 텍스트 주석 및 5W+1H 그래픽 관리자(이중언어)를 사용한 요약 • 지속적인 독서자 응답: 각 수업을 시작하기 위해, 학생들은 목표 주제와 수업에 집중하는 독자의 대응 전략을 사용한다(예: 밑그림 그리기, 거미줄 그리기, 캐릭터 비교). • 진행 중인 읽기 미니 시리즈: 각 문헌 서클에 앞서, 관련 그래픽 주최자(예: 특성화 차트, 브리지 그래픽 주관자, 말/말 T차트, 그림)를 사용하여 의미를 부여하는 읽기 전략(예: 자기 모니터링, 추론, 시각화, 활동 분석)을 미니 레슨으로 제시한다. • 진행 중인 문학 서클: 소설 『Red Glass』의 정해진 부분을 읽은 후, 학생들은 역할을 이용하여 중요한 주제들에 대해 토론하고 의미를 부여하기 위해 모인다. • 모델링 및 적용: 초점 소설과 시[〈나는 너의 마음을 내 가슴에 품고 있어(I carry your heart in my heart)〉(E. E. Cummings 지음)]와 그래픽 소설[『Safe Area Gorazde』(Joe Sacco 지음)]을 포함한 다른 장르 사이의 연관성 • 소크라테스 세미나: 무엇이 Sophie La Delicada를 Sophie La Fuerte로 변화를 촉발시켰는가? 학생들에게 어학 능력 수준(신입생 L1)에 따른 문장 틀을 제공한다.	• 독자자 응답 및 대화형 문헌 토론의 산물(예: 포스터, 반영) • 일별 수업의 산물(예: 텍스트 증거, 특성화 차트, T-chart, 콘텍스트 단서 차트, 1분 요약 인용용 브리지 그래픽 관리자) • 관련 어휘의 개인 용어집 • 이해를 위한 일일 점검 체크리스트

| • 문화 관련 그림책을 통한 언어 발달 확대: 「Harvesting Hope: The story of Cesar Chavez」(Krull, 2003), 「Ziba Came on a Boat」(Lofthouse, 2007), 「Pancho Rabbit and the Coyote」(Tonatiuh, 2013), 「The Arrival」(Tan, 2007), 「Migrant」(Trottier, 2011), 「Grandfather's Journey」(Say, 2008), 「My Diary from Here to There」(Perez, 2009), 「Landed」(Lee, 2006), 그리고 「Bread Song」(Lipp, 2004).
• 수업 중 수행 작업을 계획, 연습 및 연습하는 시간(부문 보고, 위 참조) | |

[그림 3-11] Tellez 씨의 8학년 언어 단원

출처: Used with permission from Kren Tellez, Newton Bateman Elementary School, Chicago.

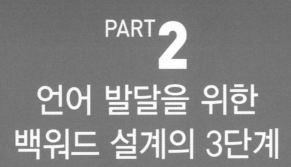

PART 2

언어 발달을 위한
백워드 설계의 3단계

|4|
학습목표 설정하기:
언어 발달을 위한 1단계

전이 교육자들은 다음의 과제를 수행하기 위하여 자신의 학습을 자율적으로 사용할 수 있을 것이다.

• 학문 분야(학과목) 내에서와 학문 분야(학과목) 간에 언어상의 요구 인식하기

• 학생의 언어 발달에 대한 바라는 결과를 목표로 삼고, 정의하기

이해 교육자들은 다음 사항을 이해할 것이다.

• 언어 사용은 학문 분야 내에서나 학문 분야마다 다르다.

• 언어 요구는 학습자, 과제 및 교실 상황에 따라 다르다.

• 교사는 학습 단원에서 언어 요구를 인식하고 이에 주목함으로써, CLD 학생들에게 학습에 대한 공평한 접근을 제공해야 한다.

본질적인 질문 교육자들은 다음 사항을 지속적으로 고려할 것이다.

• 언어란 무엇인가?

• 언어는 학문, 맥락, 그리고 학습 단원에 따라 어떻게 달라지는가?

지식 교육자들은 다음 사항을 알 것이다.

• 이해의 여섯 가지 측면에 연계된 언어 기능

• 수학, 과학, 사회과, 영어과 및 기타 학과목의 교과(학문) 성격

• 단어, 문장, 담화 수준에서 언어의 특징

• 언어의 네 가지 영역(듣기, 말하기, 읽기, 쓰기)

- 학문 분야(학과목) 내에서와 학문 분야(학과목) 간, 그리고 학습 단원에 내재된 언어 요구를 분석하기
- 구체적인 개별 기능 및 과정이 학습 단원에서 어떻게 학생의 언어 발달을 목표로 하고 발달할 수 있는지를 구분하기

우리가 언어 발달에 관한 렌즈를 UbD에 추가한다면, 우리의 중요한 목표는 형평성이다. 이러한 CLD 학생들의 형평성에 초점을 맞추는 것은 우리가 학습에 대해 바라는 결과를 정의할 때 수업 계획의 1단계에서 시작된다. 첫째, 우리는 모든 학생이 진정한 학습에 참여하여 학습목표를 달성하고 지속적인 이해를 할 수 있기를 바란다. 둘째로, 우리는 모든 학생의 언어를 발달시키고 CLD 학생들에게 바라는 결과에 공평하게 접근하기 위해 교과(학문) 언어에 명시적으로 초점을 맞출 필요가 있음을 인정한다. 그러한 목표를 염두에 두고, 이 장에서는 우리는 언어 기능과 특징을 포함한 학문적 학습과제에 대한 언어적 요구를 인식하는 데 집중한다. 우리는 이러한 요구를 학과목 전체와 학습 단원 전체에 걸쳐서 고려하며, 그런 다음 이 요구 사항을 전이 목표, 의미 형성 목표 및 습득 목표를 포함하는 1단계에서의 바라는 결과를 미세 조정하는 데에 활용한다.

교실과 학교에서의 언어 발달

언어 발달의 여러 다양한 측면에 대한 인식—언어 발달은 학과목, 교실 수업, 학생, 과제, 텍스트에 따라 어떻게 달라지는지를 포함하여—은 1단계의 작업에 정보를 제공해 준다. 여기서 우리는 UbD 프레임워크의 1단계를 수행할 때 나타나는 뉘앙스의 일부를 보여 주는 상황을 가진 두 학생 Fatima와 Vinh을 소개하고자 한다.

7학년의 Fatima

스페인어 원어민 Fatima는 3학년 때 영어를 배우기 시작했는데, 이때 그녀의 가족이 멕시코 과이마스(Guaymas)로부터 미국으로 이민을 와서 이웃 초등학교에 등록했다. 현재 문화적·언어적으로 다양한 중학교에서 Fatima는 또래들과 서로 다른 교과 내용 영역을 배우기 위해 교실에서 교실로 이동하며, 그들 중 다수는 멕시코, 중앙아메리

카, 남아메리카에서 온 스페인어 사용자들이다. 어학 수업에서 Fatima의 선생님은 학생들이 리머릭과 하이쿠를 포함한 시의 다른 형식과 구조를 읽고 쓰고 구두로 암송하는 데에 몰두한다. Fatima는 수학 시간에 통계에 대해 배운다. 인구조사 데이터의 무작위 샘플을 읽고, 모집단에 대한 추론을 하고, 주장에 대한 정당성을 쓰는 것이다. 과학에서는 그녀와 반 친구들이 모델을 통해 세포의 구조와 기능을 설계하고 설명함으로써 교과서 읽기와 학습 경험으로부터 배우는 것을 응용한다. Fatima는 현재 『Dreamers』 (Truax, 2015)를 읽고 있는 사회 과목과 미국 전역의 저널리즘 형태의 서술형 프로파일링 미등록 학생, 이민 이야기를 담기 위한 구술 역사 면접에서 이민에 초점을 맞추고 있다. 초등학교 때 그랬던 것처럼 Fatima는 학습을 좋아하고 선생님들의 높은 기대를 받고 있지만, 수업 시간마다 뚜렷하게 사용되는 복잡한 언어 때문에 때때로 내용에 접근하기 위해 고군분투하기도 한다. 시에서 비유어를 바탕으로 추론을 하거나, 인구조사에 기반한 자료표의 주장을 정당화하거나, 과학 교과서의 개념을 적용하거나, 미국 이민 논쟁의 특정 인물, 법률 절차, 두문자어 등을 탐색하는 등 Fatima는 충분히 참여하고 학습에 참여하기 위해 교과(학문) 언어를 발달시켜야 한다.

10학년의 Vinh

순차적 이중언어 사용자인 Vinh은 부모와 간호사, 지역 식당 주인, 그리고 조부모와 형제들과 함께 집에서 베트남어를 구사하며 자랐다. Vinh은 그의 부모님이 그를 유치원에 등록시켰을 때 영어를 배우기 시작했다. 현재 교외 공립 고등학교의 10학년인 Vinh은 장기 EL로 간주된다. 듣기와 말하기에 강한 그는 특히 학문 특유의 교과(학문) 환경에서 독서와 글쓰기에 어려움을 겪는다. 지난해인 9학년 때 Vinh은 역사 수업에 낙제했다. 초등학교와 중학교 사회 과목에도 관심이 많았지만 소극적인 음성 복합문장과 기술적 어휘, 다의어를 꾸준히 사용하는 교재에 접근하기 위해 고군분투했다. Vinh이 접근성이 떨어져 콘텐츠에 대한 흥미를 잃은 후, 그의 선생님은 그에게 영어 실력이 뛰어난 동료들의 글과 과제와는 다른 간단한 텍스트와 암기 워크시트를 제공했다. 올해 Vinh은 교과(학문) 언어와 언어 발달에 대한 이해 등 EL을 위한 구체적인 준비가 있는 다른 선생님과 역사 수업에 배치되었다. 이 교사는 역사 내용과 언어에 대한 동시 렌즈를 사용하여 수업을 계획한다. 그녀는 이해와 본질적 질문을 중심으로 심층적이고 진실된 쌍방향적인 학습에 학생들을 참여시키는 한편, 역사 중심 학습 단원에 내재된 언어 요구와 기능에 대한 접근성을 확립하기 위한 교육을 계획하고 시행한다. 선생님의 언어 렌즈 덕분에, Vinh은 이제 교실에 기반을 둔 교과 학습에 접근할 수 있고, 더 깊은 이해를 쌓을 수 있으며, 본질적인 질문들과 씨름할 수 있어 그의 자기효능감, 참여력, 동기가 강화되었다.

이해를 위한 백워드 설계 1단계와 언어 발달

제1장에서 설명한 바와 같이, UbD의 가장 중요한 목표는 학생들의 이해를 발전시키고 심화시키는 것이다. 우리는 교육자들이 학생들이 의미를 만들고 새로운 상황에서 이해, 지식, 기술을 적용할 수 있도록 수업을 계획하기를 원한다(Wiggins & McTighe, 2011). 백워드 설계의 1단계는 전이, 의미 형성 및 습득을 위한 목표를 포함하여 바라는 수업 결과를 정의하는 단계다. 전이는 특히 장기간의 교육 목표를 말하며, 학생들이 학습의 범위와 순서를 넘어 자신의 학습을 전이하고 사용할 수 있도록 준비한다. 전이가 쉽게 이루어지기 위해 학생들이 적극적으로 질문하고 고민하는 가운데 의미를 부여해 깊은 이해를 쌓는다. 의미 형성 및 전이, 습득 목표의 구성 요소는 관련 지식과 기술을 구축하는 것을 목표로 한다(Wiggins & McTighe, 2011). 모두 종합해 보면 이러한 상호 연결된 목표들은 후속하는 수업 계획을 안내하는 진정한 학습에 대한 엄격한 기대를 설정한다. 다음 절에서는 언어 발달의 렌즈를 통해 이러한 다양한 요소들을 살펴본다.

언어의 렌즈를 통한 전이 목표와 의미 구성하기 목표

우리는 학생들이 전이 목표와 의미 구성 목표를 달성하는 데 필요한 언어들을 고려함으로써 언어에 관한 렌즈로 UbD 수업 계획을 시작한다. 교사들은 먼저 이러한 목표를 통해 모든 학생이 학습에 참여하는 데 필요한 언어를 결정하고, 모든 학생이 학습에 참여하는 데 필요한 학생의 언어를 비계설정 및 지원하며, 그리고 나서 수업 설계와 시행 단계 전반에 걸쳐 학생들의 언어 발달을 지원하고 있다.

다음 섹션에서 설명했듯 언어 발달은 사회문화적 맥락 안에서 일어난다(Walqui & van Lier, 2010). 이 맥락에는 언어 사용역(예를 들어, 수학의 언어), 단원 토픽(예를 들어, 대

수적 기울기), 과제(예를 들어, 근린지도 사용), 텍스트(예를 들어, 단어 문제) 및 언어 배경
(WIDA, 2012)을 포함한 학생들이 포함된다. 우리는 여러 교과목과 단원들에 걸쳐 있는
언어 기능에 관한 사회언어적 렌즈로 시작하며, 이 경우 학생들은 사회적 상호작용과
인지 처리 기능을 위하여 언어를 사용한다. 그래서 학과목과 학습 단원 내의 담화, 문
장, 그리고 단어/구절 수준에서의 언어 요구에 초점을 맞추는 언어적 렌즈를 고려하게
된다.

여러 교과에 걸쳐 있는 언어 기능: 사회언어적 렌즈

언어는 학교 내외에서 이루어지는 의사소통을 말(구두)과 글로 중재한다. 그러나 구
체적인 목표와 과제를 달성하기 위해, 우리는 언어 기능이라고 불리는 다른 방법으로
언어를 사용한다(Fairclough, 2003; Halliday, 1975). 수업 시간 내내 교사와 학생들은 다
양한 언어 기능을 사용하여 매일의 학습 경험을 한다. **의사소통적 언어 기능**을 이용하여
학생들은 서로 인사하고, 복도 출입증을 요구하거나 화장실에 가고, 또래들에게 정보
나 도움을 주고, 그들의 감정과 감정을 표현한다(O'Malley & Pierce, 1996). 학생들은 지
도에 지리적 특징을 식별하고 표시하며, 수학 방정식의 단계를 배열하고 설명하거나,
과학 실험의 결과를 가설을 세우거나, 문학 작품의 저자를 비평하는 등 교실 학습 경
험에 참여하는 동안 교과(학문) 언어 기능을 통합한다(AACCW, 2010; O'Malley & Pierce,
1996). 언어 기능은 모든 학문(교과목)에 걸쳐서 작용하고, 학생들이 사회적 상호작용,
인지 처리 및 진정한 학습에 참여 할 수 있도록 하기 위해 단어, 구문, 문장, 담화를 융
합하고 실행하는 등의 뚜렷한 방법으로 언어를 사용하도록 촉진한다.

이 절에서 우리는 언어 기능 또는 학생들이 인지와 결합되어 언어를 사용하는 방법
을 고려하기 위해 **이해의 여섯 가지 측면**(Wiggins & McTighe, 2005)을 사용한다. 이러한
이해의 측면은 설명, 해석, 적용, 관점, 공감, 자기 지식이다. 그것들은 UbD의 궁극적
인 목표인 깊고 진정한 학습을 설계하고 평가하는 데 사용될 수 있다. UbD는 학생들
이 명세화된 기준과 관련된 단순한 사실의 재생을 넘어 중요한 개념의 의미를 형성하
고 다른 맥락으로 학습을 전이하는 것을 가능하게 하는 수업의 설계를 말한다. 언어의
렌즈를 추가함으로써, 우리의 중요한 목표는 모든 학생이 학습 단원에서 전이와 의미
구성 목표에 공평하게 접근할 수 있도록 함으로써 특히 CLD 학생들에게 형평성을 보
장하는 것이다. 전이와 의미 구성 목표는 설계에 의한 더 높은 인지 기능을 필요로 하

기 때문에, 우리는 바라는 결과를 얻기 위해 필요한 언어 기능을 고려한다. 이 언어적 분석은 교육자(교실 수업에서의 교과 내용 전문가 및 교수 전문가)가 해당 분야의 초보자 및 자신과 근본적으로 다른 경험을 가진 학생들과 공감하기 어려운 현상인 전문가 맹점(사각지대)을 줄이는 것을 목적으로 한다(Wiggins & McTighe, 2005). 이 맹점은 언어에 의해 악화되고, 특히 영어 지배적인 교육자들에게 더욱 악화된다. 따라서 우리는 교육자들이 3단계 수업 설계에 걸쳐 학생들의 언어 발달을 지원할 수 있도록 하기 위해 학문(교과) 특정적 언어 수요에 대한 인식을 구축하는 것을 목표로 한다.

설명

이해의 첫 번째 측면인 설명은 학생들이 빅 아이디어(혹은 핵심 아이디어)에 대한 이해를 보여 주기 위해 말하기 또는 쓰기를 통해 생산적인 언어를 사용하는 것에 초점을 맞춘다. Wiggins와 McTighe(2005)는 "진정으로 이해할 때 우리는 일반화나 원칙을 통해 설명할 수 있으며, 현상, 사실 및 데이터에 대한 정당하고 체계적인 설명을 제공하여 통찰력 있는 연결을 만들고 실증적인 예나 예시를 제공한다"고 주장한다(p. 84). 사실과 용어에 대한 지식의 기계적 암기와 반복과는 다르게, 이러한 이해의 측면은 학생들이 추론을 하고, 원칙을 일반화하고, 아이디어를 종합하고, 주장을 증거로 입증함으로써 그들이 알고 있는 것을 설명해야 할 필요성을 인식하는 것이다. 개념, 아이디어, 이론, 사건에 대한 설명으로 입증된 이해와 함께 학생들은 교과 내용 학습에 내재된 진정한 방법으로 언어를 사용한다. 그 가정은 깊이 있는 이해를 가진 학생들이 이러한 미묘한 관계를 표현할 수 있고 구술과 문어 모두를 사용하여 특정한 예를 제공할 수 있다는 것이다.

언어에 대한 렌즈를 추가할 때, 교사들은 학생들이 이해를 명확히 하고 필수적이고 본질적인 질문에 대답하기 위해 사용해야 할 필요가 있는 언어를 고려한다. 언어 기능으로서의 설명은 '그래서, 왜냐하면, 그러므로, 결과적으로, 그 이유로 인해'를 포함하는 관련된 담화 표식들뿐만 아니라, 학생들이 "논거, 이유, 원인 또는 하나 이상의 행위, 사건, 아이디어 또는 과정들과 연관된 관련성을 표현하기 위해 구와 문장을 사용할 것을 요구한다"(AACCW, 2010, p. 3). 그러나 보다 넓은 이해의 측면으로서 설명을 고려하는 것으로 확장해 보면, 예를 들어 복잡성이 서로 다양한 언어적 특징에 상응하는 계열화하기, 기술하기, 비교하기, 일반화하기, 추론하기, 예측하기 및 종합하기와 같은 추가적인 언어 기능이 딱 들어맞게 된다(AACCW, 2010; Wiggins & McTighe, 2005, 2011). 우리의 주된 목적은 모든 학생이 교과(학문) 개념을 가지고 인지적으로 참여하고 전이와 의미 구성 목표를 달성하는 것이기 때문에, 우리는 이해를 입증하는 데 필요한 다양한 언어 기능과 특징들을 고려해야 한다. 언어 기능 및 관련 언어 기능에 대한 개요는 [그림 4-1]을 참조하기 바란다.

언어 기능	관련 언어 특징
식별하기	사물(개체), 행위, 사건, 아이디어, 사실, 문제 또는 프로세스에 이름을 붙이는 단어나 구문
라벨 붙이기	사물, 행위, 사건 또는 아이디어의 이름을 지정하는 단어 또는 구문
열거하기	일련의 고유한 사물, 행위, 사건 또는 아이디어에 이름을 붙이는 단어 또는 구문
분류하기	사물, 행위, 사건 또는 아이디어를 그것이 속한 범주와 연결하기 위한 단어, 구문 또는 문장
순서 매기기	첫째, 다음, 마지막으로 같은 부사로 정보의 순서를 표현하는 단어, 구문 또는 문장
조직화하기	등위 접속사(및, 그러나, 아직, 또는)와 부사(첫 번째, 다음, 마지막으로)로 사건과 아이디어 사이의 관계를 표현하기 위한 단어, 구문 또는 문장
비교하기	등위 접속사(및, 그러나, 또는) 및 부사(대조적으로, 유사하게, 마찬가지로)와의 유사성 또는 차이를 표현하기 위한 단어, 구문 또는 문장
질문하기	정보를 요청하기 위한 단어, 구문 또는 문장(예: 예-아니요 질문, WH-질문, 질문으로 사용되는 문장)
기술(묘사)하기	사건, 행위, 사건, 아이디어 또는 솔루션의 속성 또는 속성을 표현하거나 관찰하는 단어, 구문 또는 문장
정의하기	주어진 단어나 구문의 의미를 표현하는 단어, 구문 또는 문장
설명하기	행위, 사건, 아이디어 또는 과정의 이유를 설명하는 접속사(그러므로), 부사(따라서, 그 결과)와 함께 표현하기 위한 구문 또는 문장
다시 말하기	등위 접속사(및, 그러나) 및 부사(첫 번째, 다음, 마지막으로)와 정보를 연관시키거나 반복하는 구문 또는 문장
요약하기	하나 이상의 사물, 행위, 사건, 아이디어 또는 프로세스에 대한 중요한 아이디어와 관련 세부 사항을 표현하기 위한 구문 또는 문장
해석하기	정보의 의도된 의미 또는 대체적인 의미에 대한 이해를 표현하기 위한 구문, 문장 또는 기호
분석하기	전체의 일부 또는 관계 동사(포함하다, 수반하다), 부분적(~의 일부) 및 수량사(강력한 임의의 경우)가 있는 부분 간의 관계를 나타내는 구문 또는 문장
일반화하기	사실, 통계 및 다른 맥락으로 의견을 확장하기 위한 기타 정보에 기초하여 의견이나 결론을 표현하기 위한 구문 또는 문장
추론하기	기본 논리 커넥터를 사용하여 사용 가능한 정보에 기초하여 이해를 표현하는 단어, 구문 또는 문장(단, 한편, 따라서, 그러므로)

예측하기	부사(아마도, 명백하게)를 사용하여 이용 가능한 정보에 기초하여 미래의 행동이나 사건에 대한 생각을 표현하기 위한 단어, 구문 또는 문장
가설을 세우기	부사(일반적으로, 보통, 명백하게)를 사용하여 표현하고 기대하거나 가능한 결과에 근거하는 문장
주장하기	관점을 제시하고 특정 입장을 표현(내가 보기에는)과 부사(그러나)와 함께 전이하는 구절이나 문장
설득하기	(내 의견으로는) 표현과 부사(왜냐하면, 그 이유는)가 있는 직위를 중심으로 의견을 제시하기 위한 문구 또는 문장
교섭하기	둘 이상의 다른 관점에서 상호 합의를 도출할 목적으로 토론에 참여하는 구문 또는 문장
종합(합성)하기	관계 동사(포함하다, 수반하다), 부분사(부분) 및 수량사(대부분 모두, 거의 모든 것)와 아이디어 간의 관계를 표현하는 구문 또는 문장
비평하기	사물, 행위, 사건, 아이디어 또는 텍스트에 대한 집중적인 검토 또는 분석을 표현하기 위한 구문 또는 문장
평가하기	행위, 사건, 아이디어 또는 텍스트의 의미, 중요성 또는 중요성에 대한 판단을 표현하는 구문 또는 문장
상징화하기	전통적인 맥락 안에서 의미를 나타내는 기호, 숫자 및 문자

[그림 4-1] 언어의 기능과 특징

출처: From "Language for Achievement" handout from the Assessment and Accountability Comprehensive Center at WestEd, 2010. Reprinted with permission.

언어가 이 측면(설명)에서 이해를 입증하는 데에 반드시 필요한 것이라는 그 특별한 방식을 해체한 후, 그리고 나서 교사들은 CLD 학생들이 그들의 독특하고 다양한 언어 배경과 능력에 기초하여 이해력을 증명하기 위해 언어를 어떻게 다르게 사용할 수 있는지를 고려한다. 예를 들어, 언어 능력의 초기 단계에 있는 학생들은 간단한 문장, 예를 들어 '첫 번째', '다음', '마지막으로' 같은 부사적 단서들을 사용하여 아이디어와 활동을 차례로 배열하여 이해도를 설명할 수 있다. 반면에 후기에 있는 학생들은 '거의 전부의', '상당수의'와 같은 관계 동사를 사용하여 동일한 아이디어와 사건을 보다 복잡한 문장으로 합성할 수 있다(AACCW, 2010). 제3장에서 설명한 바와 같이 학생들이 언어를 가지고 할 수 있는 것부터 시작하여 효과적인 실천가들은 언어를 분석하여 모든 학생이 그들의 언어 능력과 상관없이 그들의 이해를 설명할 수 있는 공평한 기회를 갖도록 하고 학생들이 그들의 모국어와 문화적 배경지식을 어떻게 사용할 수 있는지를 고려한다는 그들의 설명을 지지한다.

해석

이해의 두 번째 측면인 해석은 '의미를 제공하는 내러티브, 번역, 은유, 이미지, 그리고 예술작품'을 듣고 읽음으로써 학생들의 수용적 언어 사용을 강조한다(McTighe & Wiggins, 2004, p. 155). 학생들은 수용적인 언어 외에도 말하기와 쓰기를 통해 이러한 해석을 명확히 하기 때문에 실제 언어 영역을 텍스트와 과제와 모방하는 방식으로 융합한다. Wiggins와 McTighe(2005)는 진정한 이해는 "의미 있는 이야기를 해석하고, 적절한 번역을 제공하고, 아이디어와 사건에 역사적 또는 개인적 차원을 드러낼 수 있으며, 이미지, 일화, 유추, 모델을 통해 개인적으로 또는 쉽게 이해할 수 있는 대상을 만들 수 있다"(p. 84)는 의미라고 설명한다. 텍스트 구절을 듣거나 읽은 후 이야기 요소와 사건을 반복적으로 상기해야 하는 이해 질문에서 벗어나, 이해의 한 측면으로서의 해석은 특히 과거와 현재의 경험과 관점에 연결하면서, 아이디어와 사건을 바탕으로 의미를 만들고, 통찰력을 얻고, 결론을 도출하는 데 초점을 맞춘다.

언어에 대한 렌즈로 이해의 이러한 측면(해석)을 고려할 때 우리는 듣기, 말하기, 읽기, 쓰기의 영역에 걸친 해석을 통해 학습을 증명하는 데 필요한 언어를 인식한다. 언어 기능으로 해석하려면 학생들이 "정보의 의도된 의미나 대체적인 의미에 대한 이해를 표현하기 위해 인쇄물, 문장 또는 기호"(AACCW, 2010, p. 3)를 사용해야 한다. 그러나 학생들은 이해의 한 측면으로서 해석의 더 큰 목적을 달성하기 위해 확인(식별)하기, 다시 말하기, 요약하기, 비평하기 및 평가하기와 같은 추가적인 언어 기능도 활용한다(AACCW, 2010; Wiggins & McTighe, 2005, 2011). 이야기, 아이디어, 사건을 해석하는 데 필요한 언어적 기능의 복잡성과 관련 특징을 비판적으로 고려함으로써, 교사는 전이와 의미 구성 목표에 대한 공평한 접근을 제공할 수 있다. 일부 학생들은 높은 빈도의 단어와 구를 조합한 기호와 그림을 통해 해석을 발달하고 표현할 수 있는 반면, 다른 학생들은 기술적 단어와 비유적 언어를 통합할 수 있다(AACCW, 2010).

언어 영역, 기능 및 특징과 관련된 언어적 고려 사항 외에도, 우리는 이러한 이해의 측면에 접근할 때 문화에 특히 주의를 기울여야 한다. Wiggins와 McTighe(2005)가 우리에게 상기시키듯이, 의미는 보는 사람의 눈에 있다. 즉, 우리 모두는 자신의 방식으로 과제와 본문의 의미를 접근하고 교섭하며 의미를 만든다(Rogoff, 2003; Rosenblatt, 2004). 제3장에서 설명한 바와 같이 문화는 가정, 지역사회, 학교에서 파생된 배경지식과 마음의 습관의 풍부한 다양성에 영향을 받아 해석으로 학생들의 사회문화적·인지적 차원을 형성한다. 문화 배경지식과 스키마 외에도, 문화는 해석에서 학생들의 언어 사용을 어떻게 형성하는지를 고려해야 한다. 예를 들어, 의미 있는 이야기를 해석하고 말하도록 요청받았을 때, 학생들은 미국의 주류 전통의 선형적 접근법과는 다른 독특한 문화적 접근법을 이용할 수 있다(Heath, 1983). 교사는 해석과 관련된 언어를 분석함으로써 학습자의 다차원적 요소가 이해에 어떤 영향을 미치는지에 대한 인식을 형성한다(Herrera, 2016).

적용

이해의 세 번째 측면인 적용은 다양한 환경에 걸친 실제 상황에서 학생들이 지식과 기술을 진정으로 통합적으로 사용하는 것을 포함한다. Wiggins와 McTighe(2005)는 "우리가 진정으로 이해할 때, 우리는 우리가 알고 있는 것을 다양하고 실제적인 맥락에서 효과적으로 적용하고 적응할 수 있다—우리는 교과를 교과답게 '할 수 있다'"(p. 84)라고 설명한다. 학생들은 워크시트나 종이, 필기 시험에서 피상적으로 이해력을 입증하기 보다는 지식과 기술을 의미 있고 다양한 맥락에서 적용하는 언어가 풍부한 과제에 참여한다. 교실과 학교 밖에 위치한 현실적 과제와 씨름해 볼 기회를 줄 때 학생들은 듣기, 말하기, 읽기, 쓰기를 융합한 의사 결정, 문제 해결, 수행 등을 한다(O'Malley & Pierce, 1996). 수학, 과학, 사회, 어학, 또는 다른 콘텐츠 분야에 적용되든, 이러한 이해의 측면은 학생들의 흥미와 배경지식을 활용하는 동시에 학습과 언어 발달을 실제 도구와 자료로 동시에 중재할 수 있는 잠재력을 가지고 있다.

이해의 한 측면으로서 적용은 상황에 따라 달라진다(Wiggins & McTighe, 2005). 현실 세계의 과제와 문제를 강조하면서, 학생들은 적응하고, 구축하고, 창조하고, 설계하고, 수행하기 위하여 지식과 기술을 통합하고 적용할 때 인지 과정과 교과(학문) 내용에 연결된 언어를 사용한다(Wiggins & McTighe, 2011). 예를 들어, 사회탐구 단원에 대한 학생들의 이해가 개척자들의 삶의 고난 연대기에 대한 박물관의 전시 창작하기에 나타난다면, 학생들은 언어를 사용하여 식별, 라벨링, 순서 지정, 정리, 요약 및 종합할 수 있다. 그러나 학생들이 모형 철도, 언어의 스위치를 만들어 과학적인 학습을 적용할 때, 언어 기능에는 열거하기, 조회하기, 예측하기, 가설 세우기 및 평가하기가 포함될 수 있다(Wiggins & McTighe, 2004).

이러한 이해의 측면에 언어적 렌즈를 추가할 때, 우리는 학생들이 교과 학습에서 언어를 사용하는 방법의 복잡성과 역동성을 더 잘 개념화할 수 있다. 제2장에서 논의했듯이 언어는 쉽게 이분화되거나 사회적 차원 대 학문적 차원 언어와 같은 범주로 분리

될 수 없다. 학생들이 박물관 전시물을 만들거나 철도 스위치를 만들 때, 아이디어를 브레인스토밍하고, 교실 자료를 토론하여 찾고, 절차와 프로젝트 조직을 협상하기 위해 다양한 언어 기능을 사용할 수 있는 방법을 생각해 보자. 학생들은 학습에 참여하면서 다양한 의사소통과 교과(학문) 언어 기능을 혼합한다.

언어 기능 외에도, 특히 학생들이 새로운 문제와 다양한 상황에 학습을 적용하도록 추진하는 것과 관련하여, 이러한 이해의 측면의 특성을 고려할 때, 다른 언어적 특징들이 요구된 것으로 나타날 수 있다(Wiggins & McTighe, 2005). 이해를 위한 적용을 중심으로 한 전이와 의미 구성 목표를 가지고, 교사들은 학생들이 새로운 맥락에서 지식과 기술을 채택하기를 기대할 수 있지만, 어떤 사람들은 그러한 맥락과 관련되고 교육적인 목표를 달성하는 데 필요한 문화적 · 언어적 배경지식이 부족할 수도 있다. 예를 들어, 새로운 집주인을 위한 작업 제안서 초안을 작성하기 위해 건식벽 비용을 추정하는 계약자와 같이 실제 문제에 지식과 기술을 적용하는 데 초점을 맞춘 수학 단원들을 생각해 보자(McTighe & Wiggins, 2004). 학습 단원의 수학적 이해, 지식, 기술 이외에도 학생들은 **계약자와 석고 보드(건벽)**와 같은 특정한 배경지식과 관련 단어 그리고 **서면 제안**과 같은 담화 구조를 필요로 한다. 학생들이 이해의 측면에 관여할 수 있도록 교사들은 개별 학생에게 반응하면서 특정한 맥락과 학습 단원에 내재된 교과 학습과 언어 발달을 지원한다.

관점

이해의 네 번째 측면인 관점은 '중요하고 통찰력 있는 관점'을 발달하고 공유하기 위해 학생들이 수용적이고 생산적인 언어를 사용하는 것에 초점을 맞춘다(McTighe & Wiggins, 2004, p. 155). 이 측면의 핵심은 학생들이 문제의 복잡하고 다면적인 성격을 인식하는 것이다. 질문과 문제는 다양한 관점에서 접근될 수 있고, 아이디어와 사건은 관점에 따라 뚜렷하게 인식될 수 있다. Wiggins와 McTighe(2005)는 "우리가 진정으로 이해할 때, 우리는 큰 그림을 볼 수 있는 관점이 있다"고 단언한다. 학생들이 자신의 관점을 발달하고 공유하는 1인칭 언어 사용(예: 나는 생각한다, 나는 생각한다)을 넘어 3인칭 관점으로 옮겨 타인에게 관점을 비판적으로 고려하고, 평가하고, 공유함으로써 이해를 입증한다. 이해의 한 측면으로서의 관점은 풍부한 문화와 언어의 배열에 의해 형성된 다중 관점이 교실 맥락에 내재되어 있는 CLD 설정에서 큰 잠재력을 가지고 있다.

학생들은 관련 언어 기능이 다양하고 격앙되어 이해를 증명하기 위해 관점을 취할 때 독특한 방식으로 언어를 사용한다. 수업이 하나의 학습 단원의 빅 아이디어와 관련된 다양한 관점에 직면하는 기회를 포함할 경우, 학습자들은 비교, 대조, 분석, 추론, 논쟁, 설득 및 비평에 참여한다(AACCW, 2010; Wiggins & McTighe, 2011). 특정 교과 내용 영역 및 단원 토픽(이 장 후반부에서 보다 심도 있게 탐구하는 내용)의 언어 외에도, 학생들은 언어 기능 및 관련 특징을 사용하여 여러 가지 관점을 고려하고 공유한다.

예를 들어, 비교와 대조에는 '및, 그러나 또는'과 같은 등위 접속사 및 '대조적으로, 유사하게'(AACCW, 2010)와 같은 부사를 사용하여 특정 유사점과 차이를 구별하고 전이하기 위한 단어, 구문, 문장이 필요하다. 종종 더 복잡한 언어를 요구하기 때문에, 설득은 '내 생각에, 그것은 내게 있어 보이는 것 같다'와 같은 표현과 '하지만, 그리고 그러나' (AACCW, 2010)와 같은 부사를 포함한 특정한 입장이나 아이디어를 제시하고 지지하기 위해 담화를 사용하도록 요구한다. 이러한 이해의 측면에 언어에 대한 렌즈를 추가함으로써, 교사들은 모든 학생이 단원의 빅 아이디어에 참여할 수 있도록 적절한 언어 지원을 보장할 수 있다.

이러한 언어적 고려를 바탕으로 문화적 함의는 관점을 가지는 다양한 언어 기능과 연관되어 있다. 요컨대, 어떤 학생들은 문화적 배경, 가치관, 전통에 따라 이러한 이해의 면에 부착된 비판적 렌즈에 익숙하지 않을 수도 있다. 만약 어린이들과 청소년들이 그들이 확립된 원칙들, 생각들, 또는 권위자들을 주장하거나 비판하지 않는다는 문화적 기대감으로 길러진다면, 그들은 이러한 언어 기능을 적절하게 사용할 수 있는 인지적이고 언어적인 레퍼토리가 부족할 수도 있다(Bunch, Kibler, & Pimentel, 2012). 이러한 이해의 측면에서 언어를 지원하는 것 외에도, 주제나 문제에 대한 관점을 취하는 학생들의 능력에 영향을 미칠 수 있는 깊이 있는 문화적 스키마를 고려하라. 예를 들어, 러시아, 한국, 일본을 포함한 국가에서 온 미국 태생 및 이민 학생들과의 다양한 교실에서 제2차 세계 대전에 초점을 맞춘 교육 단원를 생각해 보자. 특히, 출신국에서 학교를 다닌 경험이 있고 가족과 공동체 구성원의 이념과 의견에 노출된 학생들의 경우, 학생들은 전쟁의 기원, 사건, 결과에 대해 뚜렷한 관점을 가지고 있다. 모든 학생이 다양한 관점을 고려하여 비판적으로 지지할 수 있도록, 효과적인 실천가들은 이러한 독특하고 다양하며 교차하는 사회문화적 · 인지적 · 언어적 차원에 주의를 기울인다(Herrera, 2016).

공감

이해의 다섯 번째 측면인 공감은 학생들이 "다른 사람의 감정과 세계관을 '내면에 넣도록' 하는 것"이다(McTighe & Wiggins, 2004, p. 155). 학생들이 이슈와 사건에 대해 거리감 있고, 고립되고, 비판적인 관점을 고려하는 관점과는 별개로, 공감은 열린 마음과 문화적 의식을 함양하기 위한 따뜻함, 동정심, 친절함에 대한 인간의 능력에 초점을 맞춘다. Wiggins와 McTighe(2005)는 "우리가 진정으로 이해할 때, 우리는 공감할 수 있다. 우리는 다른 사람들이 이상하거나, 외계인 또는 믿을 수 없는 것으로 여기는 것에서 가치를 찾을 수 있다. 그리고 이전의 직접적인 경험에 기초하여 민감하게 지각한다"(p. 84)고 말한다. 그녀가 강조하는 것은 "우리 자신과 가치관, 그리고 행동이 다른 사람들을 이해하도록 도와준다"(Calloway-Thomas, 2010, p. 18)는 것이며, 이것은 CLD 환경에서 교실 수업 커뮤니티를 구축하는 데 본질적인 요소인 동시에 학생들이 우리의 다양화되고 세계화되는 세상을 준비하도록 가르치는 것을 설계하는 데 필수적이다.

공감은 복잡하기 때문에 전이와 의미 구성 목표를 달성하기 위해 다면적인 언어 기능이 필요한 경우(Calloway-Thomas, 2010) 수용적이고 생산적인 언어 영역을 넓히는 공감 학습목표는 다른 사람들의 경험에 의미를 부여하기 위해 듣기와 읽기에 학생들을 참여시키고, 그들의 감정, 의견, 그리고 정체성을 설명하고 설명하기 위한 연설과 글을 생산한다. 공감의 초기 단계에서 학습자는 자신들을 다른 사람들과 비교하기 위해 언어를 사용하며, 특히 공통점을 이해의 출발점으로 인식한다(예: "우리는 거의 동갑이다"). 다음으로 누군가의 세계에 비유적으로 들어갈 수 있도록 타인의 경험을 캐묻는다(예: "이 사람은 누구인가? 그는 무엇을 느끼고 있는가? 만약 이것이 나였다면 내가 어떻게 느낄까?") 학생들은 다른 사람의 경험을 표현하려고 시도하는데, 종종 현재의 감정을 추론하고 가용한 정보에 기초하여 미래의 행동을 예측한 다음, 이러한 감정과 행동을 다른 사람의 가치관과 세계관에 위치한 것으로 설명하고 설명해야 한다. '슬프고, 우울하고, 황폐하고, 가슴 아픈'이라는 용어에서 보듯이, 풍부한 뉘앙스와 어감을 포함한 인간의 감정의 복잡성 때문에, 언어 능력의 수준에 걸쳐 학생들은 다양한 단어, 구절, 문장을 사용하여 이해력을 입증한다.

자기 지식

이해의 여섯 번째 측면인 자기 지식은 학생들이 자신의 정체성, 렌즈, 편견을 해체함으로써 개인의 이해와 오해를 고려할 것을 요구한다. 이 측면에서의 이해는 메타인지에 초점을 맞추거나, 또는 학생들이 자신의 생각이나 학습에 대한 반성에 대해 생각하는 것에 초점을 맞춘다. Wiggins와 McTighe(2005)는 "우리가 진정으로 이해할 때, 우리는…… 자기 지식을 가진다. 자기 지식은 메타인지를 보인다. 우리 자신의 이해를 형성하고 방해하는 개인적인 스타일, 편견, 예상, 그리고 마음의 습관을 인지한다. 우리가 이해하지 못하는 것을 알고 있다. [그리고] 학습과 경험의 의미를 반성한다"(p. 84)고 주장한다.

UbD 수업에서 자기 지식에 초점을 두는 것은 CLD 학생들에게 과도한 가치와 기회를 제공하는데, 이 특별한 측면은 학생들의 모국어, 문화적 배경 그리고 그에 상응하는 가치, 전통, 경험에 의해 형성되는 학생들의 개별적 정체성을 강조하기 때문이다. 이해, 지식, 기술, 마음의 습관을 반성함으로써, 학생들은 학교 안팎에서 무수한 요인의 영향을 받아 개인으로서의 독특하고 다양한 정체성을 인식할 수 있다. 학생들의 문화적·언어적 정체성을 수용하는 것 외에도, 이해의 한 측면으로서의 자기 지식은 학습자의 동기, 참여, 자율성을 뒷받침할 수 있다.

언어 발달에 대한 렌즈를 추가할 때, 이러한 이해의 측면은 CLD 학생들에게 도전보다 더 많은 기회를 제공하는 것으로 보인다. 자기 지식의 특성상 학생들은 자신의 생각과 성찰을 공유함으로써 이해력을 입증하는데, 이는 자동으로 학생들의 배경지식을 툭툭 치고 1인칭 단수적 관점(예: 나는 생각한다, 나는 믿는다)을 통합한다. 감정적인 관점에서, 학생들은 종종 자신에 대해 말하고 쓸 때 언어에 대한 위험을 감수하는 데 더 편안함을 느낀다(Herrera, 2016; O'Malley & Pierce, 1996). 교사들은 개인적인 배경지식과 문화적 배경지식을 이용하여 학생들의 정서적인 필터를 줄일 수 있는 이러한 기회 외에도, 학생들이 어떻게 이해를 하는지에 대한 언어적 복잡성을 구별할 수 있다. 예를 들어, 새로운 EL은 간단한 문장과 친숙한 단어와 구문을 사용하여 바라는 결과와 자기 평가에 도달할 수 있는 반면, 더 진보된 학생들은 더 복잡한 문장, 동사 시제와 어휘 용어를 통합할 수 있다.

학습자가 영어로 자기 지식에 대한 이해를 증명하도록 하는 것 외에도, 효과적인 실천가들은 학생들의 L1과 언어의 다양성을 고려하고 이를 활용한다. 제3장에서 공유한 학생들의 L1의 가치에 관한 풍부한 이론과 연구로 돌아가 1단계 목표에 언어 렌즈를 추가하는 교사들도 모국어의 역할을 고려해야 한다. 학생들의 모국어는 이해의 모든 면을 위한 자원으로 인식되어야 하지만, 특히 자기 지식은 영어 이외의 언어와 언어의 다양성을 우선시해야 한다. 많은 CLD 학생들은 그들의 L1에서 생각하기에, 생각에 대한 생각의 행위에서, 우리는 그들이 선호하는 언어적 인식 매체를 받아들여야 한다. 또한 이 면의 인식적 초점은 교사가 자신의 언어 사용에 대해 반성하고 언어를 통한 언어 지식과 기술의 전이를 인식하고 사용하는 것을 배우는 것을 포함하는 메타언어 자각을 명시적으로 구축할 수 있는 귀중한 기회를 제공한다(Bialystok, 1993; Nagy & Anderson, 1995).

교사들은 모든 수업에서 이해의 여섯 가지 측면을 모두 사용할 것으로 기대되지는 않는다. 대신 우리는 학문과 언어 결과를 뒷받침하는 하나 이상의 측면을 사용할 수 있는 자연스러운 기회를 찾기를 권장한다.

교과 분야별 언어 요구 사항: 언어적 렌즈

언어 기능은 학교 기반 학습 경험에 따라 유사하지만, 언어의 특징은 특정 분야에 따라 크게 다르다. 이 절에서는 담화, 문장, 단어/구어 수준에서 분야별 언어를 고려한다([그림 4-2] 참조). 담화 수준 언어는 전체적인 언어 복잡성 또는 구술 및 서면 텍스트의 수량, 밀도, 다양성 및 구성에 중점을 둔다(WIDA, 2012). 복잡한 텍스트와 교실 수업 담화는 다양한 문장 유형, 문장 당 다중 아이디어, 비필수 아이디어 포함, 상위 텍스트 구조로 길어지는 경향이 있다(AACCW, 2010).

문장 수준 특징에는 유형, 구조, 관습 및 문장 메커닉스가 포함된다(WIDA, 2012). 보다 복잡한 구문에는 단어, 구문, 절 등을 수정한 긴 문장과 함께 현재진행형과 완료 동사 시제의 사용이 포함된다(AACCW, 2010). 단어 수준의 요구는 어휘 용어, 다의어, 비유어(WIDA, 2012)와 같은 단어와 구문의 특수성에 초점을 맞춘다. 복잡한 어휘는 밀접하게 연관된 동사나 형용사, 조합 또는 단어의 공통 순서에서와 같이 뉘앙스와 의미의 음영을 포함한다.

독특하고 다양한 교육 맥락에서, 학생들은 특정 텍스트와 수업 과제를 통해 교과 분야별 학습에 종사할 때 뚜렷한 방식으로 언어를 사용한다(Zwiers, 2014). 교사들이 언어에 관한 렌즈로 1단계 목표를 분석하는 것을 지원하기 위해, 우리는 수학, 과학, 사회, 언어예술, 그리고 다른 학문 분야와 단원의 언어적 특징을 탐구한다.

언어 사용을 위한 사회문화적 맥락 안에서 작동하는 학문적 언어의 특징

	수행 기준	특징
담화 수준	언어의 복잡성 (구술 및 서면 텍스트의 양과 다양성)	말하기/쓰기 텍스트 양 음성/문자 구조 음성/문자 밀도 아이디어의 구성 및 통합 문장의 종류의 다양성
문장 수준	언어 형식 및 규칙 (언어 구조의 유형, 배열 및 사용)	문법 구조의 종류와 다양성 규약, 역학 및 유창성 언어 양식의 목적/관점의 일치
단어/구문 수준	어휘 사용법 (단어 또는 구문의 선택 특수성)	일반, 특정 및 기술 언어 단어와 구문의 다중 의미 공식적이고 관용적인 표현 의미의 뉘앙스와 음영 언어

언어 사용에 대한 사회문화적 맥락은 아래의 것들을 포괄하면서 학생과 언어 환경 사이의 상호작용과 관련된다.
• 언어 사용역
• 장르/텍스트 유형
• 주제
• 과제/상황
• 참가자의 정체성과 사회적 역할

[그림 4-2] 학문(교과)적 언어의 특징

출처: Based on WIDA ELP Standards ⓒ 2007, 2012 Board of Regents of the University of Wisconsin System. WIDA is a trademark of th Board of Regents of the University of Wisconsin System. For more information on using the WIDA ELD Standards, please visit the WIDA website at www.wida.us. Used with permission.

수학

수학은 학교 기반 학문(교과)으로서 '수, 양, 형식과 그들 사이의 관계'(https://www.merriam webster.com/dictionary/mathematics)에 관한 연구를 말한다. 유치원의 수학적 · 공간적 감각에서부터 고등학교의 고등 대수학, 삼각법, 미적분학에 이르기까지, 수학 학습의 폭과 깊이는 실생활 문제 해결자(CSO & NGA, 연도 미상)를 산출하기 위한 핵심 수학 실습, 기술, 개념에 대한 열정과 가치를 쌓는 것을 중심으로 한다. 숫자, 방정식, 변수와 직접적인 연관성에도 불구하고, 수학은 학교 안팎에서 언어에 중점을 두고

있다. 뉴욕시 스페인어 할렘의 중학교 수학 교사 Kay Toliver(1993)가 일관되게 주장했듯이, 수학은 소통 예술이다. 따라서 수학 수업과 학습은 학생들의 문화와 경험에 기초하여 듣고, 말하고, 쓰고, 만지고, 창조하는 것을 필요로 한다. 학자들은 또한 수학 언어 사용역 또는 "수학적 사상의 전이에 적절한 의미로 구성된 언어의 하위 집합"이라고 불리는 수학 연습에 필요한 고유한 언어를 기술했다(Kersaint, Thompson, & Petkova, 2013, p. 36). 따라서 학생들은 수학의 교과(학문) 규범(Cloud, Genessee, & Hamayan, 2009)에 특정한 언어를 사용하여 수학 연습과 개념을 예측, 설명, 정당화, 가설화 및 평가한다. 수학에서 언어 수요를 샘플링한 것은 [그림 4-3]을 참조하라.

전형적으로 K-12 커리큘럼에 걸쳐서 나선형이며, 대수학, 기하학, 통계학 등 수학의 더 큰 분야 내에 다양한 학문 분야가 존재한다. 서로 다른 수학 분야와 학습 단원 안에서, 학생들은 진정한 내용 학습에 참여하기 위해 뚜렷한 방법으로 언어를 사용한다. 대수학 연구는 단어 문제와 방향의 형태로 서술 텍스트(예: "경사 절단 형태로 방정식을 쓰세요.") 외에 숫자 기호와 변수를 혼합하는 방정식(예: $y = 2x + 6$)에 크게 의존한다. 기하학에서 학생들은 다양한 특징(예: 그림, 문장, 이유)을 가진 특정 텍스트 구조(예: 2열 교정)와 문장 부호(예: 부분을 이등분할 때, 결과 두 부분은 합치)를 통합하는 이론들을 설

구성 요소	특징	예시
담화	음성/텍스트 양	하향식 및 왼쪽-우측 판독값이 있는 짧은 텍스트
	언어/텍스트 구조	단어, 숫자, 변수, 기호의 혼합
	음성/텍스트 밀도	개념적으로 묶인 고밀도 고유 단어
	아이디어 구성	다양한 텍스트 기능(그래프, 차트, 다이어그램)
문장	문장 유형	수동적 목소리: 공은 100피트 높이에서 떨어진다.
	문장 구조	원인-효과, 이유-결과, 연대순
	논리 커넥터	만약 그리고 만약 그렇게 해서 결과적으로
	어휘 묶음	보다 크거나 같거나 하는
	전치사의 사용	~로 나누어서, ~로 나누다; 백분율 할인, ~의 백분율
단어	학문 분야별 단어	빗변, 포물선, 2등변의, 계수
	학문 분야별 구문	최대공약수, 최소공배수
	새로운 방법으로 사용되는 단어	평균, 운반, 홀수, 테이블, 열, 세트, 프라임, 발
	동의어	빼기, 마이너스, 더하기, 플러스, 결합, 합계
	숙어	시간당, 50센티미터로 나누어진, 야구장 수치

[그림 4-3] 수학에서 요구하는 언어의 예

명하고 논쟁하기 위해 기하학적 증거를 작성한다. 통계 수업은 점 그림, 상자 그림, 산점도, 히스토그램, 빈도표와 같은 특징이 있는 텍스트를 사용하며, 학생들이 조건부 구조(예: if a, then b)와 논리 연결어(예: 그러므로, 그러한 경우)와 같은 언어 특징을 요약, 해석, 추론 및 정당화하기 위해 언어를 사용하도록 요구한다.

교육은 또한 학생들로 하여금 숫자, 연산, 비율, 비율, 측정, 모델을 포함한 개념을 중심으로 수학 실습과 의사소통에 참여하게 하는데, 각각은 관련된 텍스트 구조, 교실 담화 패턴, 문장 구성, 그리고 독특한 문구와 단어를 가진 특정한 언어 기능을 필요로 한다(Moschkovich, 2013).

학생들의 언어 발달과 수학적 이해, 개념 및 프로세스의 깊이와 폭에 대한 공정한 접근을 지원하기 위해, 효과적인 실천가들은 각 학습 단원 내에서 고유한 언어적 요구를 해체한다. [그림 4-4]의 고등학교 기하학 단원을 고려해 보자. [그림 4-4]는 2차원 및

1단계-바라는 결과		
목표 설정	**전이**	
CCSS 함수(GMD.B.3, GMD.B.4, MG.A.3) • 문제를 해결하기 위해 실린더, 피라미드, 원뿔 및 구에 부피 공식 사용 • 3D 객체의 2D 단면 형태 파악 및 2D 객체의 회전으로 생성되는 3D 객체 식별 • 기하학적 방법을 적용하여 설계 문제를 해결	학생들은 다음의 과제를 수행하기 위하여 자신의 학습을 자율적으로 사용할 수 있을 것이다. • 기하학적 물체의 속성과 관계를 종합하기 • 동적 기하학적 현상을 조사하기 위해 수학적 방법과 모델을 수정하기 • 수학적 추론을 사용하여 실제 문제 해결하기	
	의미 구성	
	이해 학생들은 다음 사항을 이해할 것이다. • 인간 문제에 대한 수학적 모델과 아이디어의 적응은 충격에 대한 신중한 판단과 민감성을 필요로 한다. • 3차원을 2차원에(또는 2차원을 3차원에) 매핑하면 왜곡이 발생할 수 있다. • 때때로 최고의 수학적인 해답은 실제 문제에 대한 최고의 해결책이 아니다.	**본질적인 질문** 학생들은 다음 사항을 지속적으로 고려할 것이다. • 순수한 수학이 복잡한 현실 세계의 상황을 얼마나 잘 모형화할 수 있는가? • 가장 좋은 수학의 답이 문제에 대한 최고의 해결책이 아닐 때가 언제인가?

[그림 4-4] 고등학교 기하학 단원의 전이 및 의미 목표

출처: From *Understanding by Design Professional Development Workbook* (p. 11), by J. McTighe and G. Wiggins, 2004, Alexandria, VA: ASCD. Copyright 2004 by ASCD. Adapted with permission.

3차원 기하학적 객체와 볼륨에 대한 관련 공식을 사용하여 실제 수학 문제 해결에 초점을 맞추고 있다. 단원의 전이와 의미 구성 목표를 이용하여, 우리는 언어에 렌즈를 추가하여 모든 학생이 이러한 바라는 결과에 도달하기 위해 공평한 접근을 할 수 있도록 할 수 있다. 예를 들어, 기하학적 물체의 속성과 관계를 합성하기 위해 학생들은 담화를 사용하여 속성을 설명하고 물체 간의 관계를 설명한다.

그러한 담화에는 관계 동사(예: 수반, 구성으로 구성됨), 부분적인 문법 구성(예: 부분, 부분), 정량자(예: 일부, 거의 전체), 기술적이고 학문적 용어(예: 사면체, 정점, 사선), 다의어(예: 체적, 면, 원뿔)가 포함된다(AACCW, 2010). 과제에 덧붙여 단원 목표는 학습을 구체적으로 중재하기 위한 텍스트를 참고하는데, 학생들이 기하학적 원리와 개념에 대한 이해를 적용하여 실제 문제를 해결하도록 요구하는 단어 문제들이다. 단어 문제들은 전형적으로 개념들로 꽉 찬 담화와 복수의 판독이 필요한 도표를 특징으로 한다. 그들은 종종 수동적인 음성으로 문장 구조를 사용하고 사회적·학술적·기술적 단어와 구문을 포함한 다양한 유형의 언어를 간단한 서술로 결합한다. 단원의 전이와 의미 목표를 달성하기 위해서는 학생들이 관련 언어 기능과 특징을 접근하고 발달할 수 있어야 한다.

과학

과학은 "다양한 형태의 직접 및 간접 관찰을 통한 정보의 체계적 수집과 실험을 포함하되 이에 국한되지 않는 방법에 의한 이 정보의 시험"으로 정의된다(전미과학교사협회, 2000, p. 1). 과학은 전형적으로 자립형 초등교실에서 넓은 콘텐츠 영역으로 접근되는 반면, 생물학, 화학, 물리학, 지구과학과 같은 특정 영역에서 2차적 장면이 존재한다. 과학 개념과 실천을 교차 횡단하는 것은 과학 전반에 걸쳐 있는데, 이것은 학생들에게 과학 분야의 학문적 사용역을 사용하도록 요구한다. 학생들은 여러 분야에 걸쳐 과학적인 아이디어와 질문들과 씨름하면서 문제를 파악하고, 문제를 정의하며, 조사를 조직하고, 데이터를 찾아내고, 분석하고 해석하고, 결과를 종합하고, 증거를 통해 논증하고, 정보를 평가할 때 특정한 언어 기능을 사용한다(AACCW, 2010; 국가연구위원회, 2013). 과학 교실에서 가르치고 배우는 데 중심적인 것은 자연과 우주에 대한 생각을 연구하고 발전시킬 때 과학자들의 진정한 실천을 반영하는 과학적 탐구 개념으로, 구전 언어, 독서, 글쓰기를 통해 탐구, 발견, 의사소통하는 언어의 사용을 포함한다(Nutta, Bautista, & Butler, 2011). 과학에서 언어 수요의 샘플링은 〈표 4-1〉을 참조한다.

학교는 전형적으로 과학의 학습과 연구 분야를 생명, 물리, 지구 및 우주과학 분야의 과목으로 구성한다(Nutta, Bautista, & Butler, 2011). 영역 전체에서 학생들은 과학적인 실천과 과정(예: 분석, 해석, 논쟁, 평가)에 맞춰진 유사한 언어 기능을 사용하며, 수동적 음성을 자주 사용하는 공통의 텍스트 구조와 조직(예: 도표, 표, 그래프, 그림, 그림)과 복잡한 문장 구조도 또한 사용한다. 생물체의 특성, 과정, 상호작용에 초점을 맞춘 생명과학에서, 학생들은 종 이름(예: 비눗방울 벌레 또는 자데라 해마톨로마), 다의어(예: 세포, 베이스, 결합, 가지), 약어(예: ES 세포, iPS 세포), 형태학적 구성(예: 용액, 용질, 용제, 용해성; 수소, 수산화물, 하이드로늄)을 사용한다.

물체와 재료의 물리적·화학적 특성에 초점을 맞춘 물리과학에서 학생들은 과학적 원리와 개념(예: 뉴턴의 법칙, 돌턴의 법칙)을 상응하는 수학 방정식(예: 변수, 기호, 숫자를 사용)과 통합하여 실제 문제(예: 움직이는 자동차의 속도, 에어백의 화학)를 풀어 나간다. 지구과학과 우주과학에서, 가르침은 천문학, 기상학, 지질학, 해양학, 환경과학을 포함한 다양한 연구 분야에 걸친 연구를 촉진하며, 각각 그 교과(학문) 사용역을 가지고 있다. 과학, 기술, 공학, 수학(STEM)을 가로지르는 분야에서도 학생들이 길이(예: 밀리미터, 센티미터), 질량(예: 그램 메트릭턴), 온도(예: 켈빈), 물질(예: 몰)을 포함하여 문제를 조사하고 해결하기 위해 측정 시스템을 조작함에 따라 언어 수요도 발생한다.

〈표 4-1〉 과학에서 요구하는 언어의 예

구성 요소	특징	예시
담화	음성/텍스트 양	연장된 수업, 장문, 구절
	언어/텍스트 구조	다양한 구조(연구소 보고서, 요약서, 용어집)
	음성/텍스트 밀도	학년 수준을 넘어서서 집필된 밀도 높은 교과서
	아이디어 구성	다양한 텍스트 기능(그림, 다이어그램, 사진)
문장	문장 유형	여러 개의 절이 포함된 복잡한 문장
	문장 구조	원인-효과, 문제-해결, 비교-대조
	동사 시제	조건부 시제(있을 수 있거나 일어날 수 있는 일)
	논리 연결자	따라서 만약 그렇지 않다면, 결과적으로
	어휘 묶음	∼의 결과로서, ∼의 성격상
단어	학문 분야별 낱말	유기체, 공생, 쓰나미, 전도성
	학문 분야별 어구	중력 전위 에너지, 루트 평균 제곱 속도
	새로운 방식으로 쓰이는 단어	물질, 가스, 공간, 질서, 용액, 파도, 지각
	명목화	관찰하다/관찰, 분석하다/분석

모든 학생을 과학적인 이해, 개념, 과정을 중심으로 진정한 학습과 그에 상응하는 언어 발달에 참여시키기 위해, 교사들은 먼저 특정한 학습 단원의 언어를 고려한다. 날씨, 기후, 에너지, 지리 등과 관련된 빅 아이디어와 필수 문제를 학습자가 헤쳐 나갈 수 있도록 과학 분야를 통합한 [그림 4-5]에 나온 중학교 과학 단원을 생각해 보라. 여러 학문을 통해 원하는 결과—기상 패턴을 도출하기 위해 학생들은 특정 언어를 필요로 하는 다양한 과제와 맥락에 참여한다. 교실 담화에는 날씨 사건들 사이의 원인과 결과, 그리고 부사와 같은 언어 요소들을 사용하는 다른 관계들의 표현들이 포함되어 있다.

단어 수준에서 다양한 요구가 등장하는데, 여기에는 기술적 구절과 약어(예: 아열대 간 수렴대, ITCZ), 다의어(예: 전방, 주기), 형태론적 구성(예: 대류권, 성층권, 중층권, 열권, 외부권, 온도계, 기압계, 극초계), 고유명사(예: 도플러 효과, 코리올리 효과) 그리고 연어(예: 무역 바람, 제트 스트림)가 포함된다.

단원 목표와 관련된 학습을 조정하기 위해 학생들은 과학적인 서술과 복잡한 문장, 복수의 기호가 있는 일기도, 공기 질량의 특성을 보여 주는 표, 물 순환의 도표, 공기와 물의 전 지구적 흐름을 나타내는 수치 등을 통합한 과학 교과서를 사용한다. 모든 학생이 단원의 원하는 결과에 공평하게 접근할 수 있도록 하기 위해, 교사들은 이러한 언어 요구를 인식하고 목표를 세워야 한다.

사회과

사회과 교육은 "사람들이 어떻게 과거와 현재에 함께 살고 있는가에 관심을 갖는 분야"(Cruz & Thornton, 2013, p. 47)다. 이러한 정의에서 알 수 있듯이, 학문으로서의 사회과는 인류학, 고고학, 경제학, 지리학, 역사학, 법학, 철학, 정치학, 심리학, 종교, 사회학(NCSS, 2016)의 분야를 포함하여 광범위하다. 이 콘텐츠 영역의 범위 내에서 K-12 교사는 학생들의 개념 이해, 콘텐츠 지식, 탐구 능력, 시민 가치 등을 '참여형 민주주의 시민으로서의 의무 이행을 위해 필요한 것'(NCSS, 2016, p. 1)으로 구축하고자 한다. 놀랄 것도 없이 사회의 사회적 요소에 대한 교과(학문) 초점을 고려할 때, 언어는 초급 환경이나 지리, 세계사 또는 서양 문명과 같은 2차 환경 내의 특정 과정을 통해 광범위하게 접근했든 사회과 교육에서 본질적인 역할을 한다. 학생들은 언어를 사용하여 질문을 던지고, 문제를 조사하고, 문제를 해결하고, 상황을 평가하고, 결론을 전이하고, 정보에 입각한 조치를 취한다(NCSS, 2017). 역사적 문서나 사진 등 다양한 1차적 자료와 교과

1단계–바라는 결과		
목표 설정	전이	
NGSS MS ESS2, S2-5 & S2-6 • 데이터를 수집하여 기단의 움직임과 복잡한 상호작용이 기후 조건의 변화를 가져오는 방법에 대한 증거를 제공 • 지구의 가열과 회전이 지역 기후를 결정하는 대기 및 해양 순환 패턴을 어떻게 유발하는지 설명하는 모델을 발달하여 사용	학생들은 다음의 과제를 수행하기 위하여 자신의 학습을 자율적으로 사용할 수 있을 것이다. • 지리뿐만 아니라 지구, 우주, 물리 과학을 포함한 여러 분야에서 날씨 패턴 설명하기 • 과학적 현상의 의미를 만들기 위해 모델 제작하고 사용하기	
	의미 구성	
	이해 학생들은 다음 사항을 이해할 것이다. • 적도와 극 사이의 불균등한 난방, 지구의 자전, 그리고 육지와 바다의 분포는 기후를 결정하는 지구 바람 패턴을 생성한다. • 우주에서 일어나는 대부분의 일들은 어떤 형태의 에너지가 다른 것으로 변형되는 것을 포함한다. • 에너지의 변환은 보통 열의 형태로 에너지를 생성하는데, 이것은 방사선과 전도에 의해 주위에 퍼져 더 차가운 곳으로 전이된다.	본질적인 질문 학생들은 다음 사항을 지속적으로 고려할 것이다. • 날씨와 바람의 패턴을 일으키는 것은 무엇인가? • 기후에 영향을 미치는 요인은 무엇인가? • 한 지리적 지역에서의 사건들이 다른 지리적 지역에 어떤 영향을 미치는가? • 기후가 농업에 어떤 영향을 미치는가? • 어떻게 하면 기후를 결정하기 위해 이 요소들을 지구의 위치에 적용할 수 있는가?

[그림 4-5] 중학교 과학 단원의 전이 및 의미 목표

출처: From *Understanding by Design Professional Development Workbook* (p. 42), by J. McTighe and G. Wiggins, 2004, Alexandria, VA: ASCD. Copyright 2004 by ASCD. Adapted with permission.

서, 가이드북 등 2차적 자료들을 활용하면서 학생들은 사회, 역사, 문화, 경제 사상과 개념, 문제 등을 이해하고 씨름하면서 사회과의 학문과 관련된 다양한 언어 사용역을 활용한다. 사회과에서의 언어 수요의 표본 추출은 [그림 4-6]을 참조한다.

지리학, 미국 역사, 세계사, 정부와 윤리학, 경제, 인류학, 사회학, 심리학 등 더 큰 학문 분야 안에 다양한 학문 분야가 존재한다(Cruz & Thornton, 2013). 이러한 학문의 연구 내에서 학생들은 언어를 다양한 방법으로 사용하여 학습에 적극적으로 참여한다. 역사에서 학생들은 이름, 날짜, 장소, 개념 및 시스템(예: 산업혁명, John, D. Rockefeller, 자본주의, 제조업)을 포함한 충분한 세부 사항을 가지고 자신의 인생 경험과 무관할 수 있는 역사적 사건에 대한 1차적·2차적 자료를 통해 학습에 참여한다. 지리학에서 학생들

구성 요소	특징	예시
담화	음성/텍스트 양	연장된 수업, 장문, 구절
	언어/텍스트 구조	다양한 문장 유형 및 구조의 혼합
	음성/텍스트 밀도	고유명사, 공통명사, 시간명사의 혼합
	아이디어 구성	다양한 텍스트 기능(맵, 사진, 시간 라인)
문장	문장 유형	수동적 구성, 간접/보도된 연설
	문장 구조	연대순, 비교-대비, 원인-효과
	논리 연결자	그 이후, 20세기까지
	어휘 묶음	그와 동시에, 그 결과, 라는 사실이 밝혀졌다.
단어	학문별 용어	중세, 혁명, 애국심, 슈퍼 대의원
	학문별 구문	실질적이고 정당한 절차, 완전 소유의 자회사
	새로운 방식으로 쓰이는 말	기간, 파티, 집회, 시장, 불황, 사이클
	명목화	탐구/탐색하다, 발생/발생하다
	조합어	풍부한 문화, 강한 상대, 폭우
	약어와 두문자어의 사용	WWI, NAFTA, WPA, SEC, NRA, OMB

[그림 4-6] 사회과에서 요구하는 언어의 예

은 지도 시각 자료와 텍스트를 사용하여 특정한 지리적 특징(예: 미시시피강)을 배우고, 현상의 수업을 일반화하며(예: 강 대 개울, 시내), 학습(예: 사람들이 강 근처에 사는 이유)을 바탕으로 추론을 한다. 시민 교육은 학생들의 출신 국가(예: 민주주의, 선거인단, 의사 타진)와 구별될 수 있는 정치적 과정과 개념에 학생들을 참여시키는 한편, 일상적인 단어를 정치적 담화(예: 좌, 우, 당, 로비, 집)에 통합한다. 경제학의 연구는 초등학교와 중학교에서 사회학의 다른 분야와 상호 연관되어 있든, 고등학교에서 명시적으로 표적이 되었든 간에 경제 개념에 묶인 단어와 약어(예: 국내총생산 또는 GDP), 관계를 나타내는 문장 구조와 커넥터(예: 기초, 본문), 텍스트 등을 포함한다. 경제 모델과 같은 특징에 연결된 서술(예: 공급 및 수요 곡선) 인류학, 사회학, 심리학과 같은 사회학의 다른 초점 영역은 콘텐츠에 관여하는 데 필요한 적절하고 문화적으로 특정한 배경지식뿐만 아니라 그들만의 미묘한 언어 기능과 특징을 가지고 있다.

광범위한 사회학 분야와 연구 단원에 걸쳐, 학생들의 언어를 의도적으로 발달하고 공평하게 학습할 수 있도록 하기 위해 담화, 문장, 단어/구사 수준에 걸쳐 복잡하고 다양한 특징이 있다. 초급 환경에서의 중간 성적을 위해 작성되고 역사를 통틀어 미국의 개척 정신에 초점을 맞춘 [그림 4-7]의 통합사회과 단원을 고찰해 보자. 언어에 대한 렌즈로 전이와 의미 목표를 분석할 때, 특히 이전 시대와 현재 시대의 개척자 사이의 비교와 관련된 목표를 분석할 때, 단원이 근거한 개척자의 이중적 정의부터 시작하여 충분한 수요가 명백해진다.

단원 목표를 달성하고 역사적 계정과 시사점 사이의 유사점과 차이를 표현하기 위해 학생들은 등위 접속사(예: 및, 그러나, 아직), 부사(예: 유사하게, 대신)를 포함하는 담화 패턴을 활용해야 한다(AACCW, 2010). 과거와 현재를 비교하기 위해서는 동사 시제의 혼합을 포함한 분야별 교실 담화뿐만 아니라 미국 역사, 사회, 지리, 문화에 대한 문화적 배경지식이 필요하다. 단원의 본질적 질문과 씨름하기 위해 학생들은 역사 문서, 구술 역사, 편지, 사진, 시간선, 지도 등 다양한 장르와 매체에 걸친 다양한 맥락과 교류한다. 각 텍스트는 독특한 특징과 다양한 유형의 문장, 문법 구성, 구절, 개척 정신과 관련된 이야기와 아이디어에 접근하는 데 필요한 단어들을 가지고 있다.

언어과

언어과의 가장 중요한 학문은 듣기, 말하기, 읽기, 쓰기, 보기, 시각적 표현을 통해 영어를 가르치고 배우는 데 광범위하게 초점을 맞추고 있다(Roe & Ross, 2005). 다양한 용어는 읽고 쓰는 능력, 언어과, 영어를 포함한 이 콘텐츠 영역을 식별한다. 초등학교 초기 시기에는 읽기 및 쓰기에 대한 다양한 그룹화 전략(예: 소리 내어 읽기, 안내 읽기, 독립 읽기)으로 언어 영역 전반에 걸친 균형 잡힌 교육에 학생들을 참여시킨다. 언어과는 중간 학년의 공통 용어로서, 학생들이 언어, 문맹, 문학, 시각예술에 이르는 통합 학습에 종사한다. 중등교육 환경은 독해나 문학, 작문, 작문 위주의 영어 수업과 같이 별도의 요소를 중심으로 수업을 편성하는 경우가 많다. 이 분야에 내재된 언어에 대한 노골적인 집중에도 불구하고, 학생들은 다양한 장르와 매체에서 많은 양의 언어와 읽고 쓰는 능력을 조작하기 때문에 풍부하고 다양한 언어적 요구에 직면한다. 수업은 복잡한 텍스트, 다양한 관점, 의미 있는 상호작용을 통해 학습자에게 알리고 분석하고 비평하고 논쟁하는 등 문해 실천에 참여하는 진정한 학습 경험을 중심으로 구성되어야 한다. 이러한 언어가 풍부한 교실 내에서 특히 CLD 학생들의 언어 수요에 대한 정확한 주의를 유지하는 것이 중요하다(Bunch et al., 2012). 언어과에서 언어 요구의 샘플링은 [그림 4-8]을 참조한다.

1단계-바라는 결과		
확립된 목표	전이	
• 학생들은 역사적 문서, 목격자 진술, 구술 역사, 편지, 일기, 공예품, 사진, 지도, 미술품, 건축에서 마주치는 사건에 대해 관련 질문을 던진다. • 학생들은 지도, 사진, 구술 역사, 편지, 신문, 그리고 다른 주요 자료들에 그림을 그리면서 왜 그들의 공동체가 설립되었는지, 개인과 가족들이 어떻게 그것의 설립과 발전에 기여했는지, 그리고 공동체가 어떻게 변해 왔는지를 추적한다.	학생들은 다음의 과제를 수행하기 위하여 자신의 학습을 자율적으로 사용할 수 있을 것이다. • 서로 다른 역사적 이야기를 찾아 비교하고 비평하기 • 대초원의 개척자와 오늘날의 개척자의 삶을 비교하기 • 문명, 문화, 사람들의 상호작용을 더 큰 시각과 공감으로 바라보기	
	의미 구성	
	이해	본질적인 질문
	학생들은 다음 사항을 이해할 것이다. • 많은 개척자들은 서쪽으로 이동하는 기회와 어려움에 대해 순진한 생각을 가지고 있었다. • 사람들은 새로운 경제적 기회, 더 큰 자유, 또는 어떤 것에서 탈출하기 위해 다양한 이유로 움직인다. • 성공적인 개척자들은 고난과 도전을 극복하기 위해 용기, 독창성, 그리고 협업에 의존한다. • 서구인의 정착은 평원에 살고 있는 아메리카 원주민 부족의 생활양식과 문화를 위협했다. • 역사는 다른 이야기를 이해시키는 것을 포함한다.	학생들은 다음 사항을 지속적으로 고려할 것이다. • 사람들은 왜 이동하는가? 왜 개척자들은 집을 떠나 서쪽으로 향했는가? • 지형과 지형이 여행과 정착에 어떤 영향을 미치는가? • 개척자란 무엇인가? 개척정신이란 무엇인가? • 왜 어떤 개척자들은 살아남고 번영하는 반면 다른 개척자들은 살아남지 못했는가? • 그것은 누구의 이야기인가? • 문화가 상호작용을 할 때 어떤 일이 일어나는가?

[그림 4-7] 초등학교 사회 단원의 전이 및 의미 목표

출처: From *The Understanding by Design Guide to Creating High-Quality Units* (p. 29), by G. Wiggins and J. McTighe, 2011, Alexandria, VA: ASCD. Copyright 2011 by Grant Wiggins and Jay McTighe. Adapted with permission.

언어과의 광범위한 초점 때문에, 언어 요구는 구어 언어, 읽기, 쓰기를 중재하는 데 사용되는 장르, 하위 장르, 형태에 따라 다르다. 논픽션은 학생들이 정보 맥락과 설득력 있는 수필, 자서전, 전기 등으로 주장을 하고 증거를 인용하면서 점점 더 가르침과 학습의 매개체 역할을 한다. 다른 논픽션과 구별되는 전기들은 종종 순차적 역사 담화, 3인칭 관점, 복수의 절이 있는 복잡한 문장, 현재와 과거 시제 모두를 사용한다(Ranney, Dillard-Paltrineri, Maguire, & Schornack, 2014).

학생들은 현실성, 역사성, 공상과학소설 등 다양한 소설을 이용해 다양한 맥락의 요

구성 요소	특징	예시
담화	음성/텍스트 양	장르에 따라 다른 양(시, 자서전)
	언어/텍스트 구조	문장의 종류와 동사 시제의 다양성
	음성/텍스트 밀도	비유어를 사용한 언어 추상화
	아이디어 구성	장르에 따라 다양한 특징(그래픽 소설, 논픽션)
문장	문장 유형	복합체, 복합한, 복합
	문장 구조	시간적, 비교적, 원인과 결과
	동사 시제	현재, 과거, 미래의 진보적이고 완벽한
	규약과 역학	구두점, 대문자화 규칙
단어	학문 분야별 용어	우화, 운율, 간섭, 의성어, 동음이의어
	학문 분야별 구문	느낌표 포인트, 논제 서술문, 논리적 오류
	다의어	주기, 혼합, 분위기, 피치, 스트레스, 스타일, 시프트
	동의어	행복한, 더없이 행복한, 유쾌한, 의기양양한, 명랑한, 기쁜
	명목화	쓰다/쓰기, 삽화를 쓰다/삽화
	의미의 음영	지인, 동맹인, 친구, 측근
	비유어	직유, 은유, 의성어, 의인화
	관용적 표현	다리를 태우다, 콩을 쏟다, 파랗게 느껴지다, 얇은 얼음 위에

[그림 4-8] 언어과에서 요구하는 언어의 예

소와 사건을 해석하고 관련, 재검표한다. 가상의 하위 장르에 걸쳐 언어의 다양한 사용 외에도, 형태는 그래픽 소설에 사용되는 고유한 텍스트 특징과 같은 언어적 요구에 영향을 미친다(예: 캡션, 말풍선, 내부 대 외부 대화, 특수 문자)(Ankiel, 2016). 시에 초점을 맞춘 가르침에서 학생들은 다양한 형태의 시(예: 하이쿠, 자유시, 소네트)를 읊고, 표현하고, 해석하고, 설명하고, 창작한다. 반면에 비유언어의 시적 사용은 장르에 걸쳐 비교적 일관된 언어적 요구로 남아 있는 반면, 다른 언어적 특징은 시에 따라 다르다(예: 구조, 아이디어 구성, 아이디어 구성, 문법 조항/스탠자, 동사 시제, 구두점).

신화, 전설, 장편 설화, 동화, 우화를 포함한 장르로서의 민속은 또한 텍스트와 결과적인 과제에 걸쳐 변화를 보여 주는데, 예를 들어, ELs가 장편 설화에 대한 문자적 해석에 의존하거나 문화적으로 자리 잡은 전설을 의미하기 위해 추가적인 배경지식이 필요할 때, ELs에게 특별한 도전을 제기한다. 본문이나 과제에 관계없이, 추가적인 요구는 학생들이 빅 아이디어에 접근하고, 이해력을 기르고, 본질적 질문과 씨름할 수 있게 해 주는 종종 가정된 배경지식이 필요하기 때문이다.

1단계-바라는 결과		
목표 설정	전이	
CCSS ELA-Literacy (RL.11-12.2 RL.11-12.5, W.11-12.1) • 2개 이상의 주제 또는 본문의 중심 개념을 결정하고 본문 과정에서의 전개 과정 분석하기 • 글의 특정 부분을 어떻게 구조화할 것인가에 관한 작가의 선택이 전체적인 구조, 의미, 미적 영향에 어떻게 기여하는지 분석하기 • 타당한 추론과 목적 적합하고 충분한 증거를 사용하여 진정한 주제 또는 본문의 분석에서 주장을 뒷받침하는 주장을 쓰기	학생들은 다음의 과제를 수행하기 위하여 자신의 학습을 자율적으로 사용할 수 있을 것이다. • 가상의 텍스트를 읽고, 이해하고, 비판적으로 분석하기 • 가상의 텍스트가 실제 경험에 대한 우리의 광범위한 이해에 어떻게 기여하는지 고려하고 평가하기 • 다른 사람들이 특정한 입장이나 관점을 취하도록 설득하기 위한 주장을 고안하기	
	의미 구성	
	이해 학생들은 다음 사항을 이해할 것이다. • 소설가들은 종종 허구의 수단을 통해 인간의 경험과 삶에 대한 통찰력을 제공한다. • 작가들은 독자들을 참여시키고 설득하기 위해 다양한 문체 기법을 사용한다. • Holden Caulfield는 일반적인 청소년기 경험을 반영하지만 성장과 다른 사람들과 관련된 개인적인 문제들을 감추었다.	본질적인 질문 학생들은 다음 사항을 지속적으로 고려할 것이다. • 허구와 진리의 관계는 무엇인가? 어떤 진실이 허구적으로 가장 잘 표현될 수 있는가? • Holden은 청소년기를 대표하는가? 그가 비정상적인가, 아니면 모든 청소년이 비정상적인가? 누가 진실한 사람이고 누가 가짜인가? 사람들은 왜 거짓 행동을 하는가? • 작가들은 어떻게 독자들을 낚아채는가? J. D. Salinger는 당신을 어떻게 유혹하는가? • 작가들은 어떻게 독자들을 설득하는가?

[그림 4-9] 고등학교 영어 단원의 전이 및 의미 구성 목표

출처: From *The Understanding by Design Professional Development Workbook* (p. 64), by J. McTighe and G. Wiggins, 2004, Alexandria, VA; ASCD. Copyright 2004 by ASCD. Adapted with permission.

학생들의 언어 발달을 동시에 지원하는 동시에 언어과 교과과정에 공평하게 접근할 수 있도록 문학적 장르와 관련 과제의 측면에서 각 단원 내에서 언어가 어떻게 사용되는지를 고려한다. [그림 4-9]에서 이 단원은 '미국의 필수 서적 중 하나'로 여겨져 온 『호밀밭의 파수꾼(The Catcher in the Rye)』(Salinger, 1951)을 중심으로 한다. 20세기 중반 맨해튼에 살고 있는 사춘기의 주인공 Holden Caulfield는 뉴욕의 엘리트 예비학교를 떠난 후 4일간의 유형적이고 심리적인 사건들에 대해 이야기한다. 소설의 형태로

쓰인 사실적인 소설, 텍스트 구조는 삽화적이며, 200페이지가 넘는 페이지 전체에 걸쳐 일련의 회상 장면을 가지고 있다. 출판 날짜와 주인공 내레이션을 바탕으로 본문은 1950년대 10대 자국어에 대한 독특한 언어 창문으로 특징지어졌으며, 특히 '지능적이고, 교육을 받은, 북동부 미국 청소년들의 비공식 연설'(Costello, 2000, p. 12)이 그것이다. 이러한 담화 패턴은 다양한 방식으로 사용되는 단어(예: 헛소리, 미친 소리, 죽임), 형용사(예: 크리스마스 분위기가 나는, 왜곡된, 불량스러워 보이는), 불경한(예: 개자식, 악마의 자식, 제기랄), 비유어(예: 침처럼 날카롭게, 말 엉덩이처럼 느껴짐)를 포함한 다양한 언어 요구로 이어진다(Costello, 2000). 언어학적 분석을 구체적으로 단원의 목표에 직접 연결하면, 누가 진품인지 가짜 학생인지에 대한 본질적인 질문은 내레이터 Holden이 특정 명사(예: 왕자, 천사), 형용사(예: 거창, 속물, 부르주아), 구문(예: 미행, 감초, 어린 여학생 방)를 사용하여 인물과 사건을 묘사하는 것을 인식해야 한다(Costello, 2000, p. 18). 『호밀밭의 파수꾼』과 관련된 주장을 이해하고, 고려하고, 교묘하게 하기 위해서는 학생들이 중재 텍스트의 언어에 접근한 후 이를 사용하여 단원 작업에 적극적으로 참여할 수 있어야 한다.

기타 부문

WIDA 및 기타 언어 능력 표준은 일반적으로 방금 설명한 핵심 내용 영역에 초점을 맞추고 있지만, 언어는 세계 언어, 선택 문항 및 특수 영역을 포함한 모든 학교 분야에 걸쳐 있다. 언어 기능은 물론 관련 단어, 문장 및 담화 수준의 특징을 각 분야에 대해 고려해야 한다. 여기서 우리는 특별 지역 강좌에 대한 예를 살펴보고 제공한다.

미술 교육

미술 교육은 시각적·유형적 예술에 대한 교육을 집중시킨다(Latta & Chan, 2010). 학생들은 예술을 창조하는 것 외에도 다양한 담화와 구문 구조를 사용하여 예술작품과 과정을 비평, 비교, 분석, 성찰한다. 텍스트 특징에는 서술적 서술과 미술작품의 역사적 설명이 포함되어 있으며, 시각적 이미지와 숫자적 날짜와 결합되어 있다. ELs를 위한 복잡한 문장 구조는 수동적인 음성을 포함하는데, 예를 들어 "Delacroix가 몽타주를 숯으로 그렸다"는 예술가에게 초점을 맞춘 능동적인 목소리보다는 미술 등록부에서는, "스케치는 숯으로 그려졌다"는 식으로 예술작품 자체를 묘사하기 위해 자주 사용한다.

문자 그대로 글을 해석하는 EL에게도 마찬가지로 어려운 것으로, 담화는 예술작품을 묘사하는 메타포, 이미지, 상징(성)을 지니는 비유적 언어를 포함한다. 컬러(예: 흰색, 아이보리, 진주, 크림, 뼈, 달걀껍질)와 기타 서술형 형용사(예: 큰, 커다란, 엄청난, 어마어마한, 우뚝 솟은)를 포함하면서 예술적 언어에서 의미의 음영이 나타난다. 다른 단어 수준의 요구에는 분야별 어휘(예: 아크릴, 색조, 단색, 표현주의), 새로운 방식으로 사용되는 단어(예: 대비, 매체, 리듬, 쿨, 웜), 명목화(예: 추상적인, 추상화) 등이 포함된다. 미술의 시각적·운동적 특성을 수용함으로써 교사는 학생들이 진정한 학습을 하는 동안 학생들의 언어 발달을 육성하기 위해 의도적으로 수업을 설계할 수 있다.

음악 교육

음악 교육은 음악을 배우고, 듣고, 만드는 것을 중심으로 한다(Latta & Chan, 2010). 학생들은 노래를 부르고 음악에 직접 참여하는 것 외에도 언어를 사용하여 음악적 수행을 묘사하고 평가하고 다양한 음악적 기법을 설명하고 정당화한다. 쓰여 있는 본문에는 텍스트 서사뿐만 아니라 선, 구절, 노트, 휴식, 반복, 코다 등 음악적 요소들의 상징적인 표현과 함께 완전한 문장에서 나올 수 없는 스탠자(4행 이상의 각운이 있는 시구) 형태의 가사가 포함되어 있다. 음악 교육의 언어는 음악 단원의 학문 분야별 어휘(예: 화음, 악기, 오케스트라, 타악기, 실로폰)뿐만 아니라, 새로운 방법으로 사용되는 단어의 일관성 있는 통합(예: 측정, 서명, 평면, 바, 노트)을 포함한다. 음악 언어의 흥미롭고 독특한 면은 이탈리아어나 프랑스어와 같은 다른 언어에서 차용된 단어의 보급이다. 예를 들어, 음악의 요소에 초점을 맞춘 단원은 표준 이탈리아어에서 파생된 교과(학문) 고유 언어(예: 알레그로, 크레센도, 포르테, 렌토, 모데라토, 템포)를 강조할 수 있는 반면, 음악과 춤을 융합하는 유닛은 프랑스어(예: 아라베스크, 샤세, 제트, 피루엣, 플리에, 시송네)의 교과 언어를 필요로 한다. 음악 교사는 다중 모드와 상호작용 교실 배경을 이용하여 학생들의 언어 발달을 촉진하는 데 있어 중심적인 역할을 수용할 수 있다.

체육

체육은 스포츠, 운동, 웰빙 분야의 교육을 우선시한다(Constantinou & Wuest, 2015). 구술 언어에 의존하여 학생들은 듣기와 말하기 영역에서 다양한 기술을 사용하여 학습에 적극적으로 참여한다. 교실 담화는 종종 다양한 동사 시제(예: ran, run, run, will run, are running, have run)를 혼합하는 것으로 특징지어지며, 학생들은 따라하고 순차적으로 방향을 제시하며 스포츠와 활동을 비교하고 대조할 수 있는 다양한 문장 구조를 받고 생산한다. 활동에 참여하기 위해 학생들은 장소의 전치사(예: 위, 뒤, 중간, 왼쪽, 안쪽, 바깥)와 다양한 의미의 음영을 가진 동사(예: 걷기, 조깅, 달리기, 스프린트)를 기동한다. 또한 단어들은 자주 변환되어 동사, 명사(예를 들어 공을 던지기, 잘 던지기)로 사용된다. 형용사는 축구에서 페널티킥, 프리킥, 코너킥, 골킥의 차이를 인식하는 것과 같은 특정한 스포츠에 참여하는 학생들에게 중요한 역할을 한다. 복합어(예: 핸드볼, 야구), 학문별 어휘(예: 드리블, 유연 체조), 그리고 새로운 방법으로 사용되는 단어(예: 후추, 깃발)도 체육 언어에서 흔히 볼 수 있다. 체육 교사는 명시적으로 언어에 대한 렌즈를 사용하여 교육을 계획함으로써 학생들의 언어 발달을 촉진하기 위해 저불안감, 쌍방향 학습 환경을 극대화할 수 있다.

언어의 렌즈를 통한 지식 습득 목표

앞의 절에서, 우리는 학문 내부와 여러 분야에 걸친 학습과 이해에 관여하는 데 필요한 언어를 고려했다. 언어 발달에 대한 렌즈로 전이와 의미 목표를 분석함으로써, 우리는 모든 학습자에게 엄격한 결과를 유지하고, 어떻게 언어가 학생 학습의 문지기 역할을 할 수 있는지에 대한 인식을 형성하고 맹점을 발견하는 것을 목표로 한다. 우리의 초기 언어 분석의 목적은 단원의 학습에서, 학생들을 이러한 언어적 요구와 복잡성으로부터 보호하는 것이 아니라, ① 전이와 의미 목표에 공평하게 접근하기 위한 습득 목표와 ② 바라는 목표를 달성하는 데 필요한 언어 지식과 기술을 구축하기 위한 비계 수업을 제공하는 것이다.

교과(학문) 언어 기능 및 특징에 대한 1단계 목표를 분석한 후, 교사들은 다음 질문에 대답하기 위해 이러한 분석을 사용한다. 학생들이 원하는 결과를 얻고, 적극적인 학습에 참여하고, 본질적 질문을 다루기 위해 언어를 알고 해야 하는 것은 무엇인가? 본 섹션에서는 언어에 대한 렌즈를 사용하여 습득 목표를 탐색한다.

이 장의 초반에 설명한 것처럼, 성취해야 할 목표는 단원의 더 큰 전이 목표와 의미 목표에 도달하기 위해 학생들이 알아야 할 것과 해야 할 것에 초점을 맞춘다. 전이와 의미 목표는 우리가 학습자에게 원하는 더 넓은 적용 가능성과 더 깊은 이해를 포착하는 반면에, 지식과 기술 지표는 더 큰 결과를 얻기 위해 필요한 관련 하위 단계들이다.

언어 발달에 대한 렌즈를 추가할 때, 우리는 관련 콘텐츠 기반 지식과 기술과 연결된 것처럼, 학생들이 단원의 원하는 결과를 얻기 위해 습득해야 하는 언어를 명시적으로 정의한다. 전이와 의미 목표에 대한 언어적 분석에서 기인하여, 습득 목표는 콘텐츠 학습에 참여하기 위한 학생들의 언어 발달을 촉진하는 데 필요한 언어적 지식과 다른 것들과 별개의 기술에 초점을 맞추어야 한다([그림 4-10] 참조).

지식 지표	기능 지표
• 단원의 전이 및 의미 목표 달성에 필요한 언어 특징(예: 텍스트 구조, 교실 담화 패턴, 문장 유형, 학술 단어 및 구문)	• 인지 과정과 관련된 언어 기능(예: 설명, 해석, 논쟁, 비평, 평가) • 학생의 필요 부분에 맞는 언어 영역(듣기, 말하기, 읽기, 쓰기)

[그림 4-10] **언어 발달을 위한 습득 목표**

UbD의 지식 지표는 학생들이 단원이 끝날 때 까지 습득해야 하는 선언적 지식으로, 여기에는 사실 정보, 어휘, 그리고 중요한 전이 및 의미 목표에 도달하는 데 필요한 기본 개념이 포함된다(Wiggins & McTighe, 2011). 언어에 대한 렌즈를 추가할 때, 우리는 어휘 이상으로 확장하여 학습의 단원 전체에 걸쳐 학습에 필요한 언어 지식을 고려한다. 습득 목표, 특히 언어 발달과 관련된 선언적 지식을 정의하기 위해, 교사는 담화, 문장, 단어/구문 수준 등 단원에 포함된 언어적 특징을 분석한다(WIDA, 2012). 단원에 포함된 모든 과제와 텍스트를 분석하기보다는 전이와 의미 목표를 활용해 정해진 목표 달성에 필요한 언어를 고려하고, 빅 아이디어를 이해하고, 본질적 질문과 씨름한다. 그러고 나서 우리는 이 선언적인 언어 지식을 이용하여 학생들의 언어 발달을 전략적으로 목표로 하는 지식 지표를 작성하는 동시에 학생들에게 단원 내에서의 빅 아이디어와 이해에 대한 공평한 접근을 제공한다. 언어 렌즈를 사용하여 지식 지표를 작성함으로써, 우리는 학생들의 언어를 발달시키고 콘텐츠 학습에 대한 학생들의 공평한 접근을 지원하는 것을 목표로 한다.

UbD의 기술 지표는 학생이 단원의 마지막까지 습득해야 하는 절차적 지식으로, 기본 노하우와 전이 및 의미 목표에 도달하는 데 필요한 별개의 기술을 포함한다(Wiggins & McTighe, 2011). 언어에 대한 렌즈를 추가할 때, 우리는 특히 학생들이 학습에 적극적으로 참여해야 하는 언어 능력과 학습 단원 전반에 걸친 의미 부여를 고려한다. 습득 목표, 특히 언어 발달과 관련된 절차적 지식을 정의하기 위해, 교사는 우선 이해의 여섯 가지 측면과 관련되는 과제와 관련 인지 과정에 관여하면서 학생들이 사용하는 언어 기능을 고려한다. 다음으로 교사들은 학생들의 언어적 강점과 니즈를 고려하여 듣기, 말하기, 읽기, 쓰기의 네 가지 영역에 걸쳐 학생들의 언어 발달을 우선시한다([그림 4-11] 참조). 그런 다음 교사는 콘텐츠 학습에 실제로 내재된 학생의 언어를 전략적으로 발달하기 위해 관련 언어 기능과 영역을 정확히 파악하는 기술 지표를 작성한다. 기술 지표는 언어 기능에 문장, 문법 및 변증적 구조뿐만 아니라 특정 단어와 구문이 필요한 범위까지 지식 지표와 일치해야 한다. 언어 렌즈로 기술 지표를 선발함으로써 학생들의 언어 능력과 내용 능력을 동시에 키워 나가는 것을 목표로 한다.

듣기	말하기	읽기	쓰기
신원을 확인하다	생산하다	신원을 확인하다	의사소통하다
분류하다	표현하다	해석하다	리스트를 작성하다
순서를 매기다	읊조리다	탐험하다	기록하다
지시에 따르다	묘사하다	분류하다	생산하다
인정하다	전하다	짝을 맞추다	창조하다
탐지하다	보여주다	추론하다	작곡하다
구별하다	토의하다	요약을 하다	설명하다
평가하다	설명하다	평론하다	정당화하다

[그림 4-11] 기능 지표용 언어 영역별 샘플 동사

이전에 도입된 고등학교 수학 단원을 기하학적 객체의 속성과 관계에 초점을 맞춘 것을 고려한다([그림 4-4] 참조). 수학 교사인 Peña 씨는 교과 학습을 위한 욕구 결과를 정의하고 유지한 후, 전문 수학자로서의 언어적 맹점을 드러내기 위해 전이와 의미 목표를 분석한다. 그렇게 함으로써, 그녀는 학생들이 특정한 담화(즉, 단어 문제), 문장 구성(즉, 관계 동사, 부분 문법 구성, 정량자), 단어(즉, 기술 용어, 다의어)를 포함하여 전이와 의미 목표를 달성하기 위해 교과 언어를 발달할 필요가 있음을 인식한다. 습득 목표 초안을 작성하기 위해, 그녀는 Vinh를 포함하여 주로 재분류되고 장기 ELs인 2학년 학생들의 언어 능력을 구체적으로 고려한다. 지식 지표를 정확히 짚어 보면, 그녀는 학생들이 이미 이전 단원이나 강좌에서 알고 있는 원통형이나 구체 같은 어휘보다는 수학 특유의 다의어 같은 교과 언어에 집중한다. 기술 지표를 작성할 때, 그녀는 관련 언어 기능(예: 비교, 대조)과 발달이 가장 필요한 영역(예: 읽기, 작성)을 우선시한다. 이와 같이 Peña 씨는 교과(학문) 학습에 언어 발달, 특히 교과 학습에 있어서 학습과 발달을 목표로 하고, 특히 CLD 학생들의 학습과 발달을 목표로 하고 있다. [그림 4-12]는 Peña 씨의 노력에서 비롯되는 기하학 단원을 보여 주고 있다.

요약하면 언어에 렌즈를 끼운 1단계는 모든 학습자가 동일하게 유지되는 전이에 필요한 언어와 의미 목표를 분석하는 것으로 시작한다. 그런 다음 사전 언어 분석을 통해

1단계-바라는 결과		
목표 설정	**전이**	
CCSS Math(GMD.B.3, GMD.B.4, MG.A.3) • 문제를 해결하기 위해 실린더, 피라미드, 원뿔 및 구에 부피 공식 사용 • 3D 물체의 2D 단면 형태 파악 및 2D 물체의 회전으로 발생하는 3D 물체 식별 • 기하학적 방법을 적용하여 설계 문제를 해결하기	학생들은 다음의 과제를 수행하기 위하여 자신의 학습을 자율적으로 사용할 수 있을 것이다. • 기하학적 객체의 속성과 관계를 종합하기 • 동적 기하학적 현상을 조사하기 위해 수학적 방법과 모델 수정하기 • 수학적 추론을 사용하여 실제 문제를 해결하기	
	의미 구성	
	이해 학생들은 다음 사항을 이해할 것이다. • 인간 문제에 대한 수학적 모델과 아이디어의 적응은 충격에 대한 신중한 판단과 민감성을 필요로 한다. • 3차원을 2차원에(또는 2차원을 3차원에) 매핑하면 왜곡이 발생할 수 있다. • 때때로 최고의 수학적인 해답은 실제 문제에 대한 최고의 해결책이 아니다.	**본질적인 질문** 학생들은 다음 사항을 지속적으로 고려할 것이다. • 순수한 수학이 얼마나 잘 복잡한 현실 세계의 상황을 모형화할 수 있는가? • 가장 좋은 수학 답은 문제에 대한 최고의 해결책이 아닐 때가 언제인가?
	습득	
	학생들은 다음 사항을 알 것이다. • 표면 면적 및 부피를 계산하기 위한 수학 공식 • Cavalieri의 원리 • 관련 기하학적 용어(예: 면, 모서리, 꼭짓점, 경사) • 관련 문장 구성(예: 관계 동사) • 단어 문제와 해결책의 담화 구조	학생들은 다음 사항에 능숙해질 것이다. • 다양한 3차원 도형의 표면적 및 부피 계산하기 • Cavalieri의 원리를 이용한 수량의 비교 및 대조하기 • 기하학적 공식을 적용하여 단어 문제를 읽고 해결하기 • 실제 문제에 대한 수학적인 설명을 구성하기

[그림 4-12] 고등학교 수학, 기하학 단원의 1단계

출처: From *Understanding by Design Professional Development Workbook* (p. 11), by J. McTighe and G. Wiggins, 2004, Alexandria, VA; ASCD. Copyright © 2004 by ASCD. Adapted with permission.

교과 학습과 연계된 언어에 대한 특정 렌즈를 사용하여 습득 목표를 입안하게 된다. 지식 지표는 텍스트와 과제의 관련 언어 특징을 정확히 지적하고, 기술 지표는 인지 처리 및 기술과 연결된 언어 기능을 강조한다. 또한 기술 지표는 진정한 학습과 이해와 본질적 질문에 대한 의미 있는 상호작용에 내재된 듣기, 말하기, 읽기 및 쓰기의 목표를 목표로 삼아야 한다. 커리큘럼 계획 과정의 향후 단계를 진행하면서, 수업 설계의 1단계에서 제시된 언어 중심 지식과 기술은 2단계에서 수행평가의 설계와 3단계에서 학습 경험의 설계에 수업이 될 것이다.

교실 적용: 1단계에서의 언어 발달

이 장에서 설명한 것처럼 1단계에서의 언어 발달에 관한 렌즈에서 도출하여, 우리는 이제 교실의 적용에 대한 세부 사항을 고려하도록 전환한다. 이 섹션에서는 모든 학습자에게 공평한 액세스를 제공하기 위해 UbD 계획 템플릿의 1단계에 언어를 통합하는 단계를 자세히 설명한다.

언어의 전이 및 의미 구성 목표 분석하기

전이 목표—독립 학습의 장기적이고 진정한 목표, 목표—지속적인 이해와 본질적인 질문, 그리고 확립된 목표—내용 표준으로 시작하라. 담화, 문장, 단어/문구 수준의 언어 기능과 관련 특징을 포함하여 주제, 텍스트, 과제를 고려하여 학생들이 이러한 목표를 달성하는 데 필요한 언어를 분석하라. 학생들의 문화적·언어적 배경과 능력이 언어 사용에 어떻게 영향을 미치는지, 그리고 그들이 학습 단원에서 언어학적으로 어려울 수도 있고 그렇지 않을 수도 있는 것을 포함하여, 여러분의 교실의 고유한 맥락에서 언어적 요구를 고려해 보라.

매력적인 학습이 되는 데에 적절한 언어의 우선순위 정하기

더 광범위한 학문 분야와 특정 학습 단원에 대한 우리의 초기 언어 분석은 의심할 여지없이 많은 언어 수요를 밝혀냈다. 교실 수업에 참여하는 데 필요한 언어에 대한 일반적인 인식과 더불어, 다음의 언어들에 대해 우선순위를 정하라. ① 학생들이 학습 단원에 걸쳐 있는 빅 아이디어에 접근하고 본질적 질문을 다룰 때 중요한 것, ② 요구되는 인지 과정과 내용 학습과 이해에 연계되는 것, ③ 여러 학생이 교과(학문) 내용 학습에 참여하기 위한 시도에서 중요하게 요구되는 언어를 발견하게 될 것이라는 점에서 널리 퍼져 있는 언어, ④ 학생이 학습, 학문 및 환경 단원에서 지식과 기술을 이전하고 사용할 수 있다는 점에서 다재다능한 것.

언어 수요를 목표로 하는 지식 지표 초안 작성하기

단원의 전이 및 의미 목표와 관련된 선언적 지식(사실 정보 및 기본 개념 포함)에 대한 습득 목표를 작성한다. 언어 렌즈를 추가하여 언어에 대한 선언적 지식을 위한 추가 습득 목표 초안을 작성하고 단어, 문장 및 담화 수준의 분석에서 도출한다. 이러한 언어 중심 지식 지표는 콘텐츠별 지식 지표와 별도로 추가될 수 있지만, 최종 목표는 콘텐츠 학습에 접근할 수 있도록 학생들의 언어를 구축하는 것이라는 점에서 본질적으로 연결되어야 한다.

언어 기능을 확인하기 위한 기술 지표 초안 작성하기

단원의 전이 및 의미 목표와 관련된 개별 기술 및 인지 프로세스를 포함한 절차적 지식을 위한 습득 목표를 작성한다. 언어 렌즈를 추가하여 적절한 언어 기능과 영역을 통한 언어 발달의 우선순위를 정하도록 기술 지표를 수정한다. 언어 렌즈를 사용하여 기술 지표를 작성하는 목표는 학생들의 언어와 내용별 기술을 동시에 발달하는 것임을 기억하세요. 따라서 각 기술 지표에는 언어 기능 및 관련 콘텐츠 줄기가 포함되어야 한다. 모든 기술 지표가 작성되면 기술 지표의 동사에 의해 호출되는 특정 언어 영역(듣기, 말하기, 읽기, 쓰기)의 우선순위를 정한다.

공평한 접근을 보장하기 위한 전이 및 의미 구성 목표 검토하기

언어 숙련도와 상관없이 높은 기대치에 공평하게 접근할 수 있도록 습득 목표를 포함하는 교육 계획과 함께 모든 학습자에게 전이 및 의미 목표는 엄격한 상태를 유지해

언어 요구	수정이 필요한 본질적 질문 샘플
단어	효과적인 문제 해결사는 막혔을 때 무엇을 하는가?
	왜 개척자들은 집을 떠나 서쪽으로 향했을까?
	과학 진보에서 **세렌디피티**의 역할은 무엇인가?
숙어	행간을 어떻게 읽는가?
	연습이 완벽을 만든다면, 무엇이 완벽한 연습을 만드는가?
	펜이 칼보다 얼마나 강할까?
문장/문법 구조	예술은 형태와 문화를 어떻게 반영하는가?
	다른 장소와 시대의 이야기들은 나에 대해 어떤가?
	만약 우리가 숫자가 없거나 사용할 수 없다면 우리는 무엇을 할 수 없었을까?
수동적 문장의 구성	누구의 이야기인가?
	왜 거기 있는가?
	패턴이 있는가?

[그림 4-13] 까다로운 언어를 사용한 본질적인 질문 샘플

출처: From *Understanding by Design Professional Development Workbook* (pp. 8-9, 90-91, 93-101) by J. McTighe and G. Wiggins, 2004, Alexandria, VA: ASCD. Copyright 2004 by ASCD. Adapted with permission.

야 한다. 그럼에도 불구하고 모든 학생은 특히 공부 단원에 걸쳐 본질적 질문과 씨름하기 위해 스스로 목표에 접근할 수 있어야 한다. 언어에 대한 렌즈를 사용하여 본질적 질문을 검토할 때, 단어 및 문장 수준의 언어 요구와 단어 변경을 분석하여 접근을 제한하는 가능한 언어 요구를 피하세요([그림 4-13] 참조). 당신은 또한 학생들의 모국어에 본질적인 질문을 제공할 수도 있다.

언어 발달을 촉진하기 위한 습득 목표 수정

제3장에서 설명한 대로 학생들의 배경, 강점 및 니즈, 특히 EL의 언어 숙달과 능력에 대한 공식적이고 일화적인 데이터를 고려한다. 전반적인 언어 능력을 가이드로 삼아, 지식 지표를 수정하여 숙련도 수준에 기초한 언어 발달의 적절한 목표를 보장한다. 영역별 평가 데이터를 사용하여, 학생들이 언어를 사용하여 할 수 있는 것뿐만 아니라 언어 능력의 경로에 대한 추가 지원이 필요한 곳에 따라 언어 기능 및 영역을 대상으로 기술 지표를 수정한다. (우선순위 언어 요구 사항에 초점을 맞춘 단원 수준 습득 목표 외에도, 교사들은 학습목표를 통한 수업 수준 언어를 타깃으로 한다. 우리는 제7장에서 더 많은 수업 수준의 목표를 탐구한다.)

교실 장면: 학생 학습을 위한 목표 설정

Jillian Hartmann 씨는 시카고 북서쪽에 있는 초등학교 9학년부터 12학년까지 1,500명을 대상으로 하는 인근 공립 고등학교인 Theodore Roosevelt 고등학교의 중등 과학 교사다. 문화적으로나 언어적으로 다양한 Albany Park 커뮤니티에 자리 잡고 있는 이 학교는 35개의 다른 언어를 구사하는 학생들뿐만 아니라 AAVE, 멕시코계 미국인을 포함한 다양한 언어들을 구사하는 학생들을 환영한다. 학생부의 75%가 라틴계로 가정에서 쓰이는 1차 LOTE가 스페인어로 되어 있으며, 그다음으로 아랍어, 타갈로그어, 버마어, 카렌어, 구자라티어, 스와힐리어, 오로모어 등이 그 뒤를 잇고 있다. Roosevelt 학생의 80%는 집에서 LOTE를 사용하며, 약 25%는 영어 능력의 접근성 점수로 측정했을 때 ELs로 표기된다. ELs로 분류된 학생들은 최근 미국에 도착한 신입생부터 유치원 때부터 Albany Park 지역 학교에 입학한 장기 ELs에 이르기까지 다양하다. 교과(학문) 부서에 의해 조직된 80명의 교사는 CLD 학생회의 학습, 수학, 과학, 사회, 영어, 세계어, 진로 및 기술교육, 미술에 이르는 것을 지원한다. 라벨이 부착된 EL은 일반적으로 콘텐츠 영역 클래스의 별도 보호 섹션에 배치된다.

Hartmann 씨는 9학년 보호대상 생물학 1과, 10학년 보호대상 화학 1과, 10학년 화학 1과, 2과 혼성 지구와 우주과학 2과 등 과학부 내에서 일련의 수업을 가르치고 있다. 과학과 학년 수준의 다양한 분야 외에도, 그녀의 학생들은 기간마다 크게 다르다. 그녀는 43개의 ELs −보호대상 생물학에서 20개, 보호대상 화학에서 21개, 지구와 우주과학에서 2개의 라벨을 달고 일한다. 그녀의 5개 학급에서, 그녀의 교실 학생들은 15개의 다른 언어가 사용되는 가정 출신이다. 이들 학습자 중 13명은 최근 트라우마와 상실을 경험한 사람을 포함해 최근 전 세계 다양한 국가에서 미국과 시카고에 도착한 신참이다. Hartmann 씨는 자신의 교육적인 연구 단원을 설계하기 전에 이러한 문화적·언어적 데이터와 더불어 사춘기 학생들의 학습과 발전에 영향을 미치는 많은 다른 사회적·정서적·교과(학문) 요소들을 고려한다. 그녀는 학습자에 대한 이러한 고려 사항과 학생들이 생물학, 화학, 지구와 우주과학을 배우기 위해 특별한 교과(학문) 언어를 발달할 필요가 있다는 그녀의 예리한 인식을 결합시켰다.

이전 학창 시절에 생물학과 화학을 가르친 후, Hartmann 씨는 최근 지구와 우주 과학의 두 과목을 배정받았는데, 이것은 고등학교 과학 교사로서 직업적인 레퍼토리에 생소한 분야였다. EL 수업과 학습에 집중한 대학원 학력으로 내용과 언어 모두에 렌즈를 끼면서 새로운 학문을 준비했다. 학년을 위한 교육과정 설계와 개별 학습 단원에 뛰어들면서, Hartmann 씨는 과학적인 이해, 엄격한 학습, 탐구 기반의 탐구에 접근하는 데 필요한 교과(학문) 언어를 인식하기 위해 언어 렌즈를 유지했다. 예를 들어, 날씨와 기후에 초점을 맞춘 단원([그림 4-14] 참조)에서, 그녀는 다른 맥락에서 친숙할 수 있는 단어(예: 습도, 온도)를 사용하여 날씨를 설명하는 여러 과학적 근거의 출처(예: 지도, 그래프, 차트)를 해석할 때 예시된 것처럼, 전이와 의미 목표는 교과 언어를 필요로 한다는 것을 인식했다. 구별되는 측정 시스템(즉, 화씨, 섭씨)을 사용하여 국지 및 전역 설정 사이의 기후를 비교한다. 자신의 고유한 CLD 학생 모집단이 전이 목표를 달성하고, 이해를 깊게 하며, 본질적인 질문에 고심하기 위해 필요한 언어를 분석한 후, Hartmann 씨는 자신의 연구 결과를 언어 지식 지표(예: 날씨 지도와 그래프, 특정 어휘 용어, 비교 문장 구조)와 기술 지표(예: 날씨 관련 데이터 분석, 날씨 패턴 해석, 기후 비교 및 대조)의 대상으로 삼았다.

1단계 목표에 언어에 대한 명시적 렌즈를 추가함으로써, Hartmann 씨는 2단계와 3단계에서 자동으로 교과 언어의 발달을 우선시했다. 2단계에서 그녀는 1단계 목표에 맞춰 수행과제를 설계했고, 학습자들은 전 세계 날씨가 인간의 삶에 어떤 영향을 미치는지 설명하기 위해 복수의 증거 자료를 사용하는 잠재적 기상 리포터 역할을 맡았다. 학생들은 진정한 언어의 풍부한 수행을 흉내 내면서, 세계의 다양한 맥락에서 날씨와 기후가 어떻게 인간의 삶의 한 측면(예: 스포츠나 아이 양육)에 영향을 주었는지를 비교하고 대조하기 위해 교과 언어를 사용한다.

그녀는 수행과제 외에도 교과(학문) 어휘의 개인 용어집, 과학적 대응과 탐구 저널, 그래프, 지도, 날씨 관련 데이터의 다양한 동급 내 활용에서 나온 공예품 등 1단계 목표에 맞춘 학습과 언어 발달의 다른 증거들을 수집했다. 3단계에서 Hartmann 씨는 학생들이 1단계 목표를 달성하도록 설정하는 학습계획을 설계하여, 그들의 문화적·언어적 배경지식을 활용하고 문장 틀과 그래픽 조직자와 같은 전략적 비계를 가지고 모델링과 적용을 통해 교과 언어 발달에 참여한다. 즉, 커리큘럼 설계의 모든 단계가 정렬된 상태에서, 그녀는 분석을 시작하고 1단계에서 교과 언어의 우선순위를 정함으로써 학습 단원 전체에 걸쳐 일관되고 의도적인 언어 렌즈를 확보했다.

1단계-바라는 결과		
목표 설정	**전이**	
NGSS HS-ESS3-5 지구과학 데이터와 지구 기후 모델의 결과를 분석하여 지구 또는 지역 기후 변화의 현재 속도 및 지구 시스템에 대한 관련 미래 전이에 대한 증거 기반 예측 CCSS RST.11-12.7 다양한 형태와 매체로 제시된 정보의 여러 출처를 통합하고 평가하여 문제를 해결하거나 문제 해결	학생들은 다음의 과제를 수행하기 위하여 자신의 학습을 자율적으로 사용할 수 있을 것이다. • 과학적 증거와 정보의 여러 출처로부터 도출하는 것을 포함하여 문제에 대한 적절한 해결책을 제시하고 논쟁하기	
	의미 구성	
	이해 학생들은 다음 사항을 이해할 것이다. • 지구 시스템의 다양한 구성 요소들이 기후를 조절하기 위해 복잡한 방법으로 상호작용한다. • 날씨는 인간에게 영향을 주고, 인간은 날씨에 영향을 미친다. • 과학은 알고, 경험적 증거를 요구하는 특정한 방법, 물류상의 주장, 회의론, 동료 검토 등을 포함한다. • 우리는 새로운 증거가 확보됨에 따라 시간이 지남에 따라 과학적인 생각을 수정한다.	**본질적인 질문** 학생들은 다음 사항을 지속적으로 고려할 것이다. • 전 세계적으로 날씨가 어떻게 다른가? • 날씨는 인간의 삶에 어떤 영향을 미치는가? • 인간은 지역적 규모로 날씨에 어떻게 영향을 미치는가? • 인간은 전 세계적으로 날씨에 어떻게 영향을 미치는가? • 과학적 데이터를 어떻게 사용하여 해결책을 주장할 수 있는가?
	습득	
	학생들은 다음 사항을 알 것이다. • 날씨/기후 구별 • 날씨 지도와 그래프 • 화씨/섭씨 변화 • 관련 어휘를 포함한 날씨 개념(예: 고도, 기압, 강수량, 습도, 대기, 온도) • 문장 구조/절(즉, 원인/효과, 비교/대비) • 문제/해결 담화	학생들은 다음 사항에 능숙해질 것이다. • 날씨 지도 및 그래프에서 날씨 관련 데이터 분석하기 • 데이터 분석을 사용하여 날씨 패턴 및 활동 해석하기 • 전 세계 다양한 지역의 기후와 기후 패턴을 비교하고 대조하기 • 날씨와 관련된 문제에 대한 해결책을 발달하고 논쟁하기

2단계-증거	
평가 기준	평가 증거
• 철저한 조사 • 증거 기반 발견 • 다양한 소스 • 효과적인 발표 • 설득력 있는 주장	**수행과제** **날씨 채널** 당신의 목표는 날씨가 인간의 삶에 미치는 영향을 보여 주는 것이다. 당신과 당신의 팀은 날씨 채널에서 일자리를 얻기 위해 면접을 보고 있다. 검색위원회는 특히 날씨가 전 세계 인간 생활의 다양한 측면(기후 변화, 혹독한 날씨 등)에 어떤 영향을 미치는지 조사할 수 있는 팀을 찾는 데 관심이 많다. 당신의 도전은 인간의 삶의 한 측면(예: 스포츠, 아이 양육, 여행)을 선택하고 여러 증거의 출처로부터 날씨 영향에 대한 당신의 주장을 펴는 것이다. 당신은 위원회와 공유할 10분짜리 동영상을 제작할 것이다. 글로벌 기상 보고에 대한 자격을 추가로 입증하려면 영어 외에 다른 언어를 사용하라.
• 철저한 분석 • 정확한 소견 • 다양한 매체 • 과학적인 언어	**보충 증거** • 기사 분석: 과학 기사 읽기 및 대응 • 그래프 분석: 대기 온도 및 압력 층 • 지도 분석: 세계 연구소의 날씨 지도 • 데이터 분석: 세계 도시의 25년 동안의 기온 변화

3단계-학습계획

사전평가

• 단일 담화에서 여러 언어를 사용하여 가정, 커뮤니티 및 학교에서 학생들의 배경지식을 수집하는 회전식 브레인스토밍(예: 뉴스의 날씨 부분 보기, 아침에 옷을 입기 전 날씨 앱 확인, 물의 순환과 강수량에 대한 이전 학습)

• 다국어 단어 벽 및 개인 용어집: 학생의 배경지식을 사용하여 여러 언어로 관련 날씨 용어를 표시하기 시작(예: 모든 학생의 L1로 관련 번역을 포함한 비)한다. 학생들은 이미 알고 있는 교과(학문) 언어로 개인 용어 해설부터 시작한다.

학습 활동	형성평가
• Chicago 특정 후크(문장 프레임 및 토론이 있는 저널): Windy City에서의 날씨는 당신의 삶에 어떤 영향을 미치는가? 당신이 살거나 가 본 다른 곳들과 비교하면 어떠한가? • 교과 언어를 모델링하여 과학적 주장/논쟁을 만들고 특정 문장 프레임과 핵심 단어를 사용한 논쟁의 전체적인 구성을 포함하여 증거를 사용하여 주장을 정당화하라. • 분석 파트너, 1라운드: 교사가 선택한 쌍은 화씨 및 섭씨 간의 변환을 포함하여 고도, 온도 및 압력 사이의 관계에 대한 그래프를 분석한다.	• 단원 전체에 걸쳐 특정 프롬프트가 표시된 저널(예: "지구 기후 변화의 징후는 무엇인가?") • L1로의 번역 및 비주얼을 포함하여 교과(학문) 어휘가 있는 개인 용어집 • 학생 체크리스트 및 일화 메모를 사용한 교육 중 관찰 • 학습목표를 향한 진척 상황에 대한 이해를 위한 일일 점검

- 분석 파트너, 라운드 2: 각 쌍은 그래픽 조직자를 이용하여 관련 연구를 읽고 분석하고 토론하기 위해 극심한 날씨 사건을 선택한다. 쌍들은 서면 분석을 다른 그룹과 교환하여 다른 그룹의 해석을 분석하고 비평할 것이다.
- 글로벌 탐구 팀: L1 기반 그룹은 그래픽 조직자를 사용하여 선택한 한 대륙(즉, 북미, 남미, 아프리카, 유럽, 아시아, 호주)의 날씨 지도를 분석한다.
- 전문가 그룹: 지난 25년간 한 도시의 평균 기온 그래프 작성(즉, 미국 시카고, 도미니카공화국 산토도밍고, 가나 굴루, 보스니아 사라예보, 미얀마 양곤, 칠레 산티아고), 도시별 직소, 혼합 그룹(시당 학생 1명)이 공유하고 결과를 비교한다.
- 성과 작업 준비 및 완료: 학생들은 작은 그룹으로 나누어 날씨와 인간의 영향에 관한 10분짜리 동영상 설계, 연구, 리허설 및 수행한다. 그래픽 조직자, 2개 국어 사전 및 기타 수업 지원 제공

[그림 4-14] Hartmann 씨의 고등학교 지구와 과학 단원

출처: Used with permission from Jillian Hartmann, Theodore Roosevelt High School, Chicago.

요약

UbD의 1단계에 초점을 맞춘 이 장의 목표는 교실에서 학생들의 언어 발달에 대해 원하는 결과를 목표로 언어 수요를 인식하는 교육자들에 초점을 맞추었다. 우리는 이 장 내내 교과(학문) 언어의 뉘앙스를 탐구했고, 언어의 다양성과 학문, 교실, 학생, 과제, 텍스트에 걸쳐 어떻게 발전하는지에 대한 인식을 구축했다. 두 가지 중요한 목표는 언어에 대한 렌즈를 사용하여 1단계 실천 원칙을 안내한다. 교육자는 ① 모든 학습자의 언어를 발달시키고, ② CLD 학생들에게 공평한 접근을 제공하는 엄격하고 진정한 학습을 위해 원하는 결과를 정의한다. 1단계 UbD 계획을 입안한 후, 교사들은 언어 수요에 대해 분석하고 목표를 수정하여 학생들이 특정 단원의 학습에 참여할 수 있도록 언어 지식과 기술을 구축한다. 학습을 위해 언어학적으로 반응하는 이러한 목표는 각각 2단계와 3단계에서 의미 있는 평가와 비계식 수업을 안내한다. 우리는 다음 장에서 언어 렌즈를 사용하여 2단계−평가 증거 수집을 탐구한다.

|5|
학생 학습 평가하기: 언어 발달을 위한 2단계

이 장의 목표

전이 교육자들은 다음의 과제를 수행하기 위하여 자신의 학습을 자율적으로 사용할 수 있을 것이다.

• 학생들의 배경지식을 활용하고 언어 발달을 지원하는 설계 수행과제 및 기타 평가하기

이해 교육자들은 다음 사항을 이해할 것이다.

• 잘 설계된 수행평가에는 교과 학문적 주제에 적용되는 언어 기능과 영역을 통합하는 진정한 과제가 포함된다.

• 수행과제는 학생들이 문화적 배경지식을 활용할 수 있고 언어적 접근이 가능하도록 차별화되어야 한다.

• 여러 학습 단원에 걸쳐 여러 증거 자원들을 수집함으로써, 교사는 학생들의 전체적인 학습과 발달을 역동적으로 파악할 수 있다.

본질적인 질문 교육자들은 다음 사항을 지속적으로 고려할 것이다.

• 학생들은 어떻게 언어를 사용하여 진정한 과제 해결에 참여하는가?

• 문화와 언어가 학생들의 수행에 어떻게 영향을 미칠 수 있는가?

• 내가 학생들을 이해하는 데 평가는 어떤 역할을 하는가?

지식 교육자들은 다음 사항을 알 것이다.

• 말로, 글로, 그리고 표현 전시된 수행과제의 예

• 수행과제를 설계하기 위한 GRASPS 과제 요소

• 수행과제를 위한 감각적, 그래픽 및 상호작용적 지원

- 문화적이고 언어적으로 반응적인 평가 기준

기능 교육자들은 다음 사항에 능숙해질 것이다.

- 전이, 의미 구성 및 습득 목표에 따라 조정된 수행과제에 실제로 참여하는 데 필요한 언어를 확인하기
- 문화적·언어적 편견을 줄이고 평가 결과의 타당성을 높이기 위한 평가 과제 및 도구를 분석하고 수정하기
- 각 교과의 학문적 학습에 내재된 언어 발달 등 다양한 학습 증거 자료를 수집하고 및 문서화하기

UbD의 2단계는 1단계에서 정의된 학습목표를 향한 학생들의 진척도에 대한 증거를 제공할 평가 설계에 초점을 맞추고 있다. 계획 수립에 대한 기존의 다른 접근 방식은 평가를 사후 고려 사항으로 간주하는 반면, 백워드 설계는 교육에서 평가의 본질적인 역할을 우선시한다. 필요한 평가 증거(2단계)를 고려함으로써 교사는 수업 초점(3단계)을 날카롭게 하면서 목표 명료성(1단계)을 확보한다.

교실 수업에서의 학습 평가

2단계에 대한 심층적인 조사를 시작하기 전에, 우리는 2학년 Absame와 6학년 Emma라는 두 명의 학생을 소개한다. 그들의 배경과 경험은 언어에 대한 렌즈로 평가에 대한 우리의 논의의 맥락을 잡았다.

2학년의 Absame

최근 Absame는 소말리아의 내전을 피해 어머니와 두 형제자매와 함께 미국으로 도망쳐 왔다. 계속되는 폭력 사태 속에서 남편을 잃은 Absame의 어머니는 자녀들을 케냐의 난민 신분으로 옮겨 2년간 거주하다가 미국에서 난민 신분을 얻었다. 이 가족은 중서부로 이주해 미국 사회로의 이행과 학업을 지원하기 위해 대가족과 다른 소말리아인들로 구성된 네트워크를 구축했으며 수니파 이슬람 전통과 소말리아 언어를 유지했다. Absame는 처음에는 난민촌의 학교와는 다른 맥락으로 정착하기 위해 애썼는데, 난민촌에서는 국제적인 자원봉사자들이 텐트를 치고 제한된 자료로 기초 기술을 가르치기 위해 노력했다. 그러나 그는 자신의 독특한 학습 욕구를 지원하면서 2학년 교습

에 적극적으로 포함시키기 위해 교습 방법을 사용했던 담임 교사와 ESL 자원 교사의 협력적인 지원으로 발전하기 시작했다.

균형 잡힌 문해에 관련된 블록 수업 시간은 내내 서술형 작문 단원으로 진행되었으며, Absame는 자신의 생각을 글로 소통하기 위한 교사들의 높은 기대와 쌍방향 워크숍 형식, 비계식 수업 지원에 뛰어났다. 이 단원은 음반 프로듀서와 객석에 있는 유명 아티스트의 관심을 사로잡을 수 있다는 희망으로 학생들이 음악 리사이틀을 위해 곡을 쓰는 퍼포먼스 과제에서 절정을 이룬다. 하지만 Absame는 음악 리사이틀, 음반 프로듀서, 유명 아티스트와 같은 개념에 익숙하지 않기 때문에 그의 학습과 발전을 충분히 보여 주지 못한다. 이러한 문화적 구조에 접근하지 못한 채 성장한 Absame의 이전 경험은 이 과제에 관여하는 데 필요한 배경지식과 맞지 않는다.

6학년의 Emma

교외에서 태어나고 자란 Emma는 스페인어를 할 줄 아는 백인, 영국인 부모들과 스페인어를 할 줄 아는 두 명의 삼촌과 네 명의 이중언어 사촌들을 포함한 대가족을 두고 있다. 이중언어의 중요성을 인식한 그녀의 부모는 Emma가 스페인어와 영어로 모두 배울 수 있도록 유치원에서 시작하는 양방향 몰입 프로그램에 Emma를 투입했다.

Emma는 공립 초등학교에서 6년 동안 이 프로그램에 참여한 후, 여러 학교와 프로그램에서 온 학생들과 함께 지역 중학교로 입학했다. 5교시 외국어 스페인어 수업 외에, 그녀의 다른 과목들은 영어로만 진행된다. 스페인어 수업에서, 그녀의 선생님은 문법과 어휘와 관련된 고립된 지식과 기술을 측정하기 위해 전통적인 시험을 친다. 어학, 과학, 사회 등 대부분의 콘텐츠 수업에서 교사들은 수행과제와 기타 학습 경험에 참여하는 학생들의 영어 사용에 대한 기대를 유지하고 있다.

그녀의 2개 국어를 구사하는 선생님이 스페인어와 영어의 동족과 학생들의 2개 국어의 다른 면을 일관되게 통합하는 수학에서만 Emma는 두 언어를 모두 사용하도록 권장된다. 원어민으로서, 그녀는 특정한 언어 능력을 나타내기 위해 언급된 공식적인 라벨을 가지고 있지 않다. 그러나 그녀는 이전에 2개의 언어로 중재되었던 모든 공식적인 교육을 순차적으로 이중언어로서, 중학교에 걸쳐 시행된 현재의 평가 관행으로 인식되지 못하고, 사용되지 않는 독특한 능력과 니즈를 가지고 있다.

이해를 위한 백워드 설계 2단계와 언어 발달

UbD 2단계에서는 다양한 평가 과제와 도구를 통합하여 전이, 의미 형성, 습득을 위한 단원 목표에 해당하는 학생 학습 및 발달에 관한 충분한 데이터를 수집하는 것을 목표로 한다. UbD 수업 설계에서 중심을 잡고 수행과제는 학습자를 실제 문제와 실습으로 단원 이해, 지식 및 기술을 전이해야 하는 실제 상황에 능동적으로 참여시킨다(Wiggins & McTighe, 2005). 교육자는 수행과제 외에도 빈번한 보충적 증거 수집 기회를 통합하여 학생 학습을 평가한다([그림 5-1] 참조). 교사는 학습 지도 요령, 시험, 퀴즈, 관찰, 대화, 이해를 위한 점검 등 수업에 내재된 다양한 평가를 활용함으로써 학생들이 모든 전이, 의미, 습득 목표를 향해 나아가는 과정을 파악할 수 있는 다중 데이터 포인트를 갖는다.

UbD의 2단계에 언어 렌즈를 집중시킴으로써, 우리는 교실에서 CLD 학생들의 형평성을 증진시키겠다는 서약을 계속한다. 학습 단원을 설계할 때, 우리는 학생들이 1단계 목표를 향한 진전을 증명할 수 있는 공평한 기회를 제공하는 진정한 평가 과제와 도구를 설계하는 것을 목표로 한다. 이러한 의도를 염두에 두고, 우리는 다양한 데이터 소스를 제공하여 사회문화적 · 인지적 · 언어적 · 교과(학문) 차원에 걸쳐 학생들의 학습과 발전을 추적할 수 있는 언어적으로 풍부하고 문화적으로 반응하며 언어학적으로 접근 가능한 평가를 통합한다(Herrera, 2016; Thomas & Collier, 1997). 우리의 목표는 학생들이 학업에 대한 엄격함과 학습 기대치를 유지하면서 교실에 가져다주는 풍부한 자원과 언어 능력을 활용하는 평가를 만드는 것이다.

문화적이고 언어적으로 반응하는 실천에 바탕을 둔 이러한 정렬은 배경지식이나 언어 능력 수준보다는 학생들의 교과 학습을 측정함으로써 평가 데이터의 타당성을 강화

[그림 5-1] 평가의 연속체

출처: From *Understanding by Design Professional Development Workbook* (p. 142), by J. McTighe and G. Wiggins, 2004, Alexandria, VA: ASCD. Copyright 2004 by ASCD. Adapted with permission.

한다. 2단계에 언어 렌즈를 추가함으로써 Absame나 Emma와 같은 학생들의 문화적 · 언어적 배경을 검증하는 동시에 교과 학습을 증명할 수 있는 공평한 기회를 제공한다.

수행과제 설계하기

손으로 만질 수 있는 유형의 수행과 산출물의 형태를 취하면서, 수행과제는 학생들을 '성인들이 직면하게 되는 문제와 문제들을 반영하는 복합적인 도전'에 참여시킨다 (Wiggins & McTighe, 2005, p. 153). UbD 프레임워크의 중요한 구성 요소인 수행과제는 1단계 학습목표와 직접적으로 부합한다. 수행과제는 본연의 성격 때문에 전이 목표와 의미 구성 목표와 관련되는 반면, 습득 목표는 이해를 위한 퀴즈나 점검 등의 수단을 통해 수집한 보완적 증거에 의해 측정된다. 따라서 우리는 1단계 목표부터 시작해서 학생들이 성과를 이해하는 형태로 이해력을 입증하는 데 필요한 증거를 브레인스토밍한다. 그런 다음 광범위한 이해 성과를 특정 성과 과제에 포함시킨다([그림 5-2]; McTighe & Wiggins, 2004 참조).

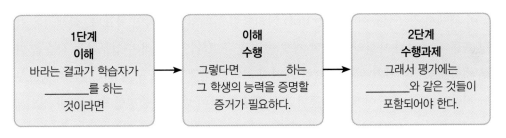

[그림 5-2] 1단계와 2단계 정렬

출처: From *Understanding by Design Professional Development Workbook* (p. 138), by J. McTighe and G. Wiggins, 2004, Alexandria, VA: ASCD. Copyright 2004 by ASCD. Adapted with permission.

이 섹션에서는 1단계의 교과(학문) 언어 목표와 일치하는 풍부한 언어 평가를 산출하기 위해 수행과제에 언어 렌즈를 추가한다.

언어가 풍부한 진정한 과제

수행과제는 다른 사람과 의사소통하기 위해 언어를 사용하는 것을 포함하는 실제 연습에 학생들을 참여시키기 위한 것이기 때문에 충분하게 언어 사용을 포함해야 한다. 1단계 학습목표와 직접적으로 일치할 때, 진정한 수행과제는 분야별 언어의 우선순위를 정하고 더욱 발달시킬 수 있는 잠재력을 가지고 있다.

제4장에서는 주어진 교과(예: 수학, 지구과학, 역사)와 관련된 기능 및 특징과 같은 교과 언어의 뉘앙스를 탐구한 다음 1단계 목표에 언어 발달을 목표로 정하고 통합했다. 이미 언어 렌즈로 초안이 고안된 이러한 목표를 시작으로, 우리는 수행과제를 설계할 수 있고, 교과 학습과 언어 발달 양쪽 모두에 맞는 평가 기준을 정확히 찾아낼 수 있다. 이제 수업 설계의 2단계로 넘어가면서, 우리는 언어의 명시적 렌즈를 유지하고자 한다. 이를 위해 먼저 이해의 여섯 가지 측면 및 관련 언어 기능을 어떻게 활용하여 가능한 성과를 창출할 수 있는가를 고려한다. 그리고 언어를 우선시하는 수행과제를 말로(구두), 글로(서면), 표현(전시)된 산출물과 수행을 통해 구체화하기 위해 노력한다.

언어 기능별 과제

이 책에서 강조했듯이 이해는 UbD 커리큘럼 설계의 본질적인 목표다. 학생들은 특정 표준과 관련된 사실의 수동적 재생 능력을 유도하는 암묵적 수업보다는 학습을 다른 맥락으로 전이하기 위해 중요한 개념의 의미를 적극적으로 구성한다. 1단계 목표부터 시작하여, 우리는 이제 학생들이 교과 학습과 언어 발달을 증명할 수 있도록 정렬되고 적절한 수행과제를 설계한다. 1단계에서 모든 학생의 학습에 대한 엄격한 기대치를 유지하고 2단계에서 수행과제를 통해 모든 학생의 단원 목표를 향한 진도를 평가하기 위해, 우리는 앞서 언급한 바와 같이 전이 및 의미 목표에 맞춰 정렬된 가능한 수행을 브레인스토밍(이해 성과라고 함)하여 두 단계를 연결한다(McTighe & Wiggins, 2004).

1단계 전이 및 의미 구성 목표에 기초하여, [그림 5-3]에 나타낸 것처럼, 수행 동사와 교과 일반화를 결합하여 이해 성과물이 나타난다(McTighe & Wiggins, 2004). UbD 프레임워크의 핵심 내용을 기억하라. 학생들이 진정으로 이해한다면, 그들은 설명하고, 해석하고, 적용하고, 관점을 형성하고, 공감하고, 자기반성을 할 수 있어야 한다. 따라서 우리는 이해의 여섯 가지 측면 중 하나 이상에 걸친 수행 동사를 사용함으로써 가능한 수행을 고려한다([그림 5-4] 참조).

[그림 5-3] **목표와 수행을 정렬(일치)시키기**[1]

출처: From *Understanding by Design Professional Development Workbook* (p. 159), by J. McTighe and G.
 Wiggins, 2004, Alexandria, VA: ASCD. Copyright ⓒ 2004 by ASCD. Adapted with permission.

수행 동사는 설명, 비평, 논쟁, 추론 등의 언어 기능에 맞춰진다는 점에 유의하라
(AACCW, 2010; O'Malley & Pierce, 1996). 언어 기능은 여러 분야에 걸쳐 있다. 예를 들
어, 우리는 언어예술, 수학의 기하학적 형상, 과학의 기상 패턴, 그리고 사회학의 역사
적 사건에서 인물들을 비교하고 대조한다. 비록 언어 기능이 이해를 증명하기 위해 교
실 전체에 걸쳐 사용되지만, 언어과, 수학, 과학, 사회과에서 다양한 단어, 구문, 문장
구조, 담화가 사용되기 때문에 언어의 특징은 학문에 따라 달라질 것이다. 특정 분야에
내재된 언어 발달을 목표로 하기 때문에, 수행 동사에 첨부된 교과 일반화를 명시함으
로써 이해의 수행에 대해 브레인스토밍한다. 수행 동사(언어 기능)와 교과 일반화(특정
학문 영역별 언어 특징)를 융합해 학생들이 1단계 목표에 맞춰 교과 학습과 언어 발달을
시연할 수 있는 가능한 성과를 브레인스토밍한다.

설명하다	해석하다	적용하다	관점을 가지다	공감하다	자기 지식
기술하다	비평하다	적응하다	분석하다	믿다	알아차리다
표현하다	문서화하다	생성하다	주장하다	고려하다	깨닫다
정당화하다	평가하다	결정하다	비교하다	상상하다	인식하다
예언하다	표현하다	발명하다	대조하다	관련짓다	반성하다
종합하다	번역하다	생산하다	유추하다	역할연기하다	자기평가하다

[그림 5-4] **이해의 측면에 따른 수행 동사의 예**

출처: From *Understanding by Design Professional Development Workbook* (p. 161), by J. McTighe and G.
 Wiggins, 2004, Alexandria, VA: ASCD. Copyright 2004 by ASCD. Adapted with permission.

---

1) 역자 주: 이 그림은 흔히 '수행 동사 + 이해(일반화된 지식) = 수행'으로 표현되기도 하며 이해를 수행으로 변환
 하는 것을 말한다.

앞의 장에서 소개한 개척자 정신에 초점을 맞춘 초등 사회과 단원을 상기하라. 본 단원에서는 학생들이 선구자와 오늘날의 이주민에 대한 역사적·현재적 계정을 비교하고, 문명과 문화, 사람 간의 상호작용에 대한 관점과 공감을 취함으로써 학습을 전이하는 것을 목표로 하고 있다. 그러므로 학습자들은 왜 사람들이 이주하였는지, 그들이 직면했던 도전들은 무엇인지, 그리고 그들이 어떻게 대초원에서 삶을 협상했는지, 특히 아메리카 원주민들과의 상호작용을 포함한, 개척자 경험의 복잡성을 이해해야 한다. 이러한 전이와 의미 목표를 염두에 두고 사회 교사는 특히 수행 동사와 단원 목표로부터의 교과 일반화를 융합함으로써 가능한 성과를 고려하기 위해 여섯 가지 이해의 측면을 이용한다. 선구자적 삶에 관한 이러한 큰 목표를 향한 학습자들의 진보를 측정하기 위해서는 선구자적 경험의 도전을 설명하고, 실생활의 해석과 개척자와 아메리카 원주민의 관점을 비교하고, 아메리카 원주민이나 개척자로서의 그들 자신의 감정을 상상하고, 개인적인 선구자를 성찰하는 학생들의 능력에 대한 증거가 필요하다. 1단계 목표에 기초하여, 이러한 이해의 수행은 교사가 수행과제를 더 계획할 수 있는 발판을 제공한다.

언어 영역에 걸쳐 있는 과제들

교과 학습에 필요한 언어 기능에 직접적으로 일치하기 때문에, 이해를 수행하는 것은 듣기, 말하기, 읽기, 쓰기의 네 가지 영역을 통합하는 진정한 언어 사용으로 학생들을 참여시켜야 한다. 보다 상세한 수행과제를 구체화하기 위해 작업할 때, 실천가들은 말로(구두), 글로 작성된(서면), 전시된 형태의 세 가지 범주로 분류되는 일련의 산출물과 수행을 고려할 수 있다(McTighe & Wiggins, 2004). 비록 진정한 과제는 일반적으로 4개 영역의 언어를 모두 의미 있는 방식으로 통합하지만, 수행과 산출물은 특정 영역, 즉 특히 말하기의 생산적인 영역은 **구두 수행과제를**, 쓰기의 영역은 **서면 수행과제**의 형태를 우선시한다. 나아가서 **전시된 수행과제들은** 실제 산출물, 그래픽 디스플레이, 운동 감각 운동을 통한 언어 발달을 위한 지원을 전략적으로 통합할 수 있다. 따라서 교사는 제3장에서 논의한 바와 같이 학생들의 언어적 강점과 요구에 대응하여 교과 영역별 우선순위를 정하도록 과제를 설계할 수 있으며, 제4장에서 설명한 것처럼 1단계 학습목표에 맞추어 조정할 수 있다.

구두 수행과제는 실제 상황과 문제 해결을 시뮬레이션하기 위해 듣기와 말하기의 우선순위를 정한다. 교과(학문)를 확장하는 유연성으로, 구두 수행과제는 학습자들을 토론 이슈에 참여시키고, 제안서를 제시하고, 보고서를 공유하고, 연설을 하고, 이야기를 하고, 인터뷰를 한다. 다양한 산출물 및 수행은 구어에 초점을 맞춘 분야별 작업에서 비롯된다([그림 5-5] 참조). 암송이나 연설과 같은 구두 산출물은 학생들이 시간에 따라 연습하고 예행연습을 하는 구어의 고정된 인공물에 초점을 맞춘다.

　구두 수행은 토론, 토론, 즉흥연주를 통해 급우들과의 현장 교감에 의존하는 성격으로 더욱 역동적이다. 비록 그들이 구술 언어를 우선시하지만, 이러한 진정한 과제는 전형적으로 인터뷰를 용이하게 하기 위해 읽고 쓰는 질문과 메모를 필요로 한다. 학생들의 장점과 요구에 대응하는 것은 수행과제를 설계하는 데 필수적이다. 목표는 학생들의 강점을 보완하는 동시에 교과 학습을 공평하게 증명할 수 있도록 하는 것이다. 예를 들어, 높은 말하기 실력을 가진 학생들의 경우, 팟캐스트는 학습자들이 덜 위협적인 소규모 그룹의 환경에서 준비하고 연습할 때, 교과 읽기 및 쓰기를 통합하면서 구술 언어를 강조할 것이다. 이런 식으로 수행과제는 엄격하고, 진정성이 있으며, 학생들에게 반응한다.

구두 산출물	문자로 표현된 산출물	작품 전시
토론하다	블로그를 하다	광고
토의	평론하다	예술적 수행
즉흥 연주	논술/분석	예술적 시각 매체
면접을 보다	법률/정책	설계도
구두 보고	글자	구성 모형
팟캐스트	잡지 기사	데모
프러포즈	내러티브(서사)	디오라마
암송	시	전자 매체 전시회
역할극	제안서/계획서	그래프/표/차트
모의실험	보고서	스토리보드
연설	각본	웹 사이트
스토리텔링	노래 가사	

[그림 5-5] 수행과 산출물의 예시

출처: From *Understanding by Design Professional Development Workbook* (p. 174), by J. McTighe and G. Wiggins, 2004, Alexandria, VA: ASCD. Copyright 2004 by ASCD. Adapted with permission.

　서면 수행과제는 독서와 글쓰기를 우선시해 학생들이 글쓰기를 통해 아이디어를 그리는 진정한 실천에 참여하도록 한다. 교과와 관계없이 어른들은 법률 입안, 기사 작성, 제안서 작성, 연구 결과 요약, 게임 계획서 작성, 음악 작곡, 대본극 등 현실에서 글을 쓴다. 생산적인 언어에 초점을 맞추었기 때문에 서면 수행과제는 주로 에세이, 편지, 블로그 포스트, 보고서와 같은 산출물을 낳는다([그림 5-5] 참조). 그럼에도 불구하고, 수행은 학생들이 시 낭송에서 큰 소리로 시를 읽거나, 극적인 수행을 통해 대본을 제작하거나, 작곡과 가사를 수행할 때, 다른 영역을 진정으로 통합하기 위한 서면 수행 과제의 구성 요소로서 추가될 수 있다.

언어 렌즈를 추가할 때 1단계 목표에 맞춰 수행과제를 설계하는 동시에 학생들의 강점과 니즈를 강조한다. 예를 들어, 학생들이 L1에서 교과(학문) 지식을 가져오는 학문에서 글쓰기를 중심으로 하는 목표를 가진 단원을 생각해 보자. 학생들의 L1을 이용하고 그들의 L2 글쓰기를 발달하기 위해, 이 과제는 학생들에게 북미 다국적 기업에 제시할 2개 국어를 사용하는 제안서를 작성하도록 요구할 수 있다. 이 과제는 세계화 세계의 실제 실천을 시뮬레이션하고, 학생들이 언어적 강점을 통해 학습을 증명할 수 있도록 하며, 단원 목표에 맞춰 언어를 목표화하고 발달하기 위해 비계를 통합한다.

전시된 수행과제는 듣기, 말하기, 읽기 및 쓰기의 정통 및 대화형 사용을 포함하여 언어 영역을 융합한다. 광고 산출물, 모델 구성, 웹 사이트 발달, 전시물 제작 등 다양한 분야에 특화된 실제 경험을 시뮬레이션하는 것 외에도, 언어 발달을 위한 그래픽 및 감각 지원으로 전시된 산출물과 퍼포먼스가 구축된다([그림 5-5] 참조). 전시된 산출물들은 전형적으로 모델, 청사진, 디오라마, 비주얼 미디어와 같은 실제 재료나 기술을 사용하여 만들어진 결과물이다. 극적인 해석, 음악 낭송, 교과(학문) 시연과 같은 전시된 수행은 청각, 운동, 시각적 비계를 통합하는 경향이 있다. 상품이든 수행이든 전시된 과제든 학생들이 저불안 환경에서 창작하고 예행연습을 할 수 있는 시간과 공간을 확보해 교과 학습과 연계된 언어 발달을 지원한다.

구술 매체에서의 과제와 마찬가지로, 전시된 성과 과제도 1단계 목표에 맞추어 설계될 수 있을 뿐만 아니라, 교실에서 학생들의 강점과 니즈에 반응할 수 있다. 초등학교에서 막 영어를 배우기 시작한 긴급한 이중언어 학생인 Absame와 같은 학생을 생각해 보자. Absame는 학생들이 스토리보드를 이용해 자신에게 중요한 것을 재검증하는 퍼포먼스 과제를 설계함으로써 시각 자료, 배경지식, 문화적으로 구체적인 스토리텔링 방식을 통해 자신이 글쓰기에서 배운 것을 보여 줄 수 있다. 다른 사람을 위한 과제를 차별화하기 위해, 교사는 스토리보드에 대한 서면 캡션에 대한 기대를 추가할 수 있다. (언어 숙련도에 의한 과제 차별화는 다음 절에서 더 자세히 논의할 것이다.)

앞에서 언급하고 6학년 사회 교사인 Piccioni 씨가 기획하고 실행한 것처럼 여기에 등장하는 개척자 생활에 관한 단원을 생각해 보라([그림 5-6] 참조). 그녀의 반에는 Emma가 있고, 최근에 유치원에서 5학년까지의 양방향 몰입 프로그램을 끝낸 많은 다른 학생들도 있다. 이 수업을 위한 수행이나 산출물을 선택하기 위해, Piccioni 씨는 이 학생들이 스페인어와 영어를 똑같이 강조하는 이중언어 프로그램에서 6년 동안 얻은 이중언어주의와 편협함을 고려한다.

1단계–바라는 결과	
목표 설정	전이
• 학생들은 역사적 문서, 목격자 진술, 구전 역사, 편지, 일기, 공예품, 사진, 지도, 미술품, 건축에서 마주치는 사건에 대해 관련 질문을 던진다. • 학생들은 지도, 사진, 구술사, 편지, 신문, 기타 주요 출처에 그림을 그리면서 왜 그들의 공동체가 설립되었는지, 개인과 가족이 어떻게 설립과 발전에 기여했는지, 그리고 공동체가 어떻게 변해왔는지를 추적한다.	학생들은 다음의 과제를 수행하기 위하여 자신의 학습을 자율적으로 사용할 수 있을 것이다. • 과학적 증거와 정보의 여러 출처로부터 도출하는 것을 포함하여 문제에 대한 적절한 해결책을 제시하고 논쟁하기

	의미 구성	
	이해	본질적인 질문
	학생들은 다음 사항을 이해할 것이다. • 서로 다른 역사적 계정을 찾고 비교하며 비판한다. • 대초원의 개척자들과 오늘날의 개척자들의 삶을 비교해 본다. • 문명, 문화, 그리고 사람들의 상호작용을 더 큰 시각과 공감으로 바라본다.	학생들은 다음 사항을 지속적으로 고려할 것이다. • 사람들은 왜 움직이는가? 왜 개척자들은 집을 떠나 서쪽으로 이동하는가? • 지형과 지형이 여행과 정착에 어떤 영향을 미치는가? • 개척자란 무엇인가? 개척정신은 무엇인가? • 어떤 개척자들은 살아남고 번영하는 반면 어떤 개척자들은 그렇지 못한 이유는 무엇인가? • 누가 이야기를 소유하는가? • 문화와 공동체가 함께 모이면 어떤 일이 일어나는가?

	습득	
	지식	기능
	학생들은 다음 사항을 알 것이다. • 서향운동에 관한 사실들과 대초원의 삶을 개척하는 것 • 아메리카 원주민 부족에 대한 사실 및 정착민과의 상호작용 • 개척자의 이중적 정의 • 관련 지리적 용어(예: 이동 경로, 정착지) • 비교 문법 구조(예: 접속사, 부사) • 소설의 언어적 특징은 두 가지 관점에서 쓰인다.	학생들은 다음 사항에 능숙해질 것이다. • 다양한 텍스트를 장르와 매체(예: 역사 문서, 구술 역사, 지도, 사진, 시간표, 편지)에 걸쳐 해석하기 • 역사적 회계와 시사로부터 개척자들의 경험을 비교하고 대조하기 • 개척자와 아메리카 원주민의 관점을 비판적으로 분석하기 • 개척자 생활에 대한 웹 기반 연구 수행 및 제작하기

2단계-증거	
평가 기준	평가 증거
• 역사적으로 정확한 • 디테일 • 잘 만든 • 공개 및 정보 제공 • 효과적인 전시 • 명확한 구두 발표	**수행과제** **이중언어 박물관 전시** 당신의 임무는 한 현실의 개척자 가족의 이야기를 들려주는 것이다. 당신과 당신의 팀원들은 지역 역사 박물관에서 일한다. 당신의 대상은 스페인어와 영어로 2개 국어를 할 수 있는 초등학생들이다. 그 도전은 개척자들의 이야기와 투쟁을 포착하고 그 이야기들을 2개의 언어로 묘사하는 것이다. 당신은 사진, 공예품, 그리고 서사를 이용하여 박물관 전시회를 만들 것이다. 당신은 개척자 가족을 연구하기 위해 일차적인 원천과 인터넷 자원을 찾고 이용할 것이다. 당신은 역사적 선구자와 현대적 선구자를 비교하기 위해 구두 발표를 할 것이다.
• 역사적으로 정확한 • 독특한 관점 • 사회언어	**보충 증거** • 서부 개척 운동, 개척 생활, 아메리카 원주민 부족, 정착민들과의 상호작용에 대한 사실들을 평가하는 지속적인 퀴즈 • 학생들이 개척자와 아메리카 원주민 모두의 관점을 취하도록 교과(학문) 자극이 담긴 대화 저널

3단계-학습계획

• 인간 이동의 개인적 경험(예: 이민), 문화/공동체 이동(예: 젠트리피케이션)과의 연결을 장려하기 위한 저널 프롬프트를 제공한다. **사전평가**

• KWL을 사용하여 미국 원주민, 서부 개척 운동, 대초원에서의 개척 생활에 대한 학생들의 이전의 교과(학문) 지식을 얻는다.

• 학생들이 단원에 대한 개별 학습 및 언어 발달 목표를 반영하고 설정하도록 한다.

학습 활동	형성평가
• 개인 용어집: 학생들은 스페인어 번역을 포함하여 단원 전체에서 관련 언어를 캡처하기 위해 개별 공책을 시작한다. • 서로 다른 관점을 나타내는 허구의 글들을 비판적으로 읽고 협력적으로 비교하라. 『Little House on the Prairie』(Laura Ingalls Wilder 지음), 그리고 『The Birchbark House』(Louise Erdrich 지음) • 의회 웹 사이트의 라이브러리에서 관련 주요 출처 문서와 함께 논픽션 텍스트(예: 『Life on the Oregon Trail』, 'Diaries of Pioneer Women', 그리고 『Dakota Dugout』)를 비판적으로 읽는다. • 독서 토론과 대응: 그래픽을 기획하고 선구자의 성격과 선구자와 원주민 사이의 문화적 언어적 상호작용의 영향에 대해 성찰하도록 촉구한다. • 스토리보드 읽기: 학생들은 관련 지리학적 용어를 사용하여 선구자 가족의 서쪽 여행에 대한 대화형 시간표와 지도를 발달시킨다. • 시뮬레이션: Oregon 트레인 카드 게임을 사용하여 개척자 경험을 시뮬레이션한다.	• 학생들의 독서 반응 관찰 및 텍스트 해석 중 토론 • 도면 및 이중언어 번역을 포함한 지리적 용어 및 기타 관련 어휘의 개인 용어집

• 시뮬레이션: 학생들이 관점을 고려하고 실향민들에 대한 공감대를 형성하는 평원에 살고 있는 북미 원주민 부족의 원로 협의회 토론: 이전으로 위협받을 때 우리는 어떻게 해야 하는가? 싸우기, 도망치기, 아니면 이동에 동의하는가? 각각의 결정이 우리의 삶에 어떤 영향을 미칠까? • 조사단: 각 분야별 현대적 개척자를 팀별로 연구하게 한다(교사가 미리 선발함). 비교와 대조를 통해 어떤 면에서 우리 모두가 어떻게 개척자인가에 대한 생각을 전개해 보자. • 영어와 스페인어 사이의 연결과 비교 분석을 지원하기 위한 개인 용어집의 언어 탐구(예: 인지, 단어 부분).	

[그림 5-6] **개척자의 삶에 대한 초등 사회과 단원**

출처: From *The Understanding by Design Guide to Creating High-Quality Units* (pp. 29-30), by G. Wiggins and J. McTighe, 2011, Alexandria, VA: ASCD. Copyright 2011 by G. Wiggins and J. McTighe. Adapted with permission.

1단계 목표에 대한 증거를 제공할 수 있는 가능한 성과를 브레인스토밍한 후, Piccioni 씨는 평가에서 무엇을 포함해야 하는지, 즉 학생들이 배경, 강점 및 능력을 두드리면서 교과 학습을 보여 줄 수 있도록 하는 것에 대해 심사숙고한다. 그녀는 사진, 공예품, 그리고 이중언어 서술이 하나의 미묘한 선구자적 삶의 진정한 이야기를 말해주는 박물관 전시회를 만들기 위해 학생들에게 소규모 그룹으로 일하기로 결심한다. 그 지역의 많은 문화 기관들의 전시와 마찬가지로, 박물관 전시품들은 더 많은 수의 학생들에게 접근하기 위해 이중언어여야 할 것이다. 시각적 요소(사진)와 감각적 비계(Artifacts)를 통합함으로써 영어와 스페인어가 우세한 학생들 모두 이중언어 박물관 전시물 제작을 지원한다. 또 언어 배경별 학생들의 전략적 그룹화를 통해 두 언어의 전문가가 수행과제에 기여할 수 있다. 이러한 방식으로 Piccioni 씨는 학생들이 단원 목표와 관련된 학습을 시연할 수 있도록 수행과제를 설계하지만, 학생들의 배경과 능력을 수용하고, 이에 맞춰 조정하며, 이에 대응하는 방식으로 한다.

정통적이고 언어가 풍부한 수행과제는 UbD 수업 설계의 모든 학생들의 언어 발달을 지원한다. 언어 기능과 영역에 대한 구체적인 주의는 교사들이 학생들의 언어 능력, 강점, 니즈에 주의를 돌리면서 과제를 1단계 목표에 맞출 수 있도록 한다. 설계에 의해 엄격하고 모든 학습자를 위해 유지되는 1단계 전이 및 의미 목표에 맞추어 폭넓은 이해의 수행을 이용하여, 특정 수행과제를 교실에서의 학생에 대응하여 설계한다. 이런 식으로 단원 목표가 수업마다 동일하게 유지될 수 있는 반면, 학생들의 능력, 강점, 필요에 따라 수행과제가 달라질 수 있다. 다음 섹션에서는 GRASPS 프레임워크(McTighe &

Wiggins, 2004; Wiggins & McTighe, 2005)를 사용하여 CLD 학생의 특정 과제 고려 사항을 자세히 살펴본다. 학생 학습에 대한 적절한 증거를 제공하게 될 수행에 대한 일반적인 감각 내에서, GRASPS 요소는 과제의 완료를 안내하는 추가적인 세부 사항을 촉구한다. 2단계 평가를 통해 모든 학생이 학습에 참여하고 시연할 수 있는 공평한 접근을 제공하는 것이 목표여서, 특히 학생들의 독특하고 다양한 문화적·언어적 배경에 렌즈를 끼운 수행과제를 설계한다.

CLD 학생을 위한 구체적 과제 고려 사항

UbD 프레임워크에는 진정한 수행과제의 생성을 지원하기 위한 GRASPS 설계 도구([그림 5-7] 참조)가 포함되어 있으며, 각 문자는 과제 요소—목표, 역할, 청중, 상황, 산출물·수행·목적, 성공 준거(Wiggins & McTighe, 2005)에 해당된다. 목표는 학생들이 과제 내에서 다룰 목표, 문제, 도전 또는 장애물을 설정하여 평가를 구성한다. 역할은 학생들이 과제를 완료하기 위해 가정하는 개인 또는 직업을 명시적으로 정의한다. 청중들은 학생들이 수행이나 상품을 전이할 대상자를 확인한다. 상황은 전후 맥락을 설명하고 상황을 설명함으로써 시나리오를 정교하게 다듬는다. 산출물, 수행, 목적에는 학생들이 무엇을 산출할 것이며 그 이유는 무엇인지에 대한 진술이 포함되어 있다. 마지막으로 성공 준거는 수행 또는 산출물을 평가하는 방법을 명시하고 세부 루브릭을 개발하는 기반이 된다. 이 절에서는 우선 문화적 렌즈를 사용하여 배경지식에 맞추고 언어적 렌즈를 사용하여 언어적 렌즈를 사용하여 언어적 숙련도를 지원함으로써 CLD 학생들이 공평하게 학습을 시연할 수 있도록 GRASPS 과제를 차별화하는 방법을 탐구한다.

	요소	프롬프트	언어 렌즈
G	목표 (Goal)	당신의 임무는······ 당신의 목표는······ 문제나 도전은······ 극복해야 할 장애물은······	학생들의 배경지식이 과제의 명시된 목표와 일치하는가?
R	역할 (Role)	당신은······ 당신은 부탁받은 적이······ 당신의 직업은······	학생들이 사전지식(예: 직업, 직위)을 바탕으로 목표 역할에 대해 잘 알고 있는가?

A	청중 (Audience)	당신의 고객들은…… 대상 관객은…… 당신은 설득할 필요가 있어……	학생들은 그들이 목표 청중들과 어떻게 상호작용하는지를 형성하는 문화적 가치와 관행을 알고 있는가?
S	상황 (Situation)	당신이 찾은 문맥은…… 그 도전은 _____을 상대하는 것이다.	어떻게 학생들이 그 상황에 관여하기 위해 진정한 방법으로 언어를 사용할 수 있을까?
P	산출물, 수행, 목적(Product, Performance, and Purpose)	당신은 _____을 생성할 것이다. 당신은 _____을 발전시킬 필요가 있다.	어떻게 학생들이 다양한 방법으로 언어를 사용하여 학습을 증명할 수 있는가? 학생들이 학습을 증명하기 위해 어떤 언어적 지원이 필요한가?
S	성공 준거 (Success Criteria)	당신의 연기는 _____할 필요가 있다. 당신의 업적은 _____에 의해 평가될 것이다. 당신의 산출물은 _____한 표준을 충족해야 한다. 성공적인 결과는……	학생들의 언어 사용에 대한 기대는? 교과(학문) 학습에 내재된 언어는 어떻게 발전하는가?

[그림 5-7] GRASPS 과제 작성 프롬프트

출처: From *Understanding by Design Professional Development Workbook* (p. 172), by J. McTighe and G. Wiggins, 2004, Alexandria, VA: ASCD. Copyright 2004 by ASCD. Adapted with permission.

수행과제에 문화적 렌즈 접목하기

문화적 렌즈를 수행과제에 집중시킬 때, 주요 목표는 학생들의 배경지식을 활용하는 동시에 학습을 새로운 맥락, 상황 또는 문제로 전이하도록 유도하는 평가를 설계하는 것이다. 이것은 UbD 교육을 설계할 때 걸어야 할 섬세하지만 적절한 선이다. 우리는 CLD 학생들이 수행이나 산출물을 완성하기 위해 가정되거나 요구되는 어떤 배경지식을 바탕으로 이해력을 입증하는 데 있어 불리한 입장에 놓이게 할 수는 없다. 그러므로 우리는 다음과 같은 질문을 해야 한다. 학생들이 수행과제를 이해하고 참여하는 데 필요한 활동, 대상, 사람 및 장소에 대해 잘 알고 있는가? 과제가 학생들의 배경지식과 연계되어 학습과 이해의 입증에 공평한 접근을 제공하는가? 가정에서의 지식 자본, 지역사회의 사전지식, 학교의 교과(학문) 지식(Herrera, 2016) 등 수행과제를 설계할 때 배경지식의 세 영역과 L1, L2를 포함한 학생들의 언어적 배경, L1과 L2의 상호 연계를 모두 고려해야 한다. 여기서는 GRASPS 과제의 목표, 역할, 청중 및 상황 요소를 분석하여 이러한 종류의 배경지식을 고려한다.

목표(Goal)   백워드 설계의 표준과 마찬가지로 GRASPS 작업은 완료 시 달성해야 할 목표를 명확하고 명확하게 설정함으로써 끝부분을 염두에 두고 시작한다. 실제 실천에서는 명확한 목표를 가지고 상황에 들어간다. 우리는 교육자로서 특정 학생을 위한 개별화 교육 계획(IEP) 초안을 작성하기 위해, 학교 전체에 걸쳐 전문적 학습 공동체를 구성하기 위해, 교실 교육과정에 대한 부모의 참여를 증가시키기 위해, 교육 위원회와 공정한 계약을 협상하기 위해, 혹은 언어 발달을 촉진하기 위한 UbD 단원을 설계하기 위해, 잘 정의된 목표에 의해 형성된 일상적인 문제 해결에 참여한다. 진정한 경험을 모방하고 학생들이 독립적인 연습을 할 수 있도록 준비하기 위해서는 수행과제의 틀을 짜기 위한 명확한 목표를 세우는 것이 필수적이지만, 우리는 명시된 목표와 일치하거나 잘못 맞출 수 있는 학생들의 배경지식을 고려해야 한다. 공식적인 학교교육 경험에서 얻은 교과(학문) 지식은 종종 학생들이 GRASPS 과제의 목표에 공평하게 접근하는 데 영향을 미친다. 예를 들어, 수행과제 목표는 학생들이 모금 행사를 계획하거나 실험을 설계하도록 유도할 수 있다. 이러한 목표들은 미국 학교에 광범위하게 노출되지 않은 학생들이 보유하지 못할 수 있는 문화적으로 특정한 배경지식을 요구한다. 예를 들어, 모금 개념이나 과학적 조사 과정. 새로운 문맥으로의 전환을 촉진하면서 특정 학생들을 학습을 과시하는 데 불이익을 주지는 않겠다는 취지다.

이 장에서 우리는 1단계 학습목표에 맞춰 2단계 평가의 설계를 고려하는 선구자 단원에 초점을 맞췄다. 여섯 가지 이해의 측면을 이용하여 가능한 수행을 브레인스토밍한 후, 사회과 교사인 Piccioni 씨는 전시된 수행과제, 특히 박물관 전시물을 사용하기로 결정한다. 이제 GRASPS 요소를 사용하여 수행 작업을 구체화하려는 Piccioni 씨는 먼저 목표를 정의한다. 1단계 학습목표는 물론 교실에 있는 학생까지 생각하며 학습자가 하나의 실제 선구자 가족의 이야기를 들려준다는 목표로 수행과제를 전략적으로 짜맞춘다. 자립형 이중언어 교실에서 6년을 보낸 후, 그녀의 학생들은 오직 사회학에만 초점을 맞춘 별도의 수업과 함께 구획화된 환경에 놓여 있다. 이 때문에 그녀는 사회과에 특유한 학생들의 담화 지식에 대해 비교적 불분명하게 남아 있다. 그러므로 그녀는 학생들에게 선구자들의 역사를 연대순으로 기록하도록 요구하는 대신에, 특히 이야기를 하는 것에 대한 친숙함과 친화력을 학습자들이 이야기하는 것을 목표로 삼는다. 게다가 미국 주류 문화에서 종종 이야기의 직선 궤적을 주장하기보다는, Piccioni 씨는 스토리텔링의 광범위한 구도를 학생들의 가정과 공동체 경험을 이용하고 과제를 완료하기 위한 다양한 접근법을 허용하는 한 방법으로 본다.

역할(Role) GRASPS 과제는 목표의 문장에 따라 학습자에게 과제를 완료하기 위해 반드시 가정해야 하는 역할이나 직업을 제공한다. 때로는 짧은 자서전을 쓸 때나 어떤 문제에 대한 개인적인 입장을 발전시킬 때와 같이 학생들이 자율적으로 되는 것이 적절하다. 다른 경우에, 과제는 학생들에게 실제적인 역할을 맡기고 다른 개인의 인격과 관점을 취하도록 요구할 수 있으며, 따라서 참신하고 진실한 문맥으로의 전이를 촉진한다. 우리가 학생들에게 상정하도록 요구하는 역할은 수행이나 산출물의 중심이 되어, 그 역할 자체에 대한 배경지식이 요구되어 과제를 완수할 수 있다. 우리는 GRASPS 과제에서 정의한 역할이 지역사회에 대한 학생들의 사전지식과 어떻게 일치하는지, 특히 다양한 직업, 직업 및 직책에 대한 친숙함을 고려하고자 한다([그림 5-8] 참조). 최근 난민 캠프에 살았던 Absame를 생각해 보라. 이제 그는 요리사나 안무가의 역할을 맡아 달라는 요청을 받기 시작한다. 또는 도시 공동체 밖에서 여행해 본 적이 없는 Zaia를 생각해 보라. 숲 관리인이나 농부의 미묘한 관점을 알아야 한다. 그럼에도 불구하고 Absame와 Zaia 모두 과제를 완수하고 학습을 증명하기 위해 다른 역할을 맡을 충분한 사전지식을 갖고 있다.

선구자 체험에 대한 사회과 단원을 설계할 때 이미 학생들이 선구자 가족의 이야기를 들려준다는 목표를 가지고 박물관의 전시물을 만드는 언어가 풍부한 수행과제를 선정했다. GRASPS 과제 요소를 사용하여, 그녀는 학습자가 취해야 할 적절한 역할이 지역 역사 박물관에서 일하는 사람들의 역할이라고 판단한다. 모든 학생이 이 지역에 다

배우	가족구성원	뉴스캐스터	학교 관계자
전기 작가	농부	소설가	선장
비즈니스맨	지질학자	관찰자	사회복지사
후보	역사학자	부모	통계학자
연예인	판사	공원 관리인	학생
안무가	변호사	사진작가	교사
선출직 공무원	문학 평론가	극작가	여행자
대사관 직원	로비스트	경찰관	여행사
엔지니어	기상학자	여론 조사 요원	웹 사이트 디자이너
목격자	이웃	연구원	동물원 관리인

[그림 5-8] 가능한 학생의 역할과 청중

출처: From *Understanding by Design Professional Development Workbook* (p. 173), by J. McTighe and G. Wiggins, 2004, Alexandria, CA: ASCD. Copyright 2004 by ASCD. Adapted with permission.

년간 등록한 가운데―대부분 이중언어 프로그램에 참여하기 위한 장기간의 헌신으로 인해 유치원 때부터―Piccioni 씨는 학습자들이 박물관과 박물관 직원에 대해 필요한 배경지식을 가지고 있다고 확신한다. 학생들은 이전 사회과 단원 학습 동안 지역사 박물관을 포함해 초등학교 내내 박물관에 다녀왔다. 이러한 이전 경험의 유사성에도 불구하고, 그녀는 학생들이 특정한 박물관 역할에 대한 지식이 다양할 수 있다는 것을 인정한다. 이러한 이유로 그녀는 교실 안의 몇몇 학생들에게 생소할 수 있는 박물관 큐레이터나 도슨트라는 용어를 사용하지 않기로 선택했다.

청중(Audience)　　　GRASPS 과제의 역할과 직결되는 청중은 학생들이 수행이나 산출물을 전달하게 될 개인을 규정한다. CLD 학생의 수행과제 설계를 고려할 때, 역할의 진술문과 마찬가지로 청중의 진술문은 학생들의 배경지식에 대한 고려 사항을 제시한다. 학습자가 대상 개인이나 그룹에 대해 충분히 알고 있어 문화적으로 언어적으로 수행이나 산출물을 형성할 수 있는가? 과제 정의 역할과 청중 사이에 진정한 상호작용을 하기 위해, 학생들은 가정에서 얻은 지식의 자본, 즉 그들이 특정한 개인과 그룹과 어떻게 상호작용하고 언어를 사용하는지를 형성하는 문화적 가치와 실천을 이용한다. 교사 역할에서 수행과제를 생각해 보라. 청중들은 수행이나 산출물에 사용되는 언어에 영향을 줄 것이다. 교사들이 학생, 부모님, 이사회 구성원, 소방관 또는 유명인사와 교류할 때 별개의 등록부를 사용할 수 있기 때문이다. 멕시코, 인도, 사우디아라비아와 같은 나라에서 교사들이 학생 또는 학부모와의 상호작용이 뚜렷하게 보이듯이, 학생들은 이전 경험에 따라 수행이 더욱 달라질 수 있다. 최근 쿠바에서 온 이민자가 배심원이나 선출직 공무원에게 연설 요청을 받는 등 학생들이 청중에게 전혀 낯설다면 이런 상황은 더욱 악화된다. 청중, 특히 정의된 역할과 대상 청중 사이의 예상되는 상호작용은 학생들의 과제에 대한 접근에 영향을 미친다.

선구자 단원의 박물관 전시 수행과제로 돌아가자. 박물관 근무자로서 역할을 가정하여, 학습자들은 개척자들에 대해 배우기 위해 박물관에 오는 이중언어 학생들을 위해 전시물을 디자인한다. Piccioni 씨는 모든 학습자가 수년 동안 스스로 학생이었기 때문에 대상 청중에게 직접 친숙함을 가지고 있다는 것을 인식한다. 따라서 그들은 교육자와 학생들이 어떻게 교실과 박물관과 같은 공식적인 환경에서 언어를 사용하고 상호작용하는지 등 학교교육의 목록을 알고 있다. 또한 젊은 학습자들은 CLD 학생들에게 그들의 이해와 숙련도를 증명하기 위해 언어학적으로 적절한 산출물을 만들 수 있기 때문에 기회 있는 청중을 제공한다. 이 사회과 수업은 주로 최근에 교육청(구)의 이중언어 프로그램을 마친 학생들로 구성되어 있기 때문에, 이중언어 학생들의 추가는 이전의 경험과 더욱 일치한다. 박물관 이사나 기증자를 대상으로 하는 것이 아니라 2개 국어 초등학생의 청중을 선택함으로써, 이 과제는 배경지식과 조화를 이루면서 새로운 맥락으로 옮겨야 한다.

상황(Situation)   목표, 역할, 청중을 간략하게 정의한 후, GRASPS 과제가 맥락을 설명하고 상황을 설명함으로써 시나리오에 대해 상세히 기술한다. 이러한 추가적인 세부사항들은 이전 요소들을 바탕으로 하여 학생들이 성공적으로 학습을 전이하고 수행과제를 완료하는 데 필요한 실제 배경을 제공한다. 수행과제 설계 시 언어에 대한 렌즈를 추가할 때 GRASPS 과제에서 설명하는 특정 상황은 학생들의 언어 배경지식을 활용할 수 있는 기회를 제공한다. 오늘날 세계에서 사람들이 어떻게 언어를 사용하는지 생각해 보라. 언어학적으로 다양한 공동체에서 개인들, 다른 나라에 사는 가족 세대들 간에 또는 세계화된 경제에서 일하는 사업가들 사이의 상호작용. 우리는 여러 언어를 사용하고, 언어 간의 코드 교환을 하며, 가족, 친구, 공동체 구성원, 동료, 파트너, 낯선 사람과 연결하기 위해 다른 사람의 언어적 전문지식에 의존한다. 수행과제는 실제 실습의 시뮬레이션을 목표로 하고, CLD 학생들은 풍부한 언어적 배경을 교실 학습에 가져다주기 때문에, 우리는 수행과제의 상황을 형성하여 학습자의 고유 능력을 다국어주의, 초국어주의와 같은 언어와 통합시킬 수 있다.

개척 단원의 수행과제 초안을 고려하라. 2개 국어를 구사하는 학생들을 위해 전시물을 설계하고 준비하는 박물관 종사자들에게는, 일차적인 원천을 이용하여 개척자들의 이야기와 투쟁을 포착하고, 그 이야기들을 2개의 언어로 묘사하는 상황이 포함된다. 학생들이 개척자의 삶의 이야기를 두 가지 언어로 그려내도록 함으로써, 상황은 이 과제의 진정성을 심화시키고 학생들의 언어적 강점을 활용한다. 미국의 스페인어를 사용하는 인구가 점점 증가함에 따라 많은 박물관들과 다른 문화 기관들은 전시회와 전시회에 대한 접근을 넓히기 위해 스페인어와 영어를 모두 사용하게 되었다.

학생들이 두 언어를 모두 사용해야 하는 상황을 명시적으로 통합함으로써, 수행과제는 지역사회의 박물관에서 실제 연습을 실제로 시뮬레이션했다. 두 언어의 포함은 또한 학생들의 이중언어주의와 편협함을 입증하여, 그들이 이중언어 프로그램을 넘어 학문적인 스페인어를 계속 발전시킬 수 있는 기회를 허용한다. 학과별로 구분된 이 사회과 교실은 영어이며, 언어의 다양성은 교사의 언어 배경과 숙련도에 관계없이 어떤 교육적 맥락에서든 학습의 자원으로 활용될 수 있다는 점을 기억하라.

수행과제에 대한 언어적 렌즈 접목하기

방금 설명한 문화적 렌즈로 학생들의 배경지식을 바탕으로 수행과제를 분석했다. 이 섹션에서는 GRASPS 과제 요소를 사용하여 성공 기준뿐만 아니라 산출물·성과·목적에 대한 학생들의 언어 능력 요인을 고려한다(McTighe & Wiggins, 2004; Wiggins & McTighe, 2005). 어학 능력 수준에 관계없이 모든 학생은 지정된 수행과 산출물을 통해 실제 모의실험과 교과 학습 시연에 참여할 수 있는 동등한 접근권을 가져야 한다. L1과 L2의 언어 능력이 다르기 때문에, 학생들의 참여와 결과적인 수행이나 산출물에 대한 기여는 우리가 아는 언어에 따라 달라질 것이다(WIDA, 2012). 또한 언어의 진위성과 풍부한 사용 때문에, 수행과제는 1단계 목표에 맞추어 학생들의 언어 발달에 관한 데이터를 수집할 수 있는 이상적인 장소를 제공한다. 언어 능력 수준별 기준을 가지고 루브릭을 설계함으로써 학생들의 언어 발달에 대한 의미 있는 자료를 편중시키면서 과제에 대한 접근성을 확보한다.

산출물, 수행, 목적(Product, Performance, and Purpose)   이 GRASPS 요소와 함께, 실천가들은 1단계 목표, 즉 구술, 서면 또는 전시된 과제에 첨부된 이해 성과에서 나온 미리 결정된 성과 과제에 대해 확장하기 위한 세부 사항을 제공한다. 교사들은 학생들이 과제를 수행하는 동안 어떻게 언어를 사용하는지를 설명하거나 논쟁하는 것과 같은 관련 언어 기능과 연결된 언어 영역(구어 언어, 읽기, 쓰기)에 걸쳐 집중하여 설명한다. 앞에서 기술한 바와 같이, 모든 수행과제는 교과(학문) 학습과 의사소통의 시뮬레이션 실생활에서의 진정성 덕분에 언어가 풍부하다. 모든 학습자를 위한 언어 기능과 영역을 실제로 통합하는 과제를 설계함으로써 언어적 기대와 언어적 지원을 통해 언어 능력으로 수행과 산출물을 차별화할 수 있는 기회를 연다.

언어적 기대는 학생들이 교과 학습을 증명하기 위해 다양한 방법으로 언어를 사용하는 방법에 초점을 맞춘다. 이곳은 주의 영어 능력(ELP)이나 영어 발달(ELD) 표준과 도구가 도움이 되는 곳이다. 이전 장에서 논의된 WIDA Can Do Descriptors를 고려해 보라. 이 장에서는 학생들의 ELP 시험 점수를 사용하여 학생들이 언어로 무엇을 할 수 있는지에 대한 교실 장면을 제공한다. 학년 및 숙련도 수준별로 구성된 Can Do

Descriptors는 샘플 언어 기능이 있는 영역별로 구성된 언어의 연령에 맞는 발달 궤적을 제공한다(WIDA, 2016). 말하기 영역을 고려할 때, 우리는 학생들이 청구 시작, 청구 이유 공유, 질문 및 답변, 청구 및 해결 방법 옹호, 아이디어 방어 증거 제공, 의견 요약 등 숙련된 수준으로 진행하는 동안 수행과제에 참여하기 위해 다양한 방법으로 언어를 사용하는 방법을 본다. 이러한 서로 다른 언어적 기대는 과제 루브릭의 후속 설계를 뒷받침할 것이다.

또한 [그림 5-10](WIDA, 2007)과 같이 감각적, 그래픽적, 상호작용적이라는 세 가지 범주로 구성된 언어 지원을 제공함으로써 수행과제를 구별할 수 있다. 감각적 지원은 학생들의 시력, 소리, 촉각을 언어 이해와 생산의 방해물로 사용한다. 예로는 비디오, 조작, 몸짓 등이 있다. 그래픽적 지원은 시각적이고 개념적으로 정보와 관련 언어를 구성하는 것을 목표로 한다. 그래픽 조직자, 표, 시간선 및 개념 지도를 포함한다. 상호작용적 지원은 기술 및 L1을 통한 전략적 비계와 결합하여 동료 및 전문가와 함께 학습의 협업적 성격을 활용한다. 수행과제 설계에서 이러한 언어적 지원은 산출물이나 수행의 진정성을 높이는 동시에 학생들의 언어 사용을 촉진할 수 있는 잠재력을 가지고 있다. 예시 단원(sensory)와 UbD 계획 템플릿(그래픽)을 사용하여 단계별 또는 부서별 팀(상호작용의)과 함께 설계하는 등 실제 과제에 종사할 때 다양한 지원을 어떻게 사용하는지 생각해 보기 바란다. 모든 학생의 교과 언어 사용에 대한 진정한 지원과 함께, 교사는 학생들의 교과 언어 사용을 목표로 하는 추가적인 지원을 포함할 수 있고, 교사는 언어 능력으로 학생들의 요구를 목표로 하는 추가적인 지원을 포함할 수 있다. 일반적으로, 지원은 학생들이 언어를 사용하면서 수와 강도가 감소해야 한다(WIDA, 2007). 언어적 지원은 다음 장에서 CLD 학생들을 위한 비계 3단계 교육에 대한 논의에서 더 심도 있게 다룰 것이다.

학생들이 박물관 직원으로서 2개 국어를 구사하는 학생 관람객을 위한 선구자 가족의 이야기를 들려줄 수 있도록 유도하는 수행과제를 가지고 사회과 샘플로 돌아가 보자. 1단계 목표에 맞추고 전반적인 학생 능력에 대응하면서, Piccioni 씨는 이미 박물관의 전시회에서 언어가 풍부하고 전시된 수행과제를 사용하는 것을 선택했다. GRASPS 작업의 이 수행/산출물 부분에서 그녀는 언어에 주의를 기울이며 수행 작업을 보다 철저하고 상세하게 설명한다. 글쓰기를 위해 학생들은 사진, 공예품, 글쓰기를 이용하여 박물관 전시회를 만들 것이다. 독서를 위해, 학습자들은 선구자 가족을 연구하기 위해 일차적인 출처와 인터넷 자원을 사용할 것이다. 듣기와 말하기 모두를 포함하는 구술 주어진 영어 능력의 수준이 끝날 때쯤이면, 영어 학습자들은……

	ELP Level 1 입문하는	ELP Level 2 초보적인	ELP Level 3 발전하는	ELP Level 4 확장하는	ELP Level 5 연결 짓는	ELP Level 6 도달하는
듣기	다음에 의해 논쟁을 처리하다. • 구두 구문 또는 짧은 문장에 대한 응답으로 개인적인 관점을 표시(예: 위/아래로 이동, 카드 동의/해제) • 짧은 구두 진술에서 선호도 파악	다음에 의해 논쟁을 처리하다. • 동료의 구두 발표에서 의견과 사실의 구분 • 내용 기반 사진 또는 사물을 구두 설명(예: "구성원 생존을 돕기 위해 그룹을 형성하는 동물")으로 분류	다음에 의해 논쟁을 처리하다. • 구두 내용 관련 자료 또는 장비와 유사성 및 차이점 확인 • 짧은 구두 대화에서 서로 다른 관점을 식별	다음에 의해 논쟁을 처리하다. • 구술 정보를 다른 측면에서 해석하다. • 대화에서 반대쪽 논쟁의 확인	다음에 의해 논쟁을 처리하다. • 구두 변수와 표현 및 모델 비교 • 구두 발표에서 권리 식별	다음에 의해 논쟁을 처리하다. • 멀티미디어의 클레임/개입을 뒷받침할 수 있는 증거 • 의견 차이를 둘러싼 논의를 위한 합의된 규칙 준수
말하기	다음에 의해 주장하다. • 모델 또는 예제의 클레임 또는 위치 명시 • 문장 시작 또는 문장 프레임을 사용하여 사실을 증거로 공유	다음에 의해 주장하다. • 다음에 무슨 일이 일어날지 말하고 그 이유를 보여 준다. • 의견 또는 주장에 대한 이유 공유(예: 과학 실험)	다음에 의해 주장하다. • 내용 관련 정보에 대한 자체적인 조직 범주 설명(예: 어류/조류, 산림/사막) • 협업 그룹에서 질문 및 답변	다음에 의해 주장하다. • 내용 관련 주제에 대한 클레임 또는 의견 방어 • 내용 관련 문제 또는 문제에 대해 다양한 솔루션 제시	다음에 의해 주장하다. • 다양한 아이디어를 사례로 표현 및 지원 • 자신의 아이디어를 방어하기 위한 증거 제공	다음에 의해 주장하다. • 개인 의견을 다른 사람의 의견에 연결하여 아이디어 또는 의견의 사례 구축 • 양쪽의 아이디어 또는 의견 요약

[그림 5-9] 샘플 WIDA Can Do 기술자(Descriptors)

출처: Based on WIDA ELP Standards ⓒ 2007, 2012 Board of Regents of the University of Wisconsin System. WIDA is a trademark of the Board of Regents of the University of Wisconsin System. For more information on using the WIDA ELD Standards, please visit the WIDA website at www.wida.us. Used with permission.

감각 지원	그래픽 지원	상호작용적 지원
실물과 조작자들	차트	쌍 또는 파트너
사진 및 사진	그래픽 조직자	3인조 또는 소그룹
그림 및 다이어그램	표	협력 그룹 구조
잡지 및 신문	그래프	관련 기술 활용
제스처 및 동작	타임라인	모국어 사용
비디오, 필름 및 방송	숫자라인	멘토
모델 및 그림	콘셉트 지도	

[그림 5-10] 수행과제에 대한 언어 지원

출처: Based on WIDA ELP Standards ⓒ 2007, 2012 Board of Regents of the University of Wisconsin System. WIDA is a trademark of the Board of Regents of the University of Wisconsin System. For more information on using the WIDA ELD Standards, please visit the WIDA website at www.wida.us. Used with permission.

언어에 초점을 맞춘, 학생들은 역사적인 현대의 선구자들을 비교하기 위해 구술 프레젠테이션을 할 것이다. 여전히 시뮬레이션, 현실 세계 연습, 교사는 당면한 과제에 직접 연결되는 언어 기능을 가진 4개의 영역에 주의를 환기시킨다.

각 언어 영역 내에서 이 과제는 학생들이 소규모 그룹의 전시물 제작, 일차 출처 및 인터넷 자원 사용, 구술 프레젠테이션에 어떻게 기여하는지에 대한 가변성을 허용한다. 두 언어를 사용하면 학생들이 언어적 능력을 사용하여 작업을 협업적으로 완료하는 방법이 자동으로 달라질 수 있지만, 이러한 수행 작업 세부 사항들이 어떻게 하나의 언어로 차별화를 허용하는지를 고려해 보자. 학생들은 언어 능력의 초기 단계로서 사진과 유물을 배열하고, 사진과 관련된 주요 단어와 문구에 라벨을 붙이고, 전시회에서 나온 사실들을 구두로 진술할 수 있는 반면, 후기 단계의 학생들은 일차적인 출처를 이용하여 이야기를 패러디하고, 이미지에 대한 상세한 해석을 쓰고, 빅 아이디어에 대해 구두로 상세히 기술할 수 있다. 어느 쪽이든 학생들은 교과의 학문적 학습을 시연하기 위하여 그들의 숙련도 수준의 언어를 사용하고 그뿐만 아니라 소규모 그룹 과정과 산출물에 건설적으로 기여한다.

평가 설계에는 학생들이 과제에 참여하면서 언어에 접근하고 발달할 수 있도록 다양한 지원도 포함되어 있다. 이전에 대부분의 학생들이 이중언어 프로그래밍을 했던 교실에서 Piccioni 씨는 감각적 · 그래픽적 · 상호작용적 지원을 통해 학생들의 언어 발달과 L2(영어든 스페인어든 상관없이)에 대한 접근을 장려할 필요성을 인식했다. 이와 같이 박물관은 실제로 통합된 감각 지원(실제 공예품과 사진), 그래픽 지원(1차 출처 문서), 상호 지원(학생 L1 기반 협력 단체) 등의 과제를 전시한다. 과제 자체에 명시적으로 명시되어 있지는 않지만, 스페인어−영어 이중언어 사전과 단원 전체에서 편찬된 개인 용어집 등 교실 수업에 일관되게 통합되어 있는 지원을 학생들은 사용할 수 있다. 교사는 학생 개개인의 능력과 필요에 따라 추가 지원을 전략적으로 제안한다.

성공 준거(Success criteria) 수행과제 설계를 마무리하기 위해, 이 최종 요소는 수업 설계자가 수행 및 산출물 평가에 사용할 기준을 정의하는 1단계 목표에 다시 연결하도록 촉구한다. 수행과제는 학생들이 1단계 목표를 향한 진도를 측정하는 것을 목표로 하며, 여기에는 진정한 학습의 실질적 적용이 필요한 전이 목표와 의미 목표, 그리고 관련 습득 목표가 포함된다. 이런 식으로, 1단계 목표에서 교과 학습과 언어 발달에서 수행과제에 대한 기준이 나와야 한다. 단원 목표의 전반적인 주제를 이용하여, 평가 기준은 실제 수행과제의 가장 중요한 특징에 대응해야 한다. Wiggins와 McTighe(2012)는 내용(수행 작업 결과는 정확했는가) 과정(접근이 좋았는가?) 효과(수행 작업 결과는 효과적이었는가?) 질(수행/산출물은 질이 높았는가?) 등으로 기준을 분류한다. 내용 중심 기준은 교과 학습을 우선시하는 반면, 과정 중심 기준은 언어 발달을 우선시하며, 이는 학생들이 언어를 사용하여 과제에 참여하고 과제를 완료하는 방법을 강조한다.

1단계 목표에 맞추어 기준을 정의한 후, 다음 단계는 수행과제를 채점하고 학생들의 교과(학문) 학습과 언어 발달에 관한 귀중한 데이터를 포착하기 위한 세부적인 루브릭을 개발하는 것이다. 교육자들은 ① 1점을 산출하기 위해 학생들의 성적에 대한 전반적인 등급을 제공하는 총체적 루브릭과 ② 성과와 산출물을 평가하기 위해 구별되는 차원으로 나누고 보다 상세한 피드백을 얻는 분석적 루브릭 중 하나를 선택한다. 수행과제의 다양한 측면을 포착하도록 설계된 분석적 루브릭은 교사들이 교과 과제에 포함된 학생들의 언어 발달을 평가할 수 있도록 한다. 교과 학습에 초점을 맞춘 내용 기준은 초보부터 전문가까지 학생들의 이해도를 평가하는 것을 목표로 한다(Wiggins & McTighe, 2012). 언어 발달에 우선하는 과정 기준의 경우, 루브릭은 초급에서 숙련도에 이르는 학생들의 언어 능력 수준에 대응해야 한다. 학생의 언어 능력에 대한 사전 계획 데이터를 사용하여, 교사는 교과 학습에 내장된 언어의 발달 과정을 상세히 기술하는 판독 및 자료와 결합한다(예: Gottlieb, 2006; O'Malley & Pierce, 1996; WIDA, 2012, 2016; Wiggins & McTighe, 2012). 교사는 학생의 능력에 반응하고 학문의 엄격함을 유지하는 규정을 초안한다.

1단계 목표는 개척자 단원 작업의 기준을 정의하는 출발점을 제공한다. 교사는 단원 목표에서 도출한 여섯 가지 평가 기준을 정의한다. 성공적인 전시회는 역사적으로 정확하고, 세밀하고, 잘 다듬어지고, 공개되고, 유익하며, 효과적일 것이고, 명확한 구두 발표와 함께 이루어질 것이다(Wiggins & McTighe, 2011). 내용 기준은 의미 구성 목표(예: "사람들은 다양한 이유로 움직인다.") 및 습득 목표(예: 사실, 관련 용어)에 부합하는 역사적 정확성과 뉘앙스, 또는 선구자적 스토리의 디테일에 초점을 맞추고 학생들이 교과 언어를 사용하여 단원 학습을 시연하도록 유도한다. 언어 영역과 기능에 있어서 교과 학습에 포함된 과정 기준, 즉 잘 다듬어진 것은 주요 출처를 읽고 해석하는 것과 관련되며, 이야기를 쓰고 다듬는 것과 관련된 것을 밝히고 정보를 제공하며, 명확한 구두 발표는 선구자들의 역사적, 현재의 경험을 비교하는 것과 관련이 있다. 2개 국어로 된 정보의 커뮤니케이션을 필요로 하는 우선순위 목표를 포함하여, 전시회의 전반적인 효과의 기준에서 효과와 질이 통합된다.

1단계의 목표와 2단계의 과제를 연계하는 이러한 평가 기준을 사용하여, Piccioni 씨는 학생들이 교과(학문) 학습과 언어 발달 모두를 고려하여 각 수행 수준에서 무엇을 할 수 있는지를 나타내는 분석적 루브릭을 고안한다. 그녀는 6학년 교실의 특정 학생들을 바탕으로 루브릭의 초안을 작성하는데, 여기에는 확장되고 있는 언어의 2개 국어(WIDA 수준 4), 브리징(WIDA 수준 5), 도달(WIDA 수준 6) 학생들이 포함된다. 그녀는 WIDA의 수행 정의(WIDA, 2012), 6학년 Can Do 기술자(Descriptors)(WIDA, 2016)를 사용하여 학생들이 각 숙련도 수준에서 언어로 무엇을 할 수 있는지 먼저 파악한 후 각 수행 수준에서 그에 상응하는 기대를 제공한다. [그림 5-11]에 나타난 최종 루브릭은 수행과제의 전반적인 진정성과 유연성을 유지하지만 학생들의 역동적인 교과 학습과 언어 발달을 평가하기 위해 특정한 요소들을 강조한다.

전반적인 고려 사항 및 수정 사항

방금 설명한 것처럼 ① 단계 목표에 맞춰 학생의 학습과 언어 발달의 증거를 제공하는 과제, ② 언어를 실제로 통합하는 실제 상황을 시뮬레이션하는 과제, ③ 학생의 배경지식에 연결하면서 학습의 전이가 필요한 과제, ④ 학습자가 향상 정도(진보)를 증명할 수 있도록 언어적 비계를 통합하고, ⑤ 분야별 언어 발달의 증거를 제공한다. GRASPS 요소는 학생들이 진정한 목표를 향해 노력하도록 유도하고, 고유한 역할을 맡으며, 특정 청중을 대상으로 하고, 미묘한 상황을 고려하고, 산출물이나 수행을 기획하고, 성공 기준을 충족함으로써 실제 적용 사례를 시뮬레이션하는 수행과제 설계를 지원한다. 문화 및 언어 렌즈로 과제를 입안한 후 학생들이 공평하게 수행과제에 접근하고 참여할 수 있도록 내러티브를 수정한다([그림 5-12] 참조). 단원 학습에 불필요하거나 잘못 정렬된 언어를 사용함으로써 서술이 학생들에게 불리하지 않도록 하고 싶다. 예를 들어, 개척 단원 과제에 대한 내러티브는 학생 친화적인 단어와 구절과 문장당 하나의 아이디어나 방향을 가진 간단한 문장을 사용하여 필요한 정보를 전달한다. 이 교사는 또한 과제의 기대에 부합하는 이중언어의 내러티브도 제공할 계획이다.

특히, L2를 동시에 발달하고 있는 EL이 수학, 과학, 사회, 어학 및 기타 분야를 배우는 데 있어 수행과제가 학습 단원 내에서 어떻게 등급과 연결되는지를 논의하지 않고 본 섹션을 종료한다면 우리는 매우 실망스러울 것이다. 간단히 말해서 학생들의 수행은 그들의 언어 능숙도 수준에 직접적으로 부합하는 개별화된 기대치에 기초하여 등급

준거	초보자	숙달자	전문가
역사적으로 정확한	부정확한 선구자적 삶에 대한 박물관 전시 디자인. 수많은 오류들이 전시회를 방해한다.	일반적으로 정확한 선구자 생활에 대한 박물관 전시회를 제작한다. 사소한 부정확함도 전체 전시회에 영향을 미치지 않는다.	완전히 정확한 선구자적 삶에 대한 박물관을 만든다. 모든 사실과 개념은 정확하다.
디테일이 좋은	개척자 가족의 이야기에 대한 거의 자세한 내용을 포함하며 일반적인 용어와 언어를 사용한다.	개척자 가족 스토리의 일부 세부 사항을 통합하고 관련 콘텐츠 용어 및 언어를 사용한다.	개척자 가족의 이야기에 대한 충분한 세부 사항을 포착하고 적절한 콘텐츠 용어와 언어를 사용한다.
잘 만들어진 (읽기)	주요 출처 및 웹 리서치를 사용하여 서술, 시각 및 인공 유물을 식별하고 주문한다. (Level 4-Expanding)	주요 아이디어, 사건 및 결론의 순서를 정하고, 선구자 삶의 내용 관련 개념과 일치한다. (Level 5-Bridging)	주요 출처 및 자원을 상세히 평가하여 개척자 스토리를 소개하고, 설명하며, 자세히 설명한다. (Level 6-Reaching)
공개 및 정보 제공 (쓰기)	과도기적인 단어를 사용하여 사건의 순서를 재현함으로써한 개척자 가족의 이야기를 들려준다. (Level 4-Expanding)	여러 출처를 이용하여 사건을 재조사하여 선구자 가족의 이야기 순서를 요약한다. (Level 5-Bridging)	한 시간 틀에서 다른 시간 틀로의 이동을 신호화하고 세부적인 사건들 간의 관계를 보여 줌으로써 이야기 순서를 전이한다. (Level 6-Reaching)
명확한 구두 발표 (말하기)	내용 관련 아이디어를 다른 말로 바꾸어 표현하고 요약하여 역사적, 현재 개척자를 비교한다. (Level 4-Expanding)	역사를 통해 현재에 이르기까지 개척정신의 의의와 진화를 평가한다. (Level 5-Bridging)	다른 사람의 아이디어와 질문을 기반으로 하여 역사적, 현재 개척자의 비교를 확장한다. (Level 6-Reaching)
효과적인 전시	하나의 선구자 가족의 이야기를 들려주는 데 어느 정도 효과적인 하나의 언어로 설계하고 전시한다.	부분적으로 2개 국어를 할 수 있고 일반적으로 하나의 개척자 가족의 이야기를 들려주는 데 효과적인 산출물을 제작하고 전시한다.	완전히 이중언어를 구사하고 하나의 개척자 가족의 이야기를 전이하는 데 매우 효과적인 전시회를 만든다.

[그림 5-11] 개척자 정신 단원의 수행과제 및 루브릭

이 매겨져야 한다. 그들은 영어에 능통한 학생들과 같은 언어 표준으로 평가되거나 발전적으로 적절한 언어를 수행하거나 산출하기 위해 등급이 매겨져서는 안 된다. L2 학습은 4년에서 10년이 걸리는 복잡한 발달 과정이라는 것을 기억하라. 그 기간 동안 우리는 언어 발달을 장려하기를 원한다. 단점을 주는 것이 아니라 특정 학문 영역별 수행

과제에 내재된 학생의 언어를 대상으로 하고 측정하기 위해 앞에서 설명한 문장의 사용을 비판적으로 고려하라. 학문 영역별 루브릭 기준에 대해서는 문화적·언어적으로 대응되는 수행과제의 전략적 설계가 1단계 목표를 향한 진전에 기초하여 연계되고 등급 매겨질 수 있는 데이터를 수집해야 한다. 특정 언어 영역별 루브릭 기준은 언어 능력 수준에 따라 학생 수행에 대한 기대를 분명하게 설명하는 것으로, 학생들의 성적에 반영해서는 안 되거나, 학문 영역별 기준보다 더 가볍게 평가해야 한다. 대신에 언어 영역별 데이터는 학생들의 진도를 동적으로 추적하고 미래의 수업을 알리기 위해 사용되어야 한다. 이것이 이 장 뒷부분에서 더 심도 있게 논의될 주제다.

언어적 고려 사항	과제 수정에 대한 질문 및 프롬프트
단어 사용 (단어 수준 요구 사항)	• 과제 서술문은 과제와 관련하여 알 수 없거나 불명확할 수 있는 단어나 구를 포함하고 있는가? −여러 의미를 가진 단어를 불필요하게 사용하지 마라. −연구 단원에 맞지 않는 용어와 구문을 교체하라.
언어 관습 (문장 수준 요구 사항)	• 과제 서술문은 학생들의 이해를 방해할 수 있는 불필요하거나 복잡한 언어 구조를 포함하고 있는가? −if-then 절과 조건과 같은 문법 구조를 포함하는 복잡하고 복합적인 문장을 재작성하고 수정하라. −수동적인 말 대신 능동적인 말을 사용하라.
언어의 복잡성 (담화 수준 요구 사항)	• 과제 서술문은 수행과제에 성공적으로 참여하기 위해 필요한 정보를 포함하고 있는가? −읽는 동안 불필요하게 학생을 저울질할 수 있는 중복되고 불필요한 정보를 줄이라. −글머리표, 글꼴 및 기타 형식 지정 기술을 사용하여 작업을 구성하고 특정 정보를 강조하라.
언어적 도구 (이중언어적 고려 사항)	• 과제 서술이 교육 중 학습에 사용되는 언어와 일치하는가? −학생, 교사 또는 학부모를 사용하여 여러 학생의 접근을 지원하기 위해 과제 서술의 번역을 지원하라. −학생들의 L1 유형에 따라 번역을 수정하라(예를 들어, 폴더는 멕시코에서는 un cuaderno이고, 아르헨티나에서는 una capta이다).

[그림 5-12] 수행과제에 대한 언어적 고려 사항, 질문 및 프롬프트

학습에 대한 보충적 증거 축적하기

수행과제는 전이와 의미 구성 목표를 우선시하는 반면에, 모든 단원 목표의 학습도 달성도를 결정하기 위해 다른 증거를 수집해야 한다. 보충 증거에는 퀴즈나 저널과 같은 지시를 알리기 위해 단원 전체에 걸친 학습목표에 대한 형성평가와 전통적인 단원 기말고사와 같은 단원의 종료 시점에 학습목표에 대한 총괄평가가 포함된다.

여러 데이터 출처를 수집하면 학생들이 다양한 학습 기회와 매체를 가질 수 있으며, 학생 성과에 대한 단일 교실 장면이 아닌 사진 앨범을 수집하는 등 수업에 유익한 충분한 정보를 제공한다(Wiggins & McTighe, 2005). 수행과제에 사용되는 절차와 유사한 절차를 이용하여 총괄·형성평가 도구를 설계, 선택, 수정하여 문화적·언어적 편견을 줄임으로써 타당성을 높인다. 이런 식으로 평가는 ① 언어 능숙도보다는 내용 지식과 기술을 측정하고, ② 보조적 지식이 필요하기보다는 학생들의 배경을 활용하고, ③ 실제적으로 통합된 내용과 언어, 그리고 ④ 언어의 요구를 줄이면서 인지적 복잡성을 유지한다.

총괄평가와 언어

수행에 기반하지 않은 총괄평가는 일반적으로 전통적인 지필 시험의 형태를 취한다. 특히, 중·고등학교의 후기 학년에서는 모든 학습목표에 해당하는 데이터를 수집하는 수행 기반 조치와 더불어 국가 의무 표준 시험과 관련된 절차에 대한 학생 준비를 위해 교사들은 총괄 테스트를 사용하는 것을 선택할 수 있다. 전통적인 시험은 종종 사실 및 용어에 대한 선언적 지식과 학문 분야별 별개의 기술과 같이 학생들의 습득 목표 달성을 교사들에게 알려 주는 간단하고 쉽게 채점되는 도구들이다. 그럼에도 불구하고 평가에는 편견이 있을 수 있으며, 이 도구가 교과 학습에 대해 유효하고 신뢰할 수 있는 데이터를 산출하도록 언어와 문화에 대한 렌즈를 사용하여 분석해야 한다. 총괄평가의 중요한 목표는 언어 능력이나 배경지식을 평가하는 것보다 학생들의 내용 관련 지식과 능력을 평가하는 것이어야 한다는 것을 기억하라.

CLD 학생들에게 총괄평가를 하기 전에, 교사는 불필요한 언어 요구와 요구 사항 없이 1단계 교과(학문) 학습을 평가할 수 있도록 언어 편향성에 대한 평가 도구를 분석해야 한다. 그들의 성격상, 시험은 학생들이 학습, 특히 읽기, 쓰기를 보여 주기 위해 언어를 사용하도록 요구한다. 그럼에도 특정 학생을 언어 배경이나 숙련도로 인해 불리하게 만들지 않고 학문(교과) 분야별 지식과 능력을 측정하는 것이 목표다. 시험 방향과 모든 시험 문항을 포함한 전체 텍스트 또는 시험 도구는 언어적 편향성에 대한 렌즈로 초안을 작성, 분석 및 수정해야 하며, 특히 단어/구문, 문장 및 담화 수준에서 특정 학생들을 불리하게 할 수 있는 불필요한 언어 요구를 줄여야 한다.

선택형−반응 문항은 읽기에 크게 의존한다. 학생들은 질문이나 질문을 읽고 선택지들 사이에서 선택하여 응답한다. 문항 유형의 예로는 선다형, 진위형, 배합형 및 해석적 연습이 있다([그림 5-13] 참조). 선택형−반응 문항은 조작되고 정확하지 않은 것 외에도 언어적 요구와 모순으로 가득 차 학생들이 해독하고 조작하는 것을 어렵게 만드는 경우가 많다.

총괄평가에서 흔히 볼 수 있는 객관식 문항은 여러 개의 읽기가 필요한 장문의 설명과 선택지를 사용하는 경우가 많다. 비록 어떤 선택지가 원리 학습에 기초할 수 있지만, 정신을 산만하게 하는 선택지는 알려지지 않은 단어와 구문에 대한 특정한 지식이 필요할 수 있다. 선다형 및 진위형 문항에서 부정적인 설명과 문장을 사용하고 특별한 순서가 없는 긴 옵션 목록이 있는 배합형을 사용하면 학생들의 언어적 요구가 또 다른 층으로 추가된다. 선택형−반응 문항은 내용 관련 사실 및 개념과 같은 학생들의 선언적 지식에 대한 정보를 수집하는 데 가치가 있을 수 있지만, 유효하고 신뢰할 수 있는 도구는 어떤 언어적 편견을 줄여야 한다.

구성형−반응 문항은 전형적으로 학생들이 질문이나 질문을 던지거나 완성형, 단답형, 에세이 문항에 해당하는 단어, 문장 또는 확장 서술형 형태로 답을 구성하여 응답하기 때문에 읽기와 쓰기를 모두 필요로 한다([그림 5-13] 참조). 이러한 것들은 선택형−반응 문항보다 약간 더 진실하지만, 학생들은 수용적이고 생산적인 언어를 사용해야 하기 때문에 더 잠재적인 언어 편견이 나타난다. 선택형−반응 문항의 상황과 유사하게, 읽기를 요구하는 어간이나 프롬프트는 짧고 명확해야 하며, 직접적인 질문과 명시적인 기대를 가져야 한다. 선택지가 여러 개인 에세이 문항을 작성할 때, 교사는 학생들이 읽고, 이해하고, 한 가지 선택 사항을 선택하는 데 필요한 시간을 측정해야 한다. 학생들의 필적 제작을 고려할 때, 교사들은 특히 문자와 채점 절차에 대해 인식해야 한다. 구성형−반응 문항이 서부 개척에 대한 문장을 완성하거나 개척자와 북미 원주민 간의 상호작용을 설명하는 등 교과 학습의 특정 목표에 부합한다면, 철자법과 문

	문항 형식	정의	언어적 고려 사항
선택형–반응 문항	선다형	선택할 수 있는 선택지와 함께 질문 또는 진술의 줄임말	• 명확하고, 직접적이고, 간단한 언어를 사용하라. • 부정적으로 표시된 언어는 피하라. • 설명과 선택지 사이의 구문론적 일관성을 유지하라. • 선택지를 짧게 유지하라. • 선택지를 논리적 순서(예: 알파벳순)로 배치하라.
	진위형	선택할 수 있는 두 가지 옵션이 있는 문장(예: 예/아니요, 참/거짓)	• 문항을 하나의 내용에 집중하라. • 부정 문구를 피하라. • 절대 이중 부정을 사용하지 마라.
	배합형	올바른 응답과 일치하는 전제 목록	• 한 페이지에 상당히 간략한 목록을 사용하라. • 각 목록에 유사한 문항(예: 명사, 동사, 부정사)을 포함시키라. • 응답을 논리적 순서로 나열하라.
	해석	몇 가지 질문이 있는 정보 또는 데이터(예: 지도)	• 일상생활에서 나온 아이템을 사용하라. • 교실 수업에 따라 정렬하라. • 지시 자료를 분명히 하라.
구성형–반응 문항	완성형	단어 또는 구문의 응답이 필요한 불완전한 문장	• 교실의 텍스트를 다른 말로 바꾸어 표현하라. • 정확한 옵션을 줄이도록 만들어라. • 문장 끝에 빈칸을 삽입하라. • 문항당 하나의 빈칸만 사용하라. • 필요한 동사 합의를 피하라.
	단답형	학생이 작성한 간단한 서면 응답 문항	• 직접 질문으로 문항을 작성하라. • 간단하고 고유한 응답을 구하라. • 충분한 답변 공간을 제공하라. • 모든 답변 공간을 동일하게 만들라.
	수필(에세이)	프롬프트에 대한 학생 작성 서면 응답 확장	• 작업에 대한 개요를 명시적으로 설명하라. • 응답 길이를 지정하라. • 짧은 답변이 필요한 질문을 더 많이 사용하라. • 학생 선택에 적절한 수의 옵션을 제공하라.

[그림 5-13] 총괄평가 문항에 대한 고려 사항

출처: Based on *Classroom Assessment: Principles and Practice for Effective Standard-based Instruction* (6th ed.) by James McMillan, 2013, New York: Pearson.

법상의 오류로 인해 학생들의 점수가 판단되어서 안 된다. 학생들은 여전히 영어 실력을 키우면서 교과 학습을 시연할 수 있고, 유능한 실천가들은 오류를 강조하기 위해 빨간 펜을 뽑지 않고 관련 아이디어를 끄집어내려고 한다. 따라서 우리는 명확한 프롬프트와 질문을 만들어 내고 평가 학생의 반응을 볼 때 교과(학문) 학습목표에 집중함으로써 언어적 편견을 줄일 수 있다.

불필요한 언어 요구 형태의 언어적 편향뿐만 아니라, 학생들이 반응을 올바르게 선택하거나 구성하기 위해 특정한 배경지식이 필요할 때 총괄평가에서 문화적 편견이 나타난다. 우리는 이 책을 통해 CLD 학생들이 학습을 증명할 수 있는 공평한 기회를 제공하고자 할 때 그것의 중요성을 강조하면서 문화적으로 특정한 배경지식에 대한 렌즈를 강조해 왔다. 한마디로 문화적 편향이란 교과 학습과 무관한 부차적 배경지식이 필요한 평가를 말한다. 한 저자가 애리조나에서 교편을 잡았을 때, 3학년 때 학생들의 기능적 텍스트 해석 능력을 측정하는 읽기 시험을 우연히 본 것이 좋은 예다. 'Ants on a log'라는 제목의 해석적 과제는 일련의 객관식 문항에 대한 해답을 얻기 위해 레시피를 사용해야 했다. 특정한 시대와 지역에서 자란 독자들은 '통나무 위의 개미'가 땅콩버터와 건포도가 줄지어 있는 셀러리 스틱을 가리킨다는 것을 알고 있을 것이다. 피닉스에 있는 대부분의 라틴계 학생들에게 이것은 낯선 간식이 될 것이며, 요리법을 해석하고 시험 문항에 반응하는 데 불이익을 줄 것이다. EL이라고 이름 붙여진 학생들은 많은 학생들이 나무 위의 곤충에 관한 글이라고 인식하면서 비유적이라기보다는 글자 그대로 단어를 읽었기 때문에 추가적인 어려움을 겪었다. 문화적 편견을 줄이고 학생들의 기능적 텍스트 해석 능력에 대한 보다 타당하고 신뢰할 수 있는 데이터를 수집하기 위해, 이 시험은 타말레스나 피자 같은 학생들의 일상생활에서 나오는 음식 조리법을 포함하도록 개정될 수 있었다.

CLD 학생들과 함께 결과의 타당성과 신뢰성을 극대화하기 위해 문화적·언어적 편견을 모두 줄이려면 교실 수업과 커뮤니티에 따라 달라지는 학생들의 다양한 배경과 능력을 고려하는 평가 도구가 필요하다. 따라서 우리는 교사들이 교과서나 규정된 커리큘럼에서의 시험 방식이나 시험 문항을 사용하는 것이 아니라 1단계 학습목표로 시작하여 총괄평가 도구를 독자적으로 만들 것을 권고한다. 전반적으로, 미국에 기반을 둔 커리큘럼과 설정의 시험은 일반적으로 주류 배경을 가진 영어 지배적 학생(예: '통나무 위의 개미'라고 불리는 간식을 먹은 학생)을 대상으로 작성되고 규범화된다. 결과적으로 이러한 시험들은 CLD 학생들에게 지속적으로 유효하고 신뢰할 수 있는 데이터를 수집하지 않는다. 실천가별 선호도나 학교나 지역 정책 등 형태별 시험을 반드시 사용해야 한다면 교사는 시험 방향과 문항을 비판적으로 분석하고 철저히 수정해 학생들의 이질적인 문화적 배경과 언어적 능력에 맞는 공정하고 적합한 증거를 제공해야 한다.

교사는 실제 평가 도구의 분석과 수정과 함께 학생들이 시험을 볼 때 사용하는 평가 절차의 수정을 고려해야 한다. 조정은 특히 ELs로 표시된 학생들을 위해 개별 학생의 학습 요구에 따라 시기, 설정, 발표 또는 응답 기대치를 구체적으로 변경함으로써 전통적인 시험 결과의 유효성을 높일 수 있다(Rivera, Collum, Willner, & Sia, 2005). 교사는 2개의 언어로 필요한 추가적인 인지 및 언어 처리 시간을 고려하여 평가를 완료하는 데 연장된 시간을 제공할 수 있다. 그들은 학생들의 L1에 시험 수업과 문항들을 제시하고 2개 국어로 된 사전이나 자료의 사용을 허용할 수 있다. 교과 학습에 초점을 맞추기 위해 학생들은 구성형−반응 문항에 대해 철자법과 문법 검사를 포함한 워드 프로세싱 소프트웨어를 사용할 수 있다. 조정은 무작위로 사용되어서는 안 되고, 개별 학생의 요구에 따라 특별히 선택되어야 하며, 상황에 따라 교실 평가와 수업에서 일관성 있게 제공되어야 한다.

형성평가와 언어

총괄평가 외에도, 교사는 학습 단원 전체에 걸쳐 보충 증거를 수집해야 한다. 형성평가는 수업 중에 이루어지며 ① 학생이 평가 활동에 직접 참여하는 공식 데이터 수집(예: 학업 프롬프트, 퀴즈)과 ② 교사가 직접 학생 참여 없이 데이터를 수집하는 비공식(또는 일화) 데이터 수집(예: 관찰, 대화, [그림 5−14] 참조)을 포함한다. 공식적인 조치든 비공식적인 조치든 간에, 중요한 목표는 단원 목표와 연계된 학생 학습과 언어 발달의 진정한 데이터를 수집하는 것이다. 우리는 교과(학문) 학습에 내재된 언어 발달을 개념화(따라서 측정)한다는 것을 기억하라. 따라서 우리는 학생들의 언어와 내용 능력에 대한 데이터를 동시에 포착하기 위한 형성평가를 설계한다. 우리는 학생들이 학문 용어나 교과 글쓰기 같은 언어 지식과 기술을 습득하는 것에 대한 진척도를 평가하기를 원하지만, 우리는 별도의 철자 시험이나 문법 훈련 없이 내용 기반 학습에 평가를 포함시킴으로써 그렇게 한다.

공식적인 유형의 측정은 2단계 수업 설계에 통합되어 학습 단원 전체에 걸쳐 구현된다. 교사들이 공식적으로 증거를 수집할 때, 학생들은 학업 프롬프트와 퀴즈를 포함한 도구를 통해 자신들이 평가되고 있다는 것을 분명히 안다(McTighe & Wiggins, 2004). 전형적으로 의미 목표에 해당하는 교과(학문) 학업 프롬프트는 학생들이 협력적으로 또는 독립적으로 대응하고 해결할 수 있는 개방적이고 비판적인 질문이나 문제들이다.

평가 유형	정의	언어적 고려 사항
학업 프롬프트	학생이 풀고 대답할 수 있는 개방형 질문 또는 문제	• 교과(학문) 사고에 내재된 풍부한 언어 사용을 요구하는 설계를 하라. • 학생의 언어 발달을 위한 적절한 비계(예: 그래픽 관리자, L1 파트너)를 제공하라.
퀴즈	습득 평가를 위한 테스트와 유사한 문항(예: 용어, 같은 종류의 다른 것들과 별개의 기술)	• 퀴즈 문항을 일관성 있게 정리하라. • 교실에서 교과 학습에 맞춰 명확하고 직접적인 언어를 사용하라. • 적절한 합의를 제공하라.
관찰	상호작용 및 작업 샘플을 통한 학생 학습 검사	• 다양한 학습 활동을 관찰하여 언어 기능과 영역을 확인하라. • 단원 목표에 맞춰 정렬된 데이터를 문서화하는 절차(예: 체크리스트)를 사용하라.
대화	학생과의 구두 또는 서면 대화	• 구술 대화는 듣기와 말하기, 그리고 읽기와 쓰기를 평가하기 위해 쓰인 대화를 사용하라. • 언어 배경과 숙련도에 따라 구별되는 분야별 질문과 프롬프트를 사용하라.
이해도를 위한 검사	교육 중 학습에 대한 학생들의 자체 평가	• 다중언어 영역(말하기 또는 쓰기뿐만 아니라)에 대한 이해를 위한 검사를 설계하라. • 언어 발달뿐만 아니라 교과(학문) 학습목표를 향한 자기평가를 통합하라.

[그림 5-14] 형성평가 유형 및 관련 언어 고려 사항

학생들은 실제로 단원 학습과 관련된 인지적 처리에 관여하기 위해 교과 언어를 사용하며, 예를 들어 프롬프트를 읽고, 소그룹과 듣고, 회신하고, 응답한다. 퀴즈는 종합 시험과 동일한 언어적 고려 사항으로 초안을 작성해야 하는 학습 단원 동안 용어, 사실 및 개별 기술과 같은 습득 목표를 평가하기 위해 시험과 유사한 문항을 사용한다.

개척자들의 경험에 초점을 맞춘 사회과 단원에서는, 다양한 형성평가가 수업 중에 통합되어 학습목표를 향한 학생들의 진척 상황에 관한 여러 자료의 출처를 포착한다. 대화 일지를 이용하여, 교사는 특히 개척자와 미국 원어민의 양쪽의 관점을 취하면서 학생들에게 교과(학문) 진전에 응답하게 한다. 단원 전체의 퀴즈는 서부 개척 운동, 개척자 생활, 아메리카 원주민 부족에 대한 학생들의 사실 지식과 정착민들과의 상호작용을 평가한다. 이러한 보충적인 근거 출처는 교사에게 학생 학습을 공식적으로 평가하고 추적할 수 있는 귀중한 정보를 제공한다. 특히, 1단계 목표에 해당된다.

반대로, 비공식적인 형태 측정은 직접적으로 학생들을 포함하거나 그들의 더 큰 과

정 성적에 기여하지 않는다. 3단계 학습 활동과 연계하여, 이러한 데이터 출처는 학생들이 동료 상호작용, 교사 대화, 다양한 산출물 및 공예품과 같은 교과 학습에 참여할 때 나타난다. 교육자들은 수업 중 단원 목표를 향한 학생들의 진척 상황을 일화적으로 문서화하기 위해 관찰 노트, 체크리스트, 지시문과 같은 절차를 사용한다. 관찰과 대화는 제3장에 제시된 다양한 아이디어를 포함하여 수업 중 일화적 데이터 수집을 위한 중요한 범주로서, 소리내어 생각하기, 인터뷰, 콘퍼런스, 대화식 저널, 관찰 체크리스트, 학생 작업 샘플 등이 포함된다. 수집된 일화 데이터의 질과 양에 따라 비공식적인 형태별 평가를 사용하여 의미 목표와 습득 목표를 모두 향한 학생들의 진보를 파악할 수 있다. 예를 들어, 개별 학생 콘퍼런스는 이해(및 오해)와 관련된 데이터를 산출할 수 있는 반면, 관찰 체크리스트는 학생들의 지식과 기술에 대한 빠른 교실 장면을 제공할 수 있다. 사회과 단원에서는 비공식적 형태 형성평가가 특정한 2단계 습득 목표를 대상으로 하며, 개인 용어 분석(도면 및 2개 국어 번역이 포함된 단원 용어 목록)과 학생들이 구술 이력, 시간 선, 편지 등 다양한 텍스트를 해석할 때 독자의 반응과 토론을 관찰하는 것을 포함한다.

교사들이 공식적으로 보충 증거를 수집하는 진행 중인 평가 외에도, 교과(학문) 프롬프트와 퀴즈 같은 수단과 비공식적으로 관찰과 대화를 통해 이해를 위한 점검은 학생들의 학습에 대한 자기평가와 목표를 향한 진보를 중심으로 자료 포인트를 제공한다. 일반적으로 대규모 학습 단원 내 모든 수업에 통합되어 이해 확인은 학생들이 학습에 대해 인지적으로 성찰하고 관련 교과(학문) 언어를 사용하여 성찰을 공유하도록 유도하는 전략적으로 계획된 학습 활동이다. 일반적인 예로는 학습 및 미결 질문과 관련된 성찰 조사(예: 3-2-1, 원-사각형-삼각형) 또는 본질적 질문 또는 교과 프롬프트에 대한 신속한 응답(예: 1분 에세이, 빠른 쓰기, 퇴장 티켓, 시간 지정 짝 공유)이 있다. 증거를 수집하는 데 사용되는 전략과 관계없이 자기평가 데이터는 예를 들어 개념, 아이디어 또는 후속 학습에서 추가 주의가 필요한 용어를 식별하여 향후 수업에 정보를 알려 줄 수 있다. 이러한 것들이 직접 수업에 내재되어 있기 때문에 제6장과 제7장의 3단계를 고려할 때 이해를 위한 형성평가와 점검의 사례를 추가로 논의하여 제공할 것이다.

지속적인 학생 향상도 모니터링

학생 학습에 대한 증거를 수집할 수 있는 여러 기회를 수업의 학습 단원에 통합함으로써 교사들은 학생들이 학습하고 발전하는 것에 대한 충분한 데이터를 가지고 미래의 수업을 알 수 있게 될 것이다. 제3장에서는 학습자의 사회문화적·인지적·언어적·교과(학문) 차원을 더 잘 이해하기 위해 데이터를 수집하고 분석하는 데 초점을 맞춘 관련 사전 계획 단계를 살펴보았다(Collier & Thomas, 2007; Herrera, 2016). 교사는 가정방문이나 커뮤니티 워크 등 연초 진단평가와 함께 단원별 보충평가뿐만 아니라 수행평가도 활용해 학년 내내 학생의 진도를 모니터링해야 한다. 각 단원을 마무리하면서 교육자들은 사회문화, 인지, 언어, 교과(학문) 차원에 걸친 새로운 정보로 총체적 학생 프로파일(HSP)을 갱신하고 장기적인 목표를 향한 진보를 평가할 수 있다. 이러한 방식으로 교사는 HSP를 유지하여 학생들의 학습과 발달의 복잡성과 역동성을 정확하게 파악함으로써, 학생들이 과정 수준의 목표를 향한 진보를 가장 잘 지원하고 육성하는 교재를 설계할 수 있도록 돕는다.

사회문화적 차원은 학생들이 교실에 가져가는 배경지식과 경험을 포함하여 사회문화적 과정이 학습에 어떤 영향을 미치는지에 초점을 맞춘다(Collier & Thomas, 2007). 진단 데이터는 이미 HSP의 사회문화적 차원(예: 나이, 학년, 출신국)을 비롯하여 가정, 지역사회 및 학교의 배경지식 출처에 관한 일화적 주석을 포함한 사회문화적 차원을 알려 주었다(Herrera, 2016). UbD 단원으로 전략적으로 설계되고 실행될 때, 구술 또는 서면 대화와 같은 형성평가와 학생들의 사회적 상호작용에 대한 관찰은 학생들의 배경에 대한 통찰력을 제공할 수 있다. 총괄평가의 경우 선택형-반응 문항은 학생들의 배경에 대한 통찰력을 제공하는 경우가 거의 없지만 전략적으로 조작된 구성형-반응 문항은 학생들이 문화적·언어적 배경지식을 이용하여 단답형이나 에세이를 작성할 수 있도록 할 수 있다. 마찬가지로 학생들의 배경을 두드리는 잘 설계된 수행과제는 학생들의 배경지식과 경험의 프로필을 기반으로 하기 위해 심층적인 정보를 제공할 수 있다.

인지적 차원은 특히 문화가 학생들의 사고, 지식, 학습 및 발전을 독특하게 형성하는 방법을 고려하면서 학생의 뇌가 어떻게 처리하고 학습하는지에 초점을 맞춘다(Collier & Thomas, 2007; Herrera, 2016; Rogoff, 2003). 사전 계획 데이터는 인지 능력과 관련된 공식 라벨(예: 영재, IEP, RTI 계층)과 학생 처리 관찰, 학습 선호도 및 선호 그룹화를 포함한 학생의 인지적 차원에 관한 진단 정보를 제공할 수 있다. 수업 단원에 포함된 지속적인 평가는 학생들의 인지적 차원에 대한 데이터를 수집하도록 의도적으로 설계될 수 있다. 예를 들어, 형성평가에는 학생 처리를 포착하기 위한 소리 내어 생각하기, 학습 선호도를 포착하기 위한 자기평가, 선호하는 그룹을 포착하기 위한 관찰이 포함될 수 있다. 마찬가지로, 총괄평가는 학생들이 사고 과정과 문제 해결 전략을 설명하도록 유도하는 구성형-반응 문항을 통합할 수 있다. 이행 목표와 의미 목표에 대한 편향된 자료의 중심인 수행과제는 우선 의미를 부여하는 여러 가지 방법을 허용한 후 다양한 학생들이 문제나 계획한 성과를 어떻게 해결했는지에 대한 교사, 동료, 그리고 자기평가를 통합해야 한다.

언어적 차원은 학생들의 L1, L2와 언어, 언어 다양성 및 언어 레퍼토리 간의 상호연결을 포함한 언어에 명시적으로 초점을 맞춘다(Collier & Thomas, 2007; Herrera, 2016). 표준화된 숙련도 시험은 언어적 차원에 대한 진단 데이터를 제공하며, 특히 현재 또는 이전에 EL로 라벨이 부착되어 있는 학생들에게 특히 그러하다. 또한 HSP는 학생들의 언어 선호도와 2개 국어 능력에 대한 예비 노트를 포함해야 한다. 배경지식과 언어 능력에 주목해 언어가 풍부한 수행과제를 설계한 후, 교사는 언어별 기준에 대한 학생들의 루브릭 점수 데이터를 수집할 수 있다. 교과 학습에 내포되어 있는 언어 중점 습득 목표에 특유한 형태적 조치(단어, 문장, 담화 수준의 지식 지표, 언어 기능 및 영역별 기술 지표)도 언어에 참여할 수 있다. 총괄평가에서 선택형-반응 문항은 특히 지식(예: 단어 또는 구 정의에 대한 객관식 문항, 텍스트 구조 및 특징과 관련된 해석 과제)에 포함될 수 있는 반면, 구성형-반응 문항은 언어 발달을 위해 분석하기 위한 쓰기(예: 어휘 사용, 문법 구성, 트라우마, 번역 오류)를 제공할 수 있다.

교과(학문) 차원은 어학, 수학, 과학, 사회, 예술 등 여러 분야에 걸친 학교 기반 학습을 말한다(Collier & Thomas, 2007; Herrera, 2016). 진단 자료는 학생들의 내용 시험 점수를 포함한 학생들의 학업 차원과 학생들의 내용별 능력과 자기효능에 대한 인식에 대한 일화적 데이터를 알려 준다.

학년을 시작하기 위해 수집되고 분석된 이러한 형식적이고 일화적인 자료 외에도 수행, 총괄과 형성평가는 학생들의 학업 능력이 교과 단원을 통해 진행됨에 따라 역동적인 데이터를 제공할 수 있다. 자기평가를 위한 형성평가 도구의 일관성 있는 통합은 또한 교사들이 학생들의 자기효능에 대한 학문 내부 및 여러 분야에 걸친 지속적인 이해를 지원할 수 있다. 교사는 타당하고 신뢰할 수 있는 결과가 나오지 않을 수 있는 비 교사 설계 총괄평가의 데이터를 사용하는 것을 경계해야 한다. 앞에서 언급한 바와 같이, 대부분의 전통적인 표준화된 시험은 백인, 영어 지배적인 학생들로 규준화되어 있기 때문에, 확립된 도구들조차도 총체적 학생 프로파일(HSP)에 정확하게 추가되는 데이터를 산출하지 못할 수 있다.

UbD 수업을 중심으로 한 수행과제와 함께 단원 중 다양한 형성평가, 단원 기말 총괄평가 등을 통해 학생들은 교과 학습과 언어 발달을 시연할 수 있는 기회가 빈번하고 진솔하게 마련된다. 교사들은 이러한 평가를 학년 초에 종종 수집되는 정적이고 날짜화된 정보에 의존하기보다는 학생 학습의 복잡성과 역동성을 묘사하고 미래의 가르침을 알려 주는 풍부한 자료의 원천으로 사용할 수 있다. HSP 또는 다른 일관된 절차를 사용하여, 교사는 이러한 다중 데이터 출처를 문서화하고 정리하여 학생들이 사회문화적, 인지, 언어 및 교과(학문) 차원에 걸친 학습과 발전 목표를 향한 진보를 감시할 수 있다. 이것은 문화적으로 그리고 언어적으로 반응하는 수업 실천의 핵심이다. 동질한 라벨을 넘어서 학생들의 역동적인 능력, 강점, 요구를 UbD 수업 설계와 교실 실천의 중심에 배치하는 것이다. 이 데이터는 특히 다음 장의 초점인 3단계에서 수업 설계에 직접적인 정보를 제공한다.

교실 적용: 학습의 평가와 증거

이 장에서 설명한 2단계 언어 발달에 관한 렌즈에서 도출하여, 우리는 교실의 적용에 대한 세부 사항을 고려하는 방향으로 전환한다. 이 섹션에서는 모든 학습자가 평가에 대한 학습을 증명할 수 있는 기회를 공평하게 이용할 수 있도록 하는 것을 목표로 언어를 UbD 템플릿의 2단계에 통합하는 단계를 자세히 설명한다.

학습목표에 맞춰 언어가 풍부한 수행과제를 설계하기

1단계에서 정의된 학습목표를 사용하여 학생 학습을 입증하는 데 필요한 증거를 결정한다. 첫째, 이해의 여섯 가지 측면을 이용하여 수행 동사와 교과 일반화를 통해 학생들이 단원 학습과 관련하여 설명, 해석 또는 적용해야 하는 사항과 같은 필요한 증거를 확인한다. 그런 다음 학생들이 이해를 증명할 수 있도록 가능한 수행을 적절하고, 진실한, 언어가 풍부한 과제에 살을 붙인다. 학습목표를 향한 진척도를 측정하기 위해 수행과제(도덕, 쓰기 또는 표시)를 설계할 때 학생들의 능력과 니즈를 고려하라.

문화적 · 언어적 편향성에 대한 평가 도구 분석 및 수정

모든 학생은 단원 목표를 향해 나아가는 것을 보여 줄 수 있는 공평한 기회가 필요하다. 수행과제를 입안한 후에는 의미를 부여하는 데 필요한 배경지식을 비판적으로 고려하고 적극적으로 참여한다. 과제에 접근하는 데 필요한 언어를 분석하고 교과 학습을 시연한다. 당신은 학생들이 문화적 · 언어적 배경에 근거하여 특정 학생들에게 불리하게 작용하지 않고 새로운 맥락으로 학습을 전이하기를 원한다. 형평성을 보장하고 이중언어주의의 가치를 강조하기 위해 수행과제에 학생의 L1을 어떻게 통합할 수 있는지 숙고한다.

언어 숙련도에 따라 평가 및 루브릭 차별화하기

1단계 목표에 맞춰 언어가 풍부한 수행과 산출물을 입안 및 다듬은 후, 특히 ELs가 교과(학문) 학습을 시연할 수 있도록 하는 방법에 주의를 기울이면서 교실에서 개별 학습자를 위한 과제를 차별화하라. 다양한 언어 능력 수준에서 학생들에게 공평한 접근을 제공하기 위해 적절한 감각, 그래픽 및 상호작용 지원을 통합한다. 학생들의 언어 발달을 관찰하고 포착할 수 있는 루브릭 기준과 수행 지표를 설계한다. 언어 수요에 맞춰 전반적인 과제 방향을 수정하고, 필요에 따라 학생들의 L1에 방향을 제시한다.

학습 및 언어 발달에 대한 보충적 증거 수집

수행과제 외에도 모든 전이, 의미 구성 및 습득 목표를 향한 학생들의 향상도를 측정하기 위한 다른 증거를 수집하는 방법을 고려한다. 시험, 퀴즈, 프롬프트, 저널, 작업 샘플과 같은 수단들을 사용하여 학생 학습을 포착할 수 있는 기회를 전략적으로 통합한다. 평가 도구를 사용하여 문화적 배경지식이나 언어 능력 수준에 근거하여 학생들에게 불리하게 작용하지 않고 모든 1단계 학습목표를 알리기 위해 데이터를 수집한다. 그렇게 함으로써 당신은 학생들의 교과 학습과 언어 발달 과정을 전체적으로 포착할 수 있다.

장기 목표를 향한 향상도 모니터링을 위한 설계 절차

독특하고 개별적인 학생들의 배경, 능력 및 필요성에 대한 미묘한 이해는 수업 계획을 촉진한다. 제3장에서 설명한 것처럼 진단 데이터를 수집하고 분석하여 학생들의 총체적 프로파일을 이해해야 한다. 한 학년 동안 학생의 성장과 진보가 얼마나 복잡하고 역동적인지 파악하기 위해 수업에 포함된 교실 평가에서 데이터를 수집, 분석 및 추적하는 절차를 설계한다. 각 단원이 끝날 때, 학습 단원에 걸쳐 수집되고 분석된 여러 근거의 출처를 사용하여 학생 프로파일을 업데이트한다.

교실 장면: 학생의 학습 평가하기

Luke Carman 씨는 시카고 인근 Albany Park Multicultural Academy(APMA)의 중학교 수학 교사다. APMA 학생의 약 10%가 집에서 영어를 모국어로 사용하고 있는데, 이는 나머지 270명의 학생들이 스페인어, 아랍어, 크메르어, 구자라티어, 타갈로그어, 루마니아어, 우르두어, 베트남어 등 전 세계의 다양한 언어를 사용하고 있음을 의미한다. 이들 중 72%는 스페인어 우위 사용자로, 가족 출신은 북미, 중앙아메리카, 남미, 카리브해 등 여러 나라에 걸쳐 있다. 가정과 지역사회의 풍부한 언어적 다양성에도 불구하고, 대부분의 학생들은 중학교 환경에 오기 전에 학교에서 영어 실력을 키워 왔다. 따라서 학생들의 16%는 EL로 분류되는데, 여기에는 초등학교 때부터 시카고 학교에 다녔던 장기 EL과 전 세계 여러 나라의 신입생들이 포함된다. 과목(예: 어학, 사회, 과학)별로 편성되어, 7학년 60명과 8학년 60명에게 수학을 가르치는 Carman 씨를 포함하여 20명의 교사가 APMA에서 학생들의 학습을 지도한다.

방정식 시스템에 초점을 맞춘 그의 학습 단원([그림 5-15] 참조)에서, 그는 그의 학생들이 수학 이해, 과정 및 연습에 공평하게 접근할 수 있도록 하기 위해 UbD 수업 설계의 언어에 대한 렌즈를 유지한다.

1단계 목표와 이해의 여섯 가지 측면을 활용하여 학생들이 학습을 시연할 수 있는 가능한 성과를 브레인스토밍하여 Carman 씨와 그의 중학교 부서 팀[1]은 진로 상담 성과

---

1) APMA 교사들은 UbD 단원과 그에 상응하는 평가를 공동으로 계획한다. 이 팀을 위해 Luke Carman은 수학 교사 Devansi Patel과 Karoline Sharp Towner를 비롯해 특수교육 교사 Brandy Velazquesz, ESL 교사 Teresa Garcia와 협력했다.

1단계 – 바라는 결과

목표 설정	전이
CCSS-Math-8.EE.C.8: 동시 선형 방정식의 쌍을 분석하고 해결한다.	학생들은 다음의 과제를 수행하기 위하여 자신의 학습을 자율적으로 사용할 수 있을 것이다. • 수학과 그 이상의 다양한 현실 세계의 문제들을 해결하기 위해 어떤 전략이 가장 효과적인지에 대한 중요한 결정을 내리기

의미 구성

본질적인 질문

학생들은 다음 사항들을 지속적으로 고려할 것이다.
- 어떻게 특정 목표를 위해 특정 표현으로 정보를 조작할 수 있는가!?
- 방정식 시스템을 여러 가지 방법으로 푸는 것이 무슨 가치가 있는가!?

이해

학생들은 다음 사항을 이해할 것이다.
- 선형 방정식을 나타내는 방법에는 여러 가지가 있다.
- 표현 사이를 이동하기 위해 여러 전략을 사용할 수 있는 것은 세계의 선형 방정식에 대한 더 깊은 이해를 형성할 것이다.
- 방정식 문제를 푸는 방법은 여러 가지가 있다.
- 선형 방정식을 유연하게 이해하면 시스템 문제를 해결하는 가장 적절한 방법을 선택할 수 있다.

목표 설정 (계속)	습득
CCSS-Math-8.EE.C.8a: 교차점이 두 방정식을 동시에 만족하기 때문에 두 변수에서 두 선형 방정식의 시스템에 대한 해법은 그래프의 교차점에 해당한다는 것을 이해한다. **CCSS-Math-8.EE.C.8b:** 두 변수에서 2개의 선형 방정식의 시스템을 그래프로 그려서 솔루션을 추정한다. 검사에 의한 단순 사례를 해결한다. **CCSS-Math-8.EE.C.8c:** 두 변수에서 2개의 선형 방정식으로 이어지는 실제와 수학적 문제를 해결한다. **CCSS-Math-8.F.A.3:** $y = mx + b$ 방정식을 그래프가 직선인 선형 함수를 정의하는 것으로 해석하고 선형이 아닌 함수의 예를 제시한다.	학생들은 다음 사항을 알 것이다. • $Ax + By = C$ 선형, 표준 형식 • $Ax + By = C$ 형식의 선형 방정식 • 선형 방정식의 경우 $Ax + By = C$와, $y = mx + b$ 형식의 동등 • 방정식 시스템에는(속, 해결책, 무한 해결책 없음. 하나의 해결책을 해결하기 위한 옵션 • 선형 방정식의 시스템을 푸는 것은 모든 방정식을 참으로 만드는 것을 찾는 것의 • 문제 해결을 위한 전략 • 관련 어휘(예: 기울기, 절편, 계수) • 새로운 방식으로 사용되는 일상적인 단어(예: 교차로, 솔루션, 추가, 대체, 취소, 변수, 조정) • 어휘 반동(예: 종속변수, 역 연산) • 변수의 사용 및 참조 • 비교 문장 구조 • 순차적 방향에 대한 담화

학생들은 다음 사항에 능숙해질 것이다.
- $y = mx + b$를 표준 형태로 변환하거나 그 반대로 변환하기
- 실제 숫자 값을 테스트하여 어떤 방정식이 참인지 확인하기
- 그래프 작성과 대수적 방법에 의해 두 변수의 선형 방정식을 풀기
- 시스템의 모든 방정식을 참으로 만드는지를 확인하기 위한 값 검정하기
- 전략을 사용하여 선형 방정식의 시스템을 해결(교차점 찾기, $y = mx + b$로 모든 방정식 작성, 대체 및 해결, 변수 제거를 위한 조건을 사용)하기
- 그래프로 무한정 무해결 시스템 식별하기
- 선형 방정식의 시스템과 관련된 문제 해결하기
- 다양한 방정식의 선 비교 및 대조하기
- 방정식의 시스템을 찾기 위한 적절한 방법 설명하기

2단계-증거

평가 기준	평가 증거
실제 직업 개요 그래픽 표현 정확한 대수적 해법 수학 기반 논거 수학적 언어	**수행과제** **직업 상담가** 당신의 목표는 기업이 이익을 얻을 수 있는 지점을 찾는 것이다. 당신과 당신의 파트너는 우버 기사, 헤어스타일리스트, 개인 트레이너, 치고 공간 임대, 동네 정비사, 가정교사, 주방 공간을 임대하는 푸드트럭 운영자 등 자영업자의 직업 상담사다. 새로운 고객이 들어와서 직업을 바꾸고 싶다고 설명한다. 그녀는 새로운 경력에서 돈을 벌기 위해 무엇을 해야 하는지 당신에게 묻고 있다. 당신은 당신의 고객에게 그녀의 경력에서 언제 그리고 어떻게 이익을 낼 것인지에 대해 논쟁할 필요가 있다. 당신은 그 경력이 경비와 수입을 설명하는 발표를 해야 한다. 당신은 고객에게 수익성 있는 일을 정확히 알려야 하며, 이것이 그녀에게 좋은 직업이라고 생각하는지 아닌지에 대한 조언을 제공해야 한다. 당신의 프레젠테이션은 ① 경력에 대한 경비와 수입이 무엇인지에 대한 개요, ② 경비와 수익의 그래프 표현, ③ 경비와 수익 시스템에 대한 대수적 해결책, 그리고 ④ 경력에 대한 설득력 있는 조언을 포함해야 하며, 여기에는 당신의 그래프나 대수적 해결책의 증거가 포함된다.
정확한 대수적 해법 절차한 값 테스트 그래픽 표현 서술적 설명	**보충 증거** • 확인 퀴즈-조사 #1 • 확인 퀴즈-조사 #2 • 파트너 퀴즈-조사 #3 • 확인 퀴즈-불플등

3단계—학습계획

	사전평가	형성평가

(상단)

- 단원 학습을 위한 사전지식 엑세스 및 배경 구축: 이전 학교 기반 수학 학습(예: 기울기, 가로채기, 계수, 교차로, 대체, 취소, 변수, 조함, 종속변수, 역 연산에 대한 기반 단어 프롬프트

형성평가

- 이해도를 위한 일일 점검(예: 출구 전표, 구두 설명)
- 조사 후 자기평가
- 번역, 비주얼, 예시 및 설명이 포함된 관련 수학 용어의 개인 단어 벽
- WIDA 말하기 및 듣기 루브릭을 사용한 언어 이해별 관찰
- WIDA 쓰기 루브릭을 사용하여 학생이 제작한 유물에 대한 쓰기
- 특정 관찰

학습 활동

- Desmos(온라인 그래픽 수학 플랫폼)로 표준형 방정식을 탐구하고 시스템을 무는 시연 및 적용(조사 #1과 조사 #2의 경우 모두)
- L1 쌍의 모델링 및 토론: 그래픽으로 시스템을 해결하기 위한 매칭 활동. 학생들은 그래프 썜이 교차하는 곳을 읽어내기 위해 방정식을 일치시키고 방정식을 그래프에 일치시키기 위해 적절한 방법을 구두로 제안한다. 학생들은 수학 방정식에 대한 파트너의 제안을 듣고 그 래프로 해석한다.
- 시연 및 적용: $y = mx + b$ 방정식의 대체(조사 #3).
- 조사 그룹: L1 소그룹에서는 모든 방정식을 $y = mx + b$로 작성, 대체, 해결함으로써 선형 방정식의 시스템을 해결한다. 학생들은 단계별 지시(L2, L1)를 사용하여 필요에 따라 방정식을 쓴다.
- 문제 전송(비디오 버전): 학생들은 iPad를 사용한 동영상을 통해 샘플 문제를 제출하고, 다른 학생들은 학생이 제공한 해결책을 비판한다. 학생들은 문제를 고르고 파트너들은 서로 문제를 주고 비디오를 찍는다. 학생들은 다른 파트너와 거래하고 피드백을 제공한다.
- 홈 확장: 학생들은 학부모와 설문조사를 하고 면접을 통해 학부모가 자신의 상사인 gig 이코노미 직업에 대한 정보를 제시한다. 부모들이 수집된 비용 및 수입에 대한 진정한 정보를 공유할 수 있는 방법에 대한 구체적인 증거를 제시한다.
- 커뮤니티 확장: 학생들은 또한 강한 이웃 기관(예: Albany Park Community Center, Albany Park Theater, Community United)과 연락하여 다른 사람들과 교실에서 진로 상담사 수행과제를 완료하는 시간을 갖는다.
- 수행과제: 학생들은 교실에서 진로 상담사 수행과제를 완료하는 시간을 갖는다.
- 언어 능력 수준에 기반한 이기종 소그룹에서의 모델링 및 토론: 조작법과 숫자선을 사용하여 숫자 라인에 불평등을 표시한다.
- 수학적 이해에 기반한 동질 소그룹에서의 실증 및 지도 실습: 교사의 지원을 받아 불평등을 2차원으로 그래프로 나타내기 위해 컴퓨터를 사용한다.

[그림 5-15] Carman 씨의 중학교 수학 단원

과제를 구체화한다([그림 5-16] 참조). 그들은 함께, 특히 헤어스타일리스트, 개인 트레이너, 정비사, 가정교사, 푸드트럭 운영자와 같은 직업을 일반적으로 가지고 있는 부모와 지역사회 구성원을 포함한 자영업자들의 청중들과 관련이 있기 때문에, 그의 학생들의 배경지식을 활용하기 위해 전략적으로 GRASPS 과제를 고안해 낸다.

그들은 학생들이 관련 개념과 비용 및 수입의 용어를 포함하여 돈을 버는 구조를 이해한다는 것을 알고 있다. 따라서 그들은 적절한 재정 세부 사항(예: 헤어스타일리스트는 헤어스타일당 65달러의 이익을 내고 1할당 5달러의 비용, 월 500의 의자 대여료, 40달러의 임대인 면허, 150달러의 보험, 50달러의 소모품)을 고려할 때, 학생들이 방정식 시스템을 중심으로 이해, 지식 및 기술을 유의미하고 실세계 문제에 적용할 수 있다고 확신한다. 현실 세계의 문제에 이어 APMA 교사들은 학습자들이 지출과 수익을 설명하고, 그 경력의 수익성을 평가하며, 그것이 좋은 진로 선택인지 나쁜 진로 선택인지를 논쟁하기 위해 발표를 할 것이라는 성과에 대한 기대를 덧붙인다. 영역 전체에 걸친 교과 언어의 신속한 사용을 위해 학생들은 전략적으로 선택된 파트너들과 대본 초안을 작성하고 구두 프레젠테이션을 수행한다.

GRASPS 과제의 초안을 작성하고 학생들의 배경지식과 언어 능력에 대한 렌즈를 비판적으로 고려한 후, 팀은 수행과제에서 성공을 위한 구체적인 평가 기준을 정의한다. 교과(학문) 학습과 관련 언어 발달을 모두 포착하기 위해 1단계 목표를 사용하여 수행 자체에 대한 네 가지 기준을 정의한다. 즉, 실제 직업 개요, 그래픽 표현, 정확한 대수적 해법, 수학 기반 논증, 과제에 따르는 수학적 언어를 사용한 서술적 성찰에 대한 한 가지 기준이다([그림 5-17] 참조). 두 가지 기준은 그래픽 표현(즉, 그래프와 단어 수준 교과 언어의 이해)과 대수적 해결책(즉, 대수적 해결책의 이해, 문장 수준 및 담화 수준 교과 언어)을 포함하여 내용을 포착한다. 현실 세계의 진로 개요와 수학적 언어라는 두 가지 기준은 글쓰기 영역에서 학생들의 발전에 초점을 맞추고 있다. 진로 논쟁에 초점을 맞춘 기준은 발표의 효과와 질뿐만 아니라 학생들의 구전 언어를 포착한다. 언어별 특정 기준에 대한 지표를 작성하기 위해, 연구팀은 WIDA Can Do Descripotrs를 6~8등급에 사용하여 언어 능력의 단계 및 대수학 학습에 포함된 언어 발달을 포착한다. 수업은 학습과 언어 발달에 대한 평가를 지원하지만, 수행과제의 완료를 안내하는 학생 친화적인 체크리스트도 설계한다([그림 5-17] 참조). 명확하고 간결한 1인칭 언어로 작성된 문장으로 학생 체크리스트는 고무적인 기준(예: 그래프/그래픽 표현)에 부합한다. 그리고 비록 Carman 씨가 올해 새로 온 사람은 없지만, 그는 L1 리터러시 스킬을 가진 응급 EL을

준거	초보자	숙련자	전문가
진로 경력	• 신뢰할 수 있는 출처의 인용구가 없는 경비 및 수익 리스트를 포함한 진로 경력에 대한 간략한 설명 • 단어 뱅크 또는 문장 줄기로부터 교과의 학문적 언어 사용	• 지출과 수익 사이의 연결에 대한 정확한 개요를 포함하는 경력에 대한 명확한 설명 • 경력을 설명하기 위해 적절한 방법으로 교과의 학문적 언어를 사용한다.	• 비용 및 수익에 대한 상세하고 정확한 설명을 통해 시카고의 경력에 대한 철저한 평가 • 경력을 설명하기 위해 적절하고 미묘한 방법으로 교과의 학문적 언어를 사용한다.
그래픽 표현	• 선과 표, 방정식 사이의 연결이 불분명한 준수하기 어려운 부분 정확한 해법 • 그래프 요소의 레이블이 지정되지 않음(즉, 축, 척도, 선 방정식, 독립/종속변수)	• 일반적으로 (a) 값 또는 방정식 표와 (b) 교차점에 연결된 선으로 정확한 해법 • 그래프 요소의 라벨이 부분적으로 표시됨(즉, 축, 척도, 선 방정식, 독립/종속변수)	• (a) 값과 방정식의 표와 (b) 교차점에 명확하게 연결된 선으로 완전히 정확한 솔루션 • 모든 그래프 요소에는 명확하게 라벨이 표시됨(즉, 축, 척도, 선 방정식, 독립/종속변수)
대수적 해법	• 두 방정식 모두 부정확하거나 작업에 대한 해법이 표시되지 않음 • 해결방법은 명확하게 라벨이 붙어 있지 않다. • 하나의 솔루션 누락, x 또는 y에 대한 솔루션 보유	• 두 방정식 모두 어느 정도 정확하고 맥락에 대해 타당하다. • 해결 방법(예: 제거, 변전소)에 라벨이 부착되어 있음 • x 변수와 y 변수 모두에 대해 레이블이 지정된 솔루션	• 두 방정식은 모두 완전히 정확하고 문제를 이해한다. • 두 가지 이상의 방법 또는 한 가지 특정 방법의 사용 설명으로 해결 • x 변수와 y 변수에 대해 모두 설명된 솔루션
진로 논쟁 (주장)	• 명확한 논거 없이 진로에 대한 설명 • 논쟁은 영어와 L1의 능력으로부터 이끌어 내면서 주장을 뒷받침할 증거를 공유한다. • 청중은 어느 정도 논쟁을 확신하고 있다.	• 진로 조언을 뒷받침하는 세부 사항 및 증거와 연결하는 효과적인 논쟁 • 그래픽 및 대수적 해결책에 의해 어느 정도 지원되는 직업 조언 • 청중은 그 주장을 확신하고 있다.	• 구체적인 증거와 주장을 통해 직업에 대한 조언을 명확하게 옹호하는 예외적인 주장 • 그래픽 및 대수 솔루션에서 높은 지지를 받는 직업 조언 • 청중은 그 주장을 매우 확신하고 있다.
수학적 언어	• 내러티브 성찰은 과도어를 사용하여 문제 해결에서 사건의 순서를 재현한다. • 성찰은 일반적인 경험을 묘사하기 위해 단어 뱅크와 문장 줄기를 사용한다.	• 내러티브 성찰은 문제 해결의 단계에서부터 도달한 결론을 요약한다. • 반성은 문제 해결 과정에서 좋고 도전적인 사건을 일반화한다.	• 내러티브 성찰은 문제 해결 과정의 사건들 사이의 관계를 연결하고 보여 준다. • 성찰은 무엇이 잘 되었고 무엇이 잘 되지 않았는지를 구체적인 예를 제시함으로써 평가한다.

[그림 5-16] Carman 씨의 중학교 수학의 수행과제의 루브릭

출처: Used with permission from Luke Carman, Teresa Garcia, Devansi Patel, Karoline Sharp Towner, and Brandy Velazquez, Albany Park Multicultural Academy, Chicago.

위한 체크리스트의 번역본을 제공하기 위해 Google 번역기를 사용할 수 있다는 것을 알고 있다.

Carman 씨와 그의 동료들은 진정한 언어가 풍부한 수행과제 외에도 교과(학문) 학습과 언어 발달을 위한 단원 목표를 향한 학생들의 진전을 보장하기 위한 다른 증거들을 개략적으로 설명한다. 단원 계획의 보충 증거 상자([그림 5-15] 참조)에 열거된 바와 같이, 3개의 동급 조사에 대해 점검 퀴즈를 사용할 계획이며, 그에 따른 자기평가(형식 평가상 나열됨)가 뒤따른다.

개요	• 나는 내 경력에 대해 자세히 설명했다. • 나는 시카고에서 이 직업이 왜 중요한지 설명했다. • 나는 지출과 수입의 상세한 목록을 주었다. • 나는 가설을 세웠다. • 나는 나의 모든 출처를 열거했다.
그래프	• 나는 표를 만들었다. • 나는 두 선(즉, 비용, 수익)으로 구성된 그래프를 만들었다. • 나는 교차점에 라벨을 붙였다. • 그래프의 모든 요소(즉, 독립변수 및 종속변수, 척도, 축 제목, 선 방정식)에 라벨을 붙였다.
방정식	• 두 방정식 모두 명백한 것으로 대수적 오류가 경미하다. • 두 가지 이상의 방법(예: 대체, 제거)을 사용했다. • 나는 내 방법에 정확히 라벨을 붙였다. • 용액은 x변수와 y변수에 모두 라벨이 붙어 있다.
주장	• 나는 나의 가설을 말하고 내가 맞는지 틀렸는지를 인정했다. • 나는 그래프와 방정식을 모두 사용하여 양질의 직업 조언을 했다. • 나는 적절한 어휘와 언어를 사용하여 진로 조언을 했다.
반성 (성찰)	• 나는 그 문제를 해결하기 위한 나의 구체적인 과정을 설명했다. • 잘 된 일, 당면한 도전에 대해 설명했다. • 나는 내가 더 잘할 수 있었던 한 가지 일을 곰곰이 생각해 보았다. • 나는 내 프로젝트에서 나온 구체적인 예를 반영하면서 사용했다.
문장 어간	• 나는 (이 프로젝트에서 당신이 한 일을 설명하라는) 프로젝트를 만들었다. • 내가 이 프로젝트에서 배운 핵심 개념은 ……이었다. • 내 프로젝트에서 잘 된 것은 …… 왜냐하면…… • 내가 겪었던 도전은 ……이었다. 왜냐하면…… • 만약 내가 이 프로젝트를 다시 한다면, 나는 ……을 바꿀 것이다.

[그림 5-17] Carman 씨의 수행과제를 위한 학생 체크리스트

출처: Used with permission from Luke Carman, Teresa Garcia, Devansi Patel, Karoline Sharp Towner, and Brandy Velazquez, Albany Park Multicultural Academy, Chicago.

교실의 다양성 때문에 Carman 씨는 편견을 줄이고 학생들과의 관련성을 높이기 위해 Connected Math 커리큘럼의 퀴즈를 분석하고 수정한다. EL 교수 및 학습에 관한 대학원 과정의 자료를 바탕으로, 그는 원래 문화적으로 관련성이 있는 글들을 분석하는 데 사용된 현존하는 루브릭(Paulson & Freeman, 2003)을 가져다가 중학생들을 위한 수학 단어 문제에 구체적으로 적용되도록 수정했다([그림 5-18] 참조). 이 루브릭을 자신과 학

프롬프트	4	3	2	1
문제의 사람들은 너, 너의 가족, 그리고 친구들과 같은 사람들인가?	마치 내가 아는 사람들 같다.	아니요. 그러나 비슷하다.	아니요. 그러나 실세계에 유사한 사람들을 상상할 수 있다.	이런 사람들을 만나 본 적도 없고, 상상할 수도 없다.
당신은 그 문제에 있는 곳과 같은 곳에 살거나 방문한 적이 있는가?	예. 물론이다.	아니요. 그러나 내가 아는 사람이 그러한 경험을 갖고 있다.	아니요. 그러나 나는 그것을 상상할 수 있다.	아니요. 그리고 전혀 상상할 수 없다.
이 문제가 올해 일어날 수 있을까?	5년 이내에	10년 이내에	내가 상상할 수 있는 시간 안에	가까운 시일 내에는 절대 안 된다.
등장인물들은 당신이 알고 있는 것처럼 도구와 재료를 사용하는가?	예. 나는 전에 이와 같은 도구와 재료를 사용한 적이 있다.	예. 나는 실제 세계에서 이러한 도구나 재료를 본 적이 있다.	아니요. 그러나 나는 이러한 도구들을 상상할 수 있고, 다른 사람들이 이것들을 사용하는 것을 본 적이 있다.	아니요. 그리고 나는 이러한 도구들을 상상하는 맥락에 있어 본 적이 없다.
문제의 인물들은 당신의 나이와 얼마나 가까운가?	매우 가깝다(또는 약간 나이가 많거나, 열망적이다).	어느 정도 가깝다.	그렇게 가깝지는 않다.	분명히 어른이다, 전혀 가깝지 않다.
문제의 인물은 당신, 당신의 가족, 혹은 당신의 친구처럼 말하는가?	대부분 나처럼 말하는 것으로 들린다.	내가 아는 사람처럼 말한다.	내가 아는 사람처럼 들리지는 않지만, 알아들을 수는 있다.	나는 사용된 언어를 이해하지 못한다.
이런 문제에 얼마나 자주 부딪혔는가?	종종	이와 같은 문제를 예전에 본 적 있다.	다른 것들과 같지는 않지만 비슷해 보인다.	이것은 완전히 특별하고 새로운 상황이다.
당신은 이 이야기에서 묘사된 것과 같은 경험을 해 본 적이 있는가?	예. 1번 이상	예. 1번	아니요. 그러나 이러한 경험이 있는 사람을 알고 있다.	아니요.
이 안에서 당신의 흥미나 경험에 관련된 무엇인가?	이것은 매우 관련되어 있다.	나는 이것에 약간 흥미가 있다.	나는 이 일을 할 것이지만, 그것은 본질적인 가치가 없다.	나는 이 문제에 완전히 지루함을 느낀다.

[그림 5-18] Carman 씨의 단어 문제 분석

출처: Used with permission from Luke Carman, Teresa Garcia, Devansi Patel, Karoline Sharp Towner, and Brandy Velazquez, Albany Park Multicultural Academy, Chicago.

생들과 함께 사용함으로써, 그는 학생들이 지필 퀴즈에서 제시된 단어 문제와 동등하게 연관시킬 수 있는 배경지식을 가지고 있는지 비판적으로 고려할 수 있다. 그는 문제의 맥락(예: 위치, 시간)과 관련된 인물(예: 나이, 언어, 경험)뿐만 아니라 문제 자체에 기초하여 관련성을 조사한다. 단어 문제가 관련성의 루브릭에서 전체 점수가 낮을 때—평가 전에 또는 해당 퀴즈에 대한 학생들의 학습 및 수행에 대한 자기평가의 일부로서—Carman 씨는 결과의 타당성을 높이기 위해 수정하고 변경해야 할 필요성을 인식한다.

이 퀴즈들이 학습 단원의 공식적인 학습 척도를 제공하는 반면, Carman 씨는 또한 학생들이 협력적이고 진정한 교과 학습을 하는 동안 비공식적으로 학생들의 언어 발달

	Level 1: 입문	Level 2: 출현	Level 3: 발달	Level 4: 확장	Level 5: 연결
듣기	지시 언어를 선형 방정식의 시각적 표현과 일치시킨다.	구술 수업에 따라 표와 그래프에서 중요한 시스템 정보를 식별한다.	구술 방법에 따라 2변수 선형 방정식의 유형을 분류한다.	구두로 제시된 전략을 방정식 문맥의 새로운 시스템에 적용한다.	방정식 문제 시스템에서 추론을 큰 소리로 읽도록 한다.
말하기	시각적 단서가 있는 방정식의 시스템 세부 사항을 확인한다.	표 또는 그래프를 사용하여 방정식 시스템의 상세 정보를 정의한다.	방정식 시스템을 해결하는 방법에 대해 몇 가지 세부 사항을 다시 설명한다.	여러 방정식 시스템을 나타내는 방법을 동료들과 논의한다.	모든 방정식 시스템을 나타내는 방법을 자세히 설명한다.
읽기	파트너와 함께 시각 및 그래픽 지원을 사용하여 실제 수학 문제를 해결하기 위한 정보를 제공하는 주요 언어를 식별한다.	파트너와 함께 라벨이 부착된 시각 및 그래픽 지원을 사용하여 실제 수학 문제를 해결하기 위한 정보를 제공하는 주요 언어를 식별한다.	그래픽 지원(예: 차트, 표)을 사용하여 실제 수학 문제를 해결하기 위한 정보를 제공하는 주요 언어 식별한다.	그래픽 지원을 사용하여 실제 수학 문제를 해결하기 위한 주요 언어 패턴을 파악한다.	실제 수학 문제를 해결하기 위해 주요 언어 패턴을 파악한다.
쓰기	모델 또는 시각 자료의 두 변수를 사용하여 대수 방정식과 관련된 그림 표현 또는 라벨 항을 표시한다.	모델이나 시각 자료의 두 변수를 사용하여 대수 방정식과 관련된 용어의 예를 제시하고 의미를 표현한다.	모델이나 시각 자료의 두 변수를 사용하여 대수 방정식을 포함하는 수학 연산, 절차, 패턴 또는 함수를 기술한다.	두 변수를 포함하는 대수 방정식으로 일상적인 수학 문제를 만들고 모델과 시각 자료에서 문제 해결 단계를 제시한다.	대수 방정식과 관련된 문제를 해결하는 데 필요한 정보를 2개의 변수로 요약하거나 예측한다.

[그림 5-19] Carman 씨의 교과(학문) 언어 발달 루브릭

출처: Used with permission from Luke Carman, Teresa Garcia, Devansi Patel, Karoline Sharp Towner, and Brandy Velazquez, Albany Park Multicultural Academy, Chicago.

에 대해 평가할 계획이다. 이것을 성취하기 위해 단원의 일부로서 산출된 인공품과 과제(예: 개인용 단어벽, 출구 전표)를 수집하고, 수업 실천에 종사하는 학습자에 대한 관찰(예: 소그룹 문제 해결, 학습의 독립적 적용)을 실시한다. Carman 씨는 이러한 인공품과 관찰을 데이터로 사용하여 6~8학년의 변형된 WIDA 루브릭을 사용하여 학생들의 언어 발달을 추적한다([그림 5-19] 참조). 방정식 시스템에 관한 단원의 1단계에서 정의한 바라는 결과와 연계하여, 그와 그의 ESL 교수 동료인 Teresa Garcia 씨는 학생들의 언어 능력 수준에 기초하여 분야별 언어적 기대치를 구별한다. 즉, 그는 모든 학생들이 교과 학습목표를 달성하는 것에 대한 높은 기대를 유지하는 동시에, 특히 그의 EL이 발달적으로 적절한 방법으로 언어를 사용함으로써 학습을 증명할 것이라는 것을 동시에 이해한다.

　　Carman 씨는 단원 전체에서 데이터를 수집함으로써 학생들의 언어 발달 지원 및 육성을 위한 자신의 수업을 수정할 수 있을 뿐만 아니라 학습자의 진행 상황을 모니터링하여 향후 학습 단원의 수업 설계를 보다 정확하게 전개할 수 있다.

요약

　　UbD의 2단계에 초점을 맞춘 이 장은 학생들의 배경지식을 두드리고 언어 발달을 지원하는 수행과제의 설계와 그 밖의 평가에 초점을 맞추었다. 우선 어떻게 수행과제가 학생들이 문화적 배경지식과 언어 발달을 위한 적절한 비계로 학습을 증명할 수 있는 기회를 제공하는지 탐구하였다. 그런 다음 공식 평가 도구의 잠재적 편향성 및 내용과 언어를 병합하는 비공식 데이터 수집을 위한 기회를 포함하여 언어 렌즈를 사용하여 보충 증거를 수집하고 분석하는 방법을 고려했다. 2단계에서 우리의 중요한 목표는 교육자들이 ① 단계 1 목표에 맞추어, ② 언어가 풍부하고, ③ 문화적으로 반응하며, ④ CLD 학생들에게 공평한 의미 있고 진정한 평가 과제와 도구를 설계하는 것이다. 2단계 UbD 계획안을 입안한 후, 교사들은 학생들의 문화적 배경지식과 언어 능력에 대한 렌즈로 평가를 비판적으로 고려하고 수정한다. 이러한 언어학적으로 반응하는 학습 평가는 3단계의 비계적 학습을 지도한다. 우리는 다음 장에서 언어 렌즈를 가지고 3단계를 탐험한다.

|6|
학습을 위한 계획 수행하기: 언어 발달을 위한 3단계

전이 교육자들은 다음의 과제를 수행하기 위하여 자신의 학습을 자율적으로 사용할 수 있을 것이다.

• 학생의 교과(학문) 학습과 언어 발달을 지원하는 효과적이고 매력적인 학습계획 설계하기

이해 교육자들은 다음 사항을 이해할 것이다.

• 언어가 풍부한 학습계획은 모든 학생의 언어 발달을 지원하는데, 학생들이 교과(학문) 학습목표와 연계된 듣기와 말하기, 읽기, 쓰기를 할 수 있는 진정성 있고 상호작용적인 기회를 포함한다.

• 효과적인 교육과정 설계는 학습 궤적 전체에 걸쳐 언어 발달을 위해 일관되고 전략적으로 스캐폴드한다.

• 문화적 배경지식과 언어적 능력을 활용하는 과제와 맥락을 통합함으로써, 학습계획은 학생들이 더 높은 수준에서 참여하고 성취할 수 있도록 한다.

본질적인 질문 교육자들은 다음 사항을 지속적으로 고려할 것이다.

• 어떻게 학습 단원이 학생들의 생활과 연결되는가?

• 왜 우리는 교과(학문) 학습에 내재된 언어를 사용하는가?

• 학생들은 어떻게 언어를 발달시키면서 과제에 참여하는가?

• 이질적인 CLD 학생들에게 텍스트를 복잡하게 만드는 것은 무엇인가?

지식 교육자들은 다음 사항을 알 것이다.

• 학습과 언어 발달에 있어서 배경지식의 역할

• 언어 발달을 지원하는 교과(학문) 수업의 접근

- 학생 학습을 중재할 수 있는 적절한 맥락을 선택하는 기준
- 언어 렌즈를 가지고 수업을 계획하기 위한 WHERTO 요소

기능 교육자들은 다음 사항에 능숙해질 것이다.

- 학생들이 1단계 전이, 의미 구성, 습득 목표 달성을 지원하는 학습계획을 계열화하기
- 교과(학문) 학습에서 언어 발달을 유목적적으로 스캐폴드하는 진정한 과제와 맥락을 통합하기
- 학생 배경에 기초하여 문화적 적절성과 언어적 접근성을 위해 복잡한 맥락을 분석하고 선정하기

UbD 커리큘럼 설계의 3단계에서는 2단계에서 요약된 평가 증거로 입증된 1단계에서 학생 학습에 대해 설정한 목표를 산출하기 위한 수업을 계획한다. 제1장에서 소개하여 이 책 전반에 걸쳐 거듭 강조했듯이, UbD 프레임워크는 깊고 진정한 학습을 지원한다. 요구되는 주제나 텍스트를 커버해서 모두 다루기보다는 그 대신, 어떤 질문, 이슈, 가정, 잠재적 오해들을 포함하여, '교과를 이해하는 데에 핵심이 되는 핵심 아이디어'를 커버리지 하지 않는 것(진도 나가기식 수업을 지양하는 것)을 권장하는 데 중점을 둔다(Wiggins & McTighe, 2005, p. 46). 커버리지(진도 나가기식 수업)는 교사의 행위와 결정에 초점을 맞추는 반면, 커버리지하지 않는 것은 학습자와 학습을 우선시한다. 우리의 목표는 이해, 능력, 역량이 발달함에 따라 학습자들의 생각과 생각을 자극하는 매력적이면서도 효과적인 수업을 설계하는 것이다.

교실 수업에서의 언어가 풍부한 학습

우리는 두 명의 학생들을 더 소개하는 것으로 시작하는데, 그 학생들의 배경에 대한 이야기는 오늘날의 교실의 다양성을 예시하고, 그들의 존재는 자신들의 선생님들로 하여금 학습을 위한 언어가 풍부한 환경을 만들도록 영감을 주었다. 이 경우 중국에서 태어난 유치원생 Jin, 과테말라 출신 8학년 Itzel을 소개한다.

유치원생 Jin

Jin은 베이징 바로 외곽에서 태어나 자랐다. 그곳에서 그는 집에서 만다린어를 구사했고 독서와 글쓰기에 중점을 둔 사설 영어 수업을 정기적으로 들었다. 그의 부모는 모

두 바이오의약품 공학 분야의 전문가로 최근 미국 대학에 초빙교수로 부임하였다. 그들은 Jin을 시골 지역 대학가의 백인 학생이 주로 다니는 지역 초등학교의 유치원에 입학시켰다. 등록과 동시에 Jin은 영어 실력을 결정하기 위해 표준화된 평가를 받았다.

사전 학습 때문에 Jin의 영어 독해와 쓰기는 또래 EL 치고는 강하지만, 구술은 아직 조기 숙달 단계에 접어들고 있다. Jin은 처음 개학했을 때 그룹 전체와 소그룹 환경에서 말을 아끼고 조용하게 지내는 경향이 있어 독자적으로 그림을 그리거나 쓰고 읽는 것을 선호했다. 그럼에도 불구하고 유치원 교실의 대화형 환경에서 교사는 문답형 수학과 과학 단원은 물론 독자와 작가 워크숍을 통해 문해력이 있는 진정한 실천에서 학습자들을 꾸준히 참여시켰다. 광범위한 언어적 다양성이 없는 공동체에서 교사는 처음에는 Jin을 수업에 참여시키기 위해 애썼지만, 그의 구어 사용과 발달을 촉진하기 위해 다양한 방법을 실험했다. 그녀는 그의 능력과 니즈를 최우선으로 하는 학습 단원을 계획할 때 언어가 풍부하고 협동적인 학습 실천을 유지하면서, 기대와 절차를 모델링하고 증명하기 위한 학습 경험을 전략적으로 연결하고, 특히 구두 언어 생산을 위한 자극제로 그림 그리기와 쓰기에 대한 그의 강점을 활용하면서 그가 열심히 수행했다는 것을 발견했다.

8학년의 Itzel

Itzel은 과테말라의 중부 고지대에서 태어나 자랐으며, 열 살 때 가족이 시골 지방에서 과테말라 시로 이주하여 경제 여건 개선을 기원했다. 대신에 Itzel과 그녀의 가족은 만연한 폭력 조직을 발견했고, 결국 그녀가 열두 살 때 동반하지 않은 미성년자로 미국에 오게 되었다. 동생과 함께 멕시코를 거친 후, Itzel은 몇 달 동안 국경의 수용 시설에서 살았고, 법적 절차가 그녀를 이모와 삼촌과 재회할 수 있도록 허락했다. 중간고사를 시작하자마자, 그녀는 중단된 교육 경험으로 인해 영어 능숙도 발달 진단 결과에 기초하여 EL과 SLIFE로 분류되었다. 온두라스, 과테말라, 엘살바도르에서 온 스페인어를 사용하는 이민자들뿐만 아니라 많은 미성년자들이 포함된 학교에서 공식적으로 청소년의 사회정서적 · 언어적 · 교과(학문) 니즈를 지원한다.

그럼에도 불구하고 대부분의 지원은 스페인어로 이루어지고 있으며, Itzel이 과테말라 학교에서의 경험을 통해 스페인어를 알고 있지만, 그녀의 모국어이자 지배적인 언어는 Kaqchikel의 마야다. 미국 학교에서 2년을 보낸 후에, Itzel은 표준화된 숙련도 시험의 점수에 따라 구어에서는 향상되고 있지만, 여전히 읽기와 쓰기에서는 발전 중이다. 비록 그녀의 6학년과 7학년 선생님들은 그녀에게 간단한 글과 자료를 제공하는 경향이 있었지만, 그녀의 8학년 언어예술 선생님은 Julia Alvarez, Thanhha Lai, Sonia Nazario와 같은 젊은 성인 작가들의 경험을 반영하고 그녀의 경험을 두드리는 소설과 논픽션 맥락과 Itzel을 매치시켰다. 비록 이 책들이 기술적으로 Itzel의 읽기 수준을 넘어섰지만, 그녀의 향상된 관심, 사전지식을 활용할 수 있는 능력, 그리고 선생님에 의해 제공된 언어학적 비계는 그녀가 이민에 관한 단원 학습 기간 동안 이 글들을 접근하고 즐기고 의미 있는 방식으로 교류할 수 있게 해 주었다.

이해를 위한 백워드 설계 3단계와 언어 발달

UbD의 3단계는 진정한 수업의 공통적인 특징에 기초하여, 교육자들이 학생들이 그들의 특정한 배경, 능력, 요구에 기초하여 실세계 적용과 개인화를 통하여 실제 체험에 학생들을 스며들게 하는 학습계획을 설계하도록 촉구한다(Wiggins & McTighe, 2005). 이러한 구성주의적 학습 맥락 안에서, 교사의 주된 역할은 모델링, 코칭, 성찰 촉진, 피드백 제공을 포함하면서 학생 학습을 촉진하는 것이다(Wiggins & McTighe, 2012). 3단계 학습계획을 목적적으로 설계함으로써, 우리의 궁극적인 목표는 학생 학습을 매력적이고 효과적으로 촉진하는 것이다.

3단계에서는 언어 렌즈를 가지고 언어 발달을 지원하는 진정한 교과(학문) 학습 경험에 공평하게 접근할 수 있는 수업을 계획한다. 이 책에서 강조된 공평의 렌즈와 일관되게, 3단계는 학생들의 다양한 배경, 능력, 요구에 대응하면서 엄격한 수업을 유지하는 것이다. CLD 학생들을 위한 수업 설계에 대한 전통적인 접근법, 특히 ELs로 표시된 접근법은 문법이나 철자법과 같은 언어적 능력의 범위를 강조하는데, 이는 학습자가 학년 수준의 내용에 관여하지 못하는 것에 대한 손실에 기반한 자기성찰에서 도출한다. 반대로 문화적·언어적 자산을 학습의 자원으로 수용하면서, 우리는 CLD 학생들을 위한 매력적이고 효과적인 수업이라는 연구 기반의 특성을 이용하여 엄격하고 진정한 교과 수업을 계획하기 위한 프레임워크를 제공한다(예를 들어, Beeman & Urow, 2013; Bunch et al., 2012; Celic & Seltzer, 2011; Heritage et al., 2015; Herrera, 2016; Walqui & van Lier, 2010; Zwiers, 2014 참조). 이런 식으로 교사들은 Itzel이 자신의 배경지식과 경험을 엿볼 수 있는 문화 관련 맥락을 이용해 문학계의 동료들과 교류할 수 있도록 하고, Jin이 자신의 L1 능력과 장점을 활용해 동료들과 협업해 적절한 수업 지원으로 L2를 발달할 수 있도록 하는 수업을 설계한다.

이 장에서는 언어 발달에 대한 명시적 렌즈로 단원 수준의 학습 궤적을 설계하는 방법을 탐구한다. 우리는 먼저 3단계의 수업 설계를 안내하는 다섯 가지 교육학적 요인을 설명하고, 그다음에 학생들의 언어 발달을 역동적으로 지원하고 그들의 풍부한 문화적 배경을 가르침과 학습에 통합하기 위한 주요 특징과 고려 사항을 설명한다.

언어 발달을 지원하기 위한 수업 계획하기

문화적으로, 언어적으로 반응하는 수업 설계에 대한 우리의 틀을 공유하면서, 우리는 학생들의 배경지식을 활용하고 진정한 교과 학습에서 언어 발달에 명시적으로 참여할 필요성을 지속적으로 강조해 왔다(Gay, 2010; Herrera, 2016; Lucas et al., 2008; Walqui & van Lier, 2010; Wiggins & McTighe, 2005). 제4장에서는 언어에 대한 명시적 렌즈를 포함하는 학습목표를 정의하는 것의 중요성을 강조하기 위해 교육자의 언어적 맹점을 밝혀냄으로써 1단계에서 수업 설계 과정을 시작했다. 인지 이해와 학문 분야에 내재된 학

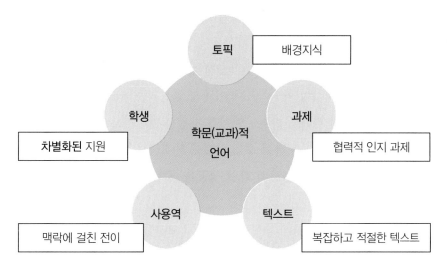

[그림 6-1] 교과(학문) 학습과 언어 발달의 사회문화적 맥락

출처: Based on information from WIDA. (2012). *Amplification of the English Language Development Standards: Kindergarten-Grade 12.* Madison, WI: Author. Retrieved from https://www.wida.us/get.aspx?id=540.

생들의 언어 발달을 고려해 교과(학문) 언어의 기능과 요구를 분석했다.

다양한 토픽, 과제, 텍스트, 언어 사용역 및 학생을 포함하여 교실의 사회문화적 맥락에 따라 언어가 어떻게 달라지는지 우리의 탐구(WIDA, 2012)를 되돌아보라. 이 장에서는 3단계 수업 설계에서 학생의 교과(학문) 학습과 언어 발달을 지원하는 방법에 대해 이 다섯 가지 요소를 고려한다. 구체적으로는 토픽과 관련된 배경지식, 과제와 관련된 협력적 인지 과제, 텍스트와 관련된 복잡하고 관련 있는 텍스트, 사용역과 관련된 실제 상황으로의 전이, 학생과 관련된 차별화된 비계 및 지원 등을 검토할 것이다([그림 6-1] 참조).

배경지식

3단계 수업에서 학생들의 학습과 언어 발달을 지원하는 방법은 학생들이 교실에 가져가는 단원 토픽(주제)과 그에 상응하는 배경지식에 따라 달라진다. 앞서 지적한 바와 같이 배경은 다양한 배경과 상황에서 학습, 이해, 참여를 형성하는 이전에 취합된 지식, 기술, 경험을 말한다. UbD에 언어 렌즈를 추가할 때, 우리는 학생들이 가정에서의 지식 자본, 지역사회의 사전지식, 그리고 이전 학교교육에서 얻은 교과(학문) 지식 등, 학문(교과)적 학습 단원에 가져다주는 풍부하고 다양한 자원을 고려한다. 문화적이고 언어적으로 반응하는 교육에서 그것의 중심적인 역할 때문에, 배경지식은 UbD의 이전 단계에서 장황하게 논의되었다. 첫째, 사전계획 중 학생들의 배경지식을 파악한 다음, 1단계에서 분석 및 목표를 설정하고 적절하고 진정한 평가를 설계하기 위해 그 렌즈를 사용한 것이다. 2단계에서 이제 3단계의 학습계획 설계로 전환하면서, 우리는 학생들의 독특하고 다양한 배경지식이 학습목표에 어떻게 연결되는지 고려하고, 학습을 시작하고, 계속하며, 확장하기 위해 문화적·언어적 자원을 명시적으로 사용할 수 있는 기회를 제공한다. 언어 렌즈를 사용하여 수업 설계에 본질적인 "배경지식은 문화적이고 언어적으로 다양한 배경에서 학생들의 학업 성공을 가속화하는 촉매제가 된다"(Herrera, 2016, p. 82).

배경지식을 3단계 학습계획에 통합하려면 먼저 교사들이 교과(학문) 단원의 초점 학습과 연계된 학생의 자원과 경험을 파악해야 한다. 우리는 수업 설계에 영향을 미칠 수 있는 편향 가능성에 관한 중요한 주의 사항으로 돌아가야 한다. 학교에 기반을 둔 교육자들은 학생들이 이전 학창 시절에 배웠거나 경험했던 것을 같은 분야 내에서 다시 연결하는 것을 포함하여 교과(학문) 지식을 우선시하는 경향이 있다. 배경지식의 다른 출처가 인정될 때, 그러한 출처는 종종 가족 휴가를 가거나 취침 시간 이야기를 읽는 것과 같은 미국의 주류 가정과 지역사회를 반영한다(Heath, 1983; Moll & González, 1997).

그럼에도 불구하고, 모든 학생의 학습과 발달의 중심에는 가정과 지역사회에서 파생된 자원이 수업 설계에 통합될 수 있는 강력한 도구가 있다(Herrera, 2016). 교사들이 이책을 통해 프로파일링된 학생들의 풍부한 배경지식을 어떻게 통합할 수 있는지 생각해보라. 소말리아 전통의 구술 스토리텔링에 몰입한 Absame는 독서와 글쓰기 학습 단원으로 연결되는 풍부한 경험과 기술을 가지고 있다. Zaia는 사회적 상호작용, 공동체 구조, 경제교류 등 다양한 사회과 주제에 직접 지식과 경험을 불어넣는다. Lorenzo가 아버지와 함께 지붕을 쌓는 작업은 측정, 추정, 재정 계산과 같은 수학의 측면에 대한 배경지식과 경험을 구성한다. 우리는 커리큘럼 설계자들이 개방적이고 창의적으로 학생들의 지식과 경험이 어떻게 단원 주제와 독특한 방식으로 연결될 수 있는지에 대해 생각하도록 권장한다.

이전에 수집된 사전계획 데이터는 학생들의 배경과 능력에 대한 일반적인 프로필을 제공하는 반면에, 전략적으로 설계된 사전평가를 통해 교육자들은 특정한 교과 주제와 관련된 더 미묘한 배경지식을 포착할 수 있다. 예를 들어, 학습 단원을 시작하기 위해, 학생들은 특정한 주제를 브레인스토밍하거나 그들이 이용할 수 있는 모든 문화 및 언어 자원을 사용하여 문제를 해결하도록 요청받을 수 있다. 단원과 관련된 배경지식에 접근함으로써 학생들은 기존 스키마와 학습 자원을 활용하고 교사는 전반적인 학습계획과 개별 조정을 형성하는 교과 주제에 대한 학생들의 직간접적인 지식 등 귀중한 자료를 수집한다.

그러면 교사는 배경지식을 학습목표에 명시적으로 연결하고, 특정 학생의 전문지식을 활용하며, 다양한 학습 경험을 위한 그룹 구성에 관한 결정을 함으로써 단원 전체의 배경지식을 연결하고 확인한다(Herrera, 2016). 교사들은 목적적 수업 설계를 통해 학습자의 배경과 교과 주제를 지속적으로 연계해 학습과 언어 발달을 촉진하는 것은 물론 학생들의 관심과 참여, 동기를 유지한다.

폭넓게 구상된 배경지식에 더해 언어도 구체적으로 고려해야 한다. 학생들이 배우고 경험했던 언어를 사용하여 배경지식을 저장하기 때문에, 우리는 학생들의 L1을 전략적으로 통합하여 배경지식에 접근하고 이해를 깊게 하며 교과(학문) 언어를 발전시키고자 한다(Beeman & Urow, 2013; Celic & Seltzer, 2011). 두 가지 교수학적 개념은 학생들의 언어적 배경을 3단계 계획으로 통합하는 데 도움이 된다. 그것은 여러 언어를 교차 사용하기(translaguaging)와 연결하기(bridging)다. 앞의 장에서 소개한 트랜스랭기징은 학생들이 어떤 언어적 매체를 사용하여 교과 주제에 대해 알고 있는 것을 브레인스토밍하고 토론할 때와 같이 다국어와 언어적 레퍼토리를 진정으로 역동적으로 사용하는 것을 포함한다(Celic & Seltzer, 2011; Garcia, 2009a).

이러한 L1 논의를 바탕으로 연결하기는 '언어 간 지식과 기술의 명확하고 일관된 연결과 전이'를 만든다(Beeman & Urow, 2013, p. 51). 예를 들어, 교과 조건과 구조 간의 유사성과 차이를 다른 언어로 증명할 수 있는 능력을 예시한다. 스페인어 L1을 활용하여 학문의 주제에 대한 공정한 접근을 제공하는 것 외에도, '연결하기' 개념은 시간이 지남에 따라 언어 사용자들이 사회와 활동을 복잡하게 만드는 과정과 다국어의 교실에 다국어가 공간을 가지고 있다는 것을 학습자들이 알 수 있게 한다(Beeman & Urow, 2013; Celic & Seltzer, 2011; Herrera, 2016). L1은 교사의 언어 능력에 관계없이 2개 국어, ESL 또는 일반 교육 등 여러 환경에 걸쳐 수업에 통합될 수 있고 통합되어야 한다는 점에 유의하라.

협력적 인지 과제

어떤 학습 단원에서든 학습자가 적극적으로 참여하고 협업하여 의미를 부여하는 방법 등 다양한 과제가 학생의 언어 사용과 발달에 영향을 미친다. 3단계 학습계획을 설계하기 위해 UbD에 언어 렌즈를 추가할 때, 교과(학문) 학습과 언어 발달을 위한 실제적이고 협업적인 공간을 설계하여 자율성을 함양하는 것을 목표로 한다.

사회문화적 이론은 지식을 동료 및 전문가와의 사회적 상호작용을 통해 함께 구성하는 것으로 개념화한다(Rogoff, 1995, 2003; Vygotsky, 1978; Wertsch, 2000). 그리고 개인이 아이디어와 이해의 의미를 협업적으로, 독립적으로 만들기 위해 언어에 의존하기 때문에 언어와 인지는 동시에 발달한다(Collier & Thomas, 2007; Walqui & Van Lier, 2010). 따라서 학습계획에는 학생이 교사(모델링 또는 안내된 연습) 및 동료(소그룹 환경 또는 파트너)와 함께 교과(학문) 주제에 대해 상호작용할 수 있는 기회가 포함되어야 한다. 교사 또는 학습자 중심의 협력적 맥락은 학습과 언어 발달을 뒷받침하는 다중 상호작용을 촉진하기 위해 전략적이고 유연한 그룹을 사용해야 한다. 맥락과 그룹은 학습자를 참여시키고 학습을 강화하는 방법으로 학습 단원별로 자주 변경되어야 한다(Echevarría,

Vogt, & Short, 2013).

학습자 중심의 협업과 비판적 사고는 언어 렌즈로 UbD 수업을 계획할 때 특히 중요
하다. 학생들이 이해를 깊게 하고, 본질적인 문제와 씨름하며, 탐구 및 발견을 통해 지
식과 기술을 연마하면서 자율적 학습자로서 성장하기를 바란다(Wiggins & McTighe,
2005, 2011). 명시적으로 언어에 초점을 맞춘, 진정한 과제는 학생들이 교과적인 아이디
어와 문제들과 씨름하면서 듣고 말하고 읽고 쓰도록 촉구한다(Beeman & Urow, 2013).
예를 들어 역사 조사, 과학 실험, 문제 기반 학습 및 창의적 표현(Heritage et al., 2015;
Wiggins & McTighe, 2005)과 같은 귀납적 학습 경험은 교과(학문) 학습과 언어 발달을 통
합할 수 있는 이상적인 학습 매체를 제공하며, 초점(내용과 관련된 것) 및 유연성(프로세
스와 관련된 것) 간의 적절한 균형을 유지한다.

교과(학문) 초점은 단원 목표에 맞춰 아이디어 비교, 가설 생성 및 검증, 요약, 검토
및 수정과 같은 상위 수준의 사고 능력을 촉진하는 과제에 초점을 맞춘 생산적인 대화
를 보장한다. 유연성은 학생들이 다양한 자원과 레퍼토리를 이용하여 의미를 만들고
문제를 다양한 방법으로 풀 수 있도록 하는 학습 경험의 설계를 우선시한다(Herrera,
2016; Rogoff, 2003). 이러한 균형은 종종 실세계 실제를 시뮬레이션하는 부문별 협업 콘
텍스트를 사용하여 타격할 수 있다([그림 6-2] 참조). 예로는 어학 동아리, 수학 탐구 그
룹, 과학 분야 현장 팀, 사회 분야 실무 그룹, 특수 분야 스포츠 팀 등이 있다. 그런 맥락
에서 학생들은 단원 목표를 향해 나아가기 위한 상호 간의 교과 논의와 혁신적인 의미
에 참여한다.

예술적 협력	상호작용하는 게이머	스터디 그룹
자문 회의	실험실 파트너	운동 파트너
북클럽	학습 커뮤니티	기술팀
학회/세미나	문학 서클	극장 출연진 및 제작진
토론 그룹	음악 그룹	튜터링 파트너
드라마 캐스팅	문제 해결팀	워킹 그룹
현장팀	스포츠팀	협업하여 쓰기
연구 그룹		

[그림 6-2] 진정한 학습을 위한 협력적 맥락

다국어의 사용은 우리가 살고 있는 다양한 공동체들과 국제화된 세계를 반영하고, 다국어 개인들이 다양한 언어적 매체로 상호작용하면서 협력적 맥락의 진정성을 강화한다. Celic과 Seltzer(2011)는 교실 수업에서의 트랜스랭기징 연구를 바탕으로 교사들이 협동 작업 중 학생들의 L1과 L2의 역할과 기능에 대해 유연하고 전략적으로 생각하도록 권장하고 있다.

유연성은 다국어와 언어 레퍼토리가 교실에서 학생들의 학습, 참여, 성취도를 매개하는 데 있어 가능한 역할에 대해 개방적이고 창의적인 사고가 필요함을 의미한다. 또 효과적인 커리큘럼 설계자는 전이, 의미 구성 및 습득에 대한 단원 목표에 부합하는 언어적 기대를 전략적으로 명시적으로 정의한다. 즉, 교사들은 학습과 언어 발달을 위한 1단계 목표에 도달하기 위한 수단으로 학생들의 다국어주의를 이용하기 위한 지시를 계획한다. 다음과 같이 학습자들을 자극하는 수업 결정과 경험들이 그 사례가 될 수 있다. ① 어떤 언어로든 토론하고, 반성하고, 협상하고, 영어로 공유하는 것, ② 어떤 언어로든 브레인스토밍을 하고 영어로 글을 쓰도록 하는 것, ③ L1로 미리 보고 나서 어떤 언어로든 공동 작업하는 것, ④ 영어로 듣고 나서 어떤 언어로든 토론하는 것(Celic & Seltzer, 2011) 등이 그 예다. 사전 계획 데이터에서 확인된 언어적 강점과 선호도를 가진 단원 목표를 조합하여 교사는 대화형 그룹을 구성하고 L1을 통합하여 학습 궤적을 조작할 수 있으며, L1과 L2를 모두 발달하고, 고차원의 사고를 지원하며, 교과 이해도를 심화시키고, 지식과 기술을 습득할 수 있다(Celic & Seltzer, 2011; Garcia, 2009a).

교사와 동료들과 협력 활동을 하는 동안 학생들은 언어를 사용하여 인지적으로 처리하고 의미를 부여하며, 궁극적으로 자율적인 학습자, 생각하는 사람, 의사소통자로서 그들의 개별적인 발달을 지원한다(Collier & Thomas, 2007; Rogoff, 2003; Vygotsky, 1978; Walqui & van Lier, 2010).

학습 전략은 "학습 과정에 대한 통제력을 얻기 위해 사람들이 참여하는 의식적인 정신적, 행동적 절차"로 정의되었다(Ortega, 2009, p. 208). 학자들은 자율적인 학습자들이 다른 사람들과 아이디어를 처리하고 소통하기 위해 사용하는 특정한 전략([그림 6-3] 참조)을 식별했다(Chamot & O'Malley, 1994; Herrera, 2016; Oxford, 1990). 전략은 인지(생각과 처리), 메타인지(생각에 대한 생각), 기억(생각에 대한 생각), 언어적 영역(생각의 이해와 전이), 사회적 영역(다른 사람들과의 협력), 감정적 영역(감정의 전환)을 포함한 범주로 구성된다. 이러한 다양한 학습 전략을 알게 된 후, 우리는 학생들이 이를 교과 학습과 언어 발달에 활용할 수 있는 기회를 포함하는 교육을 명시적으로 설계하고 싶다. 그렇게 하는 것에는 교사들이 일일 수업에서 (단원 목표에 대응하고 학습자에 대응) 전략을 소개하고 모델링하는 것뿐만 아니라, 학생들이 시간 경과에 따라 이러한 전략을 발달하고 사용하는 것을 지원하는 것을 포함한다(Echevarría et al., 2013; Herrera, 2016). 이와 같이 협력적 인지 과제의 설계와 구현은 다양한 도구와 전략을 사용하여 다방면에서 문제와 토론에 접근할 수 있는 자율적이고 전략적인 개인의 진보를 지원한다.

전략 유형	전략 예시
인지 전략	• 공식, 패턴, 반복을 인식하고 사용한다. • 아이디어를 그룹화, 분류 및 조직화(예: 그래픽 구성자)한다. • 참고 자료(예: 사전, 교과서, 웹 사이트)를 사용한다. • 주요 개념을 구두, 그래픽 또는 숫자 형식으로 기록한다. • 정보를 배우기 위해 시각화 또는 청각 표현을 사용한다.
메타인지	• 배경지식을 미리 보고 연결함으로써 학습을 중심에 둔다. • 학습 준비 및 계획(예: 목표 설정, 계획 접근 방식)을 한다. • 듣고 읽는 동안 이해도를 모니터링한다. • 말하고 쓰는 동안 생산 상황을 모니터링한다. • 자기평가와 성찰을 통해 학습을 평가한다.
기억력	• 그룹, 연상 또는 정교한 아이디어와 정신적 연계성을 만든다. • 이미지, 소리 또는 키워드를 적용하여 아이디어를 기억한다. • 신체적 반응이나 감각 사용과 같은 행동을 취한다.
언어적 전략	• 모국어로 번역하거나 다이내믹한 반구법을 사용한다. • 언어에 걸쳐 단어, 구문 및 표현을 대조적으로 분석한다. • 언어 패턴은 언어와 글에서 인식하고 사용한다. • 동의어 또는 다른 단어(즉, 회음)를 사용하여 메시지를 조정한다. • 마임, 제스처, 비주얼을 사용하여 메시지를 작성한다.
사회적(사교적) 전략	• 설명, 확인 또는 입증을 위해 질문을 한다. • 다른 사람(예: 동료, 숙련된 언어 사용자)과 협력한다. • 다른 사람들과 공감하여 인식과 문화적 이해를 발전시킨다.
감정적 전략	• 이완, 음악 또는 웃음을 이용하여 불안감을 감소시킨다. • 긍정적인 진술과 보상을 통해 격려를 제공한다. • 언어 학습에 대해 감정적인 온도를 잰다.

[그림 6-3] 학습 전략의 유형과 예시

출처: Based on The CALLA *Handbook: Implementing the Cognitive Academic Language Learning Approach*, by A. U. Chamot and J. M. O'Malley, 1994, Boston: Addison-Wesley, and *Biography-Driven Culturally Responsive Teaching* (2nd ed.), by S. G. Herrera, 2016, New York: Teacher College Press, and *Language Learning Strategies: What Every Teacher Should Know*, by R. L. Oxford, 1990, Boston: Heinle, Cengage Learning.

복잡하고 적절한 텍스트

토픽과 과제 외에도 3단계 교육에서 서로 다른 맥락이 학생들의 교과 학습과 언어 발달을 중재한다. 학년 수준의 텍스트로 독립된 듣기 및 읽기에 대한 공통 핵심 국가 표준의 강조로 인해 복잡한 텍스트가 현대 교실에서 주요 초점으로 부상했다. Zwiers(2014)는 복잡한 텍스트를 "학습 목적을 위해 정보나 아이디어를 전이하는 모든 서면, 시각, 오디오 또는 멀티미디어 메시지"라고 설명한다(p. 63). 이 정의는 교과서, 기사, 시, 소설, 온라인 자원, 구전 역사, 단어 문제, 지도, 사진 등을 포함한다. 어떤 텍스트의 복잡성은 구조와 언어의 관습성 같은 질적 특징과 단어와 문장의 길이와 같은 양적 지표를 바탕으로 결정된다. 교사와 교육과정 설계자에게 가장 중요한 텍스트 복잡성도 독자에 따라 다르다(Fillmore & Fillmore, 2012; Zwiers, 2014). 구체적으로 본문에 맞춰진 배경지식을 가진 독자들은 동기부여, 관여, 이해력이 증가하여 정성적·정량적 측정에 따라 더욱 복잡한 본문에 접근할 수 있게 된다(Ebe, 2011; Jiménez, García, & Pearson, 1996; Medina & Martínez-Roldán, 2011; Pierce, 1999; Smith, 2006). 3단계 학습계획서를 설계할 때 학생들의 배경지식을 활용하고 학생들의 학습을 전략적으로 중재하는 복잡한 맥락을 선정해 통합하는 한편, 교과(학문) 언어 발달을 지원하고 싶다.

문화적으로 적절한 맥락은 학생들의 풍부한 경험과 다양한 관심사에 맞추어 학생들이 읽기 능력의 공식적인 척도로 나타낼 수 있는 것보다 더 복잡한 맥락을 읽을 수 있게 해 준다. UbD 프레임워크는 이미 교육과정 설계자들에게 교과서와 통조림 캔과 같은 커리큘럼 가이드를 넘어서도록 강요하고 있다(Wiggins & McTighe, 2005). 문화적·언어적으로 반응하는 실제에 렌즈를 더해, 단원 목표에 맞추면서 학생들의 배경과 경험을 두드리는 수준 높은 맥락을 선택해서 사용하고 싶다. 문화적으로 적절한 텍스트라는 용어의 강조점은 문화에 있는데, 이것은 라틴계 미국인이나 아프리카계 미국인과 같은 민족적 묘사보다 훨씬 더 많다. 복잡하고 역동적으로 개념화된 문화는 가족, 언어, 공동체, 종교, 나이, 성별, 성적 지향 등을 포함한 정체성을 형성하는 여러 면을 포함한다.

교사는 학생들의 배경에 따라 책을 선택할 때 교실에서 개인과 집단 학생의 다면적이고 복잡한 성격을 고려해야 한다. 단원 목표에 맞추어, 문화적으로 적절한 텍스트는 일부 학생들이 텍스트로 자신을 볼 수 있도록 거울 역할을 할 수도 있고, 다른 학생들의 삶을 들여다보고 연결시킬 수 있는 창구 역할을 할 수도 있다(Sims-Bishop, 1990). 두 가지 모두 학생들의 이해—해석을 강화하고 자기평가를 촉진하는 거울로서의 텍스트와 학습자가 공감하고 관점을 가지도록 유도하는 창문으로 텍스트를 중재한다(Sims-Bishop, 1990; Wiggins & McTighe, 2005). 교사들이 의도적으로 맥락을 선택함으로써 배경지식을 깊이 이해하고 1단계 목표 달성을 촉진하는 수단으로 활용한다.

학년 수준과 학문에 걸친 교사들은 학생들의 학습과 언어 발전을 촉진하기 위한 수단으로 문화적으로 적절하게 관련 있는 텍스트를 통합하기 위한 3단계 수업을 계획할 수 있다. 언어과와 사회과 교사는 학습을 중재하기 위한 1차 텍스트(예: Laura Resau의 『Red Glass』) 또는 단원의 초점 텍스트와 연결된 보충 텍스트(예: J. D. Salinger의 『The Catcher in the Rye』)로 문화적으로 관련성이 있는 소설 및 논픽션 텍스트를 사용할 수 있다. 여러 분야에 걸친 다른 교사들은 지구과학 단원에 문화적으로 다양한 신화나 대수학에서 문화적으로 특정한 단어 문제를 사용하는 것과 같이 단원 목표와 관련된 문화적으로 적절하게 관련 있는 자료와 자원을 선택하거나 제작할 수 있다.

교실 맥락과 상관없이, CLD 문자와 주제를 묘사하는 모든 텍스트가 동등하게 만들어진 것은 아니라는 것을 기억하라. 등장인물, 배경, 줄거리, 주제에 대한 묘사에 따라 소위 다문화 교과서는 교실에서 유익함보다 해를 끼칠 수 있다. 서사를 통해서든 삽화를 통해서든, 본문은 대상 문화를 명시적으로 또는 암묵적으로 표현하고 고정관념을 영속시키거나 영웅과 명절에 대한 표면적 수준의 초점을 유지할 수 있다(Cai, 2003; Morgan, 2009). 따라서 교사는 언어 사용, 태도, 가치관, 성 역할, 사람, 종교, 가족 구조 등 일상생활의 정확하고 미묘한 묘사법을 제시하는 텍스트를 찾아야 한다(Barrera & Quiroa, 2003; Medina, 2006). 단원 주제와 목표에 부합하는 관련성 있고 진실한 교재를 선택하기 위해 교사는 다양한 도서상, 출판사, 소셜 미디어를 통해 교재, 작가, 삽화가 등을 탐구하는 것으로 시작할 수 있다([그림 6-4] 참조). 다행히도 효과적인 3단계 학습

Book 어워드	출판사	Twitter
American Award	Arte Publico Press	@ColorinColorado
Asian-Pacific American Literature Award	Children's Book Press	@diversebooks
	Cinco Puntos Press	@diversityinya
Coretta Scott King Award	Lee & Low Publishers	@KLUBooks
John Steptoe Award	Pinata Books	@LatinosInKidLit
Pura Belpre Award	Tu Books	

[그림 6-4] 문화적으로 적절하고 다중언어적 텍스트를 위한 자료

계획을 수립하고자 하는 교육자들의 경우, 최근 몇 년간 문화적으로 관련된 문학이 성장하여 출판사와 실천가들 모두로부터 더 많은 관심을 받고 있다.

　문화적으로 적절한 맥락이 배경지식과 연결되듯이, 다중언어 맥락과 자료도 학생들의 L1 능력을 두드린다. 이 렌즈는 긴급 이중언어라고도 하는 언어 숙련 초기 단계에서 ELs에 대한 수업을 설계할 때 특히 중요하다. 영어실력은 교과 학습과 개념적 이해의 전제 조건이 아니기 때문에 모든 학생이 L2를 발달하면서 교실 수업에 참여할 수 있다. Celic과 Seltzer(2011)는 다음과 같이 설명한다.

　　모국어로 내용 영역 주제에 대한 텍스트를 읽음으로써, 긴급한 이중언어 사용자들은 같은 주제에 대한 다른 텍스트를 영어로 읽을 때보다 더 많은 배경지식을 가지고 있다. 긴급한 이중언어 사용자들이 더 많은 배경지식을 얻으면서, 그들은 영어로 주제에 대한 점점 더 복잡한 원문을 읽고 이해할 수 있다. 이것은 그들의 영어 발달과 모국어 사용 능력을 향상시킨다(p. 51).

　일반 교육, ESL 또는 이중언어 교실 중 어느 곳에서든, 교사는 다국어 원문을 3단계 학습계획에 통합하여 학생 학습을 중재하고 L1과 L2의 언어 발달을 촉진할 수 있다. 수업에는 모든 학생을 위한 다국어 텍스트 및 자료(다국어 버전을 선택하거나 번역을 만드는 방법) 또는 개별 학생의 교과 주제 및 주제에 기초한 보충 L1 읽기가 포함될 수 있다(Celic & Seltzer, 2011).

　독자에 대한 문화적 · 언어적 관련성을 넘어, 복합적인 텍스트는 의미, 구조, 언어 관습, 명확성, 지식 요구 등을 포함한 질적 특징을 제공한다(Zwiers, 2014). 교사는 복잡성에 영향을 주지 않고 본문의 접근성을 높여 학생들의 학습과 언어 발달을 향상시킬 수 있다(Clay & Cazden, 1990).

　접근성이 증가한다는 것은 이러한 질적 특징(Walqui & van Lier, 2010)에 주의를 기울여 텍스트를 확장시키는 것을 의미하며, 제4장에서 단어, 문장 및 담화 수준의 언어 특징으로 언급한다(WIDA, 2012). 따라서 교사들은 여백 노트, 스티커 메모, 번역, 코인 등이 포함될 수 있는 추가 사항뿐만 아니라 글꼴 유형, 글꼴 크기, 글꼴 색상과 같은 특징에 필요한 수정이 필요한 복잡한 텍스트를 선택하여 사용하여 학습자가 까다로운 언어를 조작할 수 있다(Fillmore & Fillmore, 2012; Walqui & van Lier, 2010). 또한 교사는 복잡한 본문에 대한 다양한 접근 수단을 포함하도록 수업을 설계한다. 예를 들어, 읽기—

알람 및 공유, 안내 및 대화형 읽기와 같은 서로 다른 학습 콘텍스트 사용, 모델링 전략과 같은 읽기 전·중·후에 적절한 비계를 구현하는 것을 포함한다. L1로 명확히 하고, 더 큰 텍스트 또는 다중 읽기의 조각상 사용을 통한 읽기 및 조정의 양을 고려한다(Herrera, 2016; Zwiers, 2014). 확장은 단순화가 아님을 기억하라(Walqui & van Lier, 2010). 기술 어휘를 없애거나 복잡한 문장을 단순화하는 대신, 확장(증폭시키는 것)은 텍스트 복잡성을 유지하면서 학생들의 자율성을 높이고 콘텐츠에 대한 접근을 증가시킨다. 따라서 교사들은 텍스트 특징, 문법 패턴, 기술 용어와 같은 까다로운 언어에 주의를 환기하기 위해 한계 노트를 추가하거나 특정 글꼴을 사용한다.

실세계 맥락으로 전이

학습 단원의 토픽, 과제, 텍스트는 우리가 학습에 참여하는 데 사용하는 언어에 직접적인 영향을 미치며, 3단계 수업 설계 시 언어 사용역(register)에 대한 고려를 촉구한다. 언어 사용역(레지스터)[1]는 다양한 목적(과학 실험 대 축구 경기 등)과 특정 청중(예: L2 교사 대 L1 동료)을 가진 서로 다른 맥락(예: 가정 대 학교)에 걸친 언어 사용의 차이를 강조하는 언어학적 용어이다. 커리큘럼 설계는 교실 수업의 특정 사용역에 대응하고 그 이상으로 확장하여 학습자의 언어 레퍼토리를 실제 상황에 맞게 교과 언어를 전이할 수 있도록 설정 전반에 걸쳐 더 광범위하게 발달시키는 방법을 고려해야 한다. 이를 위해 언어와 문자의 규칙성과 예측 가능성을 조사하고 사용역, 언어, 언어의 다양성(Heritage et al., 2015)에 걸쳐 언어적 요소를 대조하는 계획적·목적적 언어의 학습을 촉진하고자 한다.

결과적으로 메타언어적 인식을 통해 학습자는 자신의 언어 자원과 레퍼토리를 가정, 지역사회, 학교 간뿐만 아니라 교실과 학문에 걸쳐 활용할 수 있다(Bialystok, 1993; Nagy & Anderson, 1995). 이는 결국 학생들의 자율성을 뒷받침한다. Heritage와 동료들(2015)은 "패턴을 인식하면 학생들이 자신의 학습을 더 책임감 있게 느낄 수 있다―문맥에 걸쳐 언어를 사용할 수 있고 소속자와 학습자를 발전시킬 수 있다"고 설명한다(p. 41). 학생들이 언어의 내적 작업을 볼 수 있게 함으로써, 우리는 그들에게 언어 사용과 언어 양쪽에 걸쳐 전이할 수 있는 발달에 대해 되돌아볼 수 있는 도구를 제공한다.

앞에서 설명한 바와 같이 부문별 언어 발달을 목표로 하는 수업 설계는 반드시 듣기,

---

1) 역자 주: 사회 경제적 집단이나 직업 집단에 따라 특정한 음운 변이, 어휘, 숙어 표현을 말한다.

말하기, 읽기 및 쓰기를 협업적으로 그리고 독립적으로 통합하는 진정한 학습 경험을 포함해야 한다(Beeman & Urow, 2013). 복잡하고 관련 있는 맥락으로 매개되는 이러한 언어가 풍부한 교과 과제 내에서 우리는 학생들이 학문(교과)적 단원과 학습 과정을 보고 연결하도록 돕는다. 언어 횡단 기능[2](예: 논쟁, 예측)과 언어 특징(예: 다의어 단어)을 포함하여, 우리가 내부뿐만 아니라 여러 분야에 걸쳐 언어를 어떻게 사용하는지 생각해 보라.

교사는 언어를 발달시키기 위해 개별적인 학문 내에서 운영하기보다는 학습자가 사용역 사이에 명시적인 연결을 할 수 있도록 지원할 수 있다. 그들은 이를 다양한 방법으로 수행할 수 있다. 예를 들어, 학제간 단원(예: 사회과와 리터러시 통합), 다른 학문의 읽기를 도입하고, 내용 영역에 걸쳐 관련 정보와 언어를 참조한다(Celic & Seltzer, 2011). 어떤 접근 방식이든, 교과 통합은 학생들이 교과 이해의 심화, 학업 목적을 위한 언어 발달 증가, 독해력 및 쓰기 능력 향상에 도움이 된다(Celic & Seltzer, 2011; Gibbons, 2002; Goldenberg, 2008; Samway, 2006). 학문 간 연결은 또한 학습자들이 언어 이해, 지식, 기술을 심화시키고 확고히 하기 위해 실제적인 맥락에서 교과 언어를 전이하고 사용함에 따라 학교생활을 넘어 지속적인 언어 발달을 촉진할 수 있다.

수업과 교실에 걸친 전이를 장려하는 것 외에도, 수업은 학생들이 언어 간 학습을 전이하도록 자극해야 하며 그렇게 함으로써 메타언어적 인식을 발전시켜야 한다. 제3장에서 기술한 바와 같이, 모든 언어는 유사성과 차이점을 가지고 있다. 언어는 영어와 스페인어의 구별되는 문장 구조나 영어와 아랍어의 다른 문자와 텍스트 방향성과 같은 특징을 공유할 수 있다(Beeman & Urow, 2013; Cummins, 2000; Opitz, Rubin, & Erekson, 2011; Razfar & Rumenapp, 2014).

앞서 설명한 것처럼 언어 배경지식에 접근한 후, 교사들은 학생들이 언어의 관계를 분석하고 평가하도록 촉진하는 수업을 계획한다. 개인 용어집을 통해 공식적으로 추적하든, 수업 토론에서 비공식적으로 기록하든, 언어 분석은 학생들의 언어에 걸쳐 소리(음운론), 단어 부분(형태학), 어휘(어휘 목록, 사전), 문법(구문론), 문화적 규범(화용론)의 유사성과 차이점을 입증해야 한다([그림 6-5] 참조). 학습계획은 1단계 목표와 이전에 분석된 언어 기능과 교과 학습에 접근하는 데 필요한 특징과 일치해야 한다. 즉, 단어, 구문, 문장, 텍스트 하나하나를 비교하고 대조하기보다는 학생들이 사용해야 할 중요한 언어의

---

2) 역자 주: 여러 영역을 관통하는 공통의 언어 기능을 말한다.

우선순위를 정하고 더 큰 단원 목표에 도달하기 위해 발달한다. L1과 L2를 검사, 비교, 대조할 수 있는 일관된 기회를 부여하여 학생들은 메타언어적 인식을 발달시키고, 이 의식은 교과(학문) 학습, 독해력, 쓰기 능력 및 편협성 발달을 지원한다(Beeman & Urow, 2013; Bialystok, 1993; Celic & Seltzer, 2011; Jiménez et al., 1996; Nagy & Anderson, 1995).

현실 세계 환경으로의 전이는 처음에는 많은 교육자들에게 도전적이다. 그 도전은 정식 학교교육의 본질과 연결된다. 불행하게도, 우리의 현재 교육 시스템은 학교에서 학문과 언어를 일관되게 분리한다(Celic & Seltzer, 2011; Dressler, Carlo, Snow, August, &

분석의 수준	예시
소리	• 스페인어에서는 /j/가 /h/로, 영어에서는 /j/로 발음하는 것처럼 언어에 따라 다른 소리-소리 대응 • 언어에 따라 달라지는 묵음 • 자음 이중 글자 및 혼합(예: 이중글자 /th/ 영어로는 존재하지만 스페인어로는 존재하지 않음) • 아랍어 쓰기에 사용되는 짧은 모음이 아닌 모음 • 영어 특유의 R자 모음
단어 부분	• 영어와 스페인어의 **imm**ediate/**inm**ediato; demo**cracy**/demo**cracia**; narra**tor**/narra**dor**와 같은 유사한 접두사 및 접미사 • 복수형 표시 -s의 생략, 명사가 언어(예: Hmong, Tagalog)에서 형식을 변경하지 않는 경우 • -ing의 다른 용도, 부정과 승자가 특정 언어에 존재하지 않기 때문에(예: 크메르어, 한국어)
단어들과 구문들	• animal (English), el animal (Spanish), o animal (Portuguese), l'animal (French), and l'animale (Italian) 과 같은 언어에 걸쳐 동일한 어원
문장, 구조와 문법	• 빈번한 사용(예: 아랍어, 스페인어) 또는 저사용(예: 한국어, 러시아어)을 포함한 다양한 용도의 글 • 스페인어, 흐몽, 크메르어, 아이티어, 크리올어처럼, 명사 뒤에 오는 형용사와 같은, 단어 순서 • 과거나 미래와 같은 시제를 표현하기 위해 형태를 바꾸지 않는 동사(예: 광둥어, 베트남어)를 포함한 동사 시제의 서로 다른 사용
담화, 문화적 규범	• 다양한 문화적 규범과 눈을 마주치는 사회적 의미와 특정한 머리 움직임(예: 고개를 끄덕이는 것) • 다양한 유형의 커뮤니케이션 중에 적절한 양의 개인 공간 및 직접적 접촉

[그림 6-5] 언어의 비교 분석

출처: Based on *Teaching for Biliteracy: Strengthening Bridges Between Languages*, by K. Beeman and C. Urow, 2013, Philadelphia, PA: Caslon, and *Reading Diagnosis and Improvement: Assessment and Instruction* (6th ed.) by M. Optiz, D. Rubin, and J. Erekson, 2011, Boston: Pearson.

White, 2011). 초등 환경에서는 매일의 스케줄에 따라 학생들이 어학, 수학, 과학, 사회, 특수 분야를 하루 종일 별도의 시간 블록 안에서 배우도록 규정된다. 중등학생들은 학교 종이 울릴 때마다 부서별로 나누어진 교실로 이동하면서 학문의 장벽을 더욱 많이 경험한다. ESL과 일반 교육 교실은 영어로만 운영되거나 스페인어로만 학습하거나 영어로만 학습할 수 있는 엄격한 블록을 유지하는 이중언어 교실 등 여러 환경에 걸쳐 분할된다. 언어 사용에 대한 명시적인 규칙이나 수업이 없어도, 학생들은 암묵적인 기대를 인식한다. 나는 학교에서 영어를 말하고, 나는 집에서 나의 L1을 말한다. 이러한 학문과 언어의 사일로(분리벽)에 직면해 있는 수업을 어떻게 설계할 것인가를 고려하는 것은 제도적 맥락을 인식하고 반성하는 것이 중요하다. 1단계에서 언어 사각지대를 발굴해 분야별 언어 기능과 요구를 인정한 뒤 3단계는 교육자들에게 교실 벽을 넘어 학생들의 언어 레퍼토리를 투명하게 발달하고 확장할 수 있는 기회를 제공한다.

차별화된 스캐폴드 및 지원

최종 3단계 수업적 요인은 교실에서 고유한 학습자를 바탕으로 언어 발달을 지원하는 수업 및 학습이 어떻게 변화하는지 고려한다. 문화적이고 언어적으로 반응하는 실천에 중점을 두었기 때문에, 우리는 1단계에서 언어 수요에 대한 고려와 2단계에서 평가를 포함하여 계획 과정 내내 학생들의 능력, 강점, 니즈를 우선시했다. 지금 3단계에서는 학생들을 위한 적절한 비계와 지원을 가지고 수업을 설계한다. 2단계 목표에 도달하여 평가를 수행한다. 궁극적으로 이 요인을 가진 우리의 목표는 엄격한 교과 주제, 과제, 텍스트의 접근성을 확장시킴으로써 능동적이고 자율적인 학습과 언어 사용을 육성하는 것이다.

스캐폴딩(비계설정)은 교육계에서 수업을 계획하고 실행하는 문제와 관련하여 자주 사용되는 말이다. 특히, CLD 학생들의 교과(학문) 학습과 언어 발달을 지원하는 것과 관련하여 비계를 통해 우리가 의미하는 바를 살찌우는 것이 중요하다. ELs 전용 비계에 초점을 맞춘 책에서 Walqui와 van Lier(2010)는 비계의 은유에 대해 다음과 같이 기술하고 있다.

건축업자들은 개보수가 필요한 건물 주변에 비계를 두었지만 비계 자체는 해야 할 일을 용이하게 할 정도로만 유용하다. 비계는 작업자의 필요에 따라 끊임없이 변경, 분해, 확장, 개조한다. 그 자체로는 아무런 가치도 없다(p. 24).

전이, 의미, 습득을 위한 1단계 목표에 도달하는 것과 마찬가지로 체계를 효과적이고 건전하게 구성하는 것이 궁극적인 목표다. 시공 전에 계획되어 있는 비계는 최종 목표에 도달할 수 있는 수단을 제공하며, 이는 작업(또는 학습)이 진화함에 따라 시간에 따라 역동적으로 변화한다. 따라서 교사들은 일상생활에서 의도적인 계획과 현장 결정 모두를 거친다([그림 6-6] 참조). 그러나 현장에서 발판이 발생하더라도 유연하면서도 적응력이 뛰어난 효과적인 수업 설계는 학생들이 이해를 깊게 하고 언어를 발달하는 진실되고 혁신적인 학습을 할 수 있도록 해 준다(Herrera, 2016; Walqui & Van Lier, 2010). 항상 학생들을 염두에 두고 설계된 3단계는 비계를 수업 구조와 과정에 통합한다(Clay & Cazden, 1990; Heritage et al., 2015; Walqui & van Lier, 2010).

단원 설계에서 의도적인 스캐폴딩	유연성 있는 단원에서의 현장 스캐폴딩
• 모델링 • 소리 내며 생각하기 • 데모 • 소그룹 토론 • 자율적 적용 • 그래픽 및 감각적 지원 • 상호작용적 학습 지원	• 핵심 어휘를 맥락화하기 • 교과(학문) 언어를 사용한 다른 말로 바꾸어 표현하기 • 아이디어의 정교함을 촉진하기 • 적절한 기다림과 작업 시간 제공 • 필요한 경우 내용 다시 가르치기 • 유연한 그룹화 접근법 사용 • 다양한 질문 전략 사용

[그림 6-6] 수업 단원에서의 스캐폴딩의 예

단원 수준 수업 설계를 고려할 때 구조 중심 비계는 시간 경과에 따른 자율성을 발전시키는 방안으로 학생 학습을 지원하는 학습 경험의 설계와 구성을 강조한다. 앞서 기술한 바와 같이, 사회문화적 이론은 학습이 교사와 학습자 사이의 다양한 사회적 상호작용을 통해 함께 구조적으로 구성되고 시간이 지남에 따라 매개된다는 우리의 이해를 뒷받침한다. 근접 발달 영역(ZPD)의 이론적 구조를 사용하여, 우리는 학생들이 교사, 다른 성인, 더 유능한 동료, 동등한 동료, 그리고 덜 유능한 동료들과 함께 참여함으로써 배우고 발전한다는 것을 안다(Vygotsky, 1978; Walqui & van Lier, 2010).

또한 시간이 지남에 따라 진정한 경험을 통해 학습이 이루어지며, 학습자가 자신이 배우고 있는 것을 생각하고, 반영하고, 예행 연습할 수 있는 여러 상호 연결된 기회를 포함하는 수업이 촉진된다(Herrera, 2016; Rogoff, 2004). 이런 식으로, 학생들의 배경, 능력, 요구에 기초하여 교사는 이해, 지식, 기술의 지속적인 구축을 뒷받침할 수 있는 수업을 설계한다. 그렇게 하는 것에는 교사 모델링, 사고, 시연, 그리고 학습자가 동료들과 사실적으로 토론, 협상, 연습 및 지원할 수 있는 지속적인 기회가 포함된다(Echevarría et al., 2013). 구조용 비계의 의도적인 설계뿐만 아니라, 커리큘럼 설계 내의 유연성 유지 위에서 현장 비계가 학문적 아이디어와 본질적 질문들과 씨름하면서 학생들의 학습과 언어 발달 발전을 앞당길 수 있다. 예를 들어, 교사들이 다양한 질문 기법을 사용하거나 질문 기반 학습에서 나온 특정 아이디어를 신속하고 명확하게 하거나 상세히 설명하기 위해 재조명하는 것을 들 수 있다(Herrera, 2016).

이러한 다양한 구조 내에서 사용되는 프로세스 중심 비계는 학생들이 과제와 텍스트에 접근하고 능동적으로 참여할 수 있도록 개별화된 지원을 제공함으로써 학습 경험을 더욱 강화한다. 수업 설계의 프로세스 기반 비계는 "자율성을 발달하고 향상시키면서 학생들이 의미 있고 가치 있는 활동에 참여하도록 특별히 설계된 지원"으로 정의된다(Heritage et al., 2015, p. 46). 학생의 근접 발달 영역 내에서 올바른 종류의 지지대를 선택하여 학생 자립을 함양하는 것이 목표다(Heritage et al., 2015; Vygotsky, 1978; Wood, Bruner, & Ross, 1976). 즉, 학생들의 배경, 능력, 요구를 바탕으로 교육 지원을 전략적으로 선정하고 통합하여 교과 학습과 언어 발달에 공평한 접근과 적극적인 참여를 촉진한다. 이전 장에서 언급한 바와 같이 WIDA(2007)는 지원을 감각, 그래픽, 상호작용의 세 가지 범주로 구성한다([그림 6-7] 참조).

비계 구조물에 내장되어 있는 교육용 지지대는 학습자가 보다 깊고 독립적으로 참여, 이해 및 적용할 수 있도록 한다. 교사 시연 또는 동료 토론이 삽화와 도표(감각), 그래픽 구성자(그래픽)에서 학습을 문서화하고 학생들의 L1(상호작용)에서 이해도를 협상하여 학습과 언어 발달을 어떻게 향상시킬 수 있는지 고려한다. 이러한 전략은 전략을 위한 전략이 아니라, 독특한 배경과 개별화된 니즈를 가진 학생들의 학습과 발달을 뒷받침하기 위해 의도적으로 선택되고 통합된 지원이라는 점에 유의하라.

문화적으로 그리고 언어적으로 반응하는 수업은 학생들의 독특하고 다양한 배경, 능력, 강점 및 니즈에 초점을 맞춘다(Gay, 2010; Lucas et al., 2008). 여기에 기술된 이 요인들은 수업 설계의 3단계에서 커리큘럼이 학생들의 교과 학습과 언어 발달을 어떻게 역동적으로 지원할 수 있는지를 고려할 경우에 교육자들을 지원한다.

1단계 목표와 2단계 평가에 근거한 교사들은 먼저 독특한 주제, 과제, 텍스트, 사용역, 학생 등을 고려하여 수업을 위해 특별히 설계한다(WIDA, 2012). 엄격하고 효과적인 단원 궤적은 CLD 학생들이 배경지식, 협력적 인지 과제, 복잡하고 관련 있는 텍스트, 현실의 실세계 환경으로의 전이, 차별화된 비계 및 지원을 통합하여 교과 학습에 공평하게 접근할 수 있도록 한다. 다음 절에서는 단원 수준에서 수업을 설계할 때 이러한 요인을 고려하며, 다음 장에서는 이를 수업 수준 계획에 적용할 것이다.

감각적 지원	그래픽 지원	상호작용적 지원
실물 자료와 조작자들	차트	짝이나 파트너
그림 및 사진	그래픽 조직자	3인조 또는 소그룹
일러스트 및 다이어그램	표	협동 집단 구조
잡지 및 신문	그래프	관련 기술 활용
제스처 및 동작	타임 라인	모국어 사용
비디오, 필름 및 방송	숫자 라인	멘토
모델 및 수치	콘셉트 지도	

[그림 6-7] 스캐폴드 수업에 대한 언어적 지원

출처: Based on WIDA ELP Standards ⓒ 2007, 2012 Board of Regents of the University of Wisconsin System. WIDA is a trademark of the Board of Regents of the University of Wisconsin System. For more information on using the WIDA ELC Standards, please visit the IDA website at www.wida.us. Used with permission.

언어 렌즈를 이용한 WHERETO 요소 고려하기

우리는 학생들의 교과(학문) 학습과 언어 발달에 영향을 미치는 다섯 가지 요소를 탐구한 것이 아니라, 3단계 수업 설계에서 엄격하고, 진실한, 비계를 갖춘 학습계획을 계획하는 데 관련된 구체적인 단계를 탐구하는 방향으로 전환한다. Wiggins와 McTighe(2005)는 좋은 수업 설계의 이러한 주요 특성을 학습계획에 반영하기 위해 WHERETO라는 약자를 사용한다([그림 6-8] 참조). 일곱 가지 WHERETO 요소를 통합한 실천가들은 학생들이 1단계 학습목표를 달성하고 2단계 평가에서 전이 및 이해를 입증하는 데 도움이 되는 학습 단원 설계를 정리한다. 그러므로 교사의 수업 계획에는 ① 목표와 기대의 실행, ② 흥미, 관심 유발하기와 흥미 유지, ③ 학습에 대한 준비, ④ 다시 생각하고 수정, ⑤ 평가와 반성하기, ⑥ 학습 경험의 맞춤화, ⑦ 조직화 및 수업 계열화가 포함된다. 이 절에서는 Hassan 씨의 중학교 과학 단원을 모범으로 삼아 학생들의 교과 학습과 언어 발달을 촉진하기 위해 WHERETO 요소에 언어 렌즈를 추가한다.

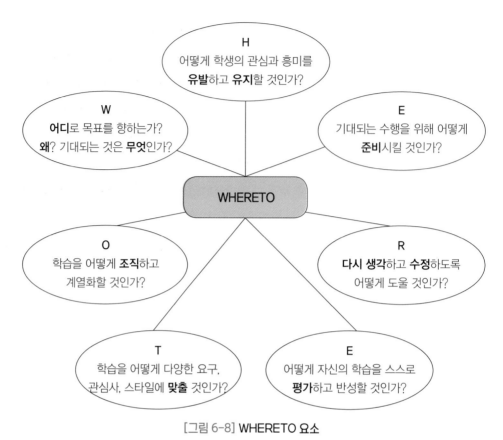

[그림 6-8] WHERETO 요소

출처: From *Understanding by Design Professional Development Workbook* (p. 214), by Jay McTighe and Grant Wiggins, 2004, Alexandria, VA: ASCD. Copyright 2004 by ASCD. Adapted with permission.

목표 및 기대를 계획(고안)하기

우리가 주목했듯이 UbD 프레임워크는 교사들이 먼저 수업 설계의 1단계에서 학습과 발달에 대한 목표를 정의하면서, 끝을 염두에 두고 시작할 필요성에 중점을 둔다. 그러나 진정한 수업에서 우리는 학생들이 큰 단원 목표를 알고 그들 자신의 개별적인 학습에 목적을 설정하는 것으로 시작하는 학습자의 자율성을 발전시키고자 한다.

McTighe와 Wiggins(2004)는 "학생들이 목표와 기대를 명확히 하고 의도된 학습의 목적과 가치를 볼 때 집중하고 노력을 기울일 가능성이 더 높다"고 설명한다. 이를 염두에 두고 첫 번째 WHERETO 요소는 학생들의 배경지식, 관심사, 오해 등을 미리 평가해 보는 것뿐만 아니라 명확한 목표와 기대감에서 출발할 필요성을 강조한다. 교실에서 학생들의 독특한 관점을 고려해 교사는 먼저 다음과 같이 묻는다. 어디로 가는 거야? 왜? 무엇이 기대되는가? 그런 다음 실천가들은 평가와 과제를 포함하여 단원의 목표와 기대를 명시적으로 정의하고 이를 달성하는 목적과 이점을 명확하게 설명하기 위해 학습계획을 수립한다. 또한 이 요소는 교사가 학습자의 배경지식, 관심사 및 오해를 결정할 수 있는 기회를 포함하도록 촉구한다.

이 첫 번째 WHERETO 요소에 언어에 대한 렌즈를 추가할 때, 우리는 언어 발달을 우선시하고 단원 목표를 정의할 때 학생들의 배경지식에 대응한다. 학생들이 학문(교과)적 학습에 적극적으로 참여하기 위해 언어를 사용하는 방법에 대한 교사들의 이전 분석에 기초하여, 이 요소는 학습자에게 언어적 발전을 명시할 수 있는 기회를 제공하며, 이는 학습 단원 내에서 언어학적으로 초점을 맞춘 목표와 기대에 주의를 환기한다. 학습과 언어 발달을 위해 원하는 결과를 알고 있을 뿐만 아니라 학습이 가정, 지역사회, 학교에서 실제 실천과 어떻게 연결되고, 어떻게 이양되는지에 대한 명확한 비전을 가지고 학생들은 전체적인 중요성과 목적을 이해해야 한다(Herrera, 2016; Wiggins & McTighe, 2011). 목표와 기대치를 달성하는 데 초점을 맞춘 이 첫 번째 WHERETO 요소 내에서 다음을 고려하라.

- 학생들은 언어 발달 목표를 포함한 단원 목표를 알고 있는가?
- 학생들은 과제와 평가에서 언어를 어떻게 사용할 것인가?
- 이 교과(학문) 언어가 어떻게 학교와 실세계 토픽으로 옮겨 갈 것인가?
- 학생들이 가정, 지역사회, 학교에서 가져오는 관련 자원은 무엇인가?

이를 위해 우리는 커리큘럼 설계자로서 1단계 목표와 2단계 학습 시연에 대한 기대치 등 수업 계획 과정 전반에 걸쳐 교과(학문) 언어 발달에 대한 분명한 렌즈를 댔다. 여기 3단계에서 우리의 의도는 학습자들과 언어 중심 목표와 기대를 투명하게 공유하고 입증하여 그들의 언어 발달에 대한 인식과 주인정신을 촉진하는 것이다.

이제 날씨와 기후에 관한 중학교 과학 단원을 사용하면서 이 요소가 실제로 어떻게 활용되는지 생각해 보자(McTighe & Wiggins, 2004). WHERETO 요소에 대한 이 섹션에서는 주로 멕시코, 중앙아메리카, 남미에서 온 이중언어 학습자와 ELs를 위한 3단계 계획을 설계할 때 Hassan 씨의 언어 렌즈를 살찐운다.

전이 목표는 학생들이 모델을 사용하여 날씨 패턴을 설명하고, 날씨 원인과 파장을 목표로 의미와 습득 목표를 제시한다([그림 6-9] 참조). 이 단원을 시작하기 위해 그는 목표와 기대를 논의하고 가정, 지역사회, 학교 등으로부터 관련 배경지식의 원천을 파악하고자 한다. 1단계 목표에 맞춰 Hassan 씨는 먼저 K-8 학교의 이전 성적에서 날씨(예: 바람, 비)에 대한 전문용어와 개념을 포함하여 이 학생들의 날씨 관련 교과(학문) 지식을 얻는 것을 목표로 하였다. 학생들이 다른 나라에서 살거나 가족을 방문했다는 것을 보여 주는 사전계획 자료를 가지고, 그는 그들의 사전지식을 새로운 교과 학습과 연결시키는 것의 가치를 인식한다. 그는 단원 기말의 수행과제가 미국과 중남미 양쪽에 집중될 것으로 전망했다.

이러한 점을 염두에 두고 Hassan 씨는 일화적인 데이터를 수집하고 단원의 초점을 맞추기 위해 배경지식에 대한 사전평가를 설계한다. 이어 학생들의 배경지식이 단원 내 교과(학문) 학습과 언어 발달을 어떻게 지원할 것인지 등 단원 목표, 기대, 관련성을 명시적으로 정의하고 토론할 기회를 통합한다. 배경지식을 파악하고, 목표와 기대를 정의하며, 완료에 이른 수행과제를 미리 살펴봄으로써, Hassan 씨는 모든 학습자에게 공평한 접근을 제공하는 학습계획을 짜기 시작한다.

흥미를 유발하고 유지하기

단원 성과 및 과제를 학생과 필요한 만큼 공유하는 반면, 명확한 목표와 명시적 기대만으로 어린이와 청소년이 새로운 학습에 열광하도록 하는 데 항상 충분한 것은 아니다. 따라서 학습에 대한 학생의 참여와 동기부여를 높이기 위해 단원의 분야별 콘텐츠에 대한 학습자의 관심을 유발하고 유지하는 방법을 고려해야 한다(Echevarría et al., 2013). 이 두 번째 WHERETO 요소와 함께, McTighe와 Wiggins(2004)는 "새로운 학습 경험의 시작에서 학생들의 관심과 흥미를 낚아채고 학생들의 흥미를 전체적으로 유지하는 것"의 중요성을 주장한다(p. 217). 교사들이 교실에서 학습자에 대해 알고 있는 내용을 바탕으로 전반적인 단원 주제에 학생들을 참여시키고, 빅 아이디어, 본질적 질문, 수행과제와 관련된 관심, 질의, 토론, 학습을 시작하는 방법을 고려한다.

단원 목표와 기대치에 대한 명시적 정의와 설명과는 대조적으로 사전의 예비적인 흥미 유발은 종종 창의적인 탐구, 불명확한 사건, 심지어 도전, 미스터리, 문제, 실험, 역할극, 자극적인 엔트리 질문 등의 형태로 놀라움을 수반하기도 한다. 학습자에 따라, 교사는 관련된 개인적 경험, 감정적 관계 또는 유머를 구체적으로 두드리는 훅(hook)을 설계하도록 선택할 수 있다(Wiggins & McTighe, 2011). 초기 훅을 포함시킨 후, 교사들은 나머지 단원들 전체에 학생들의 흥미를 끌 수 있는 학습을 참여시키도록 설계한다.

1단계–바라는 결과	
설정된 목표	전이

설정된 목표	전이
NGSS MS ESS2, S2-5 & S2-6 • 데이터를 수집하여 기단의 움직임과 복잡한 상호작용이 기후 조건의 변화를 가져오는 방법에 대한 증거를 제공 • 지구의 가열과 회전이 지역 기후를 결정하는 대기와 해양 순환의 패턴을 어떻게 유발하는지 설명하는 모델을 발달하여 사용하라.	학생들은 다음의 과제를 수행하기 위하여 자신의 학습을 자율적으로 사용할 수 있을 것이다. • 지리뿐만 아니라 지구, 우주, 물리 과학을 포함한 여러 분야에서 날씨 패턴 설명하기 • 과학적 현상의 의미를 만들기 위해 모델을 제작하고 사용하기

의미 구성

이해	본질적인 질문
학생들은 다음 사항을 이해할 것이다. • 적도와 극 사이의 불균등한 난방, 지구의 자전, 그리고 육지와 바다의 분포는 기후를 결정하는 지구 바람 패턴을 생성한다. • 우주에서 일어나는 대부분의 일들은 어떤 형태의 에너지가 다른 것으로 변형되는 것을 포함한다. • 에너지의 변환은 보통 열의 형태로 에너지를 생산하는데, 이것은 방사선과 전도에 의해 주변에 퍼져 더 차가운 곳으로 전이된다.	학생들은 다음 사항을 지속적으로 고려할 것이다. • 날씨와 바람의 패턴을 일으키는 것은 무엇인가? • 기후에 영향을 미치는 요인은 무엇인가? • 한 지리적 지역에서의 사건들이 다른 지리적 지역에 어떤 영향을 미치는가? • 기후가 농업에 어떤 영향을 미치는가? • 지구의 특정 위치에서 어떻게 기후를 결정할 수 있는가?

습득

학생들은 다음 사항을 알 것이다. • 바람 및 날씨 패턴의 원인 • 기후에 영향을 미치는 요인 • 코리올리 효과의 원인 • 기후가 농업에 미치는 영향 • 지구과학 텍스트 특징(예: 지도, 표, 다이어그램, 그림) • 원인/효과 및 기타 과학적 관계에 대한 문장 구조 • 다중 의미 단어(예: 앞면, 주기) • 관련 형태학적 구조(예: morpho, meso, strato, thrmo, exo)	학생들은 다음 사항에 능숙해질 것이다. • 한 지리적 영역의 사건이 다른 지리적 영역에 어떤 영향을 미치는지 기술하기 • 기압과 온도 사이의 관계를 나타내는 데이터 해석하기 • 뉴턴 제1법칙의 개념, 지구의 구형 기하학, 구심 가속도를 코리올리 효과에 적용하기 • 기후와 농업에 관한 문서상의 의사소통 결과 이해하기

2단계–증거	
평가 기준	평가 증거
• 증거 기반 • 조사를 잘했는가 • 과학적 적합성 • 간교과(학문) • 과학적 언어	**수행과제** 학생들은 조를 이루어 미국과 중남미의 농업회사 컨설턴트 역할을 맡는다. 팀은 자신이 살고 있는 지역, 같은 위도의 미국 지역, 같은 경도의 남미 지역 등 3개 지역의 기후에 대한 연구를 실시한다. 학생들은 데이터, 지도, 기후 결정 요인의 여러 소스를 사용하여 기후를 비교하고 대조한다. 각 지역 농가에 관한 의사 결정을 지원하기 위해 각 팀이 기업에게 보고서를 작성하고 제시한다.
• 정확한 • 철저한 • 과학적 언어	**보충 증거** • 날씨와 기후에 대한 선택 및 응답 문항을 포함한 오픈북 시험 • 차트와 데이터를 해석해야 하는 문제가 있는 판독치에 대한 지속적인 퀴즈

3단계–학습계획	

• 제공된 그래픽 관리자 및 온라인 자료를 사용하여 학생들이 이전에 거주하거나 방문한 지역의 기후에 대한 배경지식을 이용한다.   **사전평가**

• L2 교과(학문) 언어와 연결하기 위한 L1 용어를 포함하여 지역을 공유하고 비교한다.

학습 활동	형성평가
• 캠퍼스와 지역사회에서 연을 날릴 수 있는 최적의 장소를 가설을 세우라. 연으로 가설을 시험하라. • 단원 목표, 기대치 및 관련성과 관련된 위의 활동을 연결하라. 개인 용어집을 시작하라. • 주석 활동을 통해 다양한 기능(예: 다이어그램, 지도)에 액세스할 수 있는 과학적 텍스트를 사용하여 모델링을 하라. • 학생들에게 평가 순환 셀 도표를 안내하고 차등 난방에 대해 설명하라. • 조사 그룹: 기사를 읽고, 뉴턴의 제1법칙과 구심 가속도를 예시하는 연구를 수행하고, 정보를 코리올리 효과와 연관시키라. • 상호적인 지도 연구: 등압선을 사용하여 바람 방향에 라벨을 붙이고, 분석 및 라벨링을 설명하라. • 실습 랩: 수, 지구 표면 및 대기 사이의 에너지 흐름을 보여 주는 에너지 예산도를 사용하여 지구의 여러 영역에서 태양 광선과 차등 가열 • 다이어그램 분석을 사용하여 고압 및 저압 센터 주변의 공기 흐름을 독립적으로 설명하라. • 특정 지역의 날씨가 다른 지역의 날씨에 어떻게 영향을 미치는지, 특히 학생들의 배경지식과 관련이 있는 사례 연구(예: 캘리포니아 산불, 칠레 지진)를 해석하라. • 보고서, 프레젠테이션, 자기평가 등 성과 과제를 완료하라. • 적절한 환경에서 단원 이해도를 바탕으로 오픈북 시험을 치르라.	• 주석을 단 교과서 활동의 관찰 • 기술적 어휘, 다의어, 형태학적 구조를 포함한 단원의 교과 언어에 대한 개인 용어집 • 해석 및 적용에 대한 다양한 접근 방식을 설명하는 과학 저널 문항 • 단원 전체에 걸친 학습의 자기평가

[그림 6-9] 중학교 과학 단원, 날씨

출처: From *Understanding by Design Professional Development Workbook* (pp. 42-43), by Jay McTighe and Grant Wiggins, 2004, Alexandria, VA: ASCD. Copyright 2004 by ASCD. Adapted with permission.

이 WHERETO 요소에 언어 렌즈를 추가할 때, 우리는 학생들의 L1과 L2를 통합하고 설명하는 것뿐만 아니라 학생들의 독특한 배경지식의 원천에 접근하는 방법을 고려한다. 우리의 중요한 목표는 교과(학문) 학습에 공평하게 접근하는 것이라는 것을 기억하라. 1단계 목표를 정의하고 2단계 평가를 설계한 후, 이제 모든 학습자가 그러한 목표와 기대에 도달할 수 있도록 진정한 경험에 적극적으로 참여하는 것이 목표다. 대부분의 교사들이 증명하듯이, 학생들을 학문적 학습에 동기부여하고 참여시키기 위해서는 노력이 필요하기 때문에, 교실에서 독특하고 다양한 학습자들을 바탕으로 사려 깊은 계획을 세우도록 한다.

따라서 사전계획 데이터는 학생들의 문화적 배경과 경험, 그리고 L1과 L2 선호도와 능력을 고려하는 수업을 설계할 때 시작하기에 이상적인 장소다. 이 두 번째 WHERETO 요소에서는 관심 끌기 및 관심 유지에 초점을 맞춘 다음 사항을 고려하라.

- 어떻게 학생들의 배경을 개인적인 경험, 취미, 열정, 감정적 연결과 흥미를 연결시키는 데 사용할 수 있을까?
- 학생들의 배경이 계속 관심을 가질 수 있도록 수업에 통합되어 있는가?
- 학생들의 L1이 학생들의 흥미를 끌기 위한 언어적 매체로 사용될 수 있는가?
- 학생들의 흥미를 끌기 위해 수업의 언어가 이해될 수 있는가?

학습자가 1단계 목표를 달성하고 2단계 평가에서 학습을 시연하려면 3단계 학습계획은 학습자의 관심사와 배경지식을 활용하여 의미 있고 진실한 학습에 참여해야 한다. 또한 효과적인 실천가들은 학생들의 언어가 그들의 동기부여와 참여에 어떤 영향을 미치는지 고려하며, L1과 L2를 전략적으로 통합하여 교과 학습을 극대화하는 수업을 설계한다.

날씨와 기후에 초점을 맞춘 중학교 과학 단원을 생각해 보자. 앞에서 기술한 바와 같이, Hassan 씨는 학생들의 관련 배경지식과 프레임 단원 목표와 기대에 접근하기 위한 사전평가를 설계하는 것으로 시작했다. 학습자가 이전에 거주했거나 방문한 장소의 날씨와 기후에 대해 기억하는 것을 브레인스토밍하도록 유도함으로써, 그는 학생의 실제 경험과 배경을 인식하고 가치 있게 생각하고, 단원의 주제에 관심을 끌기 위한 메커니즘으로 사용한다. 주로 2개 국어를 구사하는 학생들이 있는 교실에서, Hassan 씨는 의도적으로 학생들에게 이 활동 동안 L1을 사용하도록 권장하는데, 이것은 학생들의 동기부여와 단원 주제에 대한 참여를 유도하고 유지하며 브레인스토밍을 극대화할 수 있는 방법이라고 본다. Hassan 씨는 사전지식에 접근하기 위한 수업을 설계하는 것 외에도 이해, 본질적 질문, 지식 및 기술과 관련하여 학생들의 흥미를 더 끌기 위해 흥미롭고 진정한 문제 해결 활동을 포함하기를 원한다. 이를 위해 그는 학습자가 캠퍼스와 지역사회에서 연을 날릴 수 있는 최적의 장소에 대한 가설을 만들고 시험하는 탐구 기반의 경험을 설계한다. 학생들이 미리 정해진 영역에서 연을 날리기 위해 교실을 나온 후, Hassan 씨는 기상과 기후에 대한 매력적인 발판 역할을 하기 위해 새로운 발견과 아이디어를 사용하여 토론을 촉진한다.

학습을 위한 준비

학습 단원 전체에 걸쳐 흥미를 유발하고 유지하는 것을 넘어, 학생들이 학습에 적극적으로 참여하고, 이해력을 계발하며, 다가올 수행과제에 대비하는 데 필요한 지식과 기술을 갖추도록 하고자 한다.

1단계 목표와 2단계 수행을 바탕으로 이번 세 번째 WHERETO 요소는 학생들이 학습할 수 있도록 하는 방법에 초점을 맞추고 있다. 즉, 커리큘럼 설계자는 학생들이 이해하고 알고 해야 할 것을 먼저 고려한 다음, 성공적인 수행을 준비하기 위해 학습 경험을 설계하는 것이다. McTighe와 Wiggins(2004)는 "학생들이 빅 아이디어와 본질적 질문을 탐구할 수 있도록 도울 방법 및 최종 성적에 대한 학생들의 준비 방법"을 설계함으로써 3단계 학습계획에 이 요소를 통합하는 방법을 설명한다(p. 218). 교과(학문) 개념과 아이디어의 신속한 탐구를 위해, 실천가들은 학생들이 이해의 여섯 가지 측면에 걸쳐 의미를 형성할 수 있도록 협력적인 인지 과제를 설계한다. 또한 교사들은 학생들이 최종 수행을 위한 적절한 지식과 기술을 갖추도록 하기 위해 직접 지도와 수업 외 활동을 사용한다. 학습목표와 관련된 학생들의 필요에 따라, 교사는 학생 중심 탐구 및 교사 안내 교육을 위한 기회를 포함하도록 적절한 궤적을 조작할 수 있다. 언어 발달뿐만 아니라 학생에게 교과(학문) 학습을 할 수 있는 경험을 통합하는 것이 목적이다.

이 요소의 언어 렌즈는 학생들의 배경지식부터 쌓고 학습자에게 이해력 계발과 본질적 질문을 다루는 데 필요한 언어를 갖추는 것을 강조한다. 우리는 일관되게 배경지식과 L1의 중요성을 강조해 왔지만, 이러한 자원은 교육과정에 대한 명확한 연결과 통합이 필요하다. 또한 단원 계획은 귀납적 학습 경험을 통한 교과 언어의 맥락화 또는 직접 교육 또는 수업 외 경험을 통한 언어 지식과 기술을 구축하는 것을 포함할 수 있는 적절한 수업 맥락을 사용하여 언어 발달을 전략적으로 목표로 하고 지원해야 한다. 이 세 번째 WHERETO 학습 준비 요소 내에서 다음을 고려하라.

- 학생들의 배경지식은 단원 학습과 명확하게 어떻게 연관되어 있는가?
- 어떻게 학생들의 L1이 학습목표에 관여하기 위해 필요한 언어에 연결될 수 있는가?
- 언어적 지식이나 기술을 직접 가르칠 필요가 있는가?
- 어떻게 교과(학문) 언어가 맥락화되어 빅 아이디어의 탐구를 지원할 수 있을까?
- 어떤 교외 경험들이 교과(학문) 언어를 더 발달시키고 확장시킬 것인가?

사전계획 데이터, 특히 언어적 차원 및 1단계 언어 분석은 학생들에게 관련 분야별 언어를 갖추도록 수업 설계에 알려 준다. 제4장에서 강조된 요점을 기억하라. 교과 주제, 복잡한 텍스트 및 협업 과제에 대한 언어 요구의 분석은 일부 학생들을 보호하기 위해 까다로운 언어를 제거하기 위해 수행되지 않는다. 대신에 학생들의 능력을 고려하고 언어의 맹점을 발견한 후에, 교육자들은 언어 발달을 목표로 하고 학습목표에 공평한 접근을 제공하기 위해 학습 경험을 설계한다.

과학 단원에서는 Hassan 씨가 학생들이 전 세계에 거주했거나 방문한 지역의 날씨와 기후에 대한 세부 사항을 브레인스토밍하여 학생들의 배경지식에 전략적으로 접근하는 방법에 대해 논의해 보았다. 그런 다음 그는 학생들에게 지역을 공유하고 비교하게 하며, 의도적으로 학생들의 L1을 단원 내 관련 L2 용어와 연결시킨다. 학생들의 L1과 배경지식을 전략적으로 활용하여 학습에 필요한 장비를 갖추는 것 외에도, 개인적 용어집은 2개 국어를 자원으로 삼아 교과(학문) 언어를 더욱 발전시킨다. 단원 후반부에, Hassan 씨는 이러한 배경지식의 원천으로 돌아가 학습자들이 날씨와 기후와 관련된 적절한 이해, 아이디어, 그리고 개념을 탐구할 수 있도록 할 뿐만 아니라, 문화적으로 관련되고 언어가 풍부한 수행과제에 대비할 수 있도록 한다. 캘리포니아 산불이나 칠레 지진 등 자신의 배경지식과 경험에 구체적으로 얽힌 사례 연구를 학생들에게 해석하게 함으로써 학생들이 날씨와 기후 관련 현상의 탐구에 더 깊이 뛰어들 수 있음을 인식한다. 문화적 배경지식을 통합하여 학생들에게 도전하고 지원하는 것을 넘어, Hassan 씨는 학습자에게 적절한 장비를 갖추고 콘텐츠에 공평하게 접근할 수 있도록 하기 위해 이전에 브레인스토밍된 언어 요구에 참여한다. 예를 들어, 그는 과학 교과서 구조와 특징에 대한 담화 수준의 특징을 인식하여, 텍스트 사용과 주석 활동을 모델링하는 학습 활동을 통합한다. 그는 또한 단원 전체의 교과(학문) 언어를 맥락화하도록 다른 모든 사건과 경험을 설계한다.

다시 생각하고 수정하기

학생들에게 학습을 준비하기 위한 지식, 기술, 도구, 경험을 갖추는 것 외에도, 우리는 어떻게 학습자들이 계속해서 토론하고, 협상하고, 이해를 깊게 할 수 있는지를 고려해야 한다. 넓이보다 깊이를 강조하는 가르침이 여기에 해당된다. 학습자들은 중요한 문제와 지속적으로 씨름하고 실제 상황으로의 전환을 촉진할 수 있는 학습에 참여할 시간과 폭넓은 기회와 시간이 필요하다. McTighe와 Wiggins(2004)는 "이해하는 것은 재고하고 반성하는 결과로 발전하고 심화시킨다"고 주장한다(p. 221). 학생들은 다양한 방법으로 문제와 개념을 이해하여 학습 단원에 걸쳐 설명하고, 해석하고, 적용하고, 관점을 가지고, 공감하고, 자기평가를 할 필요가 있다(McTighe & Wiggins, 2004).

따라서 이해를 증진시키기 위한 수업을 설계할 때, 교사들은 "학생들에게 빅 아이디어를 재고하고, 진척 상황을 반성하고, 그들의 작업을 수정할 수 있는 수많은 기회를 제공한다"(McTighe & Wiggins, 2012, p. 38). 2단계 평가에서 학습자의 1단계 목표와 성과 달성도를 강화하는 것을 목표로, 커리큘럼 설계자는 학생들이 중요한 아이디어를 재고하고, 기술을 연습하며, 산출물과 성과를 향상시키고, 학습, 사고, 이해를 반영할 수 있는 수업을 계획한다. 또한 그들은 학습자가 다른 교육적 맥락으로 전이하는 학습 전략을 사용하고 성찰할 수 있는 기회를 포함한다.

이 요소의 언어 렌즈는 사용 중인 언어의 중요성을 강조하는데, 학생들은 교실에서 의미 있는 방법으로 사용함으로써 언어를 발달시킨다(Walqui & van Lier, 2010). 일단 교과(학문) 학습 활동에 접근하기 위한 지식, 기술, 도구 또는 전략을 갖추고 나면, 학생들은 현실에서의 진정한 실천을 하면서 언어를 배우고 발달시킨다. 학습자들은 그들의 이해를 심화시키고 본질적인 질문들과 씨름하면서 교과 언어를 다시 살펴보고 연습할 수 있는 충분한 시간과 의미 있는 기회를 가져야 한다. 또 언어 렌즈를 사용하여 의도적으로 재고하고 수정하는 것은 학생들의 메타언어적 인식을 촉진하는 수업을 촉진한다. 교사가 학습자에게 언어 사용과 발달에 대해 성찰할 기회를 계획할 때, L1, L2, 언어 다양성의 연결이 생겨 학습과 언어 발달을 진전시키는 메타언어적 인식이 형성된다

(Bialystok, 1993; Nagy & Anderson, 1995). 이 네 번째 WHERETO의 재고 및 수정 요소 내에서 다음을 고려한다.

- 학생들은 어떻게 빅 아이디어를 재방문하고 중요한 교과(학문) 언어를 반복하는가?
- 교과(학문) 학습에 포함된 리허설을 필요로 하는 언어 능력은 무엇인가?
- 학생들은 사회문화적 · 인지적 · 언어적 · 교과(학문) 차원에 걸쳐 학습에 대해 성찰할 기회가 있는가?
- 수업은 어떻게 학생들의 메타언어적 인식을 명확하게 형성하는가?

여기서 핵심은 언어는 문법, 철자법 또는 어휘에 초점을 맞춘 별도의 수업을 통해서가 아니라 진정한 교과(학문) 학습을 통해 발달한다는 것이다. 3단계 학습계획을 세울 때, 교사들은 학생들이 언어를 완전하고 협력적인 맥락에서 사용하도록 유도하는 다중 학습 경험을 설계한다. 이러한 방식으로, 수업은 학습자가 2단계에서 설계된 언어가 풍부한 수행과제를 준비하면서 교과(학문) 학습과 언어 발달을 위한 1단계 목표를 달성할 수 있도록 지원한다.

Hassan 씨의 중학교 과학 단원으로 돌아가자. 3단계 학습계획에서는 1단계 목표에 직접 부합하는 다중 학습 경험을 설계하고, 2단계 수행과제에 대비한다. 그의 가장 중요한 목표는 학습자들에게 이해를 깊게 하고, 본질적인 질문을 다루고, 지식과 기술을 발전시키기 위해 다양한 협동적이고 인지적으로 요구되는 과제를 제공하는 것이다. 이를 염두에 두고, ① 복잡한 맥락을 해석하고 실험실 작업을 통해 코리올리 효과를 적용하기 위한 탐구 그룹, ② 날씨와 바람을 지도와 등압선로 설명하는 쌍방향 지도 연구 그룹, ③ 가열 패턴과 에너지의 변환에 대한 가설을 테스트해 보기 위한 직접적인 실험을 통합하는 학습계획이 있다.

이러한 체험은 학습자가 먼저 텍스트, 지도, 데이터를 활용해 지역 기후를 연구하고 비교한 후 농업기업에 보고서를 제작해 발표하는 컨설턴트로서의 역할로 과제를 리허설하고 수행할 수 있도록 준비한다. Hassan 씨는 학생들을 위해 반응적인 수업을 설계하면서 학습자 중심의 과제 중 교과(학문) 언어 발달을 위해 이중언어 단어장, 문장 틀, 그래픽 구성자를 통합했다. 또한 그가 과학 저널과 개인 용어집을 일관되게 사용하는 것은 각각 메타 인식과 메타언어적 인식을 촉진한다. 학생들이 다양한 문제 해결 방법으로 개방적 탐구학습 경험을 한 후, 그들의 과학저널은 해결책에 대한 성찰과 설명을 장려하고, 그들의 개인적인 용어들은 이중언어 번역 단어 부분과 동족어에 주의를 환기시킨다. Hassan 씨는 학습계획서 전반에 걸쳐 학습자가 이해를 재고하고 수정할 수 있는 시간과 공간을 제공하고, 이에 따라 교과(학문) 언어 및 수식어 인식을 발전시킬 수 있는 구조도 마련한다.

평가 및 반성

학생들은 이해를 재고하고 수정할 수 있는 수업 기회를 갖는 것과 함께 자신의 학습과 성과를 스스로 평가하고 성찰할 수 있는 기회를 통해 이익을 얻는다. 이에 따라 Wiggins과 McTighe(2012)는 효과적인 교사들이 "학생들이 형성평가에 기초해 진척도, 자기평가, 자기조정 등을 평가할 기회를 의도적으로 구축한다"고 주장한다. 이 WHERETO 요소는 제4장에서 탐구한 자기 지식 측면에 연결된다. 이러한 자기평가와 반성의 기회는 또한 1단계와 직접적으로 일치하여, 명확하고 투명한 학습자 설정과 목표와 개별적인 피드백을 제공하여 교과(학문) 학습과 발달을 촉진하는 교사들의 결과를 초래한다.

우리가 평가와 성찰의 이 WHERETO 요소에 언어 렌즈를 추가할 때, 우리는 학생들이 학습과 발달의 다차원에 걸쳐 자기평가를 할 수 있는 기회를 고려한다(Herrera, 2016). 학습자는 사회문화적 · 인지적 · 언어적 · 교과(학문) 학습에 관한 개인의 성장과 진보를 일관되게 자기반성해야 하며, 단원의 과정에 걸쳐 비계 학습에 대한 피드백을 받고 발달을 촉진해야 한다.

특히, 교과(학문) 이해와 관련 언어 사용에 초점을 맞춘 학생들의 역동적인 자기이해로부터, 교사들은 학습과 언어 발달을 확장하기 위해 경험이나 학습자를 설계한다. 이러한 노력에는 학습자가 L1 또는 L2에 관계없이 단원을 위한 개인적 목표를 위해 독립적으로 일할 수 있는 기회(학교 내 · 외부)를 제공하는 것이 포함된다. 평가와 반성의 다섯 번째 WHERETO 요소 내에서 다음을 고려한다.

- 학생들이 차원을 초월하여 학습을 스스로 평가할 수 있는 기회가 언제 있는가? 이러한 학생 학습의 자기평가를 통해 어떤 정보를 얻을 수 있는가?
- 어떻게 학생들이 단원을 넘어 교과(학문) 언어를 확장할 수 있을까?

• 어떻게 학생들이 L1에서 학습을 명시적으로 연결하고 확장할 수 있는가?

제3장에서 설명한 총체적 학생 프로파일을 생각해 보라. 이 프로파일은 교사들로 하여금 형식적이고 일화적인 데이터를 차원에 걸쳐 통합하여 문화적으로 언어적으로 반응하는 수업 설계를 안내하는 개별화된 목표를 설정하도록 촉구한다(Gay, 2010; Herrera, 2016; Lucas et al., 2008). 학습자가 단원 중 자기평가 및 반성을 통해 자신의 프로필에 동적으로 기여할 수 있으며 그런 다음 교사들은 이 데이터를 사용하여 진행 상황을 모니터링하고, 표적 피드백을 제공하며, 교과(학문) 학습과 언어 발달을 위한 추가 경험을 설계한다.

지금까지 중학교 과학 단원에서 우리는 Hassan 씨가 처음에 단원의 목표와 기대를 공유하고, 배경지식에 접근하여 흥미를 유발하고, 그다음으로 학생들을 의도적으로 참여시켜 학습에 필요한 장비를 갖추게 하고, 현장을 제공하여 이해력과 교과(학문) 언어를 발전시키는 방법을 탐구해 왔다. 그는 이제 학습자들이 학습, 발달, 성과, 진보를 반성하면서 단원 전체에서 스스로 평가하도록 하고, 교과(학문) 학습과 언어 발달을 수업실 기반 경험 이상으로 확대하기를 원한다. 단원의 목표 및 예상 성과와 연계되고 학생 학습 및 발달 차원에 이르는 자기평가 기회를 통합한다(Herrera, 2016). 학생들은 배경지식의 출처(사회문화적 차원)를 반성하고, 과학저널(인지적 차원)에 문제 해결 과정을 해명하며, 수행과제(언어학 및 학술적 영역)에 이어 단원 학습과 언어 발달을 종합해 단원 전체에 걸쳐 자기평가를 한다. Hassan 씨는 매일 수업 계획에 대한 이해를 위해 점검을 통해 추가적인 자기평가 자료를 수집한다. 공식적인 학교 기반의 과학 학습을 벗어나 언어 발달을 확장하고 학생들의 목표 달성을 계속하기 위해, Hassan 씨는 고국에서의 사전 경험이나 날씨와 기후에 대한 사례 연구와 같은 실제 연습과 경험을 통합한 학습 활동을 통합한다. 그는 또한 스페인어, 치카노 영어, 토착어 등 학생들의 L1에서 교과 언어 발달을 연장하려는 의도로 영어 이외의 다른 언어(LOTEs)와 트랜스랭기징 사용을 단원 전체에서 권장하고 있다.

학습 경험을 맞추기

목표와 기대치를 정의하고, 흥미를 유발하고, 학생들이 학습에 임할 수 있도록 하고, 모든 학생이 다시 생각하고, 수정하고, 평가하고, 반성할 수 있도록 경험을 설계한 후,

우리는 개별 학습자를 위한 수업을 어떻게 차별화할 것인가를 고려한다. McTighe와 Wiggins(2004)는 학습계획에 "배경지식과 경험, 기술 수준, 관심사, 재능 및 학습 스타일에서 학생들의 차이를 해결하기 위해 [단원] 설계를 맞춤화하는 방법"을 어떻게 통합하는지 설명한다(p. 224). 이러한 WHERETO 요소는 학습 단원의 학습목표를 유지하면서 개인 맞춤화된 학습에 초점을 맞춘다. 즉, 교실에 있는 개별 학생의 능력과 필요에 기초하여 교사는 자신이 가르치는 학생들의 다양한 요구, 관심사, 스타일을 다루기 위해 어떻게 학습을 맞춤화할 수 있는지 고려해야 한다. 그런 다음 교사는 교과(학문) 주제에 접근할 수 있는 특정 방법, 다양한 방법으로 학습자를 수용하고 이해도를 입증할 수 있는 옵션을 제공하는 등 단원 전체에 걸쳐 학습 경험의 내용, 과정 및 산출물을 차별화한다(Tomlinson, 2007–2008; Wiggins & McTighe, 2005, 2001).

이 WHERETO 요소에 언어 렌즈를 추가할 때, 우리는 독특하고 다양한 배경, 능력, 강점 및 니즈를 가진 학생들을 위해 어떻게 맞춤식 수업을 할 수 있는지 고려한다. 커리큘럼 설계자는 사전계획 데이터를 사용하여 학생 학습 및 발달의 사회문화적·인지적·언어적 및 교과(학문) 차원에 따라 수업을 차별화한다(Collier & Thomas, 2007; Herrera, 2016). 교사는 학습계획서 전반에 걸쳐 문화적·언어적 렌즈로 차별화해야 하며, 문화적 관련성을 위한 맥락과 언어적 뒷받침이 있는 비계적 과제를 선정해야 한다. 이 중요한 WHERETO 요소 내에서 학습 경험 맞춤화의 다음을 고려하라.

- 학생들의 배경지식을 활용하는 과제와 텍스트는 어떻게 통합되어 있는가?
- 과제와 텍스트는 알고 사고하고 대응하는 독특한 방법을 제공하고 있는가?
- 구어, 읽기, 쓰기에 대한 비계가 있는 경험은 언어가 풍부한가?
- 어떻게 차별화된 그래픽, 감각, 상호작용 지원을 통해 개별 학생들이 산출물과 수행에 공평하게 접근할 수 있는가?

공평한 접근에 대한 우리의 중요한 의도를 염두에 두고, 우리는 언어 능력, 공식적인 학교교육 경험 또는 다른 요소와 관계없이 모든 학생들이 2단계 학습목표를 달성하고, 2단계 평가에서 학습을 시연하고, 3단계 교육에 적극적으로 참여하도록 수업을 계획하고자 한다. 따라서 UbD 단계 전체에 걸쳐 맞춤형으로, WHERETO 요소는 개별 학생들을 위한 비계 학습 활동을 진행하기 위해 전체론적으로 단원을 검토하도록 우리에게 촉구한다.

날씨와 기후에 관한 중학교 과학 단원 전체에서, Hassan 씨는 그의 교실에서 독특한 학습자들에 대한 대응으로 수업을 설계했다. 도심 학교에 다니는 학생들은 주로 멕시코, 중앙아메리카, 남미에서 온 이민 1세대와 2세대들을 포함한 라틴계 학생들이다. 학생의 L1 배경에는 스페인어, 치카노 영어, 다양한 토착 언어(Itzel이 말하는 Kaqchikel 포함)가 있다. 학습 경험 맞춤화를 목표로 전략적으로 선정된 사례 학습 텍스트를 포함시키고 성과 과제를 미국과 중남미 지역에 집중하는 등 단원 전반에 학생들의 배경지식을 통합했다.

그는 연구 그룹, 상호작용적 지도 연구 그룹, 실습 연구 팀을 사용하여 협력적인 인지 과제의 집합으로 돌아가면서, 특히 비계를 통합하여 학습자가 구술, 읽기, 쓰기를 사용하여 다양한 방법으로 문제를 해결하는 진정 언어적으로 풍부한 경험을 촉진한다. Itzel과 같은 ELs, SLIFE 학생들이 포함된 그의 제자들에 대한 지식을 바탕으로, 이러한 대화형 및 실습형 교과 과제는 현실, 조작형, 도표, 모델, 그림, 차트, 그래픽 조직자, 표, 그래프 및 관련 기술을 포함한 목표로 삼은 수업 지원을 포함한다(WIDA, 2007). 학습자의 배경에 맞춰 학습계획을 설계하는 것은 물론, 학습과 언어 발달의 육성을 위해 차별화된 비계와 지원을 접목시킴으로써, 단원의 목표를 달성하기 위한 학생들의 공평한 접근을 우선시한다. 일일 수업 계획을 차별화하기 위한 추가 아이디어가 다음 장에서 제시될 것이다.

학습 조직화 및 계열화

개인 학습자의 능력과 니즈에 따라 차별화된 학습 경험을 바탕으로, 실천가들은 전체 학습계획을 학습 단원 전체에 걸쳐 구성 및 순서에 따라 나열하여 3단계 교육 설계를 완성한다. UbD 프레임워크는 교육자들이 단순히 페이지나 교과서를 따르거나 표준 문서에 열거된 순서에 따라 사실과 기술을 가르치는 것과 같은 선형적 진보를 넘어서도록 도전한다(Wiggins & McTighe, 2005). 그러한 접근 방식은 그 목표가 단순히 내용 범위라는 것을 시사하는데, 이 수업에서는 특정 표준이나 교과서 주제를 피상적으로 다루는 것을 목표로 한다. 앞에서 설명한 바와 같이, 이와는 대조적으로 수업 설계는 학생들이 진실되고 귀납적인 학습 경험을 통해 중요한 빅 아이디어와 본질적인 질문들을 다루면서 배우고, 발달하도록 해야 한다.

이를 위해 설계자는 학습을 전략적으로 설계하고 지속적인 교육, 학습 및 피드백

사이클로 스토리나 문제에 대한 협업적 탐구로서 배열하고 구조화한다(Wiggins & McTighe, 2005). 따라서 최종 WHERETO 요소는 교사들이 어떻게 하면 진정성 있고, 매력적이며, 효과적인 학습을 할 수 있는 교육을 구성할 수 있는지 먼저 고려하도록 촉구한다. 그런 다음 교사들은 실천가들에게 학습 경험을 전략적으로 나열하여 교과(학문) 내용에 포함시키고, 단원의 원하는 결과를 향한 진행 상황을 조정하여 3단계 설계를 마무리한다(Rogoff, 1995).

이 요소에 언어 렌즈를 추가할 때, 우리는 언어 발달을 극대화하기 위해 학습을 구성하고 나열하여, 학생들이 다른 사람들과 의미 있는 상호작용을 하게 하고, 시간이 지남에 따라 학문적 학습자들을 학문별 언어 사용에 참여시킨다. 협력은 학습과 언어 발전에 필수적이며, 학습자가 파트너나 소규모 그룹과 같은 서로 다른 협력적 맥락에서 다양한 목소리와 관점과 상호작용을 할 수 있도록 유연하고 전략적인 그룹의 사용을 촉진한다. 그러나 교사의 교과(학문) 전문지식이 학생들의 학습과 언어 발달을 중재하는 데도 사용되어야 하기 때문에 협업이 항상 동료들 사이에 있을 필요는 없다. 이런 식으로 교육자들은 자율학습 육성을 위해 모델링, 시연, 실습, 응용을 활용해 실천가들에게 학습을 어떻게 구성하고, 이를 교과(학문) 학습과 언어 발달로 순서를 정하는지를 고민해야 한다. 학습을 구성하고 나열하는 이 WHERETO 요소 내에서 다음을 고려하라.

- 학생들이 지속적으로 협력적 학습 경험에 참여하고 있는가?
- 학생들은 전체 그룹, 소그룹, 짝짓기, 개인 경험 등 다양한 맥락에서 학문(교과)적 언어를 배우고 사용하는가?
- 그 궤적이 학생들을 학문적 언어 사용에 효과적으로 실습(실천)하고 있는가?
- 이 궤적은 모델링과 실천을 통해 학습자들이 성공하도록 어떻게 설정되었는가?

우리가 알고 있는 바와 같이, 백워드 설계의 궁극적인 목표는 학생들이 2단계 평가에서 증명하는 전이, 의미, 습득을 위한 1단계 학습목표를 달성하는 것이다. 정렬된 학습경험을 설계한 후, 커리큘럼 설계자는 여러 맥락에서 의미 있는 협업을 통해 실제로 교과(학문) 학습과 언어 발달을 촉진하는 단계로 이러한 경험을 구성하고 순서를 정한다.

중학교 과학 수업을 위한 UbD 단원을 마무리하기 위해, Hassan 씨는 학습계획에서의 다양한 경험을 정리하고 순서를 정한다. 1단계 목표와 2단계 수행에 맞춰 진정으로 언어가 풍부한 경험을 설계한 그는 단원 계획의 전체적인 구조를 검토하고 수정한다.

이미 설계되어 있는 여러 대화형 경험을 통해, 그는 전체 그룹과의 논의 모델링을 촉진하기 및 소규모 조사 그룹에서의 실천 안내하기, 현장 랩 팀 및 사례 연구 그룹에서 동료 가이드 학습을 촉진하고 전략적으로 일치하는 집단과 같은 협업 맥락과 그룹 전략에 관한 구조적 세부 사항을 추가했다. 상호작용적 수업 연구를 위한 파트너와 자율적 수행을 위해 학습자를 준비시켰다.

　SLIFE 학생 및 신입생 수가 많기 때문에, 그는 과학 교실의 교과(학문) 이해와 적용에 학습자들을 실습 지도(도제 지도)해야 할 필요성을 인식한다. 따라서 Hassan 씨는 학습 계획을 세워서 학습 단원 초기에 교사 안내 경험을 보여 주고, 학습 단원 후반부에서 점점 더 동료 지도적이고 자율적인 경험을 하게 된다. 그는 또한 학생들의 L1 능력을 활용하기 위해 협력적 환경에서 그룹을 전략적으로 설계하는데, 이것은 발현하는 그리고 확립된 기존의 이중언어 학습자들이 내용에 접근하고 특정 학문 영역의 이중언어주의와 이중문해력을 발달시킬 수 있도록 돕는다. 3단계 궤적에 걸쳐 모델링, 시연, 토론 및 적용의 신중한 균형과 배치로 학생들은 시간이 지남에 따라 자신의 교과 학습과 언어 발달을 의도적으로 지원하는 진정한 학습 경험을 하게 된다.

　WHERETO 요소와 언어 렌즈를 결합하여 UbD의 3단계에 있는 단원 설계 수업을 실천가들에게 제공함으로써 학생들의 교과(학문) 학습과 언어 발달을 더욱 촉진한다. [그림 6-10]에는 WHERETO 요소가 언어 렌즈로 요약되어 있다.

교실 적용: 언어 발달을 지원하는 과제

　언어 발달에 대한 명시적인 관심을 가지고 3단계 커리큘럼 설계의 다양한 고려 사항과 요소를 논의한 후, 이제 그러한 아이디어를 실행 가능한 다음 단계로 통합하여 단원 계획을 UbD 프레임워크와 함께 알려 준다. 이 섹션에서는 UbD 계획표 3단계에서 학습계획 전반에 걸쳐 학생의 학습 및 언어 발달을 지원하는 방법에 대해 개략적으로 설명한다.

학생 데이터 및 포괄적 학습목표 재검토

UbD의 백워드 프레임워크의 원칙을 수용하면서 학습을 위한 최종 목표와 학생들의 다차원적 발달에 대해 수집되고 편집된 역동적 데이터를 자주 검토해야 한다. 각 학습단원에 따른 최신 정보로 유지되는 총체적 학생 프로파일을 사용하여, 학습자의 능력과 니즈를 수업에서 고려한다—포인트 A. 전이, 의미 및 습득을 위한 최종 목표와 학생들이 이러한 목표를 향한 진전을 보여 줄 평가—포인트 B를 검토하라. 3단계 학습계획을 A 지점에서 B 지점으로 이동하는 학생들을 지원하고 도전하는 도구로 생각해 보라.

요소*	언어 렌즈
W	• 학생들은 언어 발달 목표를 포함한 단원 목표를 알고 있는가? • 학생들은 과제와 평가에서 언어를 어떻게 사용할 것인가? • 이 교과(학문) 언어가 어떻게 학교와 실세계 토픽으로 전이될 것인가? • 학생들이 가정, 지역사회, 학교에서 가져오는 관련 자원은 무엇인가?
H	• 학생들의 배경을 어떻게 하면 개인적인 경험, 취미, 열정, 감정적 연줄과 흥미를 연결시킬 수 있을까? • 학생들의 배경이 계속 관심을 가질 수 있도록 수업에 통합되어 있는가? • 학생들의 L1이 학생들의 흥미를 끌기 위한 언어적 매개체로 사용될 수 있을까? • 학생들의 흥미를 끌기 위해 수업의 언어가 이해될 수 있는가?
E	• 학생들의 배경지식은 단원학습과 명확하게 어떻게 연관되어 있는가? • 어떻게 학생들의 L1이 학습목표에 관여하는 데 필요한 언어와 연결될 수 있을까? • 언어적 지식이나 기술을 직접 가르칠 필요가 있는가? • 어떻게 교과 언어가 맥락화되어 빅 아이디어의 탐구를 지원할 수 있을까? • 어떤 교외 경험들이 교과(학문) 언어를 더 발달시키고 확장시키는가?
R	• 학생들은 어떻게 빅 아이디어를 재검토하고 중요한 교과(학문) 언어를 반복하는가? • 교과(학문) 학습에 포함된 리허설을 필요로 하는 언어 능력은 무엇인가? • 학생들은 사회문화적·인지적·언어적·교과(학문) 차원에 걸쳐 학습에 대해 성찰할 기회가 있는가? • 수업은 어떻게 학생들의 메타언어적 인식을 명확하게 형성하는가?
E	• 학생들이 차원을 초월하여 학습을 스스로 평가할 수 있는 기회가 언제 있는가? • 이러한 학생 학습의 자기평가를 통해 어떤 정보를 얻을 수 있는가? • 어떻게 학생들이 단원을 넘어 고의로 교과(학문) 언어를 확장할 수 있을까? • 어떻게 학생들이 L1에서 학습을 명시적으로 연결하고 확장할 수 있는가?

T	• 학생들의 배경지식을 활용하는 과제와 텍스트는 어떻게 통합되어 있는가? • 과제와 텍스트가 알고 사고하고 대응하는 독특한 방법을 제공하고 있는가? • 구어, 읽기, 쓰기에 대한 비계가 있는 경험은 언어가 풍부한가? • 어떻게 차별화된 그래픽, 감각 및 상호작용 지원이 개별 CLD 학생들이 산출물과 수행에 공평하게 접근할 수 있게 하는가?
O	• 학생들이 지속적으로 협력적 학습 경험에 참여하고 있는가? • 학생들은 전체 그룹, 소그룹, 짝짓기, 개인 경험 등 다양한 맥락에서 교과(학문) 언어를 배우고 사용하는가? • 그 궤적이 학생들을 학문(교과)적 언어에 효과적으로 실습(실천)하고 있는가? • 이 궤적은 모델링과 실천을 통해 학습자들이 성공하도록 어떻게 설정되었는가?

[그림 6-10] 언어의 렌즈가 있는 WHERETO 요소

* WHERETO에 대한 〈부록〉의 설명을 참조.

언어가 풍부한 사건과 함께 학습계획 초안 작성

학생들이 1단계 목표에 도달할 수 있도록 학습계획을 계획하고, 2단계 평가에 대비한다. 이러한 목표와 평가는 언어 렌즈로 설계되었기 때문에 단원 계획에는 설계에 따른 일치된 교과(학문) 언어가 포함되어야 한다. 일반적으로 귀납적·상호작용적·진정한 학습 경험을 통해 이루어지는 언어 발달을 동시에 촉진하는 교과(학문) 학습을 설계하는 목표를 기억하라. 이러한 의미 있는 학습 맥락은 듣기, 말하기, 읽기 및 쓰기를 학습자가 L1과 L2를 모두 사용할 수 있는 기회와 통합해야 한다. 또한 적절한 스캐폴딩으로 학생들의 언어 발달을 지원하는 방법을 고려하라.

학생들의 차원을 활용하는 경험을 설계하기

언어가 풍부한 활동과 차별화된 언어 체계 통합 등 학문적 단원에 언어 렌즈를 적용하는 것 외에도 사회문화적·인지적 차원 전반에서 학생들의 학습과 발달을 고려한다(Herrera, 2016). 학생들은 교실에 배경지식, 인지 학습 전략 등 풍부한 문화 자원을 가지고 오는데, 이를 3단계 수업으로 통합해야 한다. 학습계획이 독특한 배경지식 소스와의 연결, 다양한 참여 및 의미 만들기 모드를 위한 유연성, 문화적으로 관련성이 있는 텍스트와 자료의 통합 등 학생의 자원에 지속적으로 적용되도록 하라.

WHERETO 요소를 사용하여 학습계획 수정

단원 수준 수업 설계의 이전 단계에 맞춰 학습 궤적을 철저히 초안 작성한 상태에서 WHERTO 요소를 사용하여 계획을 구체화하라. 목표와 기대치를 정의하고, 배경지식을 활용하고, 흥미를 유발하고, 흥미를 유지하며, 학생들이 학습에 적합하도록 하고, 성찰과 자기평가를 장려하고, 몰입하고 효과적인 도달과 학습을 위한 학습 활동을 맞춤형으로 개별화해 나열한다(Wiggins & McTighe, 2005). [그림 6-10]의 안내 질문을 사용하여 당신의 학습계획이 언어 발달을 촉진하고 학생들의 배경을 통합하는 방법을 고려하라. 학생들의 교과(학문) 학습과 언어 발달을 촉진하는 공평한 접근으로 엄격한 수업을 보장하도록 그에 따라 수정하라.

수업 설계의 전체 단계에 걸쳐 정렬하기

3단계 수업 설계를 모두 완료했으면 1단계 목표, 2단계 평가 및 3단계 학습계획에 대한 학습 단원을 검토하라. 특히 수업이 학생들의 이해를 심화시키고, 본질적 질문을 다루며, 학습을 새로운 맥락과 상황으로 이행할 수 있도록 하는 경우, 설계 단계 간의 정렬을 비판적으로 고려한다. (시간에 따라 업데이트한) 미리 계획한 데이터로 돌아가 언어에 풍부한 학습 경험과 적절한 지원 및 학습 체계로 학생들의 복잡하고 역동적인 배경, 능력, 강점 및 니즈를 수업 계획의 중심에 유지하도록 하라.

교실 장면: 학습을 위한 계획

Lindsay Niekra 씨는 시카고 북서쪽에 있는 Portage Park 커뮤니티에 있는 Peter Reinberg 초등학교 1학년 교사다. 한때 폴란드계가 압도적으로 많이 거주하던 Portage Park는 이제 지난 20년 동안 다른 지역에서 이주한 많은 라틴계 가족들이 살고 있다. 지역사회의 인구 변화를 반영하듯, Reinberg의 현재 학생 850명 중 70%가 라틴계 학생이고, 55%는 집에서 스페인어를 사용한다. 그럼에도 불구하고 이 지역의 역사적 뿌리는 지속되고 있으며, 10% 이상의 학생들이 폴란드계인 것으로 파악되고 있으며, 그들 중 다수는 L1 숙련도를 발달하고 유지하기 위해 인근 폴란드에 토요일 학교에 다니고 있다. Reinberg에는 스페인어, 폴란드어, 영어 외에 아랍어, 타갈로그어, 우크라이나어, 알바니아어, 루마니아어, 터키어, 아시리아어, 불가리아어, 광동어, 그리스어, 러시아어, 세르비아어, 텔루구어, 베트남어 등이 사용되고 있다. 약 80%의 학생들이 집에서 LOTE를 말하고 있으며, 35%는 표준화된 언어 능력 점수에 기초하여 공식적으로 ELs로 표기된다. 50명의 PreK-8 교사들은 스페인어, 폴란드어, 아랍어에 능통한 학생들을 포함하여 Reinberg 초등학교의 학생들의 학습을 지원한다. 다양한 언어적 요구를 충족시키기 위해, 각 1학년 레벨에는 스페인어를 사용하는 EL을 위한 스페인어 2개 국어 교실 1개, 다양한 언어 배경을 가진 EL을 위한 ESL 교실 1개, 영어 실력이 뛰어난 학생들을 위한 일반 교육 교실 1개가 있다.

　Niekra 씨는 자립형 초등교실에서 어학, 수학, 과학, 사회과의 핵심 분야를 아우르는 어린 학습자들의 학습, 자율성, 창의성을 함양하는 것을 목표로 코치, 멘토, 촉진자로서의 자신의 역할에 대해 설명한다. 영어, 폴란드어, 스페인어로 다국어를 구사하고 ESL과 2개 국어를 할 수 있는 초등교사로 자격증을 취득한 Niekra 씨는 폴란드어, 스페인어, 아랍어, 러시아어, 우크라이나어, 알바니아어 등 다양한 L1 배경을 가진 학생들을 가르친다. 그녀의 25명의 학생들 중 약 절반은 공식적으로 EL로 분류된다. 즉, 발현 수준에서 고급 수준에 이르는 모든 수준의 언어 능력을 갖추고 있으며, 나머지 절반은 집에서 2개의 언어를 구사하는 학생들이 LOTE를 말하고 있는 것으로 파악된다. Niekra 씨는 공식 라벨과 영역 전체에 걸쳐 언어 능력의 장면을 제공하는 ACCESS 점수 외에도 포트폴리오를 사용하여 학생들의 전체적인 유창성의 스냅 사진들을 상세히 기술한 스크랩북을 수집한다. 대부분의 학습자들이 그녀의 3개 언어 중 적어도 하나를 말할 때, 그녀는 그녀의 다국어주의를 이용하여 학년 초에 부모와 연결하여 그녀가 교실 수업에서 사용할 수 있는 풍부한 배경지식의 원천에 대한 정보를 수집한다. 그러고 나서 Niekra 씨는 학생들이 실생활 실천에 대비하도록 UbD 수업을 설계하고, 모든 학생의 언어 발달을 동시에 지원하는 엄격하고 진정한 교과 학습 경험을 제공하기 위해 의도적인 결정을 내린다.

　학년 초에 Niekra 씨는 지역사회 시민권과 사회적 정체성을 중심으로 한 읽고 쓰는 능력과 사회과 단원를 통합적으로 구현한다([그림 6-11] 참조). 일리노이 사회과 표준과 영어과에 대한 공통 핵심 주 표준에 맞추어, 이 단원은 사회 맥락에 걸친 기대치와 개인 및 가족에 대한 개인의 성찰에 대한 역사적 이해에 의해 형성되는 가정과 학교 커뮤니티에 대한 젊은 학습자들의 적극적이고 시민적 참여를 촉진하고자 한다. 이러한 사회과 목표는 학습자가 논픽션 텍스트, 가족 인터뷰, 시와 같은 다양한 출처의 정보를 찾고 평가하여 역사적 이해와 신원 구조를 모두 지원함으로써 원하는 읽고 쓸 수 있는 목표와 직접 연결된다.

지식과 기술에는 관련 어휘(예: 루틴), 비유어(예: 의인화), 문장 구조(예: 비교/대비), 정보 텍스트 구조(예: 목차) 등 교과 언어의 발달이 포함된다. Reinberg 스쿨의 맥락에서 독특하게 자리 잡은 이 수행과제는 학생들이 가정과 학교에서 규칙과 기대치를 설명하고 비교하며 대조하는 촌극과 함께 오리엔테이션 비디오를 공동으로 만들도록 권장한다. Niekra 씨는 학생들이 가족 인터뷰를 하고, 연구 프로젝트를 하고, 자전적 시를 쓰고, 다른 학습 활동을 하는 것을 포함하는 학습계획을 설계한다. 이것들은 그녀 자신의 일상 관찰과 함께, 학생들이 학습목표를 향해 나아가는 과정을 평가하기 위해 데이터를 수집하고 분석할 수 있는 충분한 기회를 제공한다. 1단계 목표를 달성하고 2단계 평가에서 학습을 시연하는 자신의 학생을 지원하기 위해, Niekra 씨는 배경지식을 활용하고, 협업 및 비판적 사고, 관련되고 복잡한 맥락을 통합하고 학생 개개인을 위한 차별화를 위해 교실을 넘어 언어를 확장하는 3단계 학습계획을 설계하기 위하여 언어 발달에 대한 심층적인 이해를 이용한다.

Niekra 씨는 흥미를 유발하고 단원 목표를 소개하기 위한 방법으로 학생들의 배경지식과 역할연기에 대한 호감을 활용하는 것으로 단원을 시작한다. 학생들은 2인 1조로 집에서 형제자매들과 놀거나, 지역사회에서 격일 파티에 참석하거나, 학교에서 소방훈련을 하는 등, 가정, 학교, 지역사회에서 서로 다른 상호작용을 한다. 그룹 전체 환경에서 일하는 Niekra 씨는 집에서 형제자매와 같이 지인들과 교회를 소통하는 등 시뮬레이션 참여자나 맥락을 변화시켜 학습자에게 도전장을 던지며, 다양한 설정에 따라 규칙과 기대가 어떻게 달라지는지 초기 고려를 촉진한다. 그녀는 자신의 특정 수업을 염두에 두고 학생들이 이 활동에서 유머와 즐거움을 찾아 나머지 단원들로 전이해 나갈 것으로 기대하고 있다. 또한 학생들의 시뮬레이션과 토론은 사회적 맥락에 걸친 규칙과 기대치에 대한 단원 목표와 관련된 배경지식과 경험에 대한 예리한 통찰력을 제공한다. 이는 학습계획서에 문화적으로 다양한 학습 경험 조사, 문화적·가족적 배경 조회에서 선행학습 경험에 대한 가족 면담 실시 가정과 지역사회 인공물들을 통해 정체성을 탐구하고 자전적 시를 쓰는 것 등 학생들의 배경지식을 활용하는 다양한 협업 과제가 포함되어 있어 단원의 구현에 필수적이다.

1단계-바라는 결과	
목표 설정	전이

<table>
<tr>
<td rowspan="4" valign="top">

SS.CV.2.1: 학교 내부와 외부의 다양한 환경에서 규칙이 어떻게 기능하는지 식별하고 설명하기

SS.IS.4.K-2: 사실과 의견을 구분하여 출처 평가하기

CCSS.ELA.W1.8: 성인의 지도와 지원을 받아, 경험으로부터 정보를 회수하거나 제공된 출처에서 정보를 수집하여 질문에 답하기

</td>
<td colspan="2" valign="top">

학생들은 다음의 과제를 수행하기 위하여 자신의 학습을 자율적으로 사용할 수 있을 것이다.

• 가정과 학교 규칙을 분석하여 능동적이고 시민으로서 참여하기
• 현재와 미래의 사건을 이해하기 위해 역사적 지식을 활용하기
• 아이디어를 지원하기 위해 다양한 출처의 정보를 찾고 평가하기

</td>
</tr>
<tr>
<td colspan="2" align="center">의미 구성</td>
</tr>
<tr>
<td valign="top">

이해

학생들은 다음 사항을 이해할 것이다.

• 개개인의 정체성은 다차원적이고 독특하다.
• 사람들은 개인으로서 그들이 누구인지 식별하는 유사점과 차이점을 가지고 있다.
• 다양한 사회적 맥락에는 행동 기대치에 영향을 미치는 다양한 관계(교사, 학생, 학부모/자녀)가 포함된다.

</td>
<td valign="top">

본질적인 질문

학생들은 다음 사항을 지속적으로 고려할 것이다.

• 나는 누구인가?
• 어떻게 나의 문화와 가족이 나의 정체성에 영향을 주는가?
• 우리는 왜 다른 맥락—집이나 학교—에서 다른 규칙을 가지는가?

</td>
</tr>
<tr>
<td colspan="2" align="center">습득</td>
</tr>
</table>

	습득 (계속)
학생들은 다음 사항을 알 것이다. • 학교와 가정/사회 환경에서의 다른 행동 기대치 • 사실과 의견의 차이 • 어휘(예: 전통, 일상, 휴일, 신념, 규칙, 기대, 개인, 관계) • 비유적 언어(예: 비유, 유사, 의인화, 과장) • 비교/대비(예: 유사하며, 고유하기 때문에 다르다) • 정보 텍스트 구조(예: 제목, 캡션, 용어집)	학생들은 다음 사항에 능숙해질 것이다. • 사실과 의견을 구분하기 • 가족 구성원을 자신과 비교하고 대조하기 • 개인의 계정을 정보 텍스트와 비교하고 대조하기 • 전 세계 어린이들에 대한 논픽션 맥락에서 정보를 찾기 • 가족 구성원과 다른 배경의 사람을 인터뷰하기 • 역할 놀이에 의해 다른 사회적 설정의 규칙을 적용하기

2단계-증거	
평가 기준	평가 증거
• 철저한 • 증거에 근거한 • 협력적 • 매력적	**수행과제** 당신의 임무는 학교 규칙을 모르는 Reinberg 학교에 새로 온 학생들을 위한 오리엔테이션 비디오를 만드는 것이다. 당신은 우리 학교의 행동에 대한 기대를 전이하고 그것을 당신의 가정과 지역사회의 규칙과 대조할 필요가 있다. 당신은 왜 우리가 가정과 학교에 대해 다른 규칙을 가지고 있는지를 증명하고 설명하기 위해 당신의 그룹과 함께 촌극을 만들 필요가 있다. 당신의 그룹은 대본을 쓰고 비디오에서 연기할 것이다. 당신의 비디오는 가정과 학교 규칙을 비교하고 대조해야 하며 왜 우리가 이런 환경에서 규칙이 필요한지 설명해야 한다.
• 상호적인 • 해석적 • 정확한 언어 • 묘사적 언어(비유어)	**보충 증거** • 관계 대 관계 인터뷰: 학생들은 면접 질문을 작성하여 면접을 지도한 다음, 사실이나 의견으로 답변을 문서화하고 코드화한다. • 다양한 학교 경험 조사: 학생들은 세계 각지의 어린이들에 대한 다른 행동 기대치를 확인하고 그것이 왜 그럴 수 있는지 설명하기 위해 추론을 한다. • 자전적 시: 학생들은 가족에 비해 비유적 언어를 사용하여 자신의 개인적 특성을 설명하는 시를 쓴다.

3단계-학습계획

사전평가

• 처음에는 개별적으로 그리고 다음에는 학생들이 다른 환경(예: 가정, 학교, 예배 장소)에서 그들의 행동을 인도하는 것으로 인식하는 협동적 브레인스토밍 규칙
• 예상 집합: 선생님은 가정/학교/사회 규칙과 관련된 사실과 의견의 목록을 제공한다. 학생들은 어느 것이 사실이고 어느 것이 의견인지 표시해야 한다.

학습 활동	형성평가
• 흥미 유발: 가정, 학교 및 사업 장소, 놀이, 예배 장소 등 다양한 환경에서 발생할 수 있는 역할극 행동/상호작용. 그런 다음 어머니와 같이 선생님과 교류하는 것과 같이 행동 규범을 바꿔서 다시 시도하라. • 본질적인 질문과 지식/기술 목표를 게시하고 토론하라. 학생들이 단원과 관련된 개인적인 목표를 설정하도록 한다. 장치 전체에 걸쳐 이러한 목표를 참조하고 반성하라. • 인터뷰로 구성된 논픽션 책인 Margriet Ruurs의 『School Days Around the World』를 소리 높여 읽으라. • L1에 따라 분류된 학생들은 문화적으로 다양한 학교 경험을 공동으로 연구하라. • 학생들 자신의 문화적 배경을 스스로 묻는다. 가족 나무, 가족이 살았던 곳을 보여 주는 지도, 가족 규칙/규범을 만들라. 이것을 사용하여 학생들이 가족 및 또래들과 함께 자신들의 유산, 언어, 가치관, 취미, 관심사에 대해서 토론하도록 하라.	• 주석을 단 교과서 활동 관찰 • 기술적 어휘, 다의어, 형태학적 구조를 포함한 단원의 교과 언어에 대한 개인 용어집 • 해석 및 적용에 대한 다양한 접근 방식을 설명하는 과학 저널 문항 • 단원 전체에 걸친 학습의 자기평가

- 벤 다이어그램을 사용하여 학생들은 자신의 정체성과 다른 사람들의 정체성에 대해 더 배우기 위해 비교하고 대조한다.
- 다양한 배경의 초청 연사를 교실로 초대하여 학생들이 인터뷰하도록 하라. 『School Days Around the World』와 유사한 스타일을 따라 질문을 생성하고 답변을 문서화하라.
- 학생이 선택한 친척과 가정에서 하는 관계형 면접(교사는 연령이나 출신국 등 학생과 다른 친척을 선택할 수 있는 방향과 제안 기준을 제시)을 위한 관계형 면접의 출제 및 적용
- 학생들은 자신의 집이나 지역사회에서 선택하여 수업 시간에 발표할 유물을 선택하고 학생의 정체성, 문화, 언어, 가족과의 연관성을 설명한다.
- 자기 이미지를 반성하는 아이들의 시와 사진 모음집 Wendy Ewald의 『The Best Part of Me』를 소리 내어 읽으십시오. 본문을 씨앗 아이디어로 모델링한 후 학생들은 자전적 시를 쓴다.
- 수행 작업 계획, 실습 및 프레젠테이션: 학생들은 2인 1조로 새로운 학생을 위한 학교 규칙 오리엔테이션 비디오를 만들고 수행한다.

[그림 6-11] Niekra 씨의 1학년 사회 단원

출처: Used with permission from Lindsay Niekra, Peter Reinberg Elementary School, Chicago.

Niekra 씨는 사회과 단원의 중심을 잡기 위해 1단계 학습목표에 맞춰 학생들의 학습과 언어 발달을 중재하기 위해 복잡하고 관련 있는 맥락을 선정한다. 전 세계의 미묘한 학교와 교육 경험을 탐구하는 논픽션 텍스트인 『School Days Around the World』(Ruurs, 2015)는 단원 전체에 걸쳐 핵심 텍스트 역할을 한다. 본문을 소리 내어 읽는 것 외에도, 이 수업은 문화적으로 다양한 학교교육 및 미묘한 교육 경험에 대한 가족 인터뷰에 대한 그들의 진행 중인 연구를 지도하기 위한 핵심 아이디어로서 본문의 다양한 삽화로 자주 돌아간다. Niekra 씨는 정보 텍스트 구조(예: 차례) 및 논픽션 텍스트에서 정보를 찾는 것과 관련된 언어 지식과 기술을 구축하기 위해 이 텍스트를 전략적으로 사용한다.

이후 단원에서는 1학년 학생들이 협동하여 『The Best Part of Me』(Ewald, 2002)를 읽고 탐구하는데, 이 시집은 정체성을 반성하는 아이들의 사진과 시집을 모은 것이다. 이제 그녀의 학생들이 다양한 사회적 환경에서 그들의 역할을 탐구해 왔기 때문에, 그녀는 그들이 그들의 문화, 가족, 경험에 의해 형성되는 그들 자신의 정체성을 고려하기를 원한다. 다른 아이들이 쓴 시를 탐구한 후 학생들은 자기 탐구와 자기반성의 수단으로 자전적인 시를 쓰기 시작한다. 시와 논픽션 장르를 아우르는 중재 텍스트는 Niekra 씨의 활기찬 1학년 교실에서 학생들에게 거울과 창을 모두 제공한다.

Niekra 씨는 협력 과제와 배경지식을 활용하는 복잡한 텍스트를 통합하는 것 외에

교실 장면: 학습을 위한 계획

도, 언어 발달을 확장, 비계, 지원하도록 학습계획을 설계한다. 단원 전체에 걸쳐, 그녀는 가족 규범과 개인의 정체성을 탐구하고 토론할 때 학생들에게 L1을 고려하도록 명시적으로 촉구한다. 이 언어 렌즈는 그녀 자신의 다언어주의와 메타언어적 인식을 이용하여 그녀가 언어 간의 유사성과 차이점에 주의를 환기할 수 있는 일관된 기회를 제공한다. 학생들의 L1은 또한 관련 어휘(예: 기대/기대, 전통/전통 영어/스페인어)에서 인지하고, 발현 수준의 이중언어를 위한 텍스트(예: 폴란드어로 된 자전적 시)를 번역하고, 전략적인 소그룹 및 언어 발달을 지원하는 데 자주 사용된다. L1 기반 파트너 교사 모델링에서 학생 질의에 이르는 학습 활동을 포함한 3단계 학습계획의 비계 설계를 넘어, Niekra 씨는 일상생활에서 CLD 학생들의 학습과 언어 발달을 지원하고 있다. 1학년 교사로서, 특히 이 학년의 초창기 시기에, 그녀는 더 큰 단원의 모든 수업에서 개별적인 학생 학습에 대한 차별화의 필요성을 인식한다. 언어 렌즈를 이용한 수업 수준의 계획은 다음 장에서 자세히 설명한다.

요약

UbD의 3단계에 초점을 맞춘 이 장은 다양한 학생들의 학문(교과)적 학습과 언어 발달을 지원하는 학습계획을 설계하는 교육자들을 중심으로 하였다. 배경지식 접근, 의미 있는 협업 촉진, 복잡하고 적절한 텍스트 활용, 맥락 간의 전이 촉진, 차별화된 지원 등 학습 단원에 걸쳐 언어 발달을 위한 발판을 마련할 수 있는 방안을 검토했다. 이전 단계들이 형평성에 중점을 두었던 것과 비슷하게, 3단계는 교육자들이 학생들이 교과 학습과 언어 발달을 위한 습득 목표 외에도 엄격한 전이와 의미 구성 목표에 도달하도록 참여시키고 지원하는 언어가 풍부한 수업을 설계하는 것을 목표로 한다.

3단계 UbD를 입안한 후 교육자들은 언어 발달을 지원하고 CLD 학생들을 참여시키기 위한 효과적이고 적절한 비계, 지원, 그리고 자료를 통합하기 위한 학습계획으로 돌아간다. 이렇게 큰 단원 수준의 학습 궤적을 바탕으로 교사들이 개별 수업 계획을 설계해 매일 지도한다. 우리는 다음 장에서 UbD 프레임워크 내에서 수업 수준의 계획을 탐구한다.

PART **3**
교실과 학교에서
학습과 언어 발달

|7|
일일 학습 차별화하기:
언어 발달을 위한 수업 계획

이 장의 목표

전이 교육자들은 다음의 과제를 수행하기 위하여 자신의 학습을 자율적으로 사용할 수 있을 것이다.

• 학생들의 언어 발달과 엄격한 학문(교과)의 학습을 동시에 촉진하는 효과적이고 매력적인 수업 설계하기

이해 교육자들은 다음 사항을 이해할 것이다.

• 수업 수준의 백워드 설계는 단원 수준의 학습목표와 연계된 목표를 정의하고 학습을 계열화하는 것을 포함한다.

• 효과적인 수업은 흥미를 끌고, 복잡한 맥락과 과제에 도전하고, 의미 있는 상호작용을 통합하며, 학습과 언어 발달에 대한 반성을 통해 학생들이 몰입할 수 있도록 학습 활동(사태)을 계열화한다.

본질적인 질문 교육자들은 다음 사항을 지속적으로 고려할 것이다.

• 어떻게 수업 계획이 더 넓은 학습 단원으로 연결되는가?
• 학습목표는 학습과 언어 발달에서 어떤 역할을 하는가?
• 어떻게 수업이 처음부터 끝까지 언어를 통합할 수 있는가?

지식 교육자들은 다음 사항을 알 것이다.

• 언어 발달에 영향을 미치는 상황별 및 상황적 요인
• 언어 중심 학습목표의 세 가지 구성 요소
• 배경지식을 활성화하는 학습 활동
• 교과(학문) 학습을 혁신하는 학습 활동

- 언어 발달을 확장하는 학습 활동
- 이해도를 확인하는 학습 활동

기능 교육자들은 다음 사항에 능숙해질 것이다.

- 교과 학습 및 비계 언어 발달을 목표로 하는 학습목표 작성하기
- 모든 학생을 위한 적절한 학습 활동, 전략 및 지원을 포함한 수업을 계열화하기
- 단원 목표를 향한 학생들의 이해와 진척도를 점검하기 위하여 형성평가를 통합하기

이 장에서는 수업 수준의 백워드 설계에 언어 렌즈를 추가하여 학생들의 매일매일의 수업에서 언어 발달을 지원하는 방법을 고찰한다. 단원 수준의 설계 단계에 걸쳐 강조된 형평성 초점과 유사하게, 지식과 기술을 쌓는 동시에 언어 발달을 목표로 하고 지원하는 수업을 계획하고자 한다.

일일 교실 수업에서의 언어 발달

언어와 문화적 배경이 오늘날의 교실의 다양성을 보여 주는 두 학생을 다시 한번 소개한다. 그들의 이야기는 수업 수준에서 UbD에 대한 우리의 논의를 위한 맥락을 제공한다.

4학년의 Jesus

미국에서 태어나고 자란 Jesus는 할머니와 함께 큰 도시의 라틴계 공동체에 살고 있다. 물론 그의 우세하고 선호되는 언어는 영어이지만, 그는 유치원에 입학했을 때 EL로 분류되었다. 그의 할머니와 부모님이 가끔 집에서 스페인어를 사용한다는 등록 서류에 따르면, 이 학교는 표준화된 언어 능력 시험을 시행했다. 그는 구술에서는 높은 점수를 받았지만 문해력은 낮았다. 1학년 때, 그의 선생님은 특수교육 서비스 개입 과정을 시작했는데, 여기서 그의 읽기 유창성과 이해력에 영향을 미치는 학습장애를 가지고 있다고 그를 낙인찍었다. Jesus는 언어와 문해 발달과 관련된 니즈가 있을 뿐만 아니라 수업 중에 종종 부적절한 행동을 하였는데, 이것을 3학년 선생님은 그의 양친이 모두 감옥에 자주 드나드는 사실과 관련 지었다. 이제 4학년인 Jesus에게는 인지, 언어, 교

과(학문) 차원뿐 아니라 학습자로서의 사회적·정서적 욕구를 뒷받침하는 긍정적인 교실 환경을 조성하기 위해 특별히 노력하는 선생님이 있다. 개입과 모니터링 과정의 일환으로, 교실 교사, 특수교육 교사, 2개 국어를 구사하는 자원 교사가 꾸준히 협력하여 일일 교실 수업에서 그의 학습과 발달을 지원하고 있다. Jesus는 일상의 학습을 지도할 분명한 목표와 단계를 가지고 있으며, 또한 스승과 동료, 그리고 교과(학문) 내용과 교섭할 수 있는 충분한 상호작용과 지도적 비계를 가지고 있어 열심히 노력한다. 매일의 학습목표와 관련된 그의 이해를 정기적으로 확인함으로써, 그의 교사들은 그의 학습을 더 잘 점검하고 지원할 수 있었다.

11학년의 Astryd

2010년 아이티에서 발생한 자연재해로 인해 Astryd와 여동생은 미국 가정에 입양돼 농촌에 있는 집으로 이사했다. 주로 백인 및 라틴계 학생들로 구성된 지역 공립학교에 등록한 Astryd는 그녀의 반에서 유일한 아이티인 크리올 발화자였다. 외향적이고 자신감 넘치는 그녀는 정기적으로 교류하는 친구들의 모임을 만들었다. Astryd는 중학교 때 EL 서비스에서 시험을 치렀고, 더 이상 그녀는 언어 능력 검사에 기초하는 공식적인 라벨을 가지고 있지 않았다. 그녀가 고등학교로 진학할 때, 그녀의 외향적인 성격은 종종 언어적 욕구를 감추었고, 특히 교과(학문) 교육에서 언어 발달과 관련이 있었다. Astryd가 수업 시간 내내 자리를 옮기면서, 그녀의 다양한 선생님들은 그녀의 배구 팀과 학생회 참가와 같은 주제에 대한 일상적인 대화를 바탕으로 그녀의 영어가 수준이 높다고 인식했다. 이제 11학년이 된 Astryd와 함께, 그녀의 부모님은 패턴에 주목했다. 그녀의 성적은 전반적으로 평균이지만, 그녀의 성취는 교사에 따라 특정한 내용 영역 내에서 다양하다. 그녀의 부모님이 Astryd와 그들의 관찰에 대해 토론한 후, 그녀는 스스로 반성하고 그녀가 전통적인 시험과 퀴즈로 수업을 하는 선생님들과는 고군분투하지만, 협력적이고 탐구적인 환경에서 그녀의 학습을 지지하고 지지하는 선생님들과 잘 어울린다는 것을 깨닫는다. Astryd가 학교에서 이러한 깨달음을 공유한 후, 그녀의 수업 상담사는 교사들과 함께 화학, 물리학, 삼각법, 심리학, 역사 등 교과 수업에서 그녀의 언어 발달을 지원하는 방법을 알아보고 찾아낸다.

이해를 위한 수업 계획과 언어 발달

[그림 7-1]에서 보듯 UbD 설계 원칙은 모두 목적을 염두에 두고 시작하는 개념에 중점을 두고 수업 설계의 층위에 적용되어야 한다(Wiggins & McTighe, 2005, 2007, 2012). 주, 학군, 학교 등 거시적 차원에서 UbD 프레임워크를 사용할 때, 교육자들은 학습자를 위한 장기 목표를 설정하고, 초석 수행과제를 설계하며, K-12 학습 궤적을 가로지르는 수업을 지도하기 위해 커리큘럼 맵 초안을 작성한다. 교실에서 프레임워크를 사용할 때, 교사는 먼저 더 큰 과정 수준의 목표, 평가, 궤적을 초안한 다음, 교과(학문) 개념과 아이디어를 중심으로 깊고 진정한 학습을 함양하는 것을 목표로 하는 학습 단원을 설계한다. 수업 수준에서 적용되는 UbD 프레임워크는 교육자들이 학습에 대한 명확한 목표부터 시작하고, 정렬된 형성평가를 통합하고 최적의 참여를 위한 학습 활동을 계열화하고 통합하며, 학생들이 단원의 더 큰 목표를 향해 나아가도록 하는 것을 목표로 한다(Wiggins & McTighe, 2012). 이러한 모든 층위의 수업 설계는 학생들의 전반적인 학습, 발달 및 성취도를 지원하도록 조정되고 상호 연결되어야 한다. 수업은 단원 목표를 향한 학생들의 진보를 지원하며, 연간 과정 목표와 관련된 학습을 육성하며, 과정은 K-12에 걸쳐 장기적인 과목과 커리큘럼 목표를 향한 발달을 강화한다. 이런 식으로, 수업은 학생들의 전반적인 학습, 발달, 성취에 중요한 역할을 한다.

교사는 Jesus가 시도해야 할 명확한 학습목표와 교육 비계를 Jesus에게 제공하거나, Astryd에게 협력적·양방향적 학습에 참여할 수 있는 일관된 기회를 제공하는 등 매일의 교육적 결정을 통해 학생들의 배경, 강점, 니즈에 대응할 수 있다. UbD의 원칙과 문화적·언어적으로 반응하는 수업 실천을 융합함으로써, 우리의 목표는 교실의 역동적인 모먼트 대 순간 사건에서 언어 발달을 촉진하고 보다 넓은 코스 및 단원 목표와 직접 연결되는 단시 수업을 설계하는 것으로 나아가는 것이다(Heritage et al., 2015; Herrera, 2016). 이러한 노력에는 교과(학문) 학습과 언어 발달 모두에 대한 상징에 중점을 두고, 학습과 언어 목표를 향한 학생들의 진보를 형성평가하는 방법 모두에 중점을 두고, 배경지식을 활성화하고, 학문 학습에서 새로운 방식으로 언어를 사용하고, 교실 밖으로 언어 발달을 확장하는 학습 활동 설계 이벤트 모두에 중점을 두며 수업 목표를 정의하는 것이 포함된다. 수업 수준 백워드 설계의 특정 구성 요소를 고려하기 전에, 일상적 수업의 맥락별 및 상황별 특징을 좀 더 폭넓게 고려해 보자.

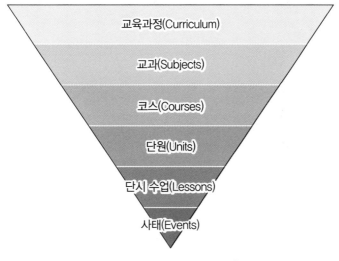

[그림 7-1] 수업 설계의 단계적 층위

출처: Based on Wiggins, G., & McTighe, J. (2011). *The Understanding by Design Guide to Creating High-Quality Units*. Alexandria, VA: ASCD.

일일 수업 실천에서의 언어 발달 지원

우리가 제3장에서 기술하고 이 책 전반에 걸쳐 단원 수준에서 통합한 문화적·언어적으로 반응하는 실천의 원리를 되돌아보라. 그러한 원리들은 여전히 수업 수준에도 작용하고 있다. 구체적으로, 우리는 학생들의 배경, 능력, 욕구에 먼저 대응하고, 그다음에 구체적으로 언어에 유의하고 스캐폴딩함으로써 학생들의 교과 학습과 언어 발달을 지원한다. 여러 차원(사회, 인지, 언어, 학문)에 걸쳐 학생의 학습 및 발달에 대한 업데이트된 프로필의 데이터를 사용하여, 우리는 의도적으로 수업 맥락과 상황을 설계한다([그림 7-2] 참조). 상황별 특징은 교실의 일상적인 물리적 환경에 내재된 암묵적 수업 요소들이다. 수업의 상황적 특징은 전략적 수업 계획과 학생 학습을 역동적으로 모니터하고 조정하기 위하여 교사가 내리는 매 순간의 결정을 포함하여 교실 수업을 구성하고 안내하는 명시적 사태다(Herrera, 2016). 이 섹션에서는 교실 환경의 상황별 특징과 교실 수준의 수업에서 상황별 특징을 사용하는 것을 포함하여 일상생활에서 학생의 언어 발달을 육성하고 지원하는 방법을 탐구한다.

[그림 7-2] **수업의 맥락적 및 상황적 특성**

교실 환경

교실 환경은 물리적 장치 배열, 벽면 디스플레이, 일반적인 기후 등 교육 환경에서 학습자가 보고 듣고 느끼는 모든 것에 따라 개념화될 수 있다. 학생들의 요구와 교육적 목표를 위해 설계된 교실은 포용성과 협력을 촉진하기 위해 호소력 있고, 편안하고, 체계적이고, 기능적이어야 한다(Bucholz & Sheffler, 2009).

연구는 잘 설계된 교실 환경이 특히 CLD 학생들의 사회적·정서적·문화적·언어적·교과(학문) 발달을 지원하는 데 효과적이라고 지적했다(Coleman & Goldenberg, 2010, Herrera, 2016; Wrigley, 2000). 언어에 렌즈를 추가하면서 ① 교실 문화와 공동체, ② 협력적 교실 조직, ③ 언어학적인 비계 환경 등 일상생활의 다양한 맥락적 특징을 통합한 교실 환경을 설계하는 방법을 고려한다.

교실 문화 및 공동체

교실 문화와 공동체란 학생들이 교과 학습에 종사하면서 언어에 대한 위험을 감수하고 안심할 수 있는 안전하고 환영받는 환경을 말한다. Stephen Krashen의 감정적인 필터 가설(Krashen, 1981, 1982, 2003)은 스트레스와 두려움이 학생들의 수업 실천 참여 의지에 부정적인 영향을 미치기 때문에 학습에 미치는 영향의 중요성을 상기시킨다. 학생들의 정서적 필터가 높거나 불안감, 스트레스, 상처 등을 느낄 때는 언어에 참여하거나 위험을 감수하지 않으려는 경향이 있다. 정서적 필터가 낮을 때 학습자들은 발생할 수 있는 오류에 대한 걱정 없이 참여하고 위험을 감수하는 것에 대해 안전하고 지지를 받고 있다는 편안함을 느낀다(Horwitz, 2001; Young, 1991). 전반적으로 긍정적인 교실 문화와 공동체는 언어 사용과 발전을 촉진하기 위해 학생들의 정서적인 필터를 낮춘다. 영향과 언어 발달 사이의 연관성 외에도, 학생들은 교사와 동료들이 그들의 고유한 문화적·언어적 배경과 정체성을 중시하고 통합할 때 동기부여를 받고 학습에 참여하게 된다(Harklau, 2000; McInerney, 2008; McKay & Wong, 1996).

관계성이 교실에서 언어 발달을 촉진하는 다양한 맥락적 요인을 견인한다. 유치원이든 고등학교 교실에서든 학생과 교사는 학문에 있어 서로를 지지하고 서로의 고유한 배경과 강점, 욕구를 상호 존중하는 포괄적 공동체로 함께 모여야 한다. 상호 교감 쌓기는 교사들이 안전한 공간을 육성하고 학습자가 자신에 대한 세부 사항을 소개하고 공유할 수 있는 기회를 안내하는 첫날부터 시작된다. 교사들은 학생들이 개인적인 감정, 생각, 질문, 아이디어를 공유하는 가운데, 매일 수업을 마치는 공동체 서클과 같은 긍정적인 교실의 문화를 유지하기 위해 학습자들에게 협력적으로 교실 비전, 공유된 기대, 일관된 절차를 작성하도록 촉구할 수 있다. 교실에서 형성된 강한 관계, 친밀감, 존경심으로 학생들은 안전한 공간과 역동적으로 배우고 발전할 수 있는 충분한 시간을 수용한다.

위험을 감수하고 오류를 범했다는 오명을 뒤집어씌우기보다는 이런 행동이 진정한 학습의 핵심 요소로 꼽힌다. 영어 외에도 모든 언어가 교실 안팎에서 환영받고, 존중받고, 전시되고, 격려된다. 이런 식으로 교사들은 학생들의 다양하고 독특한 배경과 정체성의 공유 가치와 축복을 도모한다.

긍정적인 교실 문화는 학생들을 반영하며, 그들의 배경과 정체성을 다양한 개인에 걸쳐 공동체를 육성하는 방식으로 통합한다. 그러한 문화를 만드는 것은 친목과 공동체를 형성하기 위해 학년 초와 학년 내내 학생들을 개인으로 알게 되는 것을 포함한다. 4학년 교사가 자신의 배경과 학습자로서의 욕구를 바탕으로 환영받고 안전한 교실 맥락을 구축하기 위해 노력한 Jesus의 이야기를 돌아보자. Jesus는 부모 두 명이 자주 투옥되는 상황에서 한결같은 관심과 강한 소속감으로 교실에서 발전하며, 특히 선생님의 조수 역할을 맡아 자신의 강점과 자원을 톡톡히 파고드는 책임감으로 성장하고 있다. 선생님은 정기적으로 학생 작품을 게시하고, Jesus는 그의 동료들에 의해 전시되고 기념될 그의 가장 자랑스러운 업적을 뽑는다. 학기가 시작된 이래 지역사회가 교실의 중심적인 면모를 갖추면서 교사와 학생 모두의 친분은 Jesus가 아이디어를 공유하고 위험을 감수하도록 장려한다. Astryd의 고등학교 수준의 언어 발달은 학생과 교사가 서로를 존중하는 따뜻하고 환영하는 교실 환경, 사고하고 공유하는 데 필요한 시간과 안전한 공간을 제공하는 참가자 간의 친밀감, 다언어와 다문화 배경과 정체성을 축하하고 가치 있게 생각할 수 있는 기회와 같은 유사한 맥락적 요소들로부터 지원받은 것이다.

협력적인 교실 조직

협력적 교실 조직이란 텍스트, 아이디어, 내용을 가지고 실세계 실천을 시뮬레이션하는 유의미한 언어가 풍부한 과제를 통해 학생들이 꾸준히 학습에 참여하는 상호적 맥락을 말한다. 지식은 사회문화적으로 구성되기 때문에 학습은 개인이 서로 교류할 때 일어난다(Vygotsky, 1978). 학습자 커뮤니티는 학생들이 서로 학습하는 데 적극적으로 참여한다─교사로부터 배우는 학생, 학생으로부터 배우는 교사, 학생으로부터 배우는 학생(Rogoff, 1997). 또래들은 학습과 자원 공유에 대한 공동 책임을 유지하며 의미있는 진정한 작업을 함께한다. 이런 방식으로 학습자들은 특정 학문 분야에 기반을 둔 학습에 종사하면서 영역 전체에 걸쳐 학문적 언어를 생산한다. 학생들의 학습과 언어 발달을 지원하기 위해 협력교실이 필요하다. 일부 사람들은 이것을 수업이나 단원에 대화형 전략을 통합하는 것과 같은 수업 요소로 볼 수 있지만, 협업은 교실 환경의 구조로 짜여져야 한다.

교실은 교실 설정, 그룹화 기법, 상호작용 구조를 통해 다국어로 능동적인 학습을 육성하는 협업 공간이어야 한다. 학생들이 언어를 사용함으로써 언어를 발달시키기 때문에 책상 등 교실 가구를 정리하여 학생들이 협업할 수 있는 기회를 극대화해야 한다.

협력 학습을 위한 짝꿍과 작은 그룹을 형성할 때, 교사는 학습목표에 따라 유연하거나 전략적인 그룹을 사용할 수 있다. 유연한 그룹화 전략은 학생들이 다양한 관점, 배경, 능력을 대표하는 학습자와 상호작용하도록 한다. 교사는 같은 L1의 학습자를 매칭하는 등 전략적 그룹을 통해 특정 학생을 의도적으로 결집시켜 트랜스랭기징, 이중 리터러시, 상호 호혜적 학습 지원을 유도할 수 있다. 그러나 단순히 가구와 학생들을 그룹으로 정리한다고 해서 반드시 생산적인 의사소통과 상호작용이 이루어지는 것은 아니다. 학생들이 또래들과 건설적인 대화를 하기 위해 협력적인 학습 기술을 쌓아야 하기 때문이다. 또한 교사는 특정 구성물(예: 문학계, 조사단, 실험실 파트너)과 역할(예: 촉진자, 녹음기, 리포터)을 사용하여 듣기, 말하기, 읽기, 쓰기를 실제로 교과 학습으로 통합하는 협업 작업을 의도적으로 구성할 수 있다.

효과적인 실천가들이 교실 환경에서 협동 학습을 설계하고 육성하며, 학생들의 독특한 배경과 능력으로부터 이끌어 내 수업 전체의 학습을 진전시킨다. Jesus에게 의미 있는 협력은 그가 학창 시절 내내 4학년 친구들과 교류하는 포용적인 교실 맥락에서 일어난다. 최소한의 제한적인 환경에서 전략적으로 비계를 세우고 학습을 지원하는 ESL, 특수교육, 교실 교사들의 코티칭 접근법에 의해 중재된 Jesus는 유연성과 전략적인 그룹을 통해 교과 학습에 적극적으로 참여한다. 교사들은 Jesus가 중요하고 적극적인 역할을 맡았을 때 소그룹 일에 가장 잘 참여한다는 것을 발견했다. Jesus는 특히 시간 관리자가 되는 것을 선호하는데, 이것은 Jesus가 그룹의 생산성을 동시에 유지하면서 자신의 조건에 따라 상호작용하는 학습에 기여할 수 있게 해 준다. Astryd는 고등학교 교실에서 비슷하게 협동심을 자극하는 학습자로서 성장하고 있다. 교사들은 책상을 행이 아닌 소그룹으로 구성하고, 일관된 절차와 빈번한 기회들을 교과 개념을 중심으로 동료들과 교류함으로써 그녀의 학습과 언어 발달을 촉진한다.

언어학적으로 비계가 있는 환경

언어가 풍부한 교실은 교실 전체에 걸쳐 있는 언어와 리터러시의 표적 사용을 통해 학생들의 학습을 유목적으로 지원하고 있다. 우리는 학생들이 유의미하고 진정한 학습 경험을 할 때 다양하고 가용한 스캐폴드와 지원을 이용하는 등 꾀가 많다는 것을 알고 있다(Zhao, 2012). 이러한 꾀와 지략은 영어를 모국어로 사용하는 영어 사용자들이 수업과 주변 환경의 다양한 측면에서 의미를 만들고 지원을 찾으려 하기 때문에 더욱 명백하다(Genishi, 2002; Stein, 1999). 교실 환경은 학생들에게 학습에 대한 일관되고 타깃팅된 언어와 읽고 쓸 수 있는 지원을 제공해야 한다.

연구는 내용과 언어 모두를 학습하기 위한 자원으로서 학생들의 모국어의 가치와 효능을 일관되게 증명해 왔다(예: Bialystok, 2016; Cummins, 1981, 2005; Krashen, 1985, 1990; Rossell & Baker, 1996; Willig, 1985 참조). 학생들이 기존의 언어 레퍼토리를 사용하여 교실 언어 사용에 의미를 부여함에 따라, 연구에서는 다국어를 사용하고, 발달시키고, 전시하고 그리고 관여함으로써 레퍼토리를 구축하고 확장할 것을 요구하고 있다(de Jong, 2011).

학생들의 언어 발달을 지원하기 위해 사용 가능한 모든 공간과 시간을 사용하는 교실—의미 있는 표시 장치에 벽 공간을 사용하고, 선반 공간을 유용한 자원으로 채우고, 언어와 읽고 쓰는 능력을 통합하기 위한 일일 수업을 설계한다. 벽 디스플레이는 특정한 문법 패턴에 초점을 맞춘 문장 줄기와, 2개 국어의 동족어나 학문적 어휘를 표적으로 하는 단어 벽 등을 특징으로 하여 언어 발달을 우선시할 수 있다.

모든 대표 언어로 제공되는 2개 국어 사전과 번역 소프트웨어와 같은 텍스트와 기술 기반의 자원은 학생들의 언어적 배경과 필요성에 기초하여 학습의 기초가 될 수 있다. 이러한 자원을 활용하면 다국어로 학습의 문서화를 장려하는 개인 용어집을 사용하는 등 구체적인 절차를 통해 학생의 메타언어적 인식과 역동적인 언어 구사 능력을 더욱 개발할 수 있다. 교사들이 학습자를 환영하고, 지시를 내리고, 자료를 배포할 때, 교사들이 관련 절차적 담화를 창의적이고 의도적으로 활용하여 구술과 문해력을 발달시킬 수 있다.

교실과 교실의 인쇄 기반 읽고 쓰는 자료는 단순히 인쇄를 위해 사용해서는 안 되며, 대신에 인쇄물은 언어 발달을 지원하는 특정한 목적을 제공해야 한다. 언어적으로 반응하는 교실에서, 인쇄물이 풍부한 환경은 교과 학습과 관련된 학생들의 언어적 배경과 요구에 반응한다. Jesus는 4학년 교사의 반복적인 교과 담화 때문에 일상 학습에 얽매여 있는 단어와 구절, 문장 구조를 자주 사용한다. 그의 ESL과 특수교육 교사들은 그의 언어 능력과 필요를 겨냥한 개별화된 절차를 설계하여 Jesus가 특정한 그래픽 조직자를 사용하여 필기하고 어휘를 기록하며 학습에 대해 성찰하도록 자극했다. Jesus는 자신이 학습의 자원으로 사용하는 풍부한 인쇄물 라벨과 단서 외에도 교사가 좋아하는 주제인 레슬링(Lucha libre)과 관련된 소설과 논픽션 책 등 문화적으로 관련이 있는 책들을 비축해 둔 교실 도서관에서 적극 성장한다. 고교 맥락에서 교과 용어 벽, 문장 줄기, 기술도구는 내용 영역 교실에 내재된 모든 학생의 언어 발달을 지원한다. 교사들은 특히 Astryd에게 2개 국어로 된 사전의 일관된 사용과 학습 단원을 위한 개인 용어집 작성을 통해 그녀의 아이티어 크리올(아이티 프랑스 말)을 학습 자원으로 사용하도록 권장한다.

교실 수업

배경지식, 협력적 인지 과제, 복잡하고 관련 있는 텍스트, 실세계 개념으로의 전이, 차별화된 비계 및 지원 등 단원 수준의 수업을 위한 핵심 원리 외에, 수업 수준의 언어 발달을 통합하기 위한 다른 원리도 고려해야 한다. 잘 알려져 있고 널리 사용되는 보호 수업 관찰 프로토콜인 SIOP[11](Echevarría et al., 2013)와 같이 수업 수준에서 ELs 및 언어 발달을 지원하기 위한 다른 프레임워크가 제시되었다. 다른 접근 방식과 달리 교수학적 유연성은 학습목표(1단계), 평가(2단계), 해당 학습 활동(3단계) 등 백워드 설계의 원칙을 유지하면서 허용된다. 앞에서 설명한 맥락적 요인 외에도 상황적 요인은 CLD 학생 학습에 영향을 미치며, 수업 계획과 현장 지원 모두를 위해 고려되어야 한다(Herrera, 2016). 다음 절에서는 ① 시연 및 모델링, ② 토론 및 적용, ③ 언어가 풍부한 학습 활동 등 세 가지 중요한 상황 요소를 살펴본다. 교사에서 학생으로 책임의 점진적 이양과 같은 수업 설계에서 선형적인 궤적을 따를 필요는 없지만, 학생들이 전이, 의미, 습득 목표를 달성하도록 지원하기 위해서는 다양한 맥락들이 필요하다는 점에 유의하기 바란다.

시연 및 모델링

시연과 모델링은 교사가 일상적인 교실 수업에서 학습자가 이해할 수 있는 방식으로 아이디어와 모델 실습을 도입하는 방식을 말한다. 이 개념은 이론적으로 이해 가능한 투입(입력)의 개념에 근거를 두고 있는데, 이 투입은 학생들의 언어 능력 수준을 '바로 넘어선' 언어적 특징과 기능을 포함하는 교사의 진정한 의사소통과 언어 사용에 초점을 맞추고 있다(Krashen, 1981, 2003). 즉, 우리는 학생들이 좌절하거나 압도하거나 복종하는 것이 아니라 우리의 연설과 선택된 맥락이 그들의 학습과 언어 발달에 도전하고 지지하도록 함으로써 그들이 듣고 읽는 것을 이해하기를 바란다. 교사의 언어 사용에 대한 강조 때문에 이해할 수 있는 입력에 대한 고려 사항은 교실 학습 맥락의 연속적인 교사 주도 측면에 놓여 있다([그림 7-3] 참조). 교사는 학생이 이해 가능한 언어를 사

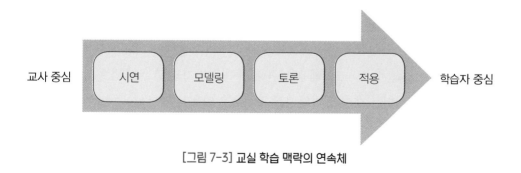

교사 중심 　시연　모델링　토론　적용　학습자 중심

[그림 7-3] 교실 학습 맥락의 연속체

---

1) 역자 주: Sheltered Instruction Observation Protocol로서 영어를 모국어로 사용하지 않는 영어 학습자에게 언어 능력과 학습 내용을 동시에 향상시켜 영어 학습자의 학습 능력을 키우는 데 목적이 있다.

용하여 교과 개념, 아이디어 및 방향을 시연하고 모델링하여 이해 가능한 투입을 촉진할 수 있으며, 그들의 사고, 학습 및 이해를 지원하고 도전하는 것을 목표로 한다. 이러한 상황적 요인은 ① 공식적인 수업 계획에 통합된 시연 및 모델링의 의도적인 기회와 ② 학습자의 이해를 보장하기 위해 언어 사용을 증폭하기 위한 형성 데이터를 사용하여 즉석의 현장에서 내리는 결정의 두 가지 방식으로 교실 수업에 통합된다(Herrera, 2016).

일일 수업을 계획할 때 교사들은 교과(학문) 개념과 언어를 시연하고 모델링할 수 있는 명시적 기회와 학습 사태뿐만 아니라 절차적 방향과 기대도 포함한다. 학습자 간 질의와 협업을 촉진하기 위한 학습자 중심의 교실에서도 시연과 모델링은 학습목표를 달성하는 데 있어 학생들이 성공하도록 설정하는 데 본질적인 역할을 한다. 많은 CLD 학생들의 입장이 되어 보라. 여러분은 크메르어, 우르두어 또는 스페인어와 같은 비원어민 언어로 교과 개념과 아이디어를 배우고 탐구하는 동료들과 교실에 있는 것이다. 교실 앞에 서서 선생님은 소그룹으로 여러분의 작품을 지도하기 위한 정보와 방향을 간략하게 말했을 뿐이지만, 학습목표나 기대는 여전히 불분명하다. 여러분이 이제 막 언어를 배우기 시작한 비상한 EL이든, 아니면 여러분이 공식적인 교실 환경 밖에서 언어에 대한 충분한 경험을 했든 간에, 선생님이 여러분에게 무엇을 해야 할지 단순히 말해 준다고 해서 그것이 반드시 이해로 이어지는 것은 아니다. 시연과 모델링은 교사들이 이해를 넓힐 수 있는 기회를 제공하므로 학생들이 학생 중심 학습에 성공할 수 있도록 한다. 교사들은 교과(학문) 개념의 시연이나 그룹 작업에 대한 절차적 기대의 모델을 교실 수준 수업에 명시적으로 포함시킴으로써 시각적·운동적 프롬프트로 구술어를 강화하고 모든 학생의 이해를 보장한다. 시연과 모델링이 항상 교사로부터 나와야 하는 것은 아니라는 점에 유의하라. 수업 설계는 동료들에게 L1과 트랜스랭기징의 사용을 통한 학습 중재를 포함하는 접근 방식으로 시연과 모델링을 촉진할 수 있다.

교육자들은 또한 교실에서 학습자들에게 도전하고 지원하는 현장 교육을 제공하기 위해 그 여지를 읽을 수 있다. 이해를 위한 관찰이나 점검과 같은 방법으로 수업 중에 수집된 형성적 데이터는 교사들이 학생들의 이해를 살펴보고 언어와 맥락을 수정하여 이해할 수 있도록 할 수 있다. 수업 설계에 내장된 유연성으로, 교사는 교사 모델링이나 학생 토론을 위한 더 많은 시간과 공간을 제공하기 위해 속도를 늦출 때를 인식하는 것과 같은, 수업 속도를 수정함으로써 이해 가능한 투입을 보장할 수 있다(Echevarría et al., 2013).

형성적 데이터는 또한 학생들이 개념이나 방향의 명확화 또는 반복을 통해 이득을 얼을 수 있는 시기를 나타낼 수 있다. 예를 들어, 다른 말로 아이디어를 바꾸어 표현하거나 학생들의 모국어로 구술 또는 서면으로 작성하는 서술문을 제공하는 것이다. 교사는 학생 학습, 이해 및 토론을 중재하기 위해 사용하는 질문과 프롬프트의 이해 가능도를 알아야 한다. 전략적으로 분류된 질문(예: 예/아니요, 짧은 구절, 확장된 응답)은 학생들이 응답할 수 있도록 하며, 따라서 언어 능력 수준에 걸쳐 적극적으로 참여할 수 있도록 한다. 마지막으로, 적절한 대기 시간을 허용하면 학습자가 인지적·언어적으로 질문이나 프롬프트를 처리하고 응답하는 데 필요한 시간을 얻을 수 있다(Echevarría et al., 2013). 아마도 우리가 매일 CLD 학생들을 위해 할 수 있는 가장 간단한 일 중 하나일 것이다. 대기 시간은 종종 활발한 대화를 유지하거나 포장된 수업 어젠다를 통과하기 위한 노력에서 방해를 받는다. 그럼에도 불구하고 학생들에게, 특히 영어 이외의 언어를 사용하는 학생들에게, 의미를 만들고, 본질적 질문을 다루고, 다양한 학습 맥락에서 반응하는 데 필요한 시간을 주는 것은 필수적이다.

토론과 적용

토론과 적용은 교실에서 언어, 특히 진정한 교과(학문) 학습과제에 내재된 언어를 생산하기 위한 기회를 말한다. 앞의 절에서는 이해 가능한 투입에 초점을 맞췄는데, 이는 학습자가 교사의 언어를 명확하고 일관되며 이해할 수 있어야 한다는 점을 강조한다(Krashen, 1981, 2003). 그러나 전체적으로 언어를 발달시키기 위해서는 학생들이 듣기나 읽기를 통해 선생님들로부터 수동적으로 언어를 받는 것 이상을 해야 한다. 유의미한 산출이라는 용어는 학습자가 ① 일일 수업에서 언어를 말하기와 쓰기로 생산하고, ② 상호작용을 통해 배우고 발달시키는 방법을 말한다(Fillmore, 1991). 학습과 언어 발달을 촉진하기 위해, 학생들은 매일의 수업 중에 언어를 자주 그리고 지속적으로 사용해야 한다. 토론과 적용의 이러한 상황적 요소들은 많은 교육자들에게 명백하게 보일 수 있는데, 특히 언어 학습의 역동적이고 상호작용적인 성격에 대한 이 책의 충분한 탐구 후에 더욱 그러하다. 교실은 늘 조용해서는 안 되며, 교사의 말에 지배되어서도 안 된다. 교육자들은 정말로 이해 가능한 투입을 통해 모델화하고, 시연하고, 비계를 세워야 하는 반면에, 학습자들은 매일의 수업에서 진정한(실제적인) 과제와 텍스트를 통해 아이디어를 토론하고, 본질적인 문제를 다루고, 학습을 적용할 충분한 시간이 필요하다.

협업은 토론을 일상 수업에 통합하는 방법과 이유를 모두 뒷받침하는 핵심이다. 협업을 통해 우리는 교육과 학습을 지도하는 본질적인 요소로서, 특히 동료 및 전문가들과 학생들의 상호작용이 교과 학습과 언어 발달을 어떻게 중재하는지 토론하는 것을 우선시한다(Vygotsky, 1978).

특히, 3단계에서 단원 수준 커리큘럼 궤적의 WHERETO 요소와 함께 협력적이고 맞춤화된 학습 경험을 통해 다른 장에서 진정한 학습의 핵심적인 측면으로서 협업을 탐구했다. 수업 수준에서 생산적인 대화가 교과(학문) 학습에 내재되고 학생들의 능력과 필요에 따라 차별화되도록 구체적인 내용을 수업 계획에 추가한다. 문화적이고 언어적으로 반응하는 실천에 대한 중심성 때문에, 단원 수준 평가와 교육에 공평하게 접근할 수 있도록 학생들이 수업 지원을 선택하고 맞춤화하기 위한 사전계획 데이터를 사용하는 것을 포함한 차별화가 이 책 전반에 걸쳐 논의되었다. 그럼에도 불구하고, 우리는 학습에 대한 감각적·그래픽적·상호작용적 지원을 포함하여 현장 비계를 제공하는 것을 목표로 하기 때문에 수업 수준에서 차별화가 더욱 뚜렷해진다(WIDA, 2007, 2012). 특히 그룹화는 일일 수업을 계획할 때 필수적이다. 교사들은 전체적인 목표와 관련된 학습과 발달을 촉진하기 위해 L1 배경이나 이질적인 언어 능력 수준을 사용하는 등 전략적으로, 또는 유연하게 학생들을 그룹화할 수 있다.

비록 협업이 학습을 촉진하는 매우 효과적인 방법이지만, 교육의 궁극적인 목표는 학생의 자율성이다. 사회문화적 관점에 기초하여, 교육자들은 다양한 학습 맥락과 다양한 전문가들의 지원을 통해 시간 경과에 따라 학생들을 지도했다(Rogoff, 2003; Vygotsky, 1978). 우리는 학생들이 지식과 기술을 독자적으로 입증하여 교실 수업에서 성공할 수 있도록 뿐만 아니라 (그리고 더 중요한) 학생들이 학교 안팎에서 진정한 환경에서 일하고 상호작용하는 자율적인 개인으로서 학습과 이해를 전이할 수 있기를 바란다(Wiggins & McTighe, 2005, 2007, 2012). 이를 염두에 두고 교사는 학생들에게 그래픽 구성자나 시각적 삽화와 같은 적절한 수업적 비계를 제공하여 학습의 자율적 실천과 적용을 용이하게 한다(Echevarría et al., 2013; WIDA, 2007). 개별적인 학습을 독립적으로 고려하고, 적용하고, 반성한 후에, 학생들은 이러한 이해들을 선생님과 동료들과 공유한다. 학생들이 비공식적 또는 공식적 수단을 통해 학습을 공유하든, 교사들은 이해도를 확인하고 언어 발달을 검토할 기회를 갖는다. 학습자가 위험을 감수하고 소그룹 및 전체 그룹 교실 학습 맥락에 걸쳐 동료들과 소통하기 위해 안전하고 편안하며 가치를 느껴야 하기 때문에 앞에서 설명한 상호 관련 상황별 요소와의 연관성에 유의해야 한다.

언어가 풍부한 학습 사태

학생들은 언어를 적극적으로 소통하고 사용함으로써 언어를 배우고 발달시켜 진정한 학문적 과제와 텍스트에 참여한다. 이해 가능한 투입의 원리와 유의미한 산출의 원리(Fillmore, 1991; Krashen, 1981, 2003)를 융합함으로써, 교사들은 학습자들이 모든 수업의 처음부터 끝까지 듣고 말하고 읽고 쓸 수 있는 진정한 기회를 통합할 수 있다. 학생들은 본질적 질문을 다루고 교과 이해력, 지식, 기술을 쌓기 때문에 교실 수업에서 의미 있는 방법으로 언어를 사용해야 한다. 매일 수업의 이러한 상황적 요인은 UbD 수업설계의 불가피한 결과로 인식될 수 있었는데, UbD 수업 설계는 이해의 여섯 측면과 관련된 언어 영역과 기능을 활용하는 진정한 학습과 의사소통 경험을 강조하기 때문이다(Wiggins & McTighe, 2005).

그럼에도 불구하고 언어 교육 분야의 역사적 접근법과 전통적 경향은 문법 훈련, 철자 시험, 단어 목록과 같은 수단을 통해 분리된 언어 기술을 행동주의적으로 가르치는 경향이 있었다. 오늘날의 교실에서 학생들은 교과 학습에 내재된 영역(읽기, 쓰기, 듣기, 말하기)에 걸친 언어 지식과 기술을 발달시켜야 한다. 학습자에게 일일 수업 범위에 걸쳐 모든 언어 영역을 사용하도록 유도하는 반면, 교사는 제3장에서 설명한 바와 같이 발달이 필요한 특정 영역을 구체적으로 공략하고 비계설정할 수 있다.

언어가 풍부한 학습 활동도 어휘의 가르침과 학습을 전략적으로 진정한 교과(학문) 과제로 통합한다. 어휘 교육에 대한 전통적인 접근 방식은 교과(학문) 용어를 미리 가르치는 것에 초점을 맞추어서, 학문 언어와 교과(학문) 학습을 분리시켰다. 특히 ELs의 경우, 복잡한 시험으로 엄격한 인지 과제에 참여하게 하기보다는 학생들이 기억에서 관련 어휘의 목록을 배우고 정의하도록 하는 보호되고 있는 교실에서 내용 기반 학습을 종종 본다.

대신에 언어에 대한 렌즈와 접목된 수업 수준의 UbD 설계에서는 언어와 내용 학습의 유목적적 합병을 권장한다(Lucas et al., 2008; van Lier & Walqui, 2012). 이러한 방식으로 교사는 어휘를 맥락화하거나, 학습자에게 학문적 텍스트와 과제의 맥락 안에서 핵심 용어를 인식하고 사용할 수 있는 수업의 비계를 제공하여 언어 발달을 지원한다(Walqui & van Lier, 2010). 교육자들은 실제로 CLD 학생들이 제4장에서 설명한 단어, 문장 및 담화 수준의 언어 특징을 포함하여 일상적인 교실 학습에 필요한 언어를 단원 수준에서 정확히 지적해야 한다(WIDA, 2012). 수업 수준에서 언어적 맹점을 발견한 후, 교사는 어휘(단어 수준 요구)를 맥락화하고, 교실에서 계획된 학습 사태와 현장 즉석의 스캐폴드를 통해 학생들의 전반적인 언어 발달(문장 수준 및 담화 수준 요구)을 지원할 수 있다.

일상생활에서 언어가 풍부한 학습 사태(활동)에 기여하는 언어는 영어뿐만이 아니다. 교실 수업은 학생들의 전체적인 언어 능력을 수용하여 다국어와 언어의 다양성에 대한 참여와 소통을 강화해야 한다. 제3장에서 기술한 바와 같이 L1은 언어와 개념 이해를 모두 발달시키는 기초가 되어 학생들의 L1을 1차 학습 자원으로 강조하고 통합하는 일일 수업을 촉진한다(Herrera, 2016). 어휘에 대한 우리의 토론을 고려해 보자. 단어 수준의 언어 발달을 촉진하기 위해 용어를 맥락화할 때, 교사는 영어와 스페인어와 같이 언어 간에 똑같이 보이고 들리는 단어인, 어원이 같은 언어에 대한 학생들의 인식을 형성할 수 있다([그림 7-4] 참조). 또한 학생들이 이중언어주의와 이중 리터러시를 통합하고 구축하기 위해 총체적 언어 레퍼토리로부터 끌어내거나 트랜스랭기징하도록 격려되어야 한다(Celic & Seltzer, 2011). 학생들의 언어적 배경과 연결될 뿐만 아니라, 트랜스랭기징은 사람들이 다양하고 세계화된 세계에서 상호작용할 때 다국어와 언어의 다양성을 사용하기 때문에 진정한 장면을 더욱 시뮬레이션한다. 이 상황적 요인은 어학, 수학, 과학, 사회, 미술, 체육, 건강, 외국어 등을 포함한 여러 분야의 모든 교실에 적용된다. 일일 수업은 교사의 언어 배경과 관계없이 학생의 L1을 의도적으로 통합해 학생들의 언어 자원을 중시하고, 진정한 학습 경험을 모의실험하며, 교과 학습과 언어 발달을 육성해야 한다.

언어	수학	과학	사회
biography/*biografia*	congruent/*congruente*	atmosphere/*atmosfera*	candidate/*candidato*
describe/*describer*	divide/*dividir*	atomic/*atomica*	congress/*congreso*
discuss/*discutir*	multiply/*multiplicar*	cells/*celulas*	democracy/*democracia*
exclaim/*exclamar*	numerator/*numerador*	classify/*clasificar*	document/*documento*
finally/*finalmente*	parallel/*paralelo*	concept/*concepto*	history/*historia*
list/*lista*	product/*producto*	diagram/*diagrama*	pioneer/*pionero*
novel/*novela*	quadrant/*cuadrante*	electricity/*electricidad*	population/*poblacion*
object/*objeto*	rhombus/*rombo*	elements/*elementos*	president/*presidente*
poem/*poema*	symmetry/*simetria*	geology/*geologia*	society/*sociedad*
problem/*problema*	vertex/*vertice*	laboratory/*laboratorio*	space/*espacio*
verb/*verbo*	volume/*volumen*	limitations/*limitaciones*	state/*estado*

[그림 7-4] 영어와 스페인어의 어원이 같은 사례

요약하면 교사는 다양한 맥락적·상황적 요소를 교실 수업 실천에 설계하고 실행함으로써 매일매일의 학생들의 교과 학습과 수업에서 언어 발달을 함양할 수 있다(Herrera, 2016). 매일의 실천에서 맥락적 특징은 긍정적인 문화와 공동체를 육성하고, 협력적인 맥락을 구성하고, 언어가 풍부한 교실 환경을 설계하는 것이다. 매일의 수업 실천의 상황적 특징으로는 시연과 모델링을 통한 학생 학습 중재, 토론과 적용, 교실 수업에서 언어가 풍부한 학습 사태(활동) 등이 있다. 매일 수업의 이러한 광범위한 맥락적·상황적 특징에 기초하여, 이제 우리는 수업 계획을 안내하기 위한 구체적인 고려 사항을 공유한다.

교과의 학문적 학습과 언어 발달을 위한 레슨 설계

수업 수준의 백워드 설계 또는 언어 발달은 학습목표, 활성화, 혁신, 확장, 이해를 위한 점검의 다섯 가지 요소를 특징으로 한다. 학습목표는 특히 단원의 목표와 학생의 능력과 필요에 내재된 언어를 대상으로 하는 학습목표를 정의한다. 활성화란 학생들의 배경지식을 활용하고, 흥미와 동기를 유발하고, 필요한 배경을 구축하고, 학습 목적을 설정하는 학습 활동이나 전략을 말한다. 혁신은 학생들의 유의미하고 진정한 교과(학문) 언어 사용 촉진에 초점을 맞춘다. 확장은 단원, 과정, 실세계까지 수업의 폭을 넓히는 데 초점을 맞춘다. 이해를 위한 점검 형태의 평가는 학생들이 수업 수준의 목표에 도달하고, 전이, 의미, 습득을 위한 단원 수준의 목표를 향해 나아가는 것을 보장한다. 활성화, 혁신, 확장, 이해를 위한 점검은 순차적인 궤적을 따를 필요가 없다. 예를 들어, 당신은 문제(혁신)에 대한 탐구로 시작을 하고 그다음, 그것을 사용하여 학습목표(활성화)를 제시하고 토론할 수 있다. 또는 목표를 향해 나아가는 학생들의 진도를 형식적으로 평가(이해 여부를 점검)한 다음 실세계에서의 실천(확장)으로 확장할 수 있다. 수업 궤적은 단원 목표와 학생의 강점과 니즈에 부합할 것이다. 즉, 어떻게 하면 학생들이 수업 목표에 도달할 수 있도록 학습을 가장 잘 촉진할 수 있는가?

이 섹션 전체에 걸쳐, 우리는 이전에 소개된 고등학교 영어 단원을 수업 수준에서 언어 발달에 대한 렌즈로 UbD 수업을 설계하는 방법의 예로서 사용한다(Brown, 2014; McTighe & Wiggins, 2004). J. D. Salinger의 전형적인 미국 소설인 『호밀밭의 파수꾼(The Catcher in the Rye)』을 중심으로, 그 단원은 주인공이 청소년기를 어떻게 표현하는

지 비판적으로 고려함으로써 소설이 인간의 경험과 어떻게 연결되는지 평가하도록 학생들에게 촉구한다.

Astryd의 영어 교사인 Kolodziej 씨는 이 소설이 1950년대 뉴욕시의 상류층 백인 청소년들에게만 국한된 풍부한 구어체 언어를 사용한다는 사실을 처음으로 인식하면서 주로 백인과 라틴계 중3 학생들을 위한 수업 계획을 세우고자 한다. 비록 저자의 언어가 그의 학생들에게 요구될지도 모르지만, 그것은 그 단원의 보다 큰 전이와 의미 목표를 달성하는 데 필수적이다. 따라서 교사는 청소년들의 현대적 묘사와 연결함으로써 본문에서 사용되는 언어에 대한 관심을 분명하게 환기시키는 것을 목표로 한다. 보다 큰 단원의 중요한 목표와 궤적 안에서, Kolodziej 씨는 학생들이 최근 역사 전반에 걸쳐 인기 있는 영화에서 청소년들의 다른 묘사를 탐구함으로써 초점 텍스트에 대한 본질적인 질문들과 씨름할 수 있는 수업을 설계한다.

언어 발달에 대한 명시적 렌즈를 사용하여, 그는 교과(학문) 수업에서 언어를 활성화, 혁신, 확장하기 위한 학습목표, 이해 확인, 학습 활동을 포함하는 1.5시간 블록 수업의 수업 계획을 초안한다([그림 7-5] 참조). 우리는 이 섹션 전체에 걸쳐 이러한 학습 활동과 결정을 더 깊이 탐구할 것이다.

학습목표 정의하기

학습목표는 레슨 수준의 수업을 마칠 때 학생 학습에 대한 바라는 성과를 정의한다. UbD 수업 설계의 중심인 수업 목표는 1단계에서 정의된 교과(학문) 목표와 관련 언어 지식과 기술을 모두 포함한 단원 수준 목표와 명확하게 연결된다. ELs를 위한 수업을 계획하는 것에 대한 전통적인 접근 방식에서, 특히 SIOP 모델, 내용 및 언어 목표는 별도로 작성되며, "그들[학생]이 내용을 이해하고 수업의 활동을 수행할 필요가 있는 교과(학문) 언어"를 명시한다(Echevarría et al., 2013, p. 32). 이 접근 방식은 교사가 UbD 수업 설계에 언어에 대한 명확한 렌즈를 추가하고 명시적으로 표시하도록 보장하며, 우리는 대신 내용과 언어 목표를 통합하며, 특히 WIDA 컨소시엄의 모델 수행 지표 초안을 의미 있는 교과 맥락에서 언어에 대한 목표를 설정하는 방법에서 도출한다(WIDA, 2012). 교과 학습과 언어 발달에 대한 동시적 렌즈를 통해 엄격함을 유지하는 것 외에도, 우리는 이 접근법이 계획과 시행 모두에서 교사들에게 더 합리적이라고 생각한다.

목표 설정	해당하는 단원 목표
CCSS ELA-Literacy(RL.11-12.2) 텍스트의 주제나 중심 아이디어를 2개 이상 결정하고 텍스트의 진행 과정에 따른 발달을 분석하기	• 전이 목표: 가상의 텍스트가 실제 경험에 대한 우리의 광범위한 이해에 어떻게 기여하는지 고려하고 평가하라. • 이해: Holden Caulfield는 일반적인 청소년 경험은 반영하지만 성장 및 타인과 관련된 깊은 개인적 문제를 만든다. • 본질적 질문: Holden은 청소년기를 대표하는가? 그는 비정상적인가, 아니면 모든 청소년이 비정상적인가?

학습목표
학생들은 다음 사항을 할 수 있을 것이다. • 작은 그룹으로 비디오를 사용하여 청소년을 묘사하는 데 사용되는 공통적인 특징 식별하기 • 그래픽 관리자(Graphic Organizer)를 사용하여 청소년의 표현을 비교하고 대조하기

이해를 위한 점검	다른 증거
트윗: 140자 이하로 Holden Caulfield를 다른 청소년들과 연결한다. 당신은 특정한 청소년기의 성격이나 자신과 비교하고 대조할 수도 있고, 모든 청소년과 연결되도록 확장할 수도 있다.	• Save the Last Word와 Gallery Walk, 그래픽 조직자 및 포스터 저장 • 쌍, 소규모 그룹 및 전체 그룹 작업 중 관찰 노트

학습계획
• 수업 전: 소설을 읽고, 여러분의 일기에 청소년기와 관련된 주목할 만한 인용구들과 본질적 질문들과 연관된 각 인용구에 대한 여러분의 반응을 기록함으로써 'Save the Last Word'를 준비하라. • 학생들의 흥미를 포착하고 비디오 클립 활동을 미리 보기 위해 영화 〈Superbad〉의 짤막한 클립을 보여 준다. • 단원 목표 및 전이 수업에 따라 레슨 목표, 기대치 및 궤적에 연결하라. • 'Save the Last word': 짝을 지어 따옴표와 응답을 차례로 공유하여 파트너가 사용자 자신의 응답을 하기 전에 귀하의 견적에 응답할 수 있도록 하라. 그룹 전체에서 본질적인 질문과 관련된 주요 아이디어를 공유한다. • 교사 모델링을 마친 후, 소규모 그룹들은 청소년을 묘사하는 영화: 〈Grease〉, 〈The Breakfast Club〉, 〈Igby Goes Down〉, 〈Mean Girls, and Juno〉를 시청한다. 행동과 언어 모두에 대한 클립 및 차트 관찰과 아이디어를 논의하라. 사춘기가 된다는 것은 무엇을 의미하는가? 진부한 것은 무엇인가? 그들이 무엇을 잘못 아는가? • Gallery Walk 포스터를 걸어 두라. 청소년기의 묘사에 대한 그래픽 기획자의 메모를 적어두어라. 청소년들의 묘사는 시간이 지남에 따라 어떻게 변했을까? 그 묘사는 Holden Caulfield와 어떻게 비교되는가? • 트윗: 140자 이하로 Holden Caulfield를 다른 청소년들과 연결한다. 당신은 특정한 청소년기의 성격이나 자신과 비교하고 대조할 수도 있고, 모든 청소년들과 연결되도록 확장할 수도 있다. • 숙제: 청소년이 되는 것이 무엇을 의미하는지 가족 구성원들의 인터뷰를 계획하고 실행하라.

[그림 7-5] 고등학교 영어 단원, 『호밀밭의 파수꾼』

언어에 대한 명시적 렌즈와 함께 기술될 때, 학습목표는 ① 언어 기능, ② 내용 어간, ③ 수업 지원의 세 가지 요소를 갖는다(WIDA, 2012). 모든 학습목표는 관찰할 수 있는 행동을 설명하는 동사를 사용하며, 특히 학생들이 언어를 사용하여 사회적 상호작용, 인지 처리 및 진정한 학습에 참여하는 바람직한 방식을 나타낸다. 이 관찰 가능한 동사는 언어 영역(듣기, 말하기, 읽기, 쓰기)과 언어 기능에 연결된다. 제4장에서 논의한 언어 기능은 분류, 기술, 분석, 예측, 논쟁 및 평가와 같은 인지적 과정에 일치한다(AACCW, 2010). 두 번째 구성 요소인 내용 어간은 특히 보다 큰 단원 수준의 목표인 설정된 기준, 전이 목표, 이해에 연계된 수업을 위한 교과 학문적 맥락을 규정한다. 마지막으로, 학습목표는 교사가 학습자를 위해 지원하고 차별화할 수 있는 자원을 선택하는 데 있어 수업 지원을 정확히 지적한다. 제5장과 제6장에서 기술한 바와 같이 현실과 신체 활동과 같은 감각 지원, 차트나 시간선 같은 그래픽 지원, L1 파트너나 멘토와 같은 쌍방향 지원 등은 교과 학습에 내재된 비계의 발달에 의도적으로 통합될 수 있다(WIDA, 2007). 이 세 가지 요소를 명확하고 간결한 문장으로 통합함으로써, 교사는 수업 수준의 수업에 대한 최종 목표를 명시적으로 정의하는 학습목표를 입안한다.

교사는 학생들의 언어 능력에 따라 학습목표를 구별할 수 있다. UbD 수업 설계에 언어에 대한 렌즈를 추가할 때 우리의 궁극적인 목표는 공정한 접근과 언어 발달을 위한 적절한 비계를 보장하면서 학문의 엄격함을 유지하는 것이라는 점을 기억하라. 이러한 학습목표의 세 가지 요소를 사용하여 교사는 ELs에 대한 기대 결과를 구별할 수 있으며, ① 언어 기능의 복잡성을 증가시키고, ② 내용 어간을 유지하며, ③ 수업 지원을 감소시킴으로써 L2 숙련도를 향상시킨다(WIDA, 2012). 제4장에서 설명한 것처럼 언어 기능은 복잡성이 다양하다. 발현 수준의 ELs는 시퀀싱 또는 라벨링으로 학습을 시연할 수 있는 반면, 고급 수준 또는 숙련된 수준의 학생은 종합 또는 일반화할 수 있다(AACCW, 2010).

따라서 교사는 동사를 수정하여 ELs가 언어를 다양한 방법으로 사용하여 학습을 증명할 수 있도록 한다. 언어 기능은 학생들이 언어를 사용함에 따라 복잡성이 증가하지만, 자율성을 강화하기 위해 수업 지원은 강도와 횟수를 줄여야 한다. 이를 염두에 두고 차별화된 학습목표는 감각, 그래픽 및 대화형 자원을 포함한 발현 수준의 ELs에 대한 다중 지원을 정확히 지적하는 반면, 고급 또는 숙련된 학생들은 비계가 거의 또는 전혀 없이 수행될 것으로 예상된다. 변경되지 않은 내용 어간은 단원 수준의 목표와 연계된 교과 학습에 지속적으로 집중할 수 있도록 보장한다. EL이 있는 교사에 대해서는 WIDA 프레임워크의 추가 탐색을 통해 학생의 언어 능숙도 수준, 구체적으로 모델 수행 지표에 따라 차별화된 학습목표를 도출하는 방법을 더 잘 이해할 것을 권고한다 (WIDA, 2012).

『호밀밭의 파수꾼』에 초점을 맞춘 영어 단원을 위한 수업을 계획할 때, Kolodziej 씨는 먼저 학생들의 학습과 언어 발달을 지원하는 수업을 지도하기 위한 학습목표를 입안한다. 이 수업의 전체적인 초점은 1단계 학습목표와 2단계 평가에 맞춰진 그의 3단계 학습계획에서 나온다. 그럼에도 불구하고 모든 일일 수업이 학생들이 더 큰 전이 및 의미 목표를 달성하는 데 도움이 되도록 하기 위해, 그는 학습 단원의 1단계 목표를 목표로 하여 수업 수준 설계를 시작한다. 이 과목을 위해 학습자들은 특히 전이 목표('실제 경험에 대한 우리의 폭넓은 이해에 가상의 텍스트가 어떻게 기여하는지 고려 및 평가'), 이해를 쌓기('Holden Caulfield는 일반적인 청소년 경험은 반영하지만 다른 사람들과 관련된 뿌리 깊은 개인적 문제를 감추기')를 위해 노력한다. 본질적인 질문을 다룬다("Holden은 청소년기를 대표하는가? 그는 비정상인가, 아니면 모든 청소년기는 비정상인가?"). Kolodziej 씨는 또한 학생들이 단원 목표를 달성하는 데 도전할 수 있는 관련 언어 요구들, 특히 Holden의 자국어 사용이 청소년기에 대한 그의 전반적인 묘사를 어떻게 지원하는지를 재검토한다.

이러한 단원 수준 목표에 기초하고 앞에서 설명한 세 가지 구성 요소를 사용하여([그림 7-6] 참조) 다음 학습목표를 입안한다. 학생들은 ① 소그룹으로 구성된 영상을 사용하여 청소년을 묘사하는 데 사용되는 공통적 특징을 식별하고, ② 그래픽 조직자를 사용하여 청소년의 표현을 비교 대조할 수 있게 된다. 그는 2학년 학생들이 이전에 영어 실력을 입증한 적이 있다는 점을 고려해 ELs의 이러한 목표를 차별화하지 않기로 선택했다. 그럼에도 불구하고 일부 학생들이 스페인어와 아이티어로 L1 능력을 가지고 있다는 것을 알고, 그는 반역할 수 있는 기회를 수업 계획에 통합할 계획이다.

언어 기능	내용 어간	수업 지원
식별하기	청소년을 묘사하는 데 사용되는 일반적인 특징	작은 그룹으로 비디오 사용
비교하고 대조하기	청소년의 대표성	그래픽 조직자 사용

[그림 7-6] 레슨 수준 학습목표의 예

배경지식의 활성화

CLD 학생들을 위한 교육적 설계에 대한 중심성 때문에 이 책 전반에 걸쳐 짜여진 주제인 배경지식은 학습자들이 가정, 지역사회, 학교에서 가져온 자원을 말한다(Herrera, 2016). 제6장에서 설명한 것처럼, 단원 수준에서 진정한 수업은 교육자들이 학생들의 배경지식을 활용한 다음 그것을 교실 학습에 직접 연결하도록 요구한다. 각 수업은 학생의 이전 경험과 고유한 자원에 접근하여 학습에 필요한 배경을 구축하는 학습 사태(활동)을 통합해야 하기 때문에 매일의 수업에서도 동일한 원리가 작동한다. 학생들은 수업 수준의 목표를 달성하는 발판이 되는 교실 학습에 귀중한 전문지식을 제공한다는 것을 알아야 한다(McTighe & Wiggins, 2004; Wiggins & McTighe, 2005). 학생들의 배경을 정의된 학습목표에 명시적으로 연결함으로써, 교사는 학생의 흥미를 자극하여 수업의 목표와 궤도에 대한 동기부여, 투입, 참여를 촉진한다. 다양한 학습 사태들(활동)은 교과(학문) 학습과 언어 발달을 준비하려는 의도로 학생들의 배경지식을 활성화하기 위해 일일 수업에 통합될 수 있다(그림 7-7) 참조).

Kolodziej 씨의 수업 계획에서 배경지식의 활성화를 생각해 보자. 단원이 시작되자 그는 Gary Soto의 'Baseball in April'과 같은 문화적으로 관련된 단편과 Lori Carlson의 'Cool Salsa'와 같은 시를 단원의 전이 목표와 연결된 성년의 묘사로 활용하였다(허구적인 텍스트가 실제 경험의 이해에 어떻게 기여하는가를 고찰하고 평가한다.).

수업 사태(활동)	수업 및 언어 고려 사항
인공물 기반 프롬프트	교사들은 공예품과 시각 자료를 이용해 학습자들의 감각을 두드려 사전지식을 활성화시킬 수 있다. 전략적으로 선택된 삽화, 사진 또는 실물 자료를 사용하여 학생들은 협력적으로 새로운 연결, 아이디어, 예측을 토론하거나 작성한다. 그런 다음 이것들은 학문별 개념과 언어에 직접 연결하기 위해 사용된다.
브레인스토밍	브레인스토밍 활동은 구술 및 서면 교과(학문) 언어를 사용하여 배경지식에 접근할 수 있는 구조를 제공한다. 활동은 단어 스플래시에서 떠오르는 모든 것에 대한 공개 브레인스토밍에서부터 학생들이 알고, 궁금해하고 배운 것을 KWL 차트에 나열하는 것, 회전 브레인스토밍에서 동료들에게 전이되는 개별 페이지에 구체적인 프롬프트를 제공하는 것, 그리고 첫 단어에 특정 단어를 넣고 완성하고 삼행렬로 배열하는 것까지 다양하다.
창의적인 반응	창의적인 대응을 통해 학습자가 도면을 제작하고 설명함으로써 사전지식을 활성화하고 공유할 수 있다. 말하기 그림이나 스케치 투 스케치 같은 교육 행사에서는 학생들이 주제 기반 프롬프트에 반응을 그린 다음 이를 비계로 삼아 관련 배경지식을 구두로 공유한다.

아이디어 기반 프롬프트	아이디어 기반 프롬프트는 수업 또는 단원과 관련된 다양한 진술 또는 질문에 대한 학생들의 응답을 중심으로 한다. 그래피티나 분필 토크 같은 교육적인 행사를 위해, 선생님들은 신문지 판이나 포스터 용지를 교실 주위에 배치한다. 각각은 생각을 유발하는 진술이나 질문을 가지고 있다. 학생들은 포스터로 돌아다니며 각 프롬프트에 답하며 동료들과 대화를 나누며 글을 쓴다.
상호작용적 설문조사	예시 집합은 예로부터 수업 학습과 관련된 문장을 사용하여 선행지식에 접근하기 위해 사용되어 왔다. 언어 발달을 촉진하기 위해, 교사는 설문조사 주변을 돌아다니는 것, 누군가를 찾는 것, 상호작용적 설문조사 기반 기술(예: Poll Everywhere, Kahoot)을 포함한 활동을 통해 상호작용을 통합할 수 있다.
미리 보기	미리 보기 활동은 이전 단원의 학생들의 이해나 수업과 같은 교과(학문) 지식으로부터 접근하고 구축하는 데 이상적이다. 교사는 단어 벽을 활용해 주제와 용어를 검토하고, 복잡한 텍스트 사용에 대비한 교과서 활동, 그림 산책 등을 통해 다른 책을 미리 보고 토론할 수 있다.
프롬프트 쌍	모든 학생이 주어진 주제에 대해 다양한 배경지식을 가지고 있기 때문에, 교사들은 단지 협력적인 사고와 공유를 촉진할 수 있다. 자극적인 짝짓기가 학생들을 한 쌍 또는 작은 그룹으로 통합하여, think-pair-share, read-write-pair-share, two-minute talk 또는 three-step interview와 같은 활동을 통해 주어진 주제에 따라 아이디어를 공유한다.
독자 반응	독자의 반응은 학습자가 이전에 읽은 텍스트와 협력적으로 연결하도록 한다. 학생들이 수업 전 중재문(예: 소설, 일반 서적, 교과서)을 자주 읽기 때문에 독자들이 의미 있는 성찰과 토론을 지원해 독서로 얻은 지식을 활성화한다. 예로는 타임 라인, 스토리 맵, 의미망, 서면 대화, 저자 복제 등이 있다(Short, Harste, & Burke, 1996).
학생의 관심사	교사는 수업과 관련된 학생들의 관심과 의견을 두드려 배경지식을 활성화할 수 있다. 교과(학문) 언어를 사용하여 주요 주제를 중심으로 설계되었으며, 교사는 학생들이 다른 학생들과 읽고 쓰고 구두로 토론할 수 있도록 관심 설문조사, 의견 조사 및 인터뷰를 설계한다.
단어 기반 프롬프트	단어 기반 프롬프트는 특정 단어나 구문으로 학생들의 사전지식을 활성화하는 데 초점을 맞춘다. 교사들은 앞으로의 수업과 관련된 어휘 용어들을 통합하는 질문들과 질문들을 초안한다. 학생들은 또래들과 그림 그리기, 쓰기, 구술에서 초점 단어에 반응할 수 있다.

[그림 7-7] 언어를 활성화하기 위한 학습 사태(events)

문화적으로 적절한 텍스트에 대한 면밀한 읽기와 성찰은 학생들에게 『호밀밭의 파수꾼』을 가까이서 읽을 수 있도록 준비시켰고, 특히 학생들이 본질적인 질문을 더 고민할 수 있는 가슴 아프고 주목할 만한 구절을 찾도록 했다. 단원 전체에 걸쳐 학습자들은 먼저 의미 있는 인용문을 옮겨 쓰고 나서 청소년기의 개인적인 경험을 바탕으로 대응한다는 내용을 읽으면서 이중 입력 일지를 유지해 왔다. 수업을 시작하기 위해, Kolodziej 씨는 학생들의 독자적 독서와 텍스트와의 개인적인 상호작용을 활용하기 위해 이 일관된 독자 반응 절차를 이용한다. 그는 학생 한 명이 『더블 엔트리 저널』의 첫 번째 칼럼에서 선택된 구절을 읽는 'Save the Last Word for Me'(Short et al., 1996) 전략을 구사해 파트너가 이전 경험을 바탕으로 대응할 수 있도록 했다. 파트너가 통찰력을 제공한 후, 한 학생은 두 번째 칼럼의 개인적인 반응을 읽어서 그 구절에 대한 대화를 촉진한다. 이러한 과정은 파트너 간에 교대하여 초점 본문의 교과 언어를 의도적으로 통합하는 협력적이고 균형 잡힌 대화를 육성하기 위해 계속된다. Kolodziej 씨는 선택된 구절에서 어휘를 명확히 하고 맥락화하는 것을 포함하여, 새로운 아이디어를 수업 목표에 연결하기 위해 짝 활동 후에 그룹 전체의 토론을 촉진한다.

비록 독자의 반응이 이전의 독자적 독서와 개인적인 경험으로 연결되지만, 선생님은 이것이 학생들을 이 수업에 흥미를 갖게 될 것이라고 확신하지 않는다. 따라서 그는 전략적으로 학생들의 대중문화에 대한 호감, 특히 영화들이 비슷한 연령대의 아이들을 묘사하고 있기 때문에 그들이 연결할 수 있는 영화를 보는 것에 대한 그들의 공통된 열정을 끄는 수업을 위한 갈고리를 포함한다. 〈Superbad〉는 2007년에 제작된 잘 알려진 코미디 영화로 고등학교 3학년생과 절친한 친구 두 명이 던져야 할 미션을 시작하는 장면과 관객들에게 받아들여지기 위한 졸업파티 서사를 다룬다. Kolodziej 씨는 영화의 짧은 클립을 보여 주며 학생들이 본질적 질문에 대한 반응으로 예비 생각을 공유하게 한다. 모든 청소년들은 비정상적인가? 흥미를 끈 상태에서, 그는 더 큰 학습 단원에 위치한 수업 목표, 기대치 및 학습 궤도에 명시적으로 연결한다. 교실 앞쪽의 화이트보드에는 단원 수준의 본질적 질문, 적절한 교과(학문) 언어—어휘, 문장 줄임말—그리고 수업 수준의 목표와 어젠다가 표시된다. 수업의 많은 부분이 상호작용적이고 학습 중심적이기 때문에, 학생들은 그들이 어디로 향하는지, 무엇을 할 것인지, 그리고 학습 활동이 어떻게 그들이 목표에 도달하는 데 도움을 줄 것인지에 대한 명확한 비전을 얻는다.

교과(학문) 학습 혁신하기

언어 발달에 대한 혁신적인 교과(학문) 학습은 학습자가 본질적인 질문을 다루고, 이해도를 쌓고, 지식과 기술을 발달함에 따라 의미 있는 협업을 중심으로 진행된다. 제6장에서는 개별 학습자의 언어 발달을 지원하기 위한 구체적인 비계뿐만 아니라 모든 학생을 위한 협력적 인지 과제의 통합에 대해 탐구한다. 교육자는 3단계에서 협력 과제와 복잡한 텍스트를 단원의 궤적에 통합할 수 있지만, 일일 수업은 CLD 학습자를 위한 수업 맥락 구성, 학습 사태 설계 및 개별 경험의 개별화 방법을 고려하는 주요 현장이 된다. 즉, 학습목표에 의해 인도된, 수업 계획은 학습자들을 전략적으로 그룹화함으로써 비판적 사고, 인지 전략 및 협업 대화를 촉진할 수 있다. 예를 들어, 언어 능력 수준을 혼합하는 것이다. 따라서 짝과 소그룹과 같은 다양한 협력적 맥락을 제공할 수 있다. 실천가들은 다양한 학습 사태를 사용하여 교과(학문) 학습에 포함된 언어를 혁신하고 동시에 학생들의 개념 처리와 언어 발달을 지원할 수 있다([그림 7-8] 참조). 이러한 활동 내에서, 언어 발달을 위한 개별화된 지원(감각, 그래픽, 상호작용)을 사용하여 CLD 학생들이 수업 수준 목표에 공평하게 접근할 수 있도록 하는 것을 목표로 교과 학습에 적극적으로 참여하고 도전한다.

『호밀밭의 파수꾼』에 초점을 맞춘 더 큰 단원 내에서, Kolodziej 씨는 유연하고 전략적인 그룹을 통해 비판적 사고와 대화를 육성하기 위해 다양한 맥락을 통합하여 수업을 혁신한다. 앞에서 설명한 바와 같이, 수업에서의 협업은 파트너를 이용한 독자의 반응으로 시작되며, 학생들은 L1을 사용할 수 있도록 전략적으로 짝을 이루게 된다. Kolodziej 씨는 〈Superbad〉에서 온 청소년들에 대한 행동과 언어 관찰 방법을 모델링한 후 비디오 그룹을 사용하여 학습자들에게 청소년의 시각적 묘사를 제공하고 학급과 공유할 수 있는 포스터의 실제 제작을 촉진한다. 학생들은 작은 그룹으로 협력적인 비판적 사고에서 시간 범위인 1950년대에 『호밀밭의 파수꾼』이 출판됐을 때부터 더 최근의 과거까지(〈Grease〉, 〈The Breakfast Club〉, 〈Igby Goes Down〉, 〈Mean Girls〉, 〈Juno〉) 영화는 청소년들을 묘사하는 것의 클립을 사용하여 참여하게 된다. 단원 목표와 수업 목표에 맞추어, 소그룹 맥락은 학생들이 청소년 묘사의 공통적인 특징을 식별, 비교, 대조함으로써 청소년의 표현과 관련된 본질적인 질문을 다룰 수 있도록 구성된다. Kolodziej 씨는 학생들의 교실 성과와 참여에 기초하여 이질적인 그룹을 할당하고, 학생들이 다른 그룹의 교과(학문) 학습과 언어 발달을 지원할 수 있도록 그룹의 균형을 맞추는 것을 목표로 한다.

리더가 그룹을 촉진하고, 필기자가 관찰과 아이디어를 문서화하며, 영화 제작자가 비디오를 중지 및 통계하고, 행동학자가 클립에서 관찰한 특정 행동을 기록하고, 언어학자가 언어 사용을 강조하며, 캐릭터 코치가 Holden으로 가는 연결을 만드는 등, 학습목표를 위한 협업 작업을 조정하기 위한 역할을 스스로 선택한다. 이 시간과 공간을 통해 소그룹에서 의미 있는 상호 교류를 통해 학습자가 이해를 쌓고, 본질적인 질문을

지시 활동	수업 및 언어 고려 사항
그래픽 조직자	그래픽 구성자 비계 언어 제작 및 개념 이해 조직 그래픽 구성자는 개념 프로세스(예: 사이클, 의사 결정 트리, 흐름도, 매트릭스), 언어 기능(예: 주요 아이디어와 세부 사항 설명, 순서 활동, 객체 설명, 이야기 리텔링) 또는 언어 요구(예: 인과응보, 문제 해결, 비교 대비)를 기반으로 선택된다.
실제 체험적 적용	이해의 여섯 가지 측면 중 하나에서 나온 실제 적용은 수업 중 진정한 학습과 교과(학문) 언어 발달을 촉진한다. 교사는 신체 동작(예: 총체적인 신체 반응), 실제적인 자료(예: 현실, 조작법), 협력적 맥락(예: 센터, 실험실)을 통해 학생 학습과 언어 발달을 위한 발판을 지원할 수 있다.
정보 격차	정보 격차 활동은 학생들이 수업의 지식이나 이해의 공백을 메우기 위해 서로 의사소통을 해야 한다. 전문가 그룹에서 학생들은 먼저 문제의 특정 측면에 전문지식을 쌓은 다음 그룹으로 나누어 전문지식을 공유하고 문제를 해결한다. 갤러리 워크는 학습자가 다른 사람이 읽고, 토론하고, 배울 수 있도록 한 가지 교육 측면을 탐색하고 표시하도록 안내한다.
조사 그룹	학생 중심의 접근 방식은 여러 분야에 걸친 협력적 학습을 촉진하여 학습자가 이해력을 계발하고 본질적인 문제와 씨름할 수 있도록 한다. 탐구 그룹과 문학계를 포함한 접근 방식은 학습목표와 관련된 조사와 토론을 촉진한다. 문제 해결 그룹은 교사로부터 파생된 학업 프롬프트로 촉진될 수도 있고, 학생들이 그룹 간에 문제를 보낼 수도 있다.
직소	이러한 사건들은 과제와 텍스트를 개인이나 소그룹에 걸쳐 나눈다. 직소에서는 교사들이 텍스트를 작은 덩어리로 나눌 수 있는데, 각 덩어리는 학생이 읽고 설명하여 그룹에게 전이할 수 있다. 네 모퉁이에서 학생들은 그룹 전체의 위트를 공유하기 위해 관련 하위 주제 하나를 탐구한다. 이런 식으로 학생들은 전체론적으로 보다 정밀하고 독해력이 떨어지는 개념들을 탐구한다.
역할	촉진자, 기록자 또는 친근한 비평가와 같은 역할은 협력 학습(예: 북클럽, 토론 그룹)에 다양한 접근에 종사하는 학생들을 지도할 수 있는 구조를 제공한다. 특정한 교육 행사도 책임을 분담하고 학생들을 독자-작가-발화자-숫자가 매겨진 머리와 같은 역할에 배정한다.
역할놀이	교육 주제와 목표에 내재된 역할놀이는 학습자들이 다른 사람들과의 관점과 공감을 얻도록 자극한다. 인형극에서 토론에 이르기까지 다양한 접근 방식과 더불어 핫시팅, 작가에게 질문하는 것과 같은 사건들로, 학생들은 토론하고 논쟁하고 상호작용하기 위해 특정한 인물을 맡아야 한다.
의미 매핑	학생들은 의미론적 지도나 의미론적 웹을 만들어 학습자가 본질적인 문제와 씨름할 때 관련된 교과(학문) 언어로 개념적 이해를 그래픽으로 탐구하고 문서화한다. 학습자는 중심에서 핵심 질문이나 개념으로 시작한 다음 가닥을 뻗어 아이디어를 설명, 구체화, 뒷받침한다.
시뮬레이션	시뮬레이션은 학습목표와 연결되는 실제 활동에 대한 리허설과 참여를 촉진한다. 학생들은 저녁식사 파티에 참석할 수 있는데, 이 파티에서 그들은 서로 대화하기 위한 역할을 지지한다. 그들은 이야기나 사건에서 순간을 묘사하기 위해 장면을 만들 수 있다. 유리 어항(fishbowl)처럼 사방에서 빤히 보이는 상황은 다른 사람들이 관찰하는 동안 소규모 집단의 토론을 모의한다.
워크숍	워크숍 모델은 읽고 쓰는 능력을 가르치고 학습자의 언어 발달을 지원하기 위한 협력적 접근 방식이다. 예로는 독자 워크숍과 작가 워크숍이 있다. 학생들은 진정한 독서와 글쓰기 연습을 하고, 교사는 학습자의 강점과 필요에 따라 차별화된 지주와 지원을 한다.

[그림 7-8] 언어를 혁신하기 위한 학습 사태

다루며, 교과(학문) 언어를 발달시킨다. 교사는 소규모의 영상 그룹을 활용해 수업 시간 내내 갤러리 워크로 전환하고, 학생들이 수업 목표에 도달하기 위해 타인의 일에 의존하는 정보 격차 학습 사태로 전환한다.

즉, 학생들이 청소년들의 표현을 식별, 비교, 대조하기 위해 전체 그룹으로 모든 비디오를 보게 하기보다는, 이 접근법은 학생들이 개별 영화를 깊이 탐구하여 다른 친구들과 영화를 통해 융합, 공유, 의미를 부여하도록 장려한다. 교실 주위에, 그룹들은 그들의 관찰과 아이디어에 대한 공동 문서들을 보여 주는 포스터를 걸어놓는다. Kolodziej 씨는 유연한 그룹화 및 여러 동료들과의 상호작용을 장려하기 위해 학생들이 자유롭게 돌아다니면서 근처의 다른 학생들과 포스터를 탐색하고 토론하도록 한다. 학생은 수업의 목표와 관련된 학습과 언어 발달을 안내하기 위해 특별히 고안된 그래픽 작성기를 사용한다. 그는 또한 방을 돌아다니며 Astryd에게 특정한 교과(학문) 언어로 질문을 하는 등 학습자들에게 개별적인 비계를 제공한다.

언어 발달 확장하기

UbD 수업의 중심은 1단계에서 설정한 전이 목표와 2단계에서 설계된 진정한 수행 과제에서 표현된 것처럼 실제 상황으로의 학습의 전이다. 제6장에서 설명한 바와 같이, 언어 렌즈를 갖춘 3단계 수업 설계는 특히 학생들의 언어 사용역과 레퍼토리를 제작하는 것뿐만 아니라 그들의 언어 발달을 교실 밖으로 확장시키는 것을 목표로 한다. 단원 수준에서는 단원 및 분야 간의 연계를 강화하는 학습계획을 설계하는 방법을 탐구했다. 수업 수준에서는 ① 단원 및 과정 목표와 연결하기 위해 수업의 범위를 넓히는 구체적인 방법, ② 교실을 넘어 실제와 실세계의 실천으로 연결하는 방법, ③ 수업과 관련하여 다가올 학습 미리보기, ④ 디자인 추가 등 일상적인 학습에 따라 언어 발달을 확장하는 방법을 고려한다. 숙제는 이러한 수업 수준 설계의 측면 내에서 고려 사항으로 나타난다. 교사들은 무작위 연습이나 훈련으로 구성된 숙제를 배정하는 전통적인 관행보다는 교과(학문) 개념과 핵심 아이디어를 중심으로 유의미하고 진정한 학습과 언어 사용에 대한 학생들의 참여를 지속시킬 수 있다. 예를 들어, 교사들이 로트 워크시트나 교과서 과제를 할당하기보다는, 관련된 자율적인 독서나 블로그 쓰기를 장려할 수 있다. 교사는 수업을 계획할 때 학습 사태(활동)와 일관된 절차를 모두 통합하여 교사의 수업 범위를 벗어나 학생의 교과(학문) 언어 발달을 의도적으로 확장한다([그림

지시 활동	수업 및 언어 고려 사항
블로그나 브이로그	블로그는 개인이나 소그룹들이 새로운 자료를 만들기 위해 글쓰기를 사용하는 정기적으로 갱신되는 웹 사이트다. 브이로그(vlog)는 구어 사용을 촉진하는 동영상 형태의 블로그로, 지원 텍스트와 이미지와 짝을 이룬다. 학생들은 블로그나 브이로그(vlog)를 유지하여 동료나 학부모와 교과(학문) 학습을 기록하고 공유할 수 있다.
자율 독서	학생들이 독자적으로 독서를 할 때 학습자로서 자율성을 쌓고 언어지식(예: 어휘, 텍스트 구조)과 기술(예: 독서, 해석)을 계속 발전시킨다. 교사는 전략적으로 교실을 비축하고 학생들의 L1에 2개 국어를 포함한 교과 학습과 관련된 교재를 전시할 수 있으며, 자율 독서를 장려하는 방법이나 교실을 찾을 수 있다.
학제간 프로젝트	학제간 프로젝트는 학생들이 여러 학문에 걸쳐 개념적·언어적 연결을 만들도록 유도하고, 따라서 수업과 단원을 넘어 언어를 확장한다. 진정한 프로젝트를 통해 학습자들은 언어적 특징, 기능, 영역 등 언어적 지식과 기술을 총체적으로 발달한다.
목표 설정 및 성찰	교사는 언어를 목표 설정과 학습에 대한 성찰의 규칙적인 실천에 의도적으로 통합하는 절차를 설계할 수 있다. 학생들은 단원의 수업 목표 근처에 게시된 스티커 메모지에 개인 학습목표를 쓸 수 있다. 학생들은 매 수업에서 학습에 대해 스스로 반성하면서 새로운 스티커 메모를 작성한다.
언어 탐정	교사들은 학생들이 언어 탐정이 되도록 유도하는 절차를 설계하는데, 그들은 학교 안팎에서 교과(학문) 언어를 찾아 사용하는 것을 목표로 한다. 학생들은 교실 밖에서 교과(학문) 단어나 구절을 듣거나 관찰한 장소와 시간을 기록하기 위해 메모지를 보관한다.
저널	일기는 학생들에게 반성과 학습 공유를 촉구한다. 교사는 전통적인 사상 및 궁금증 저널 외에도 교과(학문) 학습과 언어(예: 수학 저널, 과학 저널)를 대상으로 할 수 있다. 대화 저널은 언어를 더욱 확장시킬 수 있으며, 교사와 학생들이 앞뒤로 글을 쓰도록 하여 학생들이 교사의 표적 및 비계적 피드백을 읽고 쓰도록 자극한다.
개인 사전	학생들은 교과(학문) 어휘, 다의어 단어, 숙어, 집합어 등 언어 발달을 문서화하기 위해 개인 사전이나 개인 용어집을 유지한다. 교사는 Frayer 템플릿의 사용 등 학습자를 지원하기 위한 절차를 별도의 박스로 설계해 정의. L1 번역, 동의어, 스케치 또는 문맥에서의 활용을 포함한 각 단어나 구문의 면을 메모한다. 이것들은 일상용 도구들이다.
사회적 미디어	소셜 미디어, 특히 트위터는 학습자들이 작가, 과학자, 수학자, 역사학자, 연구원, 예술가, 운동선수들과 온라인으로 따르고 교류할 수 있는 기회를 제공한다. 학생들은 게시물을 읽고, 질문을 던지고, 학습 단원에 연결된 개인들과 생각을 공유하기 위해 교과 언어를 사용할 수 있다.
위키	위키(Wikis)는 다양한 콘텐츠 주제의 협업적 작성과 수정을 위해 고안된 웹 사이트다. Wikispaces Classroom 또는 Wikispaces Campus를 통해 교육자는 자신의 Wiki를 주최하고 제공할 수 있으며, 이 Wiki를 통해 학생들은 진행 중인 교실 학습에 기초하여 페이지를 수정하고 유지할 수 있다.
단어 벽	K-12에 걸쳐 있는 교실은 단어 벽의 혜택을 받을 수 있는데, 단어 벽 또는 과정에 걸쳐 교사가 관련 단어와 구(예: 내용 단어 벽, 이중언어 단어 벽, 동일 단어 벽)를 문서화한다. 그런 다음 학생들은 단어 벽을 특정의 구술과 문어 제작을 촉진하기 위한 자원으로 사용한다.

[그림 7-9] 언어를 확장하기 위한 학습 사태

7-9 참조).

Kolodziej 씨의 영어 수업에서 학생들은 최근 『호밀밭의 파수꾼』의 주인공과 특별히 연결된 남녀 청소년들의 다양한 묘사를 탐구하기 위해 갤러리 워크를 마쳤다. 갤러리 워크의 소그룹 토론에 이어, Kolodziej 씨는 학생들을 모아 브리핑을 하고 그 범위를 넓혀 전이 목표, 이해, 본질적 질문 등 단원 수준의 목표와 연결되도록 한다.

그런 다음, 그는 학생들이 학습을 더 큰 단원 궤도에 배치할 수 있도록, 특히 다가올 수행과제에 대비하기 위해 본질적인 질문과 이해와 어떻게 계속해서 씨름할 것인지에 대해 수업과 관련하여 다가올 학습을 미리 살펴본다. 그는 숙제로 학습자들이 그들의 독특한 사회역사적·사회문화적 경험에 기초하여, 예를 들어 부모와 조부모 등 다양한 가족 구성원들과 청소년기의 의미나 의미에 대해 인터뷰하도록 함으로써 학생들의 학습과 언어 발달을 교실 수준 이상으로 확장시키는 것을 목표로 한다.

학생들은 수업, 단원, 중재 텍스트와 관련된 교과(학문) 언어를 사용하여 청소년기에 대한 질문과 아이디어를 입안하고 읽고 구두로 토론한다. 가족과 함께 집에서 스페인어를 사용하는 사람들을 위해, 그는 학생들이 스페인어로 면접 질문을 작성할 수 있도록 브리징 언어를 지원한다. 이 숙제는 진정성 있는 방식으로 언어를 확장하는 것 외에도 학생들의 단원 수행과제인 Holden Caulfield의 청소년기 묘사에 대한 논쟁을 벌이기 위한 팟캐스트 대본 제작에 대한 전반적인 준비를 지원한다.

『호밀밭의 파수꾼』은 단원의 초점적 텍스트이고, 지역 교육과정에서 초등학생들에게 필요한 읽을거리인 반면, 교사는 다른 맥락이 청소년 시절 학생들의 체험과 더 잘 연결된다고 인식한다. Kolodziej 씨는 우선 학습자의 개인적 경험을 활성화하여 텍스트와 관련된 배경을 형성하는 것을 목표로 문화적으로 적절한 텍스트의 한 토막으로 단원을 시작한다. 현재 학생들의 언어 발달을 확대하는 것을 목표로, 그는 학생들이 학교 안팎에서 독자적으로 독서할 수 있는 시간을 사용하도록 권장하고 있다. 그의 교실 앞에 있는 책꽂이는 학생들을 창문과 거울로 겨냥하고 어필하면서 청소년기와 성년기에 단원 학습과 관련된 글들을 보여 준다(Sims-Bishop, 1990). 학생들은 『Mexican White Boy』 (de la Peña, 2008), 『Ball Don't Lie』(de la Peña, 2005), 『Gabi: A Girl in Pieces』(Quintero, 2014), 『The Tequila Worm』(Canales, 2005)을 포함하여 주요 캐릭터와 이야기와 관련된 소설을 찾아 읽을 수 있다. 제한된 선택권에도 불구하고, 교사는 〈In Darkness〉(Lake, 2012), 『Touching Snow』(Felin, 2007)와 같은 아이티인 주인공들을 찾는다.

시골에 사는 학생들은 특히 『Dark Dude』(Hijuelos, 2008)와 『The Absolutely True

Diary of a Part-Time India』(Alexie, 2007)의 청소년 주인공 뒤에 있는 독특한 환경에 연결된다. Kolodziej 씨는 또한『Under the Mesquite』(McCall, 2001), 『American Born Chinese』(Yang, 2006)와 같은 선택과 함께 시와 그래픽 소설을 포함한 다양한 장르를 제공한다. 독자들의 독서를 위해 맥락을 추천하고 이용할 수 있게 함으로써 학습목표와 관련된 학생들의 언어 발달을 확대한다.

이해를 점검하기

제5장에서 형성평가의 한 요소로 소개된 이해도 점검은 학생들이 현재의 학습 수준을 드러내도록 유도하고 수업 목표와 단원 목표를 향한 진척도를 스스로 평가하도록 하는 행동이다.

개별 수업이 종료되는 시점에 계획되고 일반적으로 배치되는 이해도 점검은 교사들에게 학생 학습을 육성하는 데 있어 일일 수업의 효과성을 평가하는 데 본질적인 데이터 포인트를 제공하여 학습 단원 내에서 진행 중인 수업에 대해 알려 준다. 수업 수준의 수업 설계에 이해에 대한 점검을 어떻게 통합할 것인가를 고려할 때, 우리는 교과(학문) 학습 외에도 언어에 대한 확실하고 명시적이지만 동시적인 렌즈가 필요하다. 목표는 학습자가 학습에 대해 먼저 인지적으로 성찰하도록 유도하고, 학습 수준의 학습목표에 명시된 언어 기능(예: 비교 대비)과 영역(예: 말하기, 쓰기)에 맞춰 관련 교과(학문) 언어(단어, 구문, 문장)를 사용하여 이해를 공유하도록 하는 것이다. 수업 수준에서 언어 렌즈를 사용하여 UbD 프레임워크를 적용할 때, 교사는 가능한 시간과 자원을 바탕으로 수업 계획에 대한 이해를 확인하기 위해 학습 활동을 전략적으로 선택하며, 교과(학문) 학습과 언어 발달을 위한 수업 및 단원 수준 목표에 맞춘다([그림 7-10] 참조).

마지막으로『호밀밭의 파수꾼』에 의해 중재된 보다 큰 학습 단원의 일부분인 고등학교 영어 수업으로 돌아가 보자. 언어가 스며드는 학습목표에 따라 학습지도 활성화, 언어가 풍부한 교과(학문) 학습 혁신, 교실을 넘어 언어 발달을 확대하는 학습 사태가 이번 실천에 포함됐다. Kolodziej 씨는 학생들이 쌍, 소그룹, 전체 그룹 사이에서 이동하면서 어떻게 교과 학습과 언어 사용에 관여하는지에 대한 체크리스트와 관찰 노트를 사용하여 수업 내내 일화적인 데이터를 수집했다. 그래픽 기획자, 포스터 및 기타 공예품들은 학생들이 본질적인 문제와 씨름하고 단원 수준의 전이, 의미, 습득 목표를 향해 노력하면서 이해와 오해의 증거를 제공한다.

수업 사태	수업 및 언어 고려 사항
개념의 연결	이러한 활동들은 학생들이 개념들 간의 연결을 만들고 설명하도록 촉구한다. 학생들은 단어 수준의 언어지식에 초점을 맞추어 개념 지도, 개념 사다리나 개념 범주(Allen, 2007)를 만들어 공간적으로 교과(학문) 개념과 용어를 정리하기 위해 읽고 쓴다.
창조적 표현	창의적인 표현은 학생들이 예술적 맥락에서 이해를 해석하고 적용하는 데 관여한다. 학생들은 구술이나 서면 형식에 비유적 언어를 사용해 교과(학문) 이해를 반영하고 창의적으로 표현한다. 예로는 시, 직유, 비유 등이 있다. 문학적 초점이 명백함에도 불구하고, 이러한 사건들은 여러 분야에 걸쳐 사용될 수 있다.
수 신호	손짓 신호는 학생들이 스스로 학습을 평가하도록 유도한다. 교사는 학생들이 이해도를 평가하기 위한 제스처(예: 엄지손가락 위 또는 엄지손가락 아래, 주먹에서 다섯까지)로 응답하는 목적과 같은 진술을 제공한다. 신호는 교사들에게 학생들의 이해와 가능한 재교육 필요성에 대한 빠른 데이터를 제공한다.
질의 응답	학생들은 기다리거나 질문에 답함으로써 이해 정도를 나타낸다. 교사는 질문 상자나 질문 게시판을 사용하여 동료나 개인(예: 인물, 과학자)을 위한 질문을 수집할 수 있다. 빠른 답변을 위해, take-and-pass는 학생들이 협동 글쓰기를 통해 서로의 질문을 묻고 답하도록 유도한다.
신속한 대답	신속한 대답 활동은 사실이나 별개의 기술 등 학생들이 빠르게 기억하고 생산할 수 있는 습득 목표를 평가한다. 학습 목적의 영역에 맞추어 교사는 구두(예: 시간 지정 짝-공유) 또는 서면 응답(예: 1분짜리 에세이, 빠른 쓰기, 출구 쪽지)을 사용할 수 있다.
반성적 탐구	탐구는 학생들에게 이해를 반성하고 공유할 수 있는 구조를 준다. 삼각형-사각형-원은 학습자들에게 중요한 요점, 그들의 생각과 함께 정합된 것, 그리고 그들의 머리 주위를 돌고 있는 것을 쓰라고 요구한다. 3-2-1 활동은 비슷하게 학습된 세 가지, 흥미로웠던 두 가지, 미진한 한 가지 질문을 공유하게 하고 학습목표에 근거한 질문 초안을 유연하게 작성하게 한다.
소셜 미디어	학생들의 기술적 능력에 맞추어 트위터와 페이스북과 같은 소셜 미디어는 이해도를 확인하는 매력적인 방법을 제공할 수 있다. 예를 들어, 학생들은 스마트폰이나 컴퓨터를 사용하여 학습 단원와 관련된 해시태그를 포함한 프롬프트에 대한 성찰이나 반응을 트윗할 수 있다.
요약	이 점검들은 학생들이 학습 요약을 쓰도록 즉각적으로 이해하도록 하기 위한 것이다. 활동은 인덱스카드 요약과 같이 간단한 필기 산출물이 될 수 있다. 교사는 학생들이 헤드라인을 쓰거나 범퍼 스티커를 만들거나 광고를 디자인함으로써 학습을 요약할 때 창의성과 전이를 촉진할 수 있다.
기술공학적 반응	가능하다면, 다양한 기술들이 교사들이 학생들의 이해도를 확인하고 데이터를 문서화하여 미래의 가르침에 대해 알려 줄 수 있다. 학생이 clicker 기반의 청중 응답 시스템을 사용하여 학습을 자체 평가하거나 다양한 소프트웨어 또는 온라인 플랫폼을 사용하는 웹 아이디어에 대한 마인드맵을 사용하는 경우를 예로 들 수 있다.
시각적 표현	시각적 표현은 학생들이 그림을 그리거나 공간적인 아이디어 구성을 통해 이해관계를 생각하고 그리고 종합하고 공유하도록 한다. 학생들은 학습을 종이에 스케치하든 화이트보드에 하든 선생님들이 언어 능력에 따라 차별화할 수 있는 선택 사항과 공유한다.

[그림 7-10] 이해를 점검하기 위한 학습 사태

관찰과 인공물 외에도, Kolodziej 씨는 학생들이 교실을 떠나기 전에 이해도를 직접 확인하고 싶어 한다. 그는 빠르고 매력적인 방법으로 소셜 네트워킹을 이용하거나 학생들이 스스로 평가하고 학습을 종합하기 위해 다음과 같은 방법으로 사용한다. 140자 이하로 Holden Caulfield를 다른 청소년과 연결한다. 당신은 특정한 청소년 캐릭터나 자신과 비교하고 대조할 수 있으며, 모든 청소년들과 연결하기 위해 확장할 수 있다. 즉흥적인 질문은 분명히 수업 수준의 목표와 단원 수준의 본질적 질문과 연관되어 있으며, 가장 중요한 아이디어와 그러한 아이디어를 창의적이고 간명하게 묘사하는 방법에 대한 비판적 사고를 낳는다. 소셜 네트워킹 사이트를 사용하고 각 클래스 섹션을 다른 사용자 목록으로 구성하여, Kolodziej 씨는 학습목표와 향후 학습 방향을 향한 진척 상황을 알리기 위해 귀중한 데이터를 수집한다.

배경지식의 활성화, 교과(학문) 학습의 혁신, 언어 발달의 확대, 이해의 확인 등, 수업 계획에는 학생들이 정의된 학습목표에 도달하도록 지원하는 학습 사태가 포함된다. 우리는 수업 수준 계획에 대한 아이디어를 제공하기 위해 다양한 학습 활동 요약을 제공했다.

사태들은 ELs의 전략과 교과(학문) 언어 및 문해력에 관한 다른 책들에서 도출된다 (Allen, 2007; Fisher, Brozo, Frey, & Ivey, 2011; Herrell & Jordan, 2016; Reiss, 2008; Short et al., 1996; Vogt & Echevarría, 2008). 이러한 전문은 언어와 내용 학습을 지원하기 위한 레슨 수준의 수업을 수행하는 교육자들에게 더 많은 정보를 제공할 수 있지만, 이러한 사태는 1단계 목표와 연계된 학생들의 교과 학습과 언어 발달을 지원하기 위해 전략적으로 통합되어야 한다. UbD의 원칙과 문화적으로 그리고 언어적으로 반응하는 실천에 맞추기 위해, 학습 사태들은 학생들의 배경, 능력, 강점, 니즈뿐만 아니라 단원 수준의 목표, 평가 및 지도와 연결된다.

교실 적용: 언어 발달을 위한 수업 계획

앞 절에서는 매일매일의 교과(학문) 학습에서 언어를 우선시하는 고려 사항과 전략을 공유했다. 이 절에서는 학생의 학습과 언어 발달을 지원하기 위한 수업 설계 방법, 구체적으로 수업 계획서를 단원 단계에서 전이, 의미, 습득 목표와 연결시키는 방법을 개략적으로 설명한다.

학습 단원과 학생의 총체적 프로파일로 시작하기

수업은 학생의 전이, 의미, 습득 목표 및 관련 평가를 향한 진도를 지원하기 위한 단원 수준의 수업과 직접 연결되어야 한다. 3단계 학습계획을 사용하여 단원 궤적을 개별 학습으로 나누기 위한 적절한 차시의 범위를 결정하라. 그런 다음 학생들의 총체적 프로파일로 돌아가라. 이 프로파일은 학생들의 학습과 차원에 따른 역동적 데이터를 유지하기 위해 마지막 학습 단원이 끝난 후 최근에 업데이트한 것이다. 이 정보를 사용하여 레슨 수준 수업 계획에서 학생의 개별 배경, 능력 및 니즈에 대응하라.

학생의 학습을 지원하기 위해 맥락적 특징을 고려하기

수업 계획의 핵심은 수업 자체에 초점을 맞추고 있지만, 교실 수업 환경 내에서 매일 수업하는 맥락적 요인이 학생의 교과(학문) 학습과 언어 발달을 어떻게 지원할 수 있는지 생각해 보라. 학생들이 가치 있고, 안전하고, 언어에 대한 위험을 감수하는 데 편안함을 느낄 수 있도록 여러분의 교실 커뮤니티를 계속 구축할 수 있는 방법을 통합하라. 학습자가 다양한 학생의 관점을 포함하는 교과(학문) 학습에 적극적으로 참여할 수 있는 기회를 자주 주는 협업 공간과 유연한 그룹화를 통합한다. 관련 교과 인쇄물을 교실 안과 주변에 통합하여 언어 발달을 위한 일관된 지원을 제공하라.

내용과 언어의 렌즈로 학습목표 진술하기

백워드 설계 원리에 따라 각 과에 대한 목표를 설정함으로써 그 끝을 염두에 두고 시작하라. 구체적인 수업 목표는 교과(학문) 학습과 언어 발달 모두를 위한 광범위한 단원 목표와 연결되어야 한다. 언어 사용 학습목표의 세 가지 구성 요소(언어 기능, 내용 어간, 수업 지원)를 사용하라(WIDA, 2012). 각 학습목표를 목표 언어 기능과 영역을 정확히 나타내는 동사로 시작하여(예: 설명, 비교, 평가) 교과(학문) 학습과 언어 발달을 동시에 유지하려면 단원의 보다 더 큰 목표를 연결하는 내용 어간을 통합한다. 마지막으로, 학생들의 학습과 언어 발달의 기초가 될 수업적 지원(그래픽, 감각, 상호작용)을 표시한다.

언어를 활성화, 혁신 및 확장하기 위한 레슨 궤적을 계획하기

학생들이 학습 수준의 목표를 달성하도록 지원하는 학습 궤적을 설계한다. 학생의 배경지식을 활성화할 수 있는 적절한 학습 사태를 통합하고, 협업, 복잡한 텍스트 및 비판적 사고와 함께 분야별 언어 사용을 혁신하며, 수업의 범위를 넘어 언어 발달을 확장한다. 학습 활동의 순서를 정해 목표를 달성하고 교과(학문) 개념, 아이디어 및 관련 언어를 통해 학생을 적극적으로 참여시키는 최선의 방법을 생각해 보라. 수업 계획에 대한 상세한 대본을 작성하는 것보다, 학생들이 이해를 협상하고 본질적인 질문을 다룰 때 자연스럽게 학습이 진행될 수 있도록 궤적 내에서 어느 정도의 유연성을 유지하라.

목표를 향한 학생의 진전도를 어떻게 모니터링할 것인지 결정하기

학습목표에 따라 수업 중과 수업 후에 학생들의 학습을 어떻게 형성평가할 것인지 결정한다. 수업 내내 학생들의 학습과 언어 발달을 동적으로 지원할 수 있도록 관찰하고 모니터링하는 절차를 고려하라. 수업을 마치기 전에 이해도를 확인하는 방법을 통합하여 학생들이 학습목표를 향한 진도를 스스로 평가하도록 유도하라. 이러한 평가 데이터를 사용하여 학습 단원 내의 후속 학습 내용을 알려라. 예를 들어, 학생들이 학습 단원 수준의 목표를 향해 계속 나아가기 위해 다시 만나야 하는 개념과 아이디어를 파악하라.

교실 장면: 매일매일의 수업 실제 계획하기

Bridget Heneghan 씨는 시카고 북서쪽에 있는 William G. Hibbard 초등학교에서 6학년 수학과 과학을 가르치고 있다. Hibbard 초등학교는 약 1,200명의 학생들이 유치원에서 6학년까지 다니는 곳으로, Albany Park Multicultural Academy의 길 건너 중학교로 향한다. Hibbard 학생들의 대다수가 집에서 LOTE를 많이 쓰지만, 약 45퍼센트의 학생들은 공식적으로 접근 언어 능력 시험에 의해 측정된 ELs로 분류된다. 학교 인구의 75%인 라틴계인 때문에 스페인어는 멕시코, 중앙아메리카, 에콰도르, 콜롬비아 등의 지역의 방언을 포함해 어린이와 가족들이 사용하는 가장 많은 언어다. 다음으로 아랍어가 가장 많이 사용되고, 다른 L1 언어로는 프랑스어, 우르두어, 타갈로그어, 보스니아어, 힌디어, 벵골어, 파르시어, 요루바어, 세르비아어, 루마니아어, 말레이어, 구자라티어, 한국어, 몽골어, 버마어 등이 있다. 이 동네 초등학교의 65명 교사 중 한 명인 Heneghan 씨는 약 54명인 초등학교 6학년 학생들을 가르치고 있으며, 모두 같은 반으로 구성되어 있다. 그녀의 학생들 중 50명이 집에서 LOTE를 사용하는 반면, 약 10명은 ELs로 라벨이 붙여져 있고, 그들 중 절반은 특별한 필요가 있다는 이중 라벨이 붙여져 있다.

학년의 첫 번째 과학 단원은 우주 시스템에 초점을 맞춘다([그림 7-11] 참조). Heneghan 씨는 새로운 6학년 학생들의 총체적 학생 프로파일을 취합한 후 1단계 목표에 도달하기 위해 필요한 교과(학문) 언어를 분석한다. 어휘(예: 중력 당김), 명목화(예: 비추다/조명), 숙어(예: 태양 아래 모든 것), 문장 구조(예: 비교/대비), 정보 텍스트 특징(예: 다이어그램). 그런 다음 그녀는 Mars Rover Team 수행과제와 학생들의 학습 및 언어 발달에 대한 보충 증거를 포함하여 2단계 평가를 수행한다. 그녀의 3단계 계획은 교과(학문) 언어를 목표로 하고 학생들의 문화적 배경을 단 한 번에 통합하는 것이 아니라 단원 전체로 통합한다. Heneghan 씨는 단원을 시작하기 위해 가정, 지역사회, 학교의 배경지식을 활용하고, 학생들의 이전 경험과 L1 지식을 바탕으로 한다. 과학 교육에 대한 그녀의 탐구 기반 접근 방식과 일치하여, 협력적 인지 과제는 학생들에게 우주 시스템과 관련 모델과 이미지를 조사하기 위해 교과(학문) 언어를 사용할 수 있는 풍부한 기회를 제공한다. 이 단원은 복잡하고 문화적으로 관련성이 있는 텍스트, 『Boy, Were We Wrong About the Solar System!』(Kudlinski, 2008), 『The Librarian Who Measured the Earth』(Lasky, 1994), 『How Night Came from the Sea: A Story from Brazil』(Gerson, 1994), 『Child of the Sun: A Cuban Legend』(Arnold, 1995), 『Myths from Around the World』(Keenan, 2016)와 같은 것들을 통합하여 우주 시스템과 관련된 교과(학문) 언어를 확장한다.

CLD 학생들을 염두에 두고 설계된 이 학습계획은 학생들이 단원 목표를 성공적으로 달성할 수 있도록 Heneghan 씨가 전반적인 수업 궤적을 요약한다.

Heneghan 씨는 단원 수준의 목표, 평가, 학습계획을 이용하여 학생 학습, 발달 및 성취도를 높이기 위한 세부적인 수업 계획을 세밀하게 수립한다. 그녀는 매일의 수업에 대한 대화형 연구 기반 접근법을 안내하기 위해 일관된 프레임워크를 유지하고 있다.

목표 설정	전이
NGSS-MS-ESS1-1: 지구-태양-달 계통의 모형을 발달하여 달 위, 태양과 달의 일식, 계절의 순환 패턴을 기술한다. NGSS-MS-ESS1-2: 은하계와 태양계 내의 운동에서 중력의 역할을 설명하는 모델을 발달하고 사용한다. NGSS-MS-ESS1-3: 데이터를 분석하고 해석하여 태양계에 있는 물체의 흠집과 특성을 결정한다. CCSS-RST.6-8.7: 단어로 표현되는 양적 또는 기술적 정보를 시각적으로 표현되는 정보의 버전과 통합한다(예: 다이어그램, 표). CCSS-WHST.6-8.2.D: 정확한 언어와 영역별 어휘를 사용하여 주제에 대해 알리거나 설명한다.	학생들은 다음 과제를 수행하기 위하여 자신의 학습을 자율적으로 사용할 수 있을 것이다. • 자연 현상에 대해 논리적 추론을 하기 위한 증거로서 데이터를 수집하기 • 자연계의 시스템과 관계를 이해하기 위한 전략으로 모델링과 수학을 사용하기 • 과학 공학 지식을 응용하여 변화하는 세계에서 관련 이슈에 대한 공개 토론에 참여하기

의미 구성

이해	본질적인 질문
학생들은 다음 사항을 이해할 것이다 • 과학은 자연계의 물체와 사건이 측정과 관찰을 통해 이해할 수 있는 일관된 패턴으로 발생한다고 가정한다. • 공학의 발전은 관련 산업을 더욱 발전시키는 중요한 과학적 발견으로 이어졌다. • 우리는 패턴을 사용하여 인과관계를 식별한다. • 우리는 크고 작은 시스템의 스케일 모델을 이용하여 시간, 공간, 에너지 현상을 연구한다. • 우리는 시스템과 그들의 상호작용을 나타내기 위해 모델을 사용한다. • 우리는 태양, 달, 별의 운동 패턴을 관찰, 기술, 예측, 설명하기 위해 모델을 사용한다. (NGSS Lead States, 2013)	학생들은 다음 사항을 지속적으로 고려할 것이다. • 우리는 지구로부터 우주에 대해 어떻게 배우는가? • 우리가 여기 지구에서 배울 수 없는 임무 중에서 우주에서는 무엇을 배울 수 있는가? • 우주로부터의 빛이 우리 세계에 어떤 영향을 미치는가? • 우주로부터의 빛이 우리의 일상생활에 어떤 영향을 미치는가? • 무엇이 우리의 태양계를 만드는가? • 우리 태양계에서는 어떤 일이 일어나는가?

습득

학생들은 다음 사항을 알 것이다.	학생들은 다음 사항에 능숙해질 것이다.
• 태양계 구성 요소 및 용어(예: 태양, 행성, 달, 소행성, 궤도, 중력) • 기타 교과(학문) 개념 및 용어(예: 은하, 은하수, 우주) • 먼지, 가스, 중력으로부터 태양계를 형성한다. • 태양과 달이 일식을 한다. • 계절과 지구의 기울기와의 연결 • 정보 텍스트 기능(예: 표, 그래프, 모델, 다이어그램, 그림) • 문장 프레임 비교/대비 • 관련 숙어(예: 달 위, 태양 아래 모든 것) • 공칭화(예: 추론하다/추론, 관찰하다/관찰, 예측하다/예측)	• 태양계의 형성 및 구성 요소 기술하기 • 2차원 및 3차원 모델을 읽고 평가하기 • 순차적 다단계 절차 읽기 및 추종하기 • 영역별 어휘를 고소한 과학 현상에 대한 설명 작성하기 • 모델, 관측치 및 수치 데이터의 정보를 통합하는 과학적 현상 설명하기 • 문장 프레임을 사용하여 변화를 설명하기 위해 객체를 비교하고 대조하기

2단계-증거	
평가 기준	평가 증거
• 철저한 분석 • 정확한 주장 • 혁신적인 디자인 • 상세 모델 • 정확한 언어	**수행과제(들)** MARS Rover Team 당신의 임무는 탐사선을 안전하게 디자인하고 화성에 보내서 붉은 행성에 대한 추가 데이터를 수집하는 것이다. 당신은 화성을 탐사하는 NASA 과학자 팀의 일원이다. 당신은 NASA의 동료들에게 당신의 연구 결과를 발표하게 될 것이다. 그 도전은 언제 화성에 태양열 발전 로비를 보낼지 결정하기 위한 데이터 분석과 해석을, 로비가 화성에 안전하게 착륙하여 유지할 수 있는 방안 설계를, 그리고 착륙 후에 로비가 어디를 탐색해야 하는지 지시하기 위한 좌표 지도의 사용을 포함한다. 당신은 로버를 착륙시키기 위한 최적의 시간을 보여 주는 데이터 표, 착륙에서 살아남을 수 있는 로버 케이싱의 설계, 로버의 이동 거리를 식별하기 위한 좌표 지도를 포함한 상호작용적 프레젠테이션을 컴퓨터로 제작하고 발표할 것이다.
• 철저한 내러티브 • 상세 표현(전시) • 학문 간 언어(예: 과학, 수학, 공학)	**보충 증거** • 공간 미션 노트(학생이 개별적으로 관리, 저널 프롬프트 및 개인 용어집 포함) • 다양한 학생 결과물(예: 모델, 디스플레이, 그래픽 조직자)

3단계-학습계획	

	사전평가
• 수학(예: 데이터 수집, 측정, 배급, 비율)과 사회(예: 고대 건축, 망원경 역사 및 우주 여행)에서 배경지식을 수집하도록 유도된 쌍	

학습 사태(활동)	형성평가
• 우리의 우주 미션 시작: 수업 목표를 검토하고 개인 학습목표를 설정하라. 학생들은 학년의 목표와 학습 단원을 나타내는 미션 패치를 설계하고 공유한다. • 흥미 유발: 『The Librarian Who Measured the Earth』(Lasky, 1994)를 소리 내어 읽고 카드스톡 종이와 손전등에서 이쑤시개로 Eratosthenes의 실험(소그룹과 소그룹)을 시뮬레이션하라. • 관찰 예측 표, 교과(학문) 언어(예: 어휘 및 문장 줄임말, 그림 및 L1 번역을 포함), 형태 형성평가 프롬프트에 대한 응답을 포함한 공간 미션 노트북(그리고 각 학습과 함께 정기적으로 사용)을 시작하라. • 지구 모델 비교: 광원을 사용한 구형 대 평면(실제 및 비디오 예) • 스테이션의 투명, 반투명 및 불투명 물체에 미치는 빛의 영향에 대한 소그룹 탐색 • 지구 및 태양 모형 시뮬레이션: 광원, 그림자 및 조명(실제 및 비디오 예) • 시즌 탐색: 학생들은 시카고의 계절과 그들이 살았던 장소(예: 멕시코, 에콰도르, 이라크, 인도)를 비교하면서 '계절을 위한 이유와 함께 걷는 점'과 '토크 도트'를 사용한다. • 시즌 탐색: 다른 지역(예: 시카고, 멕시코시티, 멜버른)의 패턴을 관찰하려면 실물(예: 지구본, 고무 밴드, 손전등 및 도시별 온도 및 일광 테이블)를 사용하라. • 소그룹으로 구성된 지구-태양-달 모델: 실물(스틱에 달린 솔더, 손전등)과 갈릴레오의 달의 그림을 사용하여 달 패턴(예: 그림자, 조명)과 일식을 조사한다.	**형성평가** • 형성평가(매일의 수업을 시작할 때 사용; Keeley, Eberle, & Dorsey, 2008) • 이해도 확인(각 학습 활동에 따름) • WIDA 루브릭과 일화 노트 필기를 사용한 관찰, 특히 소그룹 활동 중

• 태양계 사진 관측치(L1 그룹): 학생들은 카드를 특성별로 토론하고 분류하며 분류한다(그래픽 조직자, 비교/대조하기 위한 문장 줄임말). 관찰을 사용하여 이해를 쌓고 어휘를 보강한다(예: 행성, 소행성, 혜성, 달, 대기). • 태양계 탐사: 데이터를 수집하고 표로 배열하는 방법을 모델링. 그룹에게 온도, 행성의 크기, 구성, 연도 길이, 달 수, 대기 등에 대한 주장을 하도록 한다. • 중력 모델링, 전문가 그룹에서의 중력 탐색: 전문가 그룹에서 다른 중력 시나리오를 조각한 다음 혼합 그룹으로 이동하여 다른 그룹에게 해결 방법을 설명한다. • 태양계의 다양한 역사적 모델을 이용한 스케일 탐험(의회 도서관 참조)과 행성 간 거리를 이용한 학생 스케일 드로잉(학생들 간의 비교/비판) • 수행과제: Mars Rover 과제를 위해 학생 준비 및 팀 구성, 계획 및 수행 시간 • 확장: 관련 용어 또는 단원 및 교실 달 저널(즉, 달이 매일 어떻게 보이는지, 사진과 함께 '경감'하는 시간)을 포함한 다국어 단어 벽의 지속적인 편집 • 확장: ① 별 이야기(픽션), ② 우주신화, 전설, 민화, ③ 관련 안내문 등 학생들이 독립적으로 읽고 탐구할 수 있도록 교실에서 책꽂이를 제공한다.	

[그림 7-11] Heneghan 씨의 6학년 과학 단원

출처: Used with permission from Bridget Heneghan, William G. Hibbard Elementary School, Chicago.

그녀는 1단계 단원 목표를 바탕으로 과학 학습과 관련된 교과(학문) 언어 발달에 대한 렌즈로 학습목표를 정의한다. Heneghan 씨는 학생들이 학습목표를 달성하는지 결정하기 위해 각 수업에서 유사한 평가 데이터를 수집한다(Keeley et al., 2008). 수업을 시작하기 위한 형성평가 조사, 수업 중 공간 미션 노트 북, 그리고 수업을 종료하기 위한 미니 수행과제를 사용한다.

초 · 중등 과학 교사로서의 철저한 준비에서 착안해 학습자가 참여, 탐구, 설명, 정교함을 유도하고 도전하는 탐구 기반의 학습 궤적을 이용해 레슨을 계획한다(Bybee, 2015). UbD 프레임워크의 진정한 학습 원리에 맞춰, 이러한 면들은 그녀가 학생들에게 흥미와 동기를 부여함으로써, 참여시키는 학습 활동을 통합하도록 촉구하고, 교사 시연과 학생 토론을 통해 탐구하고, 교사 모델링과 학생 애플리케이션을 통해 설명하고, 그리고 학습과 언어의 확장을 통해 정교하게 설명한다. Heneghan 씨는 매일의 수업 전반에 걸쳐 맥락적 요소와 상황적 요소를 유지하기 위해, 다국어 단어 벽과 교실 문 저널과 같은 도구로 모든 학습자에게 언어를 일관되게 확장하고, 그래픽 기획자, 2개 국어 사전, 미션 친구를 통해 특정 학생들에게 개별화된 지원을 제공한다.

우주 시스템에 관한 더 큰 6학년 과학 단원의 일부로서, Heneghan 씨는 빛과 그림자에 초점을 맞춘 수업을 설계한다([그림 7-12] 참조). 학습목표를 정의하기 위해, 그녀는

목표 설정	해당하는 단원 목표
NGSS-MS-ESS1-1: 지구-태양-달 계통의 모형을 발달하여 월상, 해와 달의 일식, 계절의 순환 패턴을 기술한다. CCSS-WHST.6-8.2.D: 정확한 언어와 영역별 어휘를 사용하여 주제에 대해 알리거나 설명한다.	• 전이 목표: 자연계의 시스템과 관계를 이해하기 위한 전략으로 모델링과 수학을 사용한다. • 이해: 우리는 시스템과 그들의 상호작용을 나타내기 위해 모델을 사용한다. • 본질적인 질문: 우주로부터의 빛이 우리의 일상생활에 어떤 영향을 미치는가?

학습목표
학생들은 다음 사항을 할 수 있을 것이다. • 실물 자료와 그래픽 조직자를 사용하여 빛의 주요 특성을 설명하기 • 이미지 및 모델을 사용하여 광원, 조명, 그림자 및 관점 등 광원 기반 현상을 설명하기

이해를 위한 확인	다른 증거
고대 천문 건축가 수업으로는 특정 요일에 특정한 영향을 미치는 고대 건축물(예: Abu Simbel, Chichen Itza)을 가상으로 견학한다. 구두상자와 손전등(태양)을 사용하는 것으로서 학생들은 작은 그룹으로 일하면서 태양이 특정 장소에 부딪히는 날에 특정한 효과를 낼 수 있는 방을 설계한다. 학생들은 광원, 시각, 조명, 그림자에 라벨을 붙인다.	• 형성평가 조사(Me and My Shadow), Key et al., 2008) • 우주 미션 노트 및 기타 학생 작품 • 학생 학습 및 소그룹 내 상호작용 관찰(스테이션, 소그룹 적용)

학습계획

- 단원의 광범위한 맥락에서 교훈을 소개하고 우주 미션 과제를 제시한다. 빛과 그림자를 관찰함으로써 얻을 수 있는 정보는 무엇인가?
- 형태 형성평가 조사: 〈Me and My Shadow〉(Keeley et al., 2008)를 읽고 빠른 쓰기: 빛과 그림자는 어디에서 보이는가?(가정, 지역사회, 학교와의 연계를 촉진한다.)
- 여러 다른 종류들로 이루어진 소그룹 light stations를 통한 흥미 유발: 빛에 어떤 영향을 미치는지 살펴보기
  - 스테이션 1: 3개의 웹 사이트를 본 후, 학생들은 빛이 직선으로 이동하는 것을 관찰한다.
  - 스테이션 2: 3개의 빈에 물체가 있는 손전등을 사용하여, 학생들은 투명, 반투명, 불투명 물체의 차이를 관찰한다.
  - 스테이션 3: 학생들은 광원의 각도를 바탕으로 그림자를 크게 하거나 작게 만드는 등 다른 모양의 물체로 그림자를 만드는 실험을 한다.
- 전체 그룹 시뮬레이션: 스테이션 결과를 공유한다. 학생들이 다른 곳에 서 있는 방의 중앙에 그림자를 만든다. 그림자 모양이 서 있는 위치에 따라 어떻게 변하는지 스케치한다. if-then 문장 프레임을 제공(예: Marisol이 구석에 서 있으면 그림자는……)
- 모델링 및 적용: 어휘(예: 광원, 조명, 그림자, 관점)를 포함한 그림자의 모델을 그린다. 작은 그룹으로 스케치를 만들고 광원, 조명, 그림자 및 관점을 식별한다. 분석할 다른 그룹과 도면을 교환한다.
- 시연 및 토론: 태양과 지구의 모형을 발달하기 위해 우주에서 찍은 지구의 사진/비디오를 보십시오. 소규모 그룹으로 토의한다. 지구에서 우리의 광원은 무엇인가? 언제 조명 받을까? 언제 우리가 그늘에 서게 될까? 〈Me and My Shadow〉 형성 조사로 돌아가라.
- 소그룹 응용 프로그램: 고대 구조물 전체 그룹 탐구, 손전등과 상자(위)를 이용한 소그룹(상호) 객실 디자인
- 확장: 단원을 위한 다국어 단어 벽(예: 광원, 조명, 그림자, 관점)에 추가하고 독립적 읽기를 위한 권장 사항(예: 관련 논픽션 텍스트, 그림책)을 만들어라.

[그림 7-12] Heneghan 씨의 6학년 과학 수업

출처: Used with permission from Bridget Heneghan, William G. Hibbard Elementary School, Chicago.

교실 장면: 매일매일의 수업 실제 계획하기

단원 레벨의 목표에 다시 연결하는 것으로 시작한다. 전이 목표(자연계의 시스템과 관계를 이해하기 위한 전략으로 모델링과 수학을 사용), 이해(시스템과 그들의 상호작용을 나타내기 위해 모델을 사용), 본질적인 질문(공간으로부터의 빛이 우리의 일상생활에 어떻게 영향을 미치는가?)을 포함한다.

단원의 초기 수업으로서, 그녀는 ① 빛과 그림자에 대한 필수적 교과(학문) 학습과 ② 덜 복잡한 언어 기능 및 특징(실물과 그래픽 조직자를 사용하는 빛의 주요 특성 설명, 이미지와 모델을 사용하는 빛 기반 현상 설명……)을 강조하는 목표를 입안한다.

이러한 목표는 관련 학문적 용어(투명, 반투명한, 불투명한, 광원, 조명, 그림자, 관점)와 함께 교과(학문) 언어 기능(묘사, 설명)을 목표로 하는 반면, 단원 전체의 수업 목표는 시간이 지남에 따라 인지 및 언어의 엄격성이 증가한다. 학습목표의 마지막 구성 요소인 수업 지원(실물 자료, 그래픽 조직자, 이미지, 모델)은 첫 번째 목표에 해당하는 실물 기반 스테이션과 두 번째 목표와 관련된 다양한 모델과 이미지를 탐구하는 학습 궤적을 설계하도록 유도한다. 학생 중심의 탐구가 수업을 주도하면서, Heneghan 씨는 학생들을 다양한 협업 구조로 전략적으로 그룹화하면서 학습과 언어 발달을 함양하는 한편, 학생 개개인의 능력과 욕구를 동시에 차별화한다.

요약

이 책의 핵심이 단원 수준의 수업 설계에 초점을 맞춘 반면, 이 장은 언어에 대한 렌즈를 가지고 레슨 수준의 수업 수립에 몰두했다. 레슨 수준과 전략에 기반한 수업은 CLD 학생들의 학습을 차별화하는 전통적인 장소였기 때문에 많은 개념들이 여러분에게 익숙할 것이다. 다른 접근 방식과 달리 우리는 목표를 정의하고, 숙달하고, 학습 사태(활동)를 설계하기 위해 수업 수준의 백워드 설계 원칙을 사용한다. 이와 같이, 학습 계획의 종료를 지원하는 차별화된 박스를 채우는 일률적인 전략을 추가하기보다는, 학습 전반에 걸쳐 언어 렌즈를 통합하여 적극적인 참여와 유의미한 상호작용, 진정한 학습을 육성한다. 또한 우리는 매일 수업 계획을 더 넓은 학습 단원으로 배치하여 모든 학생들이 교과(학문) 학습과 언어 발달을 위한 단원 및 과정 수준의 목표를 달성하도록 지원하기 위해 수업이 함께 이루어지도록 해야 한다고 강조한다. 요약하면 모든 학생의 학습과 발달에 대한 장기 목표를 설정하고, 언어 렌즈를 사용하여 엄격한 단원의 학습을 설계하고, 과정과 단원 수준의 목표에 도달할 수 있도록 그에 상응하는 수업을 계획함으로써, 교육자들은 학생들의 언어를 발달시키고 수준 높은 교육과정에 공평하게 접근할 수 있다. 다음 장에서는 이 프레임워크를 어떻게 협력적으로 사용하여 학교에서 학생들의 학습과 발달을 지원할 수 있는 역량을 구축하는지를 고려하여 학습을 마무리하고 확장한다.

| 8 |
언어 렌즈 유지하기:
학교에서의 역량 구축

이 장의 목표

전이 교육자들은 다음의 과제를 수행하기 위하여 자신의 학습을 자율적으로 사용할 수 있을 것이다.

• 교실 및 학교 전체에 걸쳐서 언어 발달을 위한 지원을 지속하기

이해 교육자들은 다음 사항을 이해할 것이다.

• 모든 학생의 총체적 발달을 지원하려면 여러 이해관계자가 수업 전체에 걸쳐 협업하는 제휴의 접근법이 필요하다.

본질적인 질문 교육자들은 다음 사항을 지속적으로 고려할 것이다.

• 교육과정 설계가 어떻게 개별 교실을 넘어 더 높은 일관성과 수직적 정렬을 보장할 수 있는가?
• 어떻게 다양한 이해관계자들이 학교와 학군에서 언어 발달의 우선순위를 정할 수 있는가?

지식 교육자들은 다음 사항을 알 것이다.

• CLD 학생들을 위한 교육과정과 수업 설계의 핵심 원칙
• 언어 발달을 고려한 UbD 설계 표준
• 학교 전체에 걸쳐 CLD 학생을 지원하는 토대 및 구조

기능 교육자들은 다음 사항에 능숙해질 것이다.

• 언어 발달에 관한 렌즈로 UbD 학습 단원 검토하기
• 교실 및 학교 전체의 다수의 이해관계자가 학생의 언어 발달을 어떻게 지원하고 우선순위를 매기는지 분석하기

이 책을 통해 우리는 당신에게 K-12 학교의 학생들을 소개하였다. 이 10명의 학생들에 대한 짧은 사례들은 교사들이 전형적으로 수업 설계와 실행을 지도하기 위해 사용하는 동질적 집단 내의 복잡성과 이질성뿐만 아니라 교실의 풍부한 문화적·언어적 다양성을 수박 겉핥기에 그치고 있다. 학생들은 우리가 주류 가정과 단일 언어 공동체라고 인식할 수 있는 곳에서 자란 원어민 영어권 아이들의 자원과는 다를 수 있지만, 학습을 위한 사회적·문화적·언어적·교과(학문) 자원이 풍부한 학교에 입학한다. 언어가 학교에서 모든 학습과 의사소통의 매개체라는 것을 인식하면서, 우리는 이 관련 언어 렌즈를 UbD 프레임워크에 통합하여 교실 선생님들이 진정한 학습 경험에 내재된 모든 학생들의 전체적인 학습과 발달을 지원할 수 있도록 했다.

교실의 네 벽을 넘어 언어 발달에 우선순위를 두는 것을 개별 교사들의 구획화된 업무로 남겨둘 수는 없는 노릇이라고 단언하고 싶다. 연구들은 제2외국어(특히, 영어)를 배우는 것이 4년에서 10년에 걸쳐 지속되는 길고 복잡한 과정임을 일관되게 증명하고 있다(Collier, 1989; Hakuta et al., 2000). 여기에 더해 수학, 과학, 사회, 그리고 다른 교과(학문)들을 동시에 학습하는 도전 과제들, 특히 아직도 발전하는 수준의 제2외국어로 학업 성취도를 의무화하는 학교에서 더욱 그렇다(de Jong, 2011; de Jong & Harper, 2005). 미국 학교들의 맥락에서, CLD 학생들은 6년 안에 교과(학문)으로 따라잡기 위해서 영어 실력이 뛰어난 또래들의 10개월의 학년 동안 15개월의 이득을 얻어야 할 것으로 추정된다(Cummins, 2009). 이를 염두에 두고 우리는 교실, 학교, 지역, 지역사회에 걸쳐 있는 여러 이해관계자들이 그 책임을 수용하고 학생들의 언어 발달을 체계적으로 지원하기 위해 노력해야 한다고 주장한다.

본문 전체에 소개된 학생들을 생각해 보라. Jin, Absame, Zaia, 그리고 Jesus처럼 초등학생들은 ESL 교사, 특수교육 교사, 특수지역 교사, 사회복지사, 학교 심리학자, 방과후 교사, 교사 후보, 전문직 보조원 교사 등 학년 내내 다양한 교육자로부터 배운다. Emma, Fatima, 그리고 Itzel과 같은 중학생들은 학교 건물 곳곳을 돌아다니며 ELA, 수학, 과학, 사회, 외국어, 그리고 특수 영역에서 매일 학습을 하고, 방과 후 과외 활동 및 스포츠와 미술을 포함한 지역사회 기반의 이익 단체들을 통해 그들의 학습을 확장한다. Vinh, Astryd, Lorenzo 및 기타 고등학생들은 선이수제(AP) 및 국제 바칼로레아(IB) 프로그램 및 커뮤니티 칼리지, 기술 대학 및 대학교에서 후기 중등학교와 직장을 준비하는 등 분야 내 전문화 양이 증가하면서 서로 다른 교실 상황으로 이동한다. 학생들은 한 학교 내에서 교실을 가로지르는 일관된 움직임과 더불어 학년별로 종단적으로 진급하며, 지역, 이웃 및 지역사회 내에서 초등학교에서 중학교로, 고등학교로 진학한다.

　진정한 학습 경험에 내재된 언어 발달의 중심적 중요성과 이를 위해 필요한 광범위한 시간을 모두 인식하여 독자들이 어떻게 이 작업을 각자의 역할과 장면을 넘어서 확장할 수 있는지를 고려하여 이 책을 마무리한다. 우리는 언어 다양성과 발달, 프로그램 구조 및 커리큘럼 구조를 우선시하고, 내부 및 외부 역량을 구축하고, 교실, 학교 및 지역사회 전반에 걸쳐 다른 교육자들과 협력하는 방법을 제안한다(Heineke et al., 2012; Wiggins & McTighe, 2007). 우리는 이 책 전반에 걸쳐 탐구된 언어 렌즈로 UbD의 핵심 요소들을 요약하는 것으로 시작한다. 그런 다음, 우리는 학교 이해관계자들이 교육 정책, 프로그램 및 실천 요강을 개선하기 위해 사용할 수 있는 협력적 프레임워크를 제시함으로써 진정한 학습과 언어가 풍부한 학습을 위한 교실 기반 수업 설계의 이러한 이해를 바탕으로 한다.

언어 발달과 UbD

　교육과정 계획 프레임워크로서의 UbD는 학생들에게 교실에서 엄밀하고, 사고를 유발하며, 진정한 학습을 제공하는 수업을 설계하는 도전과 기회를 수용한다. UbD는 3단계로 구성되며, 목적을 염두에 두고 시작하는 것으로서, 학습의 교과(학문) 단원 내에서 학생들의 심층적 이해를 지원하기 위한 수업 설계의 백워드 본질을 강조한다.

　이 책에서 우리는 널리 사용되는 UbD 프레임워크에 언어에 관한 렌즈를 추가한다. 언어는 학교 내·외부에서 이루어지는 학습과 의사소통의 매개체로서 음운론과 구문론과 같은 다양한 언어 구성 요소, 듣기와 쓰기와 같은 언어 영역, 추론과 평가와 같은 언어 기능 등을 고려할 때 풍부한 복잡성을 가지고 있다(AACCW, 2010; Halliday, 1998). 또 우리가 언어를 사용하여 의미를 만들고, 문제를 해결하고, 다른 사람들과 생각을 공유하기 때문에 언어는 인지(cognition)와 직결된다. UbD 프레임워크에 언어에 대한 렌즈를 추가함으로써, 우리는 이러한 언어적 복잡성을 인식하고, 언어를 발달시키고 교과(학문) 학습에 대한 공평한 접근을 보장하는 수업을 계획한다. 가정에서 표준 영어 이외의 언어를 사용하는 오늘날 학생들의 독특하고 다양한 요구를 인식하여, 언어 발달을 위한 UbD는 단일 언어, 이중언어 및 다중언어적 맥락에 걸쳐서 심층 학습을 위한 진정성 있고 유의미한 수업을 설계하기 위하여 언어의 중심성과 복잡성을 수용한다.

언어의 복잡성은 수업 설계에 대한 일률적인 접근 방식이 없다는 것을 의미한다. 즉, 모든 학생에게 효과가 있을 어휘나 특효(묘책) 전략의 목록이 없다. 학교에서 CLD 학생에게 귀속되는 동질적 표식에도 불구하고, 그들은 모국어, 언어의 다양성, 출신 국가, 문화적 배경, 이민 환경, 시민권 지위, 이전 학교교육, 부모 직장, 가족 구조, 종교적 전통, 문해 능력 등에 있어서 다양하게 이질적이다(Herrera, 2016; Suárez-Orozco & Suárez-Orozco, 2006). 학생들이 풍부한 학습 자원을 교실에 가지고 온다는 것을 인식하면서, 교사는 학생들의 배경, 강점 등을 파악해야 하고, 적절하고 반응적이고, 매력적이고 효과적인 수업을 계획하기 시작해야 한다(Gay, 2010; Lucas et al., 2008). 학습과 발달의 총체성과 다차원적 성격을 개념화하면서, 교사는 형식적이고 일화적인 평가 자료를 사용하여 가정과 공동체로부터 학생들의 사회문화적 배경지식, L1과 L2의 역동적 언어 능력, 문화적인 형태의 인지 처리, 학교 전체에 걸친 학업 역량 등을 파악한다(Herrera, 2016). 이런 식으로 언어 렌즈를 끼우고 UbD 수업 설계의 시발점으로 학생들의 사회적 · 문화적 · 언어적 배경을 포용한다.

학생들의 고유한 배경, 강점, 니즈를 파헤치는 것은 문화적으로나 언어적으로 반응하는 실제에 필수적이지만 학습에 대한 엄격한 목표가 전반적으로 유지되고 있다. UbD 1단계에서는 모든 학생을 위한 깊은 이해와 진정한 학습을 위해 바라는 결과를 정의하고, 언어 렌즈를 추가할 때, CLD 학생들이 이러한 결과를 얻기 위해 공평하게 접근할 수 있도록 보장한다. 이를 위해 우리는 학습에 대한 공평한 접근을 허용하고 동시에 언어를 발달할 수 있도록 학습 단원에 내재된 언어 수요를 분석하면서 장기적인 전이 목표, 이해 및 본질적 질문을 확인한다(Walqui & Van Lier, 2010; Zwiers, 2014). 언어의 맹점을 해체하면서, 교사들은 학생들이 이해와 학습을 위한 목표에 관여하는 데 필요한 언어를 풀어헤친다. 그런 다음 이러한 언어 요구들은 습득 목표에서 정확히 지적된다. 지식 지표에는 학생들이 전이 및 의미 구성 목표를 달성하는 데 필요한 단어, 구문, 문장, 텍스트, 교실 담화 등 분야별 언어 특성이 포함된다(WIDA, 2012).

기술 지표는 단원 목표와 관련된 특정 언어 기능(예: 설명, 예측, 추론, 평가)에 초점을 맞추고 특정 영역(즉, 듣기, 말하기, 읽기 및 쓰기)의 언어 발달을 강조한다(AACCW, 2010; O'Malley & Pierce, 1996). 지식과 기술을 함께 고려할 때, 언어 중심 습득 목표는 영어와 다른 언어 사이의 다국어 매체와 3국어를 포함하는 수단을 통해 학생들의 언어를 진정으로 전체적으로 발달시키는 것을 목표로 한다(de Jong, 2011; Garcia, 2009a).

UbD 1단계에서는 전이와 의미 구성 목표를 유지하고, 언어 수요를 분석하고, 언어 기반 습득 목표를 입안하는 등에 초점을 맞춘 후, 2단계에서는 학생들의 이해와 학습, 언어 발달에 대한 증거를 수집하고자 한다. 수행과제는 학생들을 실제 상황, 문제 및 문제에 내재된 복잡한 도전에 참여하게 함으로써 UbD에서 선호되는 증거의 원천 역할을 한다(Wiggins & McTighe, 2005). 실세계의 복잡성에 초점을 맞추었기 때문에, 수행과제는 CLD 학생들에게 이상적인 평가로서, 의미 있는 적용과 학습의 확장을 유도하는 동시에 영역 전체에 걸친 진정한 언어 사용을 촉진한다(O'Malley & Pierce, 1996). 구술이든, 글쓰기든, 전시된 과제든, 학생들은 언어를 사용하여 설명하고, 표현하고, 적용하고, 관점을 취하고, 공감하고, 자기평가를 한다. UbD 프레임워크는 전형적으로 학생들이 새로운 맥락에서 이해한 바를 입증하도록 요구하기 때문에 평가 과제들은 학생들의 문화적 · 언어적 배경지식과 언어적 숙련도에 기초한 비계적 수행 지표를 이용하여 공평한 성취가 가능해야 한다. 이와 같이 수행과제는 모든 학생에게 주류인 영어를 사용하는 가정의 학생들에게 특전을 주지 않고 이해를 증명할 수 있는 진정한 기회를 제공한다.

효과적인 교사들은 수행과제 외에도 학습에 대한 보충 증거를 수집할 수 있는 기회를 통합한다. 교실에서 학습자를 총체적인 개인으로 인식하여, 교사는 학생들의 학습과 발달의 다차원적 측면을 포착하기 위해 평가 도구의 다원적 레퍼토리를 종합해야 한다(Herrera, 2016; Moll & González, 1997). 시험, 퀴즈, 학업 프롬프트와 같은 공식적인 평가 도구를 사용할 때, 일차적인 과제는 언어 능력보다는 학생들의 맥락적 지식과 기술에 대한 정확한 평가를 보장하기 위해 문화적 · 언어적 편견을 줄이는 데 있다(Gottlieb, 2006; Luykx & Lee, 2007; Martiniello, 2009). 관찰, 대화 및 이해를 위한 점검을 통해 일화적 데이터를 찾을 때는 교과(학문) 학습과 언어 발달 목표를 향한 진전을 동시에 포착하는 데이터를 수집하고 분석하는 방법을 고려한다(O'Malley & Pierce, 1996; Spinelli, 2008). 모든 학생은 사회문화적 · 언어적 · 인지적 · 교과(학문)적 차원에 걸쳐 독특하기 때문에, 교사는 이러한 데이터를 개별 학생에 대해 문서화하고 추적한 다음, 그 정보를 의도적으로 사용하여 미래의 목표, 평가 및 수업을 지도하고 계획해야 한다(Herrera, 2016).

UbD의 3단계에서는 WHERETO 원칙을 따라 학생들의 학습과 1단계 목표의 성취를 매개하는 수업을 설계한다(Wiggins & McTighe, 2005). 학생들이 가정, 지역사회, 선행학습에서 교실로 가져오는 많은 학습 자원을 인식하면서, 배경지식에 접근하여 흥미를 유발하고 문화 스키마, 원어민 언어 및 선행학습에 명시적으로 연결하는 것으로 수업이 시작된다(Herrera, 2016).

학습 단원 전반에 걸쳐 교사는 언어 발달을 지원하기 위해 학습 경험을 비계 및 차별화하면서 학생들의 전이 및 의미 구성 목표에 대한 접근성을 유지하기 위한 수업을 설계한다. UbD 수업은 기존의 접근 방식과 달리 단순화된 텍스트, 맥락에서 떼어놓고 고찰하는 어휘 목록 또는 문법 훈련을 통해 EL의 학습 궤적을 분리하지 않는다. 대신에 모든 학생들은 교사들이 맥락과 과제를 선택하고 문화적·언어적 배경, 강점, 니즈를 바탕으로 비계와 지원을 제공하면서 진정성이 높고 쌍방향적인 학습 경험을 하게 된다. 또한 단원에는 학생의 학습과 언어 발달을 학습의 범위를 넘어 이해, 지식, 기술(언어에 집중하는 것을 포함)을 선행 및 후속 학습 단원으로 연결하고, 교과(학문) 분야를 넘나들며, 교실을 넘어 실세계로의 실천으로 확장하는 경험도 포함된다. 형성평가는 학습계획에 통합되어 단원 목표를 향한 학생의 진척 상황과 교사가 이어서 수행하는 후속 수업을 알려 주는 진정한 사용 언어(language-in-use) 데이터를 수집한다.

이 책의 핵심이 단원 수준에서의 언어 발달을 위한 수업 설계에 초점을 맞추고 있지만, 일상생활에서 가르치고 배우는 것을 지원하기 위한 레슨 수준의 고려 사항 역시 여전히 중요하다. 레슨 계획은 EL의 언어 목표를 작성하고 ELs에 대한 특정 전략을 포함하는 EL 교수 및 학습 접근 방식의 전통적인 초점이었다(예: Echevarría et al., 2013 참조). 우리는 수업 계획이 단원과 코스 수준에서 모두 장기적인 목표에 놓여 있을 때 학생들의 전체적인 학습과 발달에 가장 의미 있고 뒷받침된다고 주장한다. 이와 같이 단원 수준의 3단계 계획에 따라 교사들은 학습 궤적을 레슨 계획으로 조직한다(Wiggins & McTighe, 2012). 단원 수준에서의 언어에 대한 UbD의 유사한 입장(tenet)을 레슨 수준에 적용할 수 있는데, 여기에는 목표 설정, 형성적 데이터 수집, 과제 설계, 언어 발달에 대한 구체적 렌즈와 함께 텍스트 선정 등이 포함된다. 단원의 더 큰 목표를 향해 노력하면서, 레슨 계획은 내용과 언어를 모두 포착하는 학습목표로부터 시작된다. 학생들이 목표를 달성하도록 지원하기 위해 교사들은 배경지식을 활용하고 이해를 확인하는 적절한 활동과 함께 교과(학문) 학습과 언어 발달을 동시에 촉진하기 위한 적절한 비계 및 자료를 계획한다.

지금까지 언어 발달을 위한 UbD와 관련된 빅 아이디어에 대해 우리 머리를 싸매기 시작했다. 독자의 독서 외에도, 우리는 독자가 배운 것을 수업 계획에 적용하고 동료들과 의논했기를 바란다. 우리는 효과적인 전문적 학습과 발달이 협력적이어야 하며 일상적인 실천에 적용되어야 한다는 것을 알고 있다(Gulamhussein, 2013). 언어에 대한 렌즈로

어느 정도까지 단원 계획을 짜는가		
	UbD 설계 기준	언어 렌즈
1 단 계	1. 탐구하고 이해할 만한 가치가 있는 중요하고 전이 가능한 아이디어를 확인 가능한가?	
	2. 다음과 같은 완전한 문장의 일반화로 진술된 이해를 확인 가능한가? 학생들은 _____를 이해하게 될 것이다.	언어 요구 사항에 대한 교과(학문) 이해도를 분석할 것인가?
	3. 진정한 성취가 수반되는 바라는 장기 전이 목표를 명시하는가?	
	4. 개방적이고 사고를 자극하며, 초점이 있는 본질적 질문을 구성하고 있는가?	모든 학생이 언어(학)적으로 접근할 수 있는 단어 문제인가?
	5. 세 단계 모두에서 다루어야 할 관련 기준, 임무 또는 프로그램 목표를 확인 가능한가?	
	6. 이해도를 달성하고 확립된 목표를 해결하는 데 필요한 지식과 기술을 확인 가능한가?	더 많은 언어 발달을 위한 지식과 기술을 목표로 삼을 것인가?
	7. 1단계가 초점이 있고 일관되도록 모든 요소를 잘 정렬하였는가?	
2 단 계	8. 바라는 모든 결과에 대한 유효한 평가 증거를 지정(즉, 2단계는 1단계와 일치?)하는가?	다양한 배경을 가진 학생들의 잠재적인 편견을 줄일 것인가?
	9. 하나 이상의 이해 측면에 진정한 수행과제를 포함시킬 것인가?	학생들의 배경지식을 활용하는 작품을 사용할 것인가?
	10. 학생들이 자신의 성과를 밝힐 수 있는 충분한 기회를 제공하는가?	언어 발달을 입증할 수 있는 풍부한 기회를 제공할 것인가?
	11. 각 과제를 바라는 결과에 맞추고 성과에 대한 적절한 피드백을 제공하기 위한 평가 기준을 포함할 것인가?	언어적 능력을 바탕으로 평가를 차별화할 것인가?

3
단
계
	12. 학습자들이 다음을 할 수 있도록 돕는 데 필요한 학습 사태 및 수업을 포함하라.
	  – 목표한 지식과 기술을 습득할 것인가?
	  – 중요한 아이디어를 의미 있게 만들 것인가?
	  – 학습 내용을 새로운 상황에 전이하는가?
		언어 발달을 지원하기 위해 적절한 비계, 지원 및 자료를 제공하는가?

	13. 단원이 모든 학습자에게 몰입되고 효과적일 수 있도록 WHERETO 요소를 효과적으로 통합하는가?	다양한 배경을 가진 학생들의 배경, 능력, 요구에 따라 차별화하는가?
전 반 적	14. 세 단계를 모두 일관성 있는 전체로 정렬하는가?	

[그림 8-1] 언어 렌즈를 사용한 UbD 설계 표준

출처: From *The Understanding by Design Guide to Creating High-Quality Units* (p. 27), by G. Wiggins and J. McTighe, 2011, Alexandria, VA: ASCD. Copyright 2011 by G. Wiggins and J. McTighe. Adapted with permission.

첫 UbD 단원의 초안을 완성한 후에는, 자신의 작업을 검토하고 동료들의 전문지식을 활용함으로써 계속해서 수업 계획을 개선하고 다듬어야 한다. Wiggins와 McTighe(2012)가 상기시키듯 단원 설계는 "검토, 실행, 결과로부터의 피드백을 바탕으로 초안 작성과 정련화 작업을 수반하는 지속적인 개선의 주기적인 프로세스"(p. 118)다.

제1장에서 소개한 UbD 설계 표준은 학습 단원을 검토하고 개정하는 출발점(Wiggins & McTighe, 2012) 역할을 하며, 설계자, 동료 및 외부 전문가가 초안 단원에 접근할 수 있는 기준을 제공한다. 설계자가 준비되었다고 느낄 때, 이러한 설계 표준을 보완하는 추가 언어 고려 사항([그림 8-1] 참조)을 사용해야 하며, 여기에는 단원 목표에 대한 언어적 접근성을 보장하고 언어 발달을 위한 특정 목표를 목표로 하는 언어 요구 분석과 더불어, 다음 단계를 수행하는 평가 및 수업이 포함되어야 한다. 그리고 독특하고 다양한 학생들의 언어 발달을 지원하기 위한 적절한 비계, 지원, 자료를 제공한다.

학습 단원의 구현 전에 UbD 설계 표준을 사용한 개별 및 협업 검토 외에도, 교육자들은 수업 중과 수업 후의 모든 시점에서 지속적인 개선 과정을 재개한다(Wiggins & McTighe, 2012). 교사들은 교실에서 일상생활이라는 무수한 변수 때문에, 문서상의 수업 계획이 실제로 항상 똑같아 보이지는 않는다는 것을 알고 있다. 모든 교실은 복잡하고 역동적인 공간으로서 다양한 학생들의 학습과 발전을 다차원적으로 배치한다(Herrera, 2016; Wrigley, 2000). 오늘날의 교실에서, 특히 학생들 사이의 다양성을 고려한다면 우리는 학생들의 배경, 강점, 니즈를 충족시키기 위해 어떤 시점에서든 학습 단원을 수정하고 바꾸어야 함을 알고 있다. 종종 직관적으로 작업할 때, 교육자는 여러 데이터 출처를 수집, 조직, 종합 및 반성하기 위한 프로세스를 공식화해야 한다. 교사들은 동료, 관리자, 외부 파트너의 동료 관찰과 피드백을 환영해야 한다. 언어 발달에 대한 렌즈를 유지하려면 EL 교사, 코치 또는 강사를 교실로 초대하는 것을 고려하라. 이 지속적인 검토는 학습계획의 실시간 수정을 허용하고 완료 후 후속 반복에 대한 개선 사항과 고려 사항을 메모하기 위해 단원 구현 중에 수행되어야 한다.

[그림 8-2]에 나타낸 것처럼 교육자는 수업 설계의 1, 2, 3단계와 수업 이전, 도중 및 이후의 후속 조치 및 연속 피드백의 고리 4, 5단계 및 6단계라고 하는 것을 포함하여 UbD의 반복을 개별적으로 다룰 수 있다(Wiggins & McTighe, 2012). 그러나 방금 설명한 검토와 개정의 사이클에서 제시된 바와 같이, 협업은 동료들의 전문성과 지원을 활용하여 커리큘럼과 수업을 크게 향상시킬 수 있다. 충분한 연구가 협력적 전문성 발달의 개념을 뒷받침하며, 교육자들이 함께 모여 실천의 문제를 연구하고, 공통의 독해 책을

토론하고, 학생 과제를 분석하고, 또래 관찰 결과를 발표한다(예: Cochran-Smith & Lytle, 1998; Florio-Ruane, 2001; Grossman, Wineburg, & Woolworth, 2001; Lewis & Ketter, 2004; Rogers & Mosley, 2008; Smith & Hudelson, 2001). 우리는 당신이 언어 발달을 이해하고, 학생 학습에 관한 데이터를 수집하고 분석하며, 언어 렌즈를 학습 단원으로 통합하기 위해 일하는 동안 성적 등급과 학문에 걸쳐 동료들과 협력할 것을 권장한다.

교육자들을 위한 협업적인 전문 학습 구조를 보다 좋게 촉진하기 위해 지도자들은 백워드 설계 또는 Wiggins와 McTighe(2007)가 설계에 의한 학교교육(Schooling by Design)[1]이라고 부른 것에 참여함으로써 학교와 학군에서 언어 발달을 위해 UbD를 우선시할 수 있다. 다음 절에서는 이해당사자가 거시적 수준의 목표를 어떻게 정의할 수 있는지에 대한 틀을 공유하고 학생들의 학습에 대한 장기적 지원을 최대화할 계획을 세우도록 시야를 넓힌다.

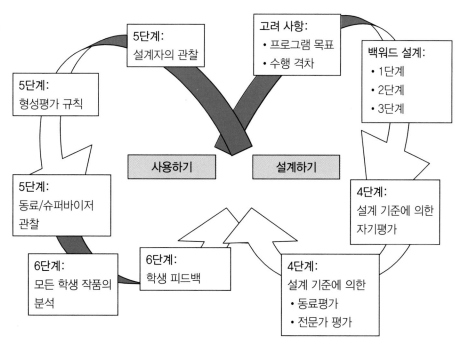

[그림 8-2] 단원 설계 및 피드백 고리

연어 발달과 UbD

---

1) 본 저서는 『백워드 설계로 시작하는 창의적인 학교교육과정 설계』(강현석 외, 2008)로 번역되었다.

학교 전체에서 언어 발달을 위한 UbD

교실 교사는 학생들의 학습과 언어 발달에 있어 일일 수업의 핵심적인 역할을 하는 주체이며, 학생 성취에 영향을 미치는 제1의 교내 요인이다(Cochran-Smith & Lytle, 2008; Gandara & Maxwell-Jolly, 2006; Sanders & Rivers, 1996). 그럼에도 불구하고 우리는 학생들이 수업, 특기 분야, 자원실, 학년 수준, 학교 사이를 이동함에 따라 다양한 교육자들이 학교 수업 시간, 주, 해, 경험 전반에 걸쳐 학습에 영향을 미친다는 것을 알고 있다. CLD 학생의 경우, 제2외국어를 동시에 학습하는 데 최대 10년이 소요될 수 있으며, 이는 학교에서 필수적이며 전면적인 접근이다(Collier, 1989; Cummins, 2009; Hakuta et al., 2000). 이를 염두에 두고, 학습의 최종 목표부터 시작하여 학교와 학군 전체에 걸쳐 언어에 대한 렌즈로 UbD를 확장할 필요성을 주장한다(Wiggins & McTighe, 2007). 이해 관계자들은 우선 학생 학습에 대한 미션을 정의한 다음 CLD 학생을 위한 프로그램, 커리큘럼 및 수업 설계와 실행을 지도하며, 역량 구축 노력은 문화적으로나 언어적으로 반응하는 실천에 대한 교육자의 전문성을 개발한다.

학교의 미션 정의하기

CLD 학생에 대한 구체적 초점과 언어 발달은 학교 이해당사자들을 통합하고 일상적 실천을 추진하는 임무에서 시작된다(Heineke et al., 2012). 학교의 임무는 학교 공동체의 공동 책임이 되는 목표를 통일하면서 공통으로 건물 전체에 개인을 모을 수 있는 잠재력을 가지고 있다(Schmoker, 2011; Wrigley, 2000).

교사들이 개별 교실에서 독립 계약자로 활동하기보다는, 교내 모든 학생의 장기적 학습, 발달 및 성취도를 촉진하기 위한 공유된 미션 진술문이 중요하게 된다(Wiggins & McTighe, 2007). 성격상 학생 중심인 이 미션 진술문은 모든 학습자가 이해와 성숙한 마음의 습관을 증명할 수 있도록 하는 데 중점을 두는 학교의 장기적인 목표에 대한 지속적인 초점(중점)을 유도하고 유지하는 역할을 한다(Wiggins & McTighe, 2007).

먼저, 학생들의 교육에 대한 기대를 정의하고 그곳에 도달하기 위한 장기적인 목표를 명시함으로써, 백워드 설계는 커리큘럼 단원을 설계하는 과정 그 이상의 것이 된다. 그것은 학교 전체의 변화를 위한 매개체 역할을 한다(Wiggins & McTighe, 2007). 그 미션은 학생들의 교육에 대한 우리의 약속과 헌신을 규정한다. 우리는 학교와 지역 미션 진술문을 장기적인 전이 목표, 또는 학생들이 K-12 학교에서 교육을 마치면 학습으로 무엇을 할 수 있기를 원하는지에 대해 제시할 것을 권고한다. 예를 들어, 학업 능력을 발달시키는 것 외에도, 학교의 미션 선언문은 비판적이고 창의적인 사고 주체, 협력적으로 일하는 사람, 책임 있는 위험 감수자, 그리고 지역사회의 구성원을 발달하기 위한 약속을 선언할 수 있다. 교육적인 미션 선언문을 작성하거나 갱신하기 위해서는 주요

학교 특징

- 학교 주변에서는 게시판과 전시를 통해 다국어가 드러난다.
- 아침 공지와 학교 건물 주변의 담화 등 구어 학교 소통에 다국어가 표현된다.
- 다국어는 뉴스레터, 성적표, 학부모 알림과 같은 서면 형식의 학교 통신으로 표현된다.
- 미국 학교에서 학생들과 가족들을 환영하고 성공을 위해 그들을 준비시킬 때 고려하고 배려하는 것이 문화가 된다.
- 학생들의 언어적 다양성을 반영하여, 학교 직원들은 이중언어를 구사한다.
- 모든 학생은 특별한 지역, 도서관, 그리고 과외 활동에 접근할 수 있다.
- 학교 도서관은 매우 다양한 2개 국어와 L1 책과 자료를 가지고 있다.
- 학교 도서관은 문화적으로 관련이 있고 다양한 개인과 가족을 묘사하는 다양한 책과 시청각 자료를 보유하고 있다.
- 교직원들은 다국어 자원에 접근하여 교육을 지원한다.
- 교수진은 언어 다양성의 중요성과 가치를 인정한다.

교실 특징

- 교실은 학생들이 위험을 감수하는 데 편안함을 느끼는 환경을 환영한다.
- 교실은 학생들이 학습에 집중할 수 있도록 일관된 절차와 일과를 제공한다.
- 교사들은 교실에서 지역사회와 협업을 육성하기 위해 꾸준히 노력한다.
- 교사들은 학생들의 자원을 축하하고 그들을 교육과정의 중심 부분으로 만든다.
- 교사들은 학생들의 모국어를 자원으로 인식하고 사용한다.
- 교사는 대기 시간을 사용하고 언어 오류에 적절하게 대응하는 등 학생 언어를 수용하는 적절한 방법을 이해한다.
- 교실은 다국어 지원이 가능한 인쇄가 풍부한 환경이다.
- 교실은 학생들이 창의적으로 의미를 만들 수 있는 협력의 기회를 제공한다.
- 교사들은 학업과 언어 성취에 단기적이고 장기적인 목표를 설정한다.
- 교사들은 학생들의 배경과 의사 결정을 지도하는 능력에 대한 자료를 수집한다.
- 교사들은 가정, 지역사회, 학교에서 얻은 배경지식을 통합한다.
- 교사는 부모와 가족을 의미 있는 방법으로 소중히 여기고 참여시킨다.

[그림 8-3] 언어적으로 반응적인 학교 및 교실의 특징

이해당사자들이 모여 졸업생의 기대상, 즉 학생들이 무엇을 할 수 있을지에 대한 장기적인 큰 그림을 토론하고, 해체하고, 정의해야 한다. 일단 확인되면, 그 미션은 장기적인 목적을 염두에 두고 커리큘럼, 평가, 그리고 수업을 백워드 설계로 우선순위를 정하고 계획하는 것을 돕는 핵심적 역할을 한다.

이 책을 통해 우리는 CLD 학생들을 위해 별도의 수업을 계획하지 않고, 언어 발달에 대한 렌즈가 있는 통합적인 교실에서 엄격한 목표와 기대를 유지한다는 메시지를 일관되게 작용하였다. 그 메시지는 우리가 학교 전체에 걸쳐 우리의 초점을 변화하는 실천 과정에 옮겨도 변하지 않는다. 그러므로 학교 이해관계자들은 CLD 학생들을 위한 별도의 미션을 규정할 것이 아니라 언어에 대한 렌즈로 기존의 미션 선언문을 고려해야 한다. 예를 들어, 학생들을 위한 우리의 장기적인 목표를 고려할 때, 언어는 어떻게 작용하는가? 아마도 우리는 학습자들이 2개 국어를 구사하고, 이중문해력이 뛰어나고, 문화적으로 유능하며, 글로벌한 마인드가 있는 다재다능한 의사소통자가 되는 것을 상상하고 목표를 설정했을 것이다. 이론과 연구에 근거를 둔 이러한 언어 중심 목표는 특히 CLD 학생들의 언어적 강점과 풍부한 배경을 목표로 하지만 또한 모든 학생들의 학습과 발달에 광범위하게 도움이 된다(de Jong, 2011; de Jong & Harper, 2008; Herrera, 2016). 학교에서 실천을 추진하는 임무에 언어 렌즈를 추가함으로써 이해당사자들은 CLD 학생들을 학교 공동체의 구성원으로 분명히 포함시키고 언어 다양성 및 발달을 학교 건물 전체의 일상 과제의 본질적인 것으로 우선시한다([그림 8-3] 참조).

커리큘럼 및 수업 지원

학교의 장기적 미션에 대한 명확성을 인식하면서 이해당사자들은 학생 학습, 발달, 성취를 지원하기 위한 커리큘럼과 수업의 전반적인 설계와 시행을 위한 구조를 마련할 수 있다. 『Schooling by Design』이라는 책[2]에서 Wiggins와 McTighe(2007)는 내용을 커버하는 진도 나가기식 수업이 교실 전체의 수업에 대한 암묵적인 접근 방식이 아님을 확인하면서, 학교가 깊은 이해와 진정한 학습이라는 학생 중심의 미션을 존중하고 이를 위해 노력하는 커리큘럼 프레임워크를 개발할 필요가 있다고 설명한다.

---

2) 본 저서는 『백워드로 시작하는 창의적인 학교교육과정 설계』(강현석 외 공역, 2015)라는 제목으로 번역서가 출간되었다.

실제로, 이해당사자들이 공동의 목표를 향해 협력하면서 학교 전체에 걸쳐 가르치고 배우는 접근 방식의 일관성이 중요하다. 학생들이 이해와 본질적 질문을 중심으로 설계된 탐구 중심의 학습에 참여하는 2학년 교실을 고려해 보라. 주제별 활동, 맞춤법 시험, 그리고 암기 워크시트로 전형화된 3학년 교실이 뒤따른다. 이해당사자들은 학생들을 위한 학교교육의 장기적인 목표를 달성하기 위해 학년 수준, 내용 영역 및 특수 영역에 걸쳐 학교를 아우르는 커리큘럼과 수업을 공동으로 설계하고 시행한다. 또한 학교 지도자들은 정책, 직무 기술(설명) 및 자원 사용과 관련된 결정을 표시할 때 학교 미션, 구조, 공약을 우선시한다(Wiggins & McTighe, 2007).

학생들의 장기적인 언어 발달을 지원하기 위해 이해당사자들은 또한 [그림 8-4] (Hilliard & Hamayan, 2012)에서와 같이 학교 전체의 프로그램, 커리큘럼 및 수업에서 언어가 어떻게 사용되고 지원되는지를 명시적으로 정의해야 한다. 연방 언어 정책 및 주 언어 정책 모두 학생들의 언어 발달과 학업 성취도를 입증하는 데 효과적이고 적절한 자금 지원을 받는 공식적인 프로그램 모델을 요구하기 때문에 ELs로 표시된 학생들에게 특히 중요하다(Gándara & Hopkins, 2010).

프로그램 수준에서 이해관계자는 적절한 EL 또는 2개 국어를 사용하는 프로그램 모델을 전략적으로 결정하고 프로그램 전체에 걸쳐 언어 배당을 구체적으로 지정한다. 이러한 프로그램의 예로는 양방향 몰입, 과도기적 이중언어 교육 또는 학생들이 학교를 통해 진척됨에 따라 언어 사용과 특정 비율을 연계하는 보호자 교육 등이 있다. 보다 넓은 프로그램 모델에 직접 내재된 커리큘럼 수준은 각 학년 수준에서 각 언어로 어떤 과목을 가르칠 것인지에 대한 이해관계자의 결정을 말한다. 이 텍스트의 초점인 수업 수준에는 학생의 제1외국어와 제2외국어를 분리, 병합 또는 브리징하는 것과 같은 학생과 교사의 교실 수업에서 언어 사용에 관한 매일매일의 결정들이 포함된다.

이런 식으로 프로그램 모델은 학년 수준과 내용 영역 수업 전반에 걸쳐 교실 커리큘럼과 수업을 배치하고 정렬하는 학교 전체의 구조로 등장한다. 즉, 교실별로 이루어지는 수업 관련 스캐폴드는 학생들의 종단적 언어 발달을 위한 학교 전체의 든든한 지지를 대신할 수 없다(Santos, Darling-Hammond, & Cheuk, 2012). 이해관계자가 정의한 미션뿐만 아니라 학생들의 배경과 요구에 대응하여 학교는 커리큘럼 및 수업과 관련된 결정을 안내하는 프로그램을 설계하고 시행한다.

예를 들어, 스페인어와 영어 원어민의 균형 잡힌 숫자와 이중언어주의와 문맹퇴치에 전념하는 교수진을 통해, 학교는 학년 수준(50-50 모델)에 걸쳐 언어를 균등하게 배분

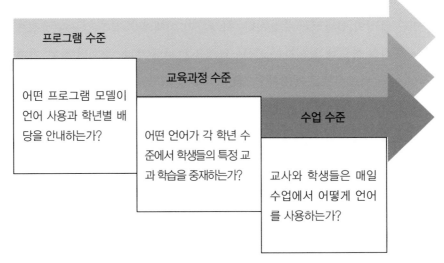

프로그램 수준

어떤 프로그램 모델이 언어 사용과 학년별 배당을 안내하는가?

교육과정 수준

어떤 언어가 각 학년 수준에서 학생들의 특정 교과 학습을 중재하는가?

수업 수준

교사와 학생들은 매일 수업에서 어떻게 언어를 사용하는가?

[그림 8-4] CLD 학생들을 위한 학교 전체 프로그램

하는 양방향 몰입 프로그램을 설계하고 시행한다. 문해 커리큘럼은 두 언어로 제공되며, 스페인어는 수학, 과학, 영어는 사회, 특목 영역으로 구성되어 있다. 이중언어와 영어에 대한 학교의 목표에 도달하기 위해, 언어적 브리징 전략은 내용 개념을 연결하고 스페인어와 영어로 된 교과(학문) 언어를 발달시키기 위한 일일 수업에서 필수적이다. 커리큘럼과 수업, 그리고 모델을 효과적으로 구현하기 위한 적절한 인적 · 물적 자원을 알려 주는 명확하게 정의된 프로그램 모델로, 학교 이해관계자들은 학생들의 언어 발달과 학업 성취를 위한 공유 목표를 향해 노력한다.

학교에서의 전문적 역량 구축

CLD 학생들을 지원하기 위한 명확한 임무와 관련 프로그램을 갖춘 학교는 교사들과 다른 이해관계자들이 목표를 향해 성공적으로 일하고 실제로 프로그램을 제정할 수 있도록 전문적 역량 구축에 초점을 맞춘다.

연구에 따르면, 학교 미션 진술이나 이중언어 프로그램 모델과 같은 거시적 수준의 기반과 정책은 종종 교실 실제에서 실제로 일어나는 것과 다르다(예: Coburn & Stein, 2006; Colon & Heineke, 2015; Datnow, Lasky, Stringfield, & Teddlie, 2006; Heineke & Cameron, 2011, 2013; Honig, 2006). 다시 말해서 교육자들은 학생들과 함께 매일 연습하면서, 기존의 학교 구조를 제정하거나 수정하거나 무시하는 것을 포함할 수 있는 결정

을 적극적으로 내린다. 학교의 더 큰 임무에 맞춰 매일의 실천에 영향을 주기 위해, 이 해당사자들은 먼저 UbD와 언어 발달에 관련된 교수진들의 목표를 설정한 다음 그들의 전문적 역량을 형성하기 위한 경험을 설계한다. 의미 있는 학교 변화를 유도하기 위한 교사 전문지식 구축의 복잡성을 인식하면서, 우리는 전문적 학습(전문성 개발)의 개인, 대인관계, 제도적 측면을 고려하는 사회문화적 틀을 채택한다(Rogoff, 1995). 학교에서 전문적인 역량을 쌓기 위해서 교육자들은 교실 의사 결정을 지원하는 원칙, 학교 동료들과 협력하여 효과적인 교수학에 대한 대인관계 학습, 그리고 독특한 교육 및 정책 맥락과 관련된 제도적 학습을 중심으로 개별적 학습에 참여해야 한다.

원칙이 있는 실천으로서의 교수와 학습

모든 교사는 의사 결정권자다. 그들은 가르치고 배우는 데 영향을 미치는 수많은 선택을 매일 한다(de Jong, 2011; Ricento & Hornberger, 1996). 학습에 대한 기대치를 설정하든, 학생들에게 질문을 던지든, 교실에서 그룹을 조직하든, 교사들은 복잡한 일상 과제를 하면서 자신도 모르게 선택을 하는 경우가 많다. 우리가 원하는 것은 교사들이 정보를 얻고 원칙 있는 의사 결정권자가 되는 것이다. 학교에서 역량 강화에 대한 우리의 사회문화적 접근 방식에서, 이 각계 계층은 학습자, 학습자 및 언어 학습에 대한 깊고 원칙이 있는 이해에서 출발하여 교사 전문지식을 발달하는 데 초점을 맞추고 있다 (Heritage et al., 2015; Rogoff, 1995, 2003). 이 방법은 즉시 적용할 수 있는 학습에 과도하게 의존하고 전문적 발달, 특히 EL 수업과 학습의 분야에서 일대일 전략을 지나치게 강조하기 때문에 많은 교육자들에게 변화가 필요할 수 있다. 시간을 들여 이해력을 쌓음으로써, 교육자들은 소수의 교육 전략 이상을 얻는다. 그들은 학생 학습의 모든 면을 보고, 제정하고, 영향을 미칠 수 있는 적절하고 원칙적인 렌즈를 구성한다.

그러므로 우리는 더 넓은 학교 변화를 유도하려는 교육자들이 교수학과 계획에 관한 모든 교실 및 학교 기반의 결정을 지원하기 위해 공유된 학습 원칙을 사용할 것을 권고한다. 제1장과 제2장에서, 우리는 UbD 프레임워크를 안내하는 일곱 가지 학습의 중요한 주제와 언어 렌즈 추가와 관련된 세 가지를 공유했다. 이러한 원칙들은 이 책 전반에 걸쳐 제시된 아이디어를 지도해 왔다. 언어 발달을 위한 UbD 접근 방식과 연계하여 의사 결정을 안내하기 위한 보다 깊은 이해를 구하고자 할 때, 문화적·언어적으로 다양한 교실에서 UbD를 사용하기 위한 10가지 원칙을 재검토하는 것이 유용하다. CLD 학생들에게 진술하고 엄격한 지원을 제공하는 데 초점을 맞춘 교육자들과 함께 이러한 교육과정들이 신뢰와 인증을 구축하고 전문적 역량을 발달시키는 시발점이 될 수 있다.

1. 학습은 교사들이 교육과정 계획에 대해 유목적적으로 생각할 때 강화된다. UbD 프레임워크는 엄격한 과정이나 규범적인 프로그램을 제공하지 않는 사려 깊은 커리큘럼 설계를 지원한다.

2. UbD 프레임워크는 커리큘럼과 수업의 초점을 학생들의 이해와 학습의 심화와 전이, 즉 내용 지식과 기술을 효과적으로 사용하는 능력에 맞추도록 돕는다.

3. 이해는 학생들이 진정한 수행을 통해 자신의 학습을 이해시키고 전이를 할 때 드러난다. 이해의 여섯 가지 측면, 즉 설명, 해석, 적용, 관점 전환, 공감, 자기평가 능력이 이해의 지표 역할을 할 수 있다.

4. 효과적인 커리큘럼은 3단계 설계 과정을 통해 장기적인 결과로부터 백워드로 계획한다. 이 과정은 ① 교과서를 자원이 아닌 커리큘럼으로 취급하는 것, ② 명확한 우선순위와 목적이 드러나지 않는 활동 중심의 가르침, ③ 학생들이 집중하면서 표준화된 시험 형식(보통 선택–응답 문항)을 실천하는 시험 준비(시험 보는 내용에만 의존하는)의 세 가지 일반적인 교육 문제를 피하는 데 도움이 된다.

5. 교사는 단순히 내용 지식, 기술 또는 활동의 제공자가 아니라 이해의 코치다. 그들은 학습의 전이가 이루어지도록 하는 데 초점을 맞추고 있다. 그들은 단지 학습된 것이 진정으로 학습되었다고 가정하지 않는다.

6. UbD 설계 기준에 대한 정기적인 검토는 커리큘럼의 질을 높여 심층적인 학습으로 이어지며, 전문 학습 공동체(PLCs)의 학생 작업에 대한 비교 검토는 학생 학습을 극대화하기 위해 필요한 커리큘럼과 수업에서 필요한 조정을 알려 준다.

7. 교사, 학교, 학군은 Eduplanet21 단원 플래너, 공유 데이터베이스(http://www.eduplanet21.com/) 등 웹 기반 도구를 통해 다양한 방법으로 교육과정과 평가 설계를 타인과 공유함으로써 보다 스마트하고 효과적으로 일할 수 있다.

8. 모든 교사는 학생들의 학습과 언어 발달을 지원할 책임이 있다. 언어는 수학, 사회, 과학, 미술과 같은 교과 학습의 맥락에서 발달한다. 따라서 언어는 특정 교실(예: ESL) 또는 과정(예: 영어 예술)의 유일한 의무로서 분리되고 유지될 수 없다.

9. 모든 학생은 의도하지 않게 교실이나 학교에서 낮은 기대치를 유발한, 흔히 의도하지 않게 유발한, 지정 라벨이나 특정 변수에 관계없이, 학습과 이해를 위한 엄

격한, 학년 수준의 목표를 달성할 수 있다(예: 표준 영어 이외의 언어 또는 언어 품종을 사용하는 학생, 최근 이민자, 다른 나라에서 온 난민들, 그리고 그 밖의 언어와 언어의 변수에 관계없이).

10. 모든 학생은 백인, 중산층, 영어 지배적인 학생들의 지식, 경험, 언어 레퍼토리를 포함한 풍부한 학습 자원을 교실에 가지고 온다. 교사는 학생들의 배경과 다차원적인 언어 능력을 수업 설계에 수용하고 통합하여 학습과 언어 발달을 지원해야 한다.

학생 학습 지원을 위한 협업

교실에서 원칙 있는 의사 결정자의 역량을 구축하는 것 외에도, 교육자들은 학생들의 진정한 학습과 언어 발달을 지원하기 위해 지식을 공동으로 구성한다. 학교 이해 당사자들은 전문적인 학습 경험과 기회를 전략적으로 설계함으로써, 원칙적인 과제를 교실 수준에서 학교 수준으로 확장할 수 있다. 우리는 학습이 본질적으로 사회적이고 상호작용적이라는 것을 알고 있는데, 이것은 교육자들 간의 협업을 타당하게 만든다(Rogoff, 2003; Vygotsky, 1978). 교사들은 학년 수준의 팀이나 부서별 팀 또는 전문 학습 커뮤니티에서 수평적으로 협력하든, 또는 교차적인 팀이나 전문 학습 공동체에서 수직적으로 협력하든 간에, 학생 학습과 발달, 그리고 그들 자신의 전문 학습과 발달을 위해 정해진 목표에 도달하기 위해 의도적인 계획과 실행에서 서로를 지원한다. 협력적인 전문 학습은 일관되고 지속적으로 이루어져야 하며, 전문 학습 공동체 및 동료 관찰과 같은 것과 관련된 공식적인 절차, 프로토콜 및 실천 요강을 통해 구조화되어야 한다. 우리는 CLD 학생들의 학습과 언어 발달을 지원하는 것이 학교의 기존 협력 학습 구조에 통합되어야 하며, 전문적 학습과 발달의 광범위한 영역에 언어 렌즈를 명시적으로 추가해야 한다고 주장한다. 이러한 입장은 CLD 학생 학습의 10가지 원칙(de Jong, 2011; Wiggins & McTighe, 2007)에 따라, 학생들의 언어 발달을 지원하는 것은 추가 기능이나 '이것도 지나가리라'라는 계획이 아니라, 학교에서 우리가 하는 모든 일에 적절한 렌즈라는 관련 메시지를 강화한다.

우리가 커리큘럼과 수업 설계에 집중했기 때문에 교사들이 이 책의 주 독자가 되어 왔다. 그럼에도 불구하고, 학교는 신체적 · 사회적 · 정서적 · 행동적 · 문화적 · 언어적 · 인지적 또는 교과(학문) CLD 학생들의 학습과 발전을 촉진하는 데 뚜렷한 역할을 가진 많은 성인들을 고용한다(Herrera, 2016; Wrigley, 2000). 따라서 원칙적인 의사 결정과 협력적 전문 학습 기회는 교실 교사 이상으로 확장되며, 앞에서 제시된 바와 같이 모든 이해당사자가 학교에서 전체론적 CLD 학습자를 지원하는 데 참여하는 손에 손을 잡는 제휴 접근 방식을 채택한다(Heineke et al., 2012). 학교가 학생들의 학습과 발달, 성취에 대한 미션을 향해 노력하는 만큼, 이해당사자들은 모든 직원이 학생들의 교육에 독특하고 중요한 역할을 하는 현실을 인식하고 포용해야 한다. 학교 건물에 있는 풍부하고 다양한 인적 자원을 활용하면서, 공동 학습 경험은 각 이해관계자가 학교 실천 공동체에 제공하는 귀중한 전문지식을 고려해야 한다([그림 8-5] 참조). 교사, 사서, 사회복지사, 심리학자 등 어느 쪽이든 교수진은 CLD 학생의 학습과 발전에 대한 공통된 비전을 실현하기 위해 전문적 학습에 전념하고 참여해야 한다.

교실과 학교의 담장을 넘어 바라보기

학교를 개선하기 위한 전면적인 접근은 학교 건물에서 멈출 수 없다(Heineke et al., 2012). 학교는 더 큰 지역사회 내에 존재하는데, 이것은 학교의 사명에 도달하는 방법, 프로그램 및 커리큘럼을 설계하는 방법, 그리고 학생들의 전체적인 학습과 발달을 지원하는 능력을 구축하는 것을 고려할 때 풍부한 하나의 자원으로 보아야 한다. 부모와 가족은 학습자의 문화, 배경, 경험, 정체성에 대한 독특한 통찰력을 기여하고 가정 언어, 읽고 쓰는 능력, 숫자 기술 등 풍부한 지식 자본을 설명할 수 있기 때문에 학교 기반 교육자들의 주요 파트너다(Moll & González, 1997). 가족에 덧붙여, 다른 외부 행위자들은 지역 대학, 지역사회 단체, 문화기관에서 일하는 사람들을 포함하여, 학교의 미션, 프로그램, 그리고 학생 학습과 언어 발달을 위한 역량 강화 작업에 기여할 수 있는 독특한 인적 · 물적 자원을 가지고 있다([그림 8-5] 참조). 학교에 기반을 둔 교육자들은 외부 자원을 인식한 후 학생, 학부모, 가족을 지원하기 위한 전략적 방법으로 이해당사자들과 협력해야 한다.

지역사회에 위치하는 것 외에도, 학교는 일반적으로 더 큰 지역이나 제도적 계층 내에서 운영된다. 학생들의 학습과 언어 발달을 지원하기 위한 역량을 구축하기 위해, 행정 구역은 학교와 지역사회에서 이해관계자들을 포괄하는 전문적인 학습 기회를 제공할 수 있다.

유아기나 과학 교육과 같은 특정한 교육적 맥락에서 학생들의 독특한 요구를 인식하여, 지역 지도자들은 학교 전체의 교육자들을 모아서 언어 발달을 위한 UbD와 관련된 더 심층적이고 맥락적인 학습에 참여할 수 있다. 이러한 교과(학문) 내에서의 협업을 위한 수평적 기회 외에도, 학교 간 전문적 학습은 같은 공동체에서 학생들에게 봉사하는 초·중·고등학교 교사들과 같이 학년 단원의 수직적으로 교육자들을 모아야 한다. 지역 수준에서 언어에 초점을 맞춘 이러한 유형의 협업을 성취하기 위해서는 지도자들이 언어 발달의 중요성을 인식하고 지역 내 더 큰 정책, 프로그램, 실천 내에서 CLD 학생들의 학습에 우선순위를 두어야 한다. 우리는 이것이 또 다른 시책으로서 접근되어서는 안 되며 오히려 수업 및 학습에 대해서 학구가 접근하는 방식의 핵심적인 입장이되어야 한다고 주장한다.

역할	기여의 예
교사	개별 학생의 배경, 능력 및 니즈에 대한 지식뿐만 아니라 여러 분야의 내용 지식
이중언어 교사	제2외국어 및 문해 발달 지원을 위한 학생들의 모국어 구축, 유지 및 브리징 기술
ESL 교사	영어 능력의 구성 요소, 기능, 영역 및 발달 단계를 포함한 언어학의 지식
관리자	장기적인 학습과 언어 발달을 지원하는 종방향 학생 진행 및 학교 간 실습에 대한 지식
사서	학생의 모국어를 포함하여 학습을 중재할 수 있는 문화 관련 교재 및 자료의 지식
사회 복지사	문화적 경험 및 기대와 연결된 사회적·정서적 학습을 이해하고 지원하는 기술
학교 심리학자	학생의 능력과 니즈를 정확하게 판단할 수 있도록 문화적·언어적으로 유효한 평가를 관리하는 기술
상담사	프로그램 모델 또는 학교 간에 이동할 때와 같이 학업 전환을 통해 학생을 지원하는 기술
사례 관리자	학생의 부모, 가족, 가정, 지역사회 및 기타 학습 및 발달을 위한 외부 지원 시스템에 대한 지식
보건교사	문화적으로 특정한 건강과 웰빙 패턴과 트렌드를 포함한 학생들의 신체 발달에 대한 지식
부모/가족 구성원	사회적·정서적·문화적·언어적·교과(학문) 등 학습자의 관심, 경험 및 능력에 대한 지식
지역사회 멤버	커뮤니티의 사회적·역사적 맥락과 사용 가능한 문화적·언어적 자원에 대한 지식
대학 파트너	연방 및 주 언어 정책, 효과적인 이중언어 및 EL 프로그램 및 CLD 학생을 위한 연구 기반 실습에 대한 지식
교사 지원자	CLD 학생의 학습 및 언어 발달을 지원하기 위한 최신 연구 및 관련 실무에 대한 지식
문화 기관	학생의 교과 학습과 언어 발달을 지원하기 위한 학교 밖 학습 경험을 설계하는 기술
공동체 조직	사회적·경제적·문화적·언어적 자원과 학생, 학부모 및 가족을 위한 지원을 모색하는 기술

[그림 8-5] CLD 학생 학습에 대한 이해관계자들의 기여

결코 다음 단계의 철저한 개요가 아니라, 우리의 제안은 독자들이 개별적인 교실 실습을 넘어 언어 발달에 대한 렌즈를 확장하는 방법을 생각하도록 장려하기 위한 예비적인 아이디어들을 제공한다. 좀 더 포괄적인 탐구를 위해 우리는 『Schooling by Design』을 읽는 것을 추천한다. 백워드 설계의 원칙과 실천 요강에 연결되는 학교 수준의 변화에 대한 중요한 개념적이고 실용적인 접근법을 위한 『설계에 의한 학교교육: 미션, 액션 및 성취(Schooling by Design: Mission, Action, and Achievement)』(Wiggins & McTighe, 2007)를 읽을 것을 권장한다. CLD 학생의 학습 및 발달에 대한 특정 렌즈를 추가하기 위해 기사(예: Heineke, Coleman, Ferrell, & Kersemeier, 2012), 장(예: Lucas et al., 2008), 정책 보고서(예: Tung et al., 2011) 또는 텍스트(예: Miramontes, Nadeau, & Commins, 2011; Soltero, 2011)로 보충할 수 있다. 이 책은 당신과 당신의 동료들이 CLD 학생들과 UbD 프레임워크를 사용하는 도전과 기회를 헤쳐 나가는 출발점이 될 수 있다. 또한 학교 건물 내·외부에서 언어 발달을 위한 지원을 구현하기 위한 이해, 지식 및 기술을 집단적으로 구축하기 위해 읽고 토론할 수 있다. 여러분의 맥락에서 이것이 어떻게 보일지 설명하기 위해, 우리는 Chicago's Northwest Side에 있는 학교와 학교들 간에 진행 중인 협력 작업을 공유하기 위해 이 책 전반에 걸쳐 특색 있는 개별 교사들을 모아 마무리한다.

학교 전체에서 언어 렌즈 유지하기

앞선 장들에서 학생들의 학습, 발달, 성취를 지원하기 위해 언어 렌즈로 UbD 수업을 설계하는 중요한 작업을 하고 있는 교사들을 소개했다. 제3장은 Newton Bateman Elementary School의 Tellez 씨의 중학교 학생들의 다양한 배경과 독특한 요구에 대응하는 영어 예술 수업 설계에 대해 개요를 소개했다. 제4장에서는 Hartmann 씨가 Theodore Roosevelt High School 지구과학반에서 교과(학문) 언어 요구와 기능을 어떻게 지원하는지를 탐구했다. 제5장에서는 Carman 씨가 Albany Park Multicultural Academy의 중학교 수학 교실에서 실제적이고 문화적으로 반응하는 평가의 여러 형태를 사용한다는 것을 조사했다. 제6장에서는 1학년 교실의 Peter Reinberg Elementary School의 Niekra 씨에 대해 기술하였는데, 특히 통합 사회과와 문해 단원의 언어 풍부화 학습 궤적을 기술하였다. 제7장은 Heneghan 씨와 그녀의 과학적인 질문자들이 William G. Hibbard Elementary School에서 예시한, 수업 수준의 백워드 설계에 대해 연결지었다. 이 교사들과 학교들은 시카고 북서쪽에 있는 Albany Park과 Portage Park의 다양하고 활기찬 지역사회에 위치하고 있다. 이들은 시카고 공립학교의 지역 하위 구역인 네트워크 원(Network One)의 지도자들 팀의 지원을 받고 있으며, ELs로 표시된 10,000명의 학생들을 포함하여 학습자와 그 가족들이 사용하는 80개 이상의 언어를 가지고 있다.

비록 그들이 그들 지역의 K-12 학교의 커리큘럼 설계에 대한 특별한 접근 방식을 요구하지는 않지만, Network One 지도자들은 오랫동안 UbD 접근 방식을 선호해 왔으며, 교사와 학교 지도자로서의 그들의 시절로 거슬러 올라간다. 많은 학교들이 CLD 학생들을 위한 교육적 효과와 엄격함을 개선하고자 하는 가운데, 연구팀은 언어 발달에 대한 명확한 렌즈를 가지고 네트워크 수준의 역량 구축 노력을 UbD 프레임워크에 집중하기로 결정했다.

네트워크 코치는 지역 전체에서 수천 명의 교사에게 직접 도달하는 데 한계가 있다는 것을 알고 학교 지도자와 교사 지도자를 모두 포함한 각 사이트의 팀들을 참여시키면서 관심과 필요성을 모두 갖춘 학교에 우선순위를 부여했다. 『설계에 의한 학교교육』(Wiggins & McTighe, 2007)에서 제시된 학군 수준의 백워드 설계 원칙에 따라, 네트워크 팀은 교육자들이 공동으로 가치를 부여하고 UbD를 언어 렌즈와 함께 사용하여 교실과 학교에서 CLD 학생들을 위한 교육을 계획하는 궁극적인 목표에 따라 전문성 개발 학습 조직을 계획했다([그림 8-6] 참조).

초점(중점) 학교의 구체적인 맥락을 염두에 두고, 그 계획은 학습과 언어 발달을 실질적으로 촉진하는 반응적 수업을 설계하기 위한 수단으로서 학생들의 독특한 배경과 역동적인 요구에 대한 이해를 심화시키고 고심하는 데 초점을 맞추었다. 또한 학교 리더십 팀은 다른 동료들에 대한 능력과 이해력을 쌓기 위해 실제로 언어 발달을 위한 UbD를 어떻게 수행할 것인지 이해하고 협상할 필요가 있었다. 이러한 더 큰 전이 및 의미 목표를 달성하기 위한, CLD 학생을 위한 UbD의 기초, 구성 요소 및 적용에 초점을 맞춘 습득 목표, 다차원 데이터, 1단계 목표, 2단계 평가 및 3단계 학습계획 수립같이 학습의 증거는 결과적인 커리큘럼 지도, 단원 계획, 평가 및 수업 실천에서 나타날 것이다.

네트워크를 통해 교실과 학교에서 이러한 목표를 달성하기 위해, 실행 계획은 2년에 걸쳐서 교사와 지도자를 위한 독립적이고 협력적인 가닥을 모두 포함시켰다. UbD와 언어 발달이라는 이 일의 두 가지 차원의 복잡성을 인식하면서 팀은 관련 이해, 지식 및 기술을 순차적으로 개발하기로 선택했다. 먼저 UbD에 초점을 맞춘 팀은 3일간의 집중적인 심층학습을 위해 코네티컷으로 이동했고, 교육자들이 UbD 원리를 탐색하고, 고민하며, 실제로 적용할 수 있는 시간과 공간을 제공하는 한 학기짜리 워크숍 시리즈가 이어졌다. 교사들이 추가 지원이 필요하다고 지적한 분야에 대응해 네트워크 팀은 목표, 수행과제, 루브릭 창안, 단계들 간의 정렬(일치) 등 전이 목표에 대한 학습과 이해를 심화시키기 위해 5개 세션을 설계했다. 그 후 전문성 개발 학습 조직은 한 학기 분량의 워크숍 시리즈로 언어 발달의 렌즈를 추가해 팀들이 다차원적 능력과 니즈를 판단하기 위해 데이터를 분석하도록 유도하고(1단계) 교과 학습과 언어 발달에 대한 엄정한 목표를 설정(1단계), 문화적으로 반응적인 평가(2단계) 등을 통해 언어 발달의 렌즈를 추가했다. 학생들을 지원하고 도전하기 위한 진정성이 높고 언어가 풍부한 수업(3단계). 각 학교팀에서 개인의 인지도와 전문지식을 쌓은 후, 실천 계획은 교사와 지도자들이 언어 발달을 위한 UbD의 현장 실천을 위한 역량 강화 노력을 설계할 수 있도록 다양한 도구를 유도, 지원, 제공하였다.

학교 팀은 교육자들의 전문성과 그들의 고유한 맥락 안에서 전반적인 전문적 역량을 바탕으로 전문성 발달 계획을 개발했다. 이러한 유연성은 교육자 경험, 학교 구조, 학생 인구, EL/2개 국어 프로그래밍과 같은 요인에 따라 커리큘럼 설계와 역량 강화 노력이 달라질 수 있음을 인식하고 학교와 지역사회의 특정 요구를 충족하는 데 필수적이었다. Hibbard Elementary와 Albany Park Multi cultural Academy와 같은 몇몇 학교들은 UbD를 교육과정 설계에 대한 일반적인 틀로서 역사와 경험을 가지고 있었고, 따라서 학습 단원에 언어 렌즈를 추가하는 데 역량을 집중했다. 서로 거리를 가로질러 같은 학생과 가정에 봉사하는 이들 학교는 전략적으로 리더십 팀(초등 학년 및 중등 학문에 걸쳐)을 선정하여 분기마다 한 단계씩(예: 1/4분기 1단계)에 초점을 맞춘 동료의 학습과 적용을 촉진했다. Reinberg Elementary와 Roosevelt High와 같은 다른 학교들의 경우, 이러한 네트워크 수준의 노력은 UbD에 초기 노출을 제공했고, 커리큘럼 설계와 언어 발달의 기초에 초점을 맞춘 역량 구축을 촉진했다.

그러므로 학교와 교사 지도자들은 그들의 다양한 학생 집단에 대한 UbD의 학교 미션과 커리큘럼 접근법을 공동으로 정의하고, CLD 학생들을 중심으로 동료들이 학습 단원을 설계할 수 있는 능력을 의도적으로 구축하기 위한 장기적인 노력을 설계하는 것으로 시작되었다. 네트워크는 다양한 교실에서 교육자의 이해와 지식, UbD 활용 능력을 확대하기 위한 전문적 발달을 설계함으로써 리더십 팀들이 그들만의 독특한 학교

8 • 언어 렌즈 유지하기: 학교에서의 역량 구축

298

1단계-바라는 결과	
목표 설정	**전이**
교육리더 전문표준(2015) • S1: 미션, 비전 및 가치 • S4: 커리큘럼, 교육 및 평가 • S7: 교사 및 직원을 위한 전문 커뮤니티 • S10: 학교개선	교육자들은 다음의 과제를 수행하기 위하여 자신의 학습을 자율적으로 사용할 수 있을 것이다. • 교사들과 지도자들은 교육 계획에 대한 백워드 설계 접근 방식의 가치를 인식하기 • 학교 팀은 UbD 프레임워크, 언어 발달, 선도적인 성인 학습을 중심으로 역량 쌓기 • 교사들은 학교 내에서나 네트워크를 통해 연습을 공유하기 • 교사들은 다양한 학생들의 요구를 충족시키기 위해 성찰적 실천에 임하기 • 학교 팀은 수직적·수평적 커리큘럼 매핑에 참여하기
의미 구성	
교육자들은 다음 사항을 이해할 것이다. • 우리는 목적을 염두에 두고 계획을 세우고 그 과정에서 수집될 증거를 결정할 때 CLD 학생들을 위해 일관되고 정렬된 수업 경로를 구축한다. • 교사들은 관련성을 파악할 때 가장 잘 배우고, 따라서 교내 학습에 대한 지원을 받고, 또래들과 협력해서 일한다. • 교사 리더십 팀은 그들 건물의 시스템과 구조, 그리고 어떻게 하면 이 일을 그들 지역사회의 요구에 가장 잘 부응할 수 있는지 되돌아볼 수 있는 기회를 필요로 한다.	교육자들은 다음 사항을 지속적으로 고려할 것이다. • 우리의 매우 다양한 교실과 학교에 있는 학생들은 누구인가? • 어떻게 하면 학생들의 학습과 언어 발달을 지원하기 위한 수업을 설계할 수 있는가? • 언어 렌즈를 장착한 UbD는 어느 정도까지 교실 수업 실천을 바꿀 수 있는가? • 어른들은 어떻게 일상의 실천에서 배우고 변화하는가?
습득	
교육자들은 다음 사항을 알 것이다. • 전이 목표, 영속적인 이해, 본질적 질문, 지식, 기술 및 관련 언어 요구를 포함하는 1단계 구성 요소 • 다양한 평가(예: 형성 및 총괄평가, 비공식, 공식), 평가 기준, 성과 과제 및 GRASPS, 학습 및 언어 발달을 평가하기 위한 학생 친화적 루브릭/체크리스트를 포함하는 2단계 구성 요소 • 3단계 구성 요소(배경 및 숙련도에 따른 차별화와 WIDA 도구를 사용하여 언어 타깃 작성하기 등을 포함). 그리고 언어 렌즈로 학습 사태 진행 과정 포함하기 • EduPlanet21 Unit Planner 플랫폼, 학교 간 수직 및 수평 정렬 도구	교육자들은 다음 사항에 능숙해질 것이다. • 엄격한 1단계 목표를 설정하고, 표준을 사용하여 전이 목표, 본질적 질문, 이해, 지식 및 기술을 설계하기 • 언어별, 통합 학습목표를 설정하기 위한 언어 수요 분석하기 • 조정된 평가 기준에 따라 모든 목표를 향한 학생의 진도를 포착하기 위해 실제적이고 다양한 2단계 평가 통합하기 • 적절한 분석적 루브릭으로 언어가 풍부한 GRASPS 작업 설계하기 • 계획 단계 3 수업은 CLD 학생들의 배경과 숙련도에 의해 형성됨을 알기 • 내용 및 언어 목표 개발하기 • 단원 구성 및 수업의 정렬과 간극에 대한 커리큘럼 지도 분석하기

2단계-증거	
직접적인 증거	**간접적인 증거**
• 학교 수준 커리큘럼 맵 • 학교팀이 설계한 학교 단위 백워드 설계 • 언어 렌즈가 접목된 교사 개발의 UbD 단원 • 의미 만들기, 전이 및 언어 발달에 대한 수업평가 및 루브릭 • ACCESS 평가 데이터 플롯 및 교과(학문) 언어 요구의 분석 • 언어 및 내용 목표	• 전문성 발달 조사 피드백 • 협력적 교사 실천 관찰 • UbD 팀 회의, 전문성 발달 및 학년 팀으로부터 나온 어젠다 • 의미 만들기 및 전이를 위해 고안된 수업 사례 • 학생의 언어 발달에 따른 차별화된 수업

3단계-활동 계획

- 학교 팀과의 UbD 회의(2015년 여름)
  - 교장들과 만나 관심도 측정, 교사 리더로 구성된 UbD 팀 구성
  - 3일 동안 UbD에 대한 학습 참여 및 학교 간 이행 계획 수립
- 학교장들과 함께한 교장 역량 발달(2015년 가을~2016년 봄)
  - UbD 중심 전문 학습 공동체를 통한 월별 주요 협업
  - 1학기: UbD에 대한 이해도를 쌓는 것에 초점을 맞춘다(McTighe & Wiggins, 2004).
  - 2학기: 학교 전체의 구조 구축에 주력(Wiggins & McTighe, 2007)
- 학교 팀과의 네트워크 UbD 워크숍(2015년 가을)
  - 세션 1: 전이 목표
  - 세션 2: 본질적 질문 및 영속적인 이해
  - 세션 3: 수행과제에 초점을 맞춘 균형 평가
  - 세션 4: 루브릭 생성
  - 세션 5: 모든 단계에 걸친 정렬
- 학교 팀과의 언어 문제 워크숍(2016년 봄)
  - 세션 1: 언어 발달을 위한 UbD
  - 세션 2: 언어 렌즈가 있는 1단계
  - 세션 3: 언어 렌즈가 있는 2단계
  - 세션 4: 언어 렌즈가 있는 3단계
  - 세션 5: 학교 역량 구축 및 성과 발표회
- 학교 팀과의 Eduplanet21 Unit Planner(2016년 여름)
  - 온라인 Unit Planner 템플릿에 언어 통합
  - Unit Planner 템플릿에 대한 예비 워크숍
  - 학교 팀과 언어 통합이 가능한 Unit Planner 템플릿 워크숍
  - 학교 팀 협업 계획: 템플릿을 사용한 학교 현장의 성과 발표회

[그림 8-6] 네트워크 1 역량 구축 계획

출처: Used with permission from Kate Ramos and Camille Unger, Chicago Public Schools.

맥락에 반응하는 방식으로 학습을 적용할 수 있도록 했다.

네트워크를 통해 교사들과 지도자들이 이 중요한 일에 대한 공동의 헌신은 학교에 뚜렷한 영향을 끼쳤다. 다양한 교실과 학교의 교육자들은 CLD 학생에 대한 전체적인 인식 변화와 그에 상응하는 수업 실천에 있어 본질적인 변화를 설명하였다(Heineke et al., 2017). 교사는 언어가 요구하는 수업을 계획하고, 교과(학문) 아이디어를 중심으로 언어가 풍부한 협업을 강조하고, 문화적으로 적절한 자원을 통합한다. 학교 지도자들은 언어 발달을 우선하는 학교 전체의 미션과 프로그램을 설계하고, 성적 등급 수준과 내용 영역에 걸쳐 있는 교사들을 지원하기 위한 협력 전략을 시행한다.

네트워크 리더들은 온라인 포털인 EduPlanet21 Unit Planner(www.eduplanet21.com)가 중재한 학교 간 협업 계획을 보고한다. 이 작업 때문에 교사들은 교실에서 참여와 학습이 강화되는 것을 관찰하고, 학교와 네트워크 지도자들은 교과(학문) 내용과 언어 능력의 표준화된 시험에 의해 측정된 CLD 학생들의 성취도의 증가를 설명한다. 단기적인 성공으로부터 구축된, 이러한 집중적인 지역에서의 노력의 장기적인 이점은 유망하다. 일관되고 수직적으로 정렬된 교육과정 구축의 이점은 초등학교를 위해 Hibbard에서 시작하여 중학교를 위해 Albany Park Multicultural Academy로 길을 건너고 Roosevelt에서 고등학교를 졸업하는 활기찬 Albany Park community의 학생들의 삶에서 분명해진다.

이러한 학생들의 학업 경력 중 첫날부터, 그들의 선생님들은 언어 발달을 지원하기 위한 수단으로서 풍부한 문화적·언어적 자원으로 활용하는 엄격하고, 진정성 있는 수준 높은 교과 학습에 대한 공평한 접근을 우선시하여 제공했다. 다양한 분야의 내용과 언어 전문지식을 갖춘 이 학생들은 K-12를 세계에 알릴 준비가 된 그들의 경험을 완성할 것이다.

맺음말

오늘날의 교실은 미국 전역과 전 세계에 걸쳐 이민국의 학생 수가 급격히 변화하면서 문화적·언어적 다양성이 계속해서 증가하고 있다(Gandara & Hopkins, 2010; Wrigley, 2000). 학생들은 세계 각국에서 다언어주의에 필요한 풍부한 언어 자원을 가지고 오지만, 그들은 다른 언어와 학문(교과) 분야의 내용을 동시에 배우는 데 있어서 어려움에 직면한다. 그럼에도 불구하고, 교육기관들은 도전을 완화하거나 기회를 이용하기 위해 증가하는 다양성을 따라잡지 못하고 있다. 교사들은 종종 CLD 학생들을 위한 준비가 되지 않은 교실에 들어가는데, 이는 결손(적자)에 기반한 사고방식, 낮은 기대치, 그리고 교사와 학습에 대한 단순화된 접근 방식을 초래하는 상황이다(de Cohen & Clewell, 2007).

학교와 학군은 종종 학생들을 영어 능숙도 시험으로 내몰고 CLD 학생들에게 영재 및 특수교육 서비스에 적절한 꼬리표를 붙이려고 애쓰는 프로그램 모델을 사용한다(de Jong, 2011). 마르코 수준의 교육과정 정책은 주로 영어로 성과를 강조하고 측정하는데, 애리조나주와 같은 주에서는 학생들이 교과(학문) 학습에 접근하기 전에 영어에 대한 숙련도를 입증하도록 요구하고 있다(Heineke, 2016). 전반적으로, CLD 학생들의 요구를 충족시키지 못한 교육 시스템의 실패는 낮은 학생 성취도와 치솟는 고등학교 중퇴율을 초래했다(Fry, 2008).

우리가 이 책을 쓰는 것은 오늘날 교육제도의 이런 현실적인 맥락 속에서 의식하는 문제의식에서 비롯된 것인데 이 책은 교육자들이 이 크고, 성장하며, 풍부하게 다양한 학생들의 필요를 충족시킬 수 있도록 준비할 수 있는 약속을 담고 있다. 교육기관의 중심에 위치한 지역 교육자들은 다양한 교실과 학교에서 수업과 학습을 변화시킬 수 있는 능력을 가지고 있다(Heineke, 2016; Ricento & Hornberger, 1996; Sutton & Levinson, 2001). 시카고 공립학교에서 지식 있고, 숙련되고, 헌신적인 교사들과 지도자들이 하는 일을 생각해 보라. 140개 이상의 언어를 구사하는 학생들과 함께 학교에서 일하면서 시카고 교육자들은 Rogers Park에서 Albany Park, Portage Park에 이르기까지 다양한 다양성의 도전과 기회를 균형 있게 조정한다. Bridget, Luke, Jillian, Lindsay, Karen과 같은 선생님들은 Absame, Itzel, Lorenzo, Fatima 같은 학생들의 학습과 언어 발달을 더 잘 함양할 수 있도록 그들의 전문적인 실천을 향상시키기 위해 매일 일한다. 언어 수요에 대한 단원 목표를 분석하거나, 언어가 풍부한 수행과제를 만들거나, 언어 발달을 지원하기 위한 학습 궤적을 설계하거나, 학생들의 풍부한 문화적·언어적 배경을 활용하면서 쌓아가는 수업을 시행하든, 교사는 학생들의 학습, 발달, 성취에 긍정적인 영향을 미친다.

UbD 프레임워크를 사용하여, 교육자들은 진정한 교수와 학습에 위치한 엄격한 목표를 유지하는 고품질의 의미 있는 커리큘럼과 수업을 제공한다(Wiggins & McTighe, 2005, 2012). 이러한 목표들은 모든 학생에게 일관성을 유지하며, 여전히 영어에 능숙해질 수 있는 학생들을 포함하여 CLD 학생들에게 높은 기대를 유지하고 있다. UbD에 언어에 대한 렌즈를 추가하는 전제는 학생들이 학교 기반 교과(학문)에 걸쳐 진정한 학습을 하는 것과 동시에 언어를 발달시키는 것이다(Walqui & Heritage, 2012; Walqui & Van Lier, 2010). 따라서 언어 발달을 위한 UbD의 목적은 CLD 학생들이 학습목표를 달성하기 위해 공평하게 접근할 수 있도록 하기 위함이며, 언어 향상, 요구, 비계를 인식하고, 여기에는 학생들의 문화적 정체성과 원어민 언어 능력을 중시하고 통합·유지하는 수업을 중심으로 지원하는 교사들이 중요하게 존재하고 있다(Herrera, 2016).

요컨대, 우리는 이 책이 언어 발달을 위한 UbD에 대한 당신의 이해 지식, 기술, 그리고 마음가짐을 함양하는 데 도움이 되기를 희망한다. 당신은 당신의 교육환경에 점점 더 다양해지고 질문하고, 고심하고, 발견하고, 탐구하기를 원하는 학생들을 계속해서 지원할 수 있게 될 것이다.

부록
—
약어 및 두문자어
가이드

약어/두문자	설명
504	Section 504 Plan 섹션 504 계획
AAVE	African American Vernacular English 아프리카계 미국인의 토착 영어
ACCESS	Assessing Comprehension and Communication in English State-to-State (영어권 국가 간의) 영어로만 능력을 평가하는 이해력 및 의사소통 평가
AP	Advanced Placement (대학 과목) 선이수제
CCSS	Common Core State Standards 미국 공통 핵심 기준
CLD	Culturally and Linguistically Diverse 문화적 · 언어적으로 다양한
EB	Emergent Bilingual 이중언어 사용자(발현 수준의 이중언어 사용)
EL	English Learner 영어 학습자
ELA	English Language Arts 영어과
ELD	English Language Development 영어 발달
ELL	English Language Learner 영어 언어 학습자
ELP	English Language Proficiency 영어(능력) 능숙도
ESL	English as a Second Language 제2외국어로서 영어
FEP	Fluent English Proficient 유창하게 영어에 능숙한 실력자
GRASPS	Goal; Role; Audience; Situation; Product, Performance, and Purpose; Success Criteria 목표; 역할; 청중; 상황; 산출물, 수행, 목적; 그리고 성공 준거
HSP	Holistic Student Profile 총체적 학생 프로파일
IB	International Baccalaureate 국제 바칼로레아
IEP	Individualized Education Plan 개별화 교육 계획

L1	Dominant, Home, or Native Language 지배적 언어, 가정어 또는 모국어
L2	Second Language 제2외국어
LEP	Limited English Proficient 제한적으로 영어에 능숙한
LOTE	Language Other Than English 영어 외의 언어
LTEL	Long-Term English Learner 장기 영어 학습자
NCELA	National Clearinghouse for English Language Acquisition 전국영어습득정보센터
NCES	National Center for Education Statistics 국립교육통계센터
NCSS	National Council for the Social Studies 전미사회교과협회
NCTE	National Council of Teachers of English 전미영어교사협회
NGSS	Next Generation Science Standards 미국 차세대 과학교육 표준
NSTA	National Science Teachers Association 전미과학교사협회
PARCC	Partnership for Assessment of Readiness for College and Careers 표준 시험(대학 및 직업의 준비도 평가를 위한 파트너십)
PLC	Professional Learning Community 전문 학습 공동체
RtI	Response to Intervention 중재 반응(모델)
SEL	Standard English Learner 표준 영어 학습자
SIFE	Student with Interrupted Formal Education 정규 공식교육이 중단된 학생
SIOP	Sheltered Instruction Observational Protocol 보호 수업 관찰 프로토콜
SLA	Second Language Acquisition 제2외국어 습득

SLIFE	Student with Limited or Interrupted Formal Education 정규 공식교육이 제한되거나 중단된 학생
STEM	Science, Technology, Engineering, and Mathematics 과학, 기술, 공학, 수학 융합교육
UbD	Understanding by Design 이해 기반 설계 혹은 백워드 설계, 이해 중심 교육과정
WHERETO	W–학생들이 무엇을 배워야 하는지 어떻게 알 수 있는가? 왜 이것이 학습할 가치가 있는가? 어떤 증거가 그들의 학습을 보여 줄 것인가? H–어떻게 학생의 흥미를 유발하고 유지시킬 것인가? 학습을 자신의 경험과 흥미로 연결시키는 데 어떤 방식으로 도움을 줄 수 있는가? E–어떻게 하면 학생들이 식별된 기준을 마스터하고 목표한 수행을 성공적으로 할 수 있는가? 어떤 학습 경험이 중요한 아이디어에 대한 이해를 발전시키고 심화하는 데 도움이 되는가? R–어떻게 하면 학습자가 이전 학습에 대해 다시 생각하게 할 것인가? 어떻게 지속적인 검토와 개선을 권장할 수 있는가? E–어떻게 학생들의 자기평가와 성찰을 촉진할 수 있는가? T–학생들의 다양한 준비 수준, 학습 프로파일, 관심사에 맞추어 학습 활동과 교육을 어떻게 맞춤화할 수 있는가? O–매력적이고 효과적인 학습을 최대화하기 위해서 학습 경험을 어떻게 조직할 것인가? 학생들과 이 내용을 위한 가장 적합한 시퀀스는 무엇인가?

Alexie, S. (2007). *The absolutely true diary of a part-time Indian*. New York: Little, Brown.

Allen, J. (2007). *Inside words: Tools for teaching academic vocabulary, grades 4-12*. Portland, ME: Stenhouse.

American Community Survey. (2015). *Detailed languages spoken at home and ability to speak English for the population 5 years and over for United States: 2009 to 2013*. Washington, DC: U.S. Census Bureau. Retrieved on November 22, 2017, from https://www.census.gov/newsroom/press-releases/2015/cb15-185.html

Ankiel, J. M. (2016). Pictures tell the story: Improving comprehension with *Persepolis*. International Literacy Association. Retrieved from http://www.readwritethink.org/classroom-resources/lesson-plans/pictures-tell-story-improving-1102.html

Arnold, S. (1995). *Child of the sun: A Cuban legend*. Mahwah, NJ: Troll Associates.

Assessment and Accountability Comprehensive Center at WestEd (AACCW). (2010). Language for achievement: A framework for academic English language [Handout]. San Francisco: WestEd.

August, D., & Shanahan, T. (2008). *Developing reading and writing in second-language learners: Lessons from the report of the National Literacy Panel on language-minority children and youth*. Abingdon, UK: Taylor & Francis.

Barrera, R., & Quiroa, R. (2003). The use of Spanish in Latino children's literature in English: What makes for cultural authenticity? In D. L. Fox & K. G. Short (Eds.), *Stories matter: The complexity of cultural authenticity in children's literature* (pp. 247-265). Urbana, IL: National Council of Teachers of English.

Beeman, K., & Urow, C. (2013). *Teaching for biliteracy: Strengthening bridges between languages*. Philadelphia, PA: Caslon.

Bialystok, E. (1993). Metalinguistic awareness: The development of children's representations of language. In C. Pratt & A. Garton (Eds.), *Systems of representation in children: Development and use* (pp. 211–233). London: Wiley.

Bialystok, E. (2016). Bilingual education for young children: review of the effects and consequences. *International Journal of Bilingual Education and Bilingualism*. Retrieved from http://www.tandfonline.com/doi/abs/10.1080/13670050.2016.1203859

Bloom, B. S. (Ed.). (1956). *Taxonomy of educational objectives, handbook 1: Cognitive domain*. New York: Longman.

Bloom, P. (2007). More than words: A reply to Malt and Sloman. *Cognition*, *105*(3), 649–655.

Bowerman, M., & Levinson, S. C. (Eds.). (2001). *Language acquisition and conceptual development*. Cambridge, UK: Cambridge University Press.

Bransford, J. D., Brown, A. L., & Cocking, R. R. (Eds.). (2000). *How people learn: Brain, mind, experience, and school*. Washington, DC: National Academy Press.

Brown, A. C. (2014, October 23). Text to text: 'The Catcher and the Rye' and 'The Case for Delayed Adulthood.' *New York Times*. Retrieved from https://learning.blogs.nytimes.com/2014/10/23/text-to-text-catcher-in-the-rye-and-the-case-for-delayed-adulthood/?_r=1

Brown, H. D., & Abeywickrama, P. (2010). Principles of language assessment. In *Language assessment: Principles and classroom practices* (2nd ed., pp. 25–51). Boston: Pearson.

Bucholz, J. L., & Sheffler, J. L. (2009). Creating a warm and inclusive classroom environment: Planning for all children to feel welcome. *Electronic Journal for Inclusive Education*, *2*(4). Retrieved from http://corescholar.libraries.wright.edu/cgi/viewcontent.cgi?article=1102&context=ejie

Bunch, G. C., Kibler, A., & Pimentel, S. (2012, January). Realizing opportunities for English learners in the Common Core English language arts and disciplinary literacy standards. Paper presented at the Understanding Language Conference, Stanford, CA. Available: http://ell.stanford.edu/sites/default/files/pdf/academic-papers/01_Bunch_Kibler_Pimentel_RealizingOpp%20in%20ELA_FINAL_0.pdf

Bybee, R. (2015). Scientific literacy. In R. Gunstone (Ed.), *Encyclopedia of science education* (Vol. 2, pp. 944–947). New York: Springer.

Cai, M. (2003). Can we fly across cultural gaps on the wings of imagination? Ethnicity, experience, and cultural authenticity. In D. L. Fox & K. G. Short (Eds.), *Stories matter: The complexity of cultural authenticity in children's literature* (pp. 167–181). Urbana, IL:

National Council of Teachers of English.

Calloway-Thomas, C. (2010). *Empathy in the global world: An intercultural perspective.* Thousand Oaks, CA: Sage.

Canales, V. (2005). *The tequila worm.* New York: Random House.

Celic, C., & Seltzer, K. (2011). *Translanguaging: A CUNY-NYSIEB guide for educators.* New York: CUNY-NYSIEB.

Chamot, A. U., & O'Malley, J. M. (1994). *The CALLA handbook: Implementing the cognitive academic language learning approach.* Boston: Addison-Wesley.

Clark, E. V. (2004). How language acquisition builds on cognitive development. *Trends in Cognitive Sciences, 8*(10), 472-478.

Clay, M., & Cazden, C. (1990). A Vygotskian interpretation of Reading Recovery and applications of sociohistorical psychology. In L. C. Moll (Ed.), *Vygotsky and education: Instructional implications* (pp. 206-222). Cambridge, UK: Cambridge University Press.

Cloud, N., Genessee, F., & Hamayan, E. (2009). *Literacy instruction for English language learners: A teacher's guide to research-based practices.* Portsmouth, NH: Heinemann.

Coburn, C. E., & Stein, M. K. (2006). Communities of practice theory and the role of teacher professional community in policy implementation. In M. I. Honig (Ed.), *New directions in education policy implementation: Confronting complexity* (pp. 25-46). Albany, NY: SUNY Press.

Cochran-Smith, M., & Lytle, S. L. (1998). Teacher research: The question that persists. *International Journal of Leadership in Education Theory and Practice, 1*(1), 19-36.

Cohen, J., & Daniel, M. C. (2013). What is a teacher to do with a newcomer? *Illinois Reading Council Journal, 41*(4), 25-34.

Coleman, R., & Goldenberg, C. (2010). What does research say about effective practices for English learners? Part IV: Models for schools and districts. *Kappa Delta Pi Record, 46*(4), 156-163.

Collier, V. P. (1989). How long? A synthesis of research on academic achievement in a second language. *TESOL Quarterly, 23*(3), 509-531.

Collier, V. P., & Thomas, W. P. (2007). Predicting second language academic success in English using the prism model. In J. Cummins & C. Davison (Eds.), *International handbook of English language teaching, Part 1* (pp. 333-348). New York: Springer.

Colón, I., & Heineke, A. J. (2015). Bilingual education in English-only: A qualitative case study of language policy in practice at Lincoln Elementary School. *Mid-Western Educational Researcher, 27*(4), 271-295.

Constantinou, P., & Wuest, D. A. (2015). Using academic language to level the playing field for English-language learners in physical education. *Strategies, 28*(5), 28–33.

Costello, D. P. (2000). The language of *The Catcher in the Rye*. In H. Bloom (Ed.), *Bloom's modern critical interpretations: J. D. Salinger's* The Catcher in the Rye (pp. 11–20). Philadelphia: Chelsea House.

Council of Chief State School Officers, National Governors Association. (n.d.). *Common core state standards initiative*. Washington, DC: Author. Retrieved from http://www.corestandards.org/

Covey, S. R. (1989). *The 7 habits of highly effective people*. New York: Free Press.

Cruz, B. C., & Thornton, S. J. (2013). *Teaching social studies to English language learners* (2nd ed.). New York: Routledge.

Cummins, J. (1981). The role of primary language development in promoting educational success for language minority students. In California State Department of Education (Eds.), *Schooling and language minority students: A theoretical framework* (pp. 3–50). Los Angeles: California State University.

Cummins, J. (2000). *Language, power, and pedagogy: Bilingual children in the crossfire*. Bristol, UK: Multilingual Matters.

Cummins, J. (2005). A proposal for action: Strategies for recognizing heritage language competence as a learning resource within the mainstream classroom. *Modern Language Journal, 89*, 585–592.

Cummins, J. (2009). Fundamental psycholinguistic and sociological principles underlying educational success for linguistic minority students. In T. Skutnabb-Kangas, R. Phillipson, A. K. Mohanty, & M. Panda (Eds.), *Social justice through multilingual education* (pp. 19–35). Bristol, UK: Multilingual Matters.

Datnow, A., Lasky, S., Stringfield, S., & Teddlie, C. (2006). *Integrating educational systems for successful reform in diverse contexts*. Cambridge, UK: Cambridge University Press.

De Cohen, C. C., & Clewell, B. C. (2007, May). Putting English language learners on the educational map: The *No Child Left Behind* act implemented. *Education in focus: Urban institute policy brief*. Retrieved from https://www.urban.org/sites/default/files/publication/46276/311468-Putting-English-Language-Learners-on-the-Educational-Map.PDF

De Jong, E. J. (2011). *Foundations for multilingualism in education: From principles to practice*. Philadelphia: Caslon.

De Jong, E. J., & Harper, C. A. (2005). Preparing mainstream teachers for English language learners: Is being a good teacher good enough? *Teacher Education Quarterly, 32*(2), 101–124.

De la Peña, M. (2005). *Ball don't lie.* New York: Random House.

De la Peña, M. (2008). *Mexican whiteboy.* New York: Random House.

Delpit, L. D. (2006). *Other people's children: Cultural conflict in the classroom.* New York: New Press.

Dressler, C., Carlo, M. S., Snow, C. E., August, D., & White, C. E. (2011). Spanish-speaking students' use of cognate knowledge to infer the meaning of English words. *Bilingualism: Language and Cognition, 14*(2), 243–255.

Dromi, E. (1993). *Language and cognition: A developmental perspective.* New York: Ablex.

Ebe, A. E. (2011). Culturally relevant books: Bridges to reading engagement for English language learners. *Insights on Learning Disabilities: From Prevailing Theories to Validated Practices, 8*(2), 31–45.

Echevarría, J. J., Vogt, M. J., & Short, D. J. (2013). *Making content comprehensible for elementary English learners: The SIOP model* (2nd ed.). Boston: Pearson.

Ewald, W. (2002). *The best part of me: Children talk about their bodies in pictures and words.* Boston: Little, Brown.

Fairclough, N. (2003). *Analyzing discourse: Textual analysis for social research.* Abingdon, UK: Routledge.

Felin, M. S. (2007). *Touching snow.* New York: Atheneum.

Fillmore, L. W. (1991). When learning a second language means losing the first. *Early Childhood Research Quarterly, 6*(3), 323–346.

Fillmore, L. W., & Fillmore, C. J. (2012, January). What does text complexity mean for English learners and language minority students? Paper presented at the Understanding Language Conference, Stanford, CA. Retrieved from http://ell.stanford.edu/sites/default/files/pdf/academic-papers/06-LWF%20CJF%20Text%20Complexity%20FINAL_0.pdf

Fisher, D., Brozo, W. G., Frey, N., & Ivey, G. (2011). *50 instructional routines to develop content literacy* (3rd ed.). Boston: Pearson.

Flaitz, J. (2006). *Understanding your refugee and immigrant student: An educational, cultural, and linguistic guide.* Ann Arbor, MI: University of Michigan Press.

Florio-Ruane, S. (2001). *Teacher education and the cultural imagination: Autobiography, conversation, and narrative.* New York: Routledge.

Fraser, B. J. (2012). *Classroom environment.* Abingdon, UK: Routledge.

Fry, R. (2008, June 26). The role of schools in the English language learner achievement gap. Pew Research Center: Hispanic Trends. Retrieved from http://www.pewhispanic.org/2008/06/26/the-role-of-schools-in-the-english-language-learner-achievement-gap/

Gándara, P., & Hopkins, M. (Eds.). (2010). *Forbidden language: English learners and restrictive language policies*. New York: Teachers College Press.

Gándara, P., & Maxwell-Jolly, J. (2006). Critical issues in developing the teacher corps for English learners. In K. Tellez & H. C. Waxman (Eds.), *Preparing quality educators for English language learners: Research, policies, and practices* (pp. 99-120). Mahwah, NJ: Lawrence Erlbaum Associates.

Garcia, O. (2009a). Education, multilingualism and translanguaging in the 21st century. In T. Skutnabb-Kangas, R. Phillipson, A. K. Mohanty, & M. Panda (Eds.), *Social justice through multilingual education* (pp. 140-158). Bristol, UK: Multilingual Matters.

Garcia, O. (2009b). Emergent bilinguals and TESOL: What's in a name? *TESOL Quarterly*, *43*(2), 322-326.

García-Sánchez, I. M., Orellana, M. F., & Hopkins, M. (2011). Facilitating intercultural communication in parent-teacher conferences: Lessons from child translators. *Multicultural Perspectives*, *13*(3), 148-154.

Gay, G. (2010). *Culturally responsive teaching: Theory, research, and practice* (2nd ed.). New York: Teachers College Press.

Genishi, C. (2002). Young English language learners: Resourceful in the classroom. Research in review. *Young Children*, *57*(4), 66-72.

Gerson, M.-J. (1994). *How night came from the sea: A story from Brazil*. New York: Little, Brown.

Gibbons, P. (2002). *Scaffolding language, scaffolding learning: Teaching second language learners in the mainstream classroom*. Portsmouth, NH: Heinemann.

Goldenberg, C. (2008). Teaching English language learners: What the research does-and does not-say. *American Educator 32*(2), 8-23, 42-44.

Goodman, P. (1973). Freedom and learning: The need for choice. *National Elementary Principal*, *52*(6), 38-42.

Gottlieb, M. (2006). *Assessing English language learners: Bridges from language proficiency to academic achievement*. Thousand Oaks, CA: Corwin Press.

Grosjean, F. (1989). Neurolinguists, beware! The bilingual is not two monolinguals in one person. *Brain and Language*, *36*(1), 3-15.

Grossman, P., Wineburg, S., & Woolworth, S. (2001). Toward a theory of teacher community. *Teachers College Record*, *103*(6), 942-1012.

Gulamhussein, A. (2013). *Teaching the teachers: Effective professional development in an era of high stakes accountability*. Alexandria, VA: Center for Public Education. Retrieved from http://www.centerforpubliceducation.org/Main-Menu/Staffingstudents/Teaching-the-Teachers-Effective-Professional-Development-in-an-Era-of-High-Stakes-Accountability/Teaching-the-Teachers-Full-Report.pdf

Hakuta, K., Butler, Y. G., & Witt, D. (2000). *How long does it take English learners to attain proficiency?* Policy Report 2000-1. Berkeley, CA: University of California Linguistic Minority Research Institute.

Halliday, M. A. K. (1975). *Learning how to mean: Explorations in the development of language*. London: Edward Arnold.

Halliday, M. A. K. (1998). Things and relations: Regrammatising experience as technical knowledge. In J. R. Martin & R. Veel (Eds.), *Reading science: Critical and functional perspectives on discourses of science* (pp. 185-235). London: Routledge.

Harklau, L. (2000). From the "good kids" to the "worst": Representations of English language learners across educational settings. *TESOL Quarterly, 34*(1), 35-67.

Heath, S. B. (1983). *Ways with words: Language, life and work in communities and classrooms*. Cambridge, UK: Cambridge University Press.

Heineke, A. J. (2016). *Restrictive language policy in practice: English learners in Arizona*. Bristol, UK: Multilingual Matters.

Heineke, A. J., & Cameron, Q. (2011). Closing the classroom door and the achievement gap: Teach for America alumni teachers' appropriation of Arizona language policy. *Education and Urban Society, 45*(4), 483-505.

Heineke, A. J., & Cameron, Q. (2013). Teacher preparation and language policy appropriation: A qualitative investigation of Teach for America teachers in Arizona. *Education Policy Analysis Archives, 21*(33), 1-25.

Heineke, A. J., Coleman, E., Ferrell, E., & Kersemeier, C. (2012). Opening doors for bilingual students: Recommendations for building linguistically responsive schools. *Improving Schools, 15*(2), 130-147.

Heineke, A. J., Ellis, A., Davin, K., Cohen, S., Roudebush, A., Wright, B., & Fendt, C. (in press). Language matters: Developing urban educators' expertise for English learners in linguistically diverse communities. *Language, Culture, and Curriculum*.

Heineke, A. J., & Neugebauer, S. (in press). The complexity of language and learning: Deconstructing teachers' conceptions of academic language. *Issues in Teacher Education, 27*(2), 1-17.

Heritage, M., Walqui, A., & Linquanti, R. (2015). *English language learners and the new standards: Developing language, content knowledge, and analytical practices in the classroom*. Cambridge, MA: Harvard Education Press.

Herrell, A. L., & Jordan, M. (2016). *50 strategies for teaching English language learners* (5th ed.). Boston: Pearson.

Herrera, S. G. (2016). *Biography-driven culturally responsive teaching* (2nd ed.). New York: Teachers College Press.

Hijuelos, O. (2008). *Dark dude*. New York: Atheneum.

Hilliard, J., & Hamayan, E. (2012). How do we plan for language development? In E. Hamayan & R. F. Field (Eds.), *English language learners at school: A guide for administrators* (2nd ed., pp. 121-123). Philadelphia: Caslon.

Honig, M. I. (2006). *New directions in education policy implementation*. Albany, NY: SUNY Press.

Horwitz, E. (2001). Language anxiety and achievement. *Annual Review of Applied Linguistics, 21*, 112-126.

Jiménez, R. T., Garcia, G. E., & Pearson, P. D. (1996). The reading strategies of bilingual Latina/o students who are successful English readers: Opportunities and obstacles. *Reading Research Quarterly, 31*(1), 90-112.

Keeley, P., Eberle, F., & Dorsey, C. (2008). *Uncovering student ideas in science: Another 25 formative assessment probes* (vol. 3). Arlington, VA: NSTA Press.

Keenan, S. (2016). *Myths from around the world*. New York: Scholastic. Retrieved on November 22, 2017, from https://www.scholastic.com/teachers/activities/teaching-content/myths-around-world-writing-writers-activity/)

Kenner, C., & Ruby, M. (2013). Connecting children's worlds: Creating a multilingual syncretic curriculum through partnership between complementary and mainstream schools. *Journal of Early Childhood Literacy, 13*(3), 395-417.

Kersaint, G., Thompson, D. R., & Petkova, M. (2013). *Teaching mathematics to English language learners* (2nd ed.). New York: Routledge.

Krashen, S. D. (1981). Bilingual education and second language acquisition theory. In *Schooling and language minority students: A theoretical framework* (pp. 51-79). Los Angeles: Evaluation, Dissemination, and Assessment Center, California State University.

Krashen, S. D. (1982). *Principles and practice in second language acquisition*. Oxford: Pergamon Press.

Krashen, S. D. (1985). *The input hypothesis: Issues and implications*. New York: Longman.

Krashen, S. D. (1990). How reading and writing make you smarter, or, how smart people read and write. In J. E. Alatis (Ed.), *Georgetown University round table on languages and linguistics* (pp. 364-376). Washington, DC: Georgetown University Press.

Krashen, S. D. (2003). *Explorations in language acquisition and use: The Taipei lectures*. Portsmouth, NH: Heinemann.

Kudlinski, K. V. (2008). *Boy, were we wrong about the solar system!* New York: Dutton.

Kurpaska, M. (2010). *Chinese language(s): A look through the prism of* The Great Dictionary of Modern Chinese Dialects. Berlin: Walter de Gruyter.

Lake, N. (2012). *In darkness.* New York: Bloomsbury.

Lasky, K. (1994). *The librarian who measured the earth.* New York: Little, Brown.

Latta, M. M., & Chan, E. (2010). *Teaching the arts to engage English language learners.* New York: Routledge.

LeMoine, N. (1999). *English for your success: A language development program for African American children.* New York: Peoples Publishing Group.

Lewis, C., & Ketter, J. (2004). Learning as social interaction: Interdiscursivity in a teacher and researcher study group. In R. Rogers (Ed.), *An introduction to critical discourse analysis in education* (2nd ed., pp. 128-153). New York: Routledge.

Lindholm-Leary, K., & Borsato, G. (2006). Academic achievement. In F. Genesee, K. Lindholm-Leary, W. Saunders, & D. Christian (Eds.), *Educating English language learners: A synthesis of research evidence* (pp. 176-222). Cambridge, UK: Cambridge University Press.

Linquanti, R., & Cook, H. G. (2013, February 1). *Toward a "common definition of English learner": A brief defining policy and technical issues and opportunities for state assessment consortia.* Washington, DC: Council of Chief State School Officers.

Lippi-Green, R. (1997). *English with an accent: Language, ideology, and discrimination in the United States.* Abingdon, UK: Routledge.

Lipski, J. M. (2008). *Varieties of Spanish in the United States.* Washington, DC: Georgetown University Press.

Lucas, T., & Villegas, A. M. (2010). The missing piece in teacher education: The preparation of linguistically responsive teachers. *National Society for the Study of Education, 109*(2), 297-318.

Lucas, T., Villegas, A. M., & Freedson-Gonzalez, M. (2008). Linguistically responsive teacher education: Preparing classroom teachers to teach English language learners. *Journal of Teacher Education, 59*(4), 361-373.

Luykx, A., & Lee, O. (2007, March). Measuring instructional congruence in elementary science classrooms: Pedagogical and methodological components of a theoretical framework. *Journal of Research in Science Teaching, 44*(3), 424-447.

Martiniello, M. (2009). Linguistic complexity, schematic representations, and differential item functioning for English language learners in math tests. *Educational Assessment, 14*(3-4), 160-179.

McCall, G. G. (2011). *Under the mesquite*. New York: Lee & Low.

McFarland, J. (2016, February 18). Diversity in home languages: Examining English learners in US public schools [blog post]. Retrieved from *National Center for Education Statistics Blog* at https://nces.ed.gov/blogs/nces/post/diversity-in-home-languages-examining-english-learners-in-u-s-public-schools

McInerney, D. M. (2008). Personal investment, culture and learning: Insights into school achievement across Anglo, Aboriginal, Asian and Lebanese students in Australia. *International Journal of Psychology, 43*(5), 870-879.

McKay, S. L., & Wong, S. L. C. (1996). Multiple discourses, multiple identities: Investment and agency in second-language learning among Chinese adolescent immigrant students. *Harvard Educational Review, 66*(3), 577-609.

McMillan, J. H. (2010). The practical implications of educational aims and contexts for formative assessment. In H. L. Andrade & G. J. Cizek (Eds.), *Handbook of formative assessment* (pp. 41-58). New York: Routledge.

McTighe, J., & Wiggins, G. (2004). *Understanding by design professional development workbook*. Alexandria, VA: ASCD.

Medina, C. L. (2006). Interpreting Latino/a literature as critical fictions. *The ALAN Review, 33*(2), 71-77.

Medina, C. L., & Martínez-Roldán, C. (2011). Culturally relevant literature pedagogies: Latino students reading in the borderlands. In J. C. Naidoo (Ed.), *Celebrating* cuentos: *Promoting Latino children's literature and literacy in classrooms and libraries* (pp. 259-272). Santa Barbara, CA: ABC-CLIO.

Menken, K., & Kleyn, T. (2009, April). The difficult road for long-term English learners. *Educational Leadership, 66*(7). Retrieved from http://www.ascd.org/publications/educational_leadership/apr09/vol66/num07/The_Difficult_Road_for_Long-Term_English_Learners.aspx

Miramontes, O. B., Nadeau, A., & Commins, N. L. (2011). *Restructuring schools for linguistic diversity: Linking decision making to effective programs* (2nd ed.). New York: Teachers College Press.

Moll, L. C., Amanti, C., Neff, D., & González, N. (1992). Funds of knowledge for teaching: Using a qualitative approach to connect homes and classrooms. *Theory into Practice, 31*(1), 132-141.

Moll, L. C., & González, N. (1997). Teachers as social scientists: Learning about culture from household research. In P. Hall (Ed.), *Race, ethnicity, and multiculturalism* (Vol. 1, pp. 89-114). New York: Garland.

Morales, A., & Hanson, W. E. (2005). Language brokering: An integrative review of the literature. *Hispanic Journal of Behavioral Sciences, 27*(4), 471-503.

Morgan, H. (2009). Gender, racial, and ethnic misrepresentation in children's books: A comparative look. *Childhood Education, 85*(3), 187-190.

Moschkovich, J. (2013). Principles and guidelines for equitable mathematics teaching practices and materials for English language learners. *Journal of Urban Mathematics Education, 6*(1), 45-57.

Nagy, W. E., & Anderson, R. C. (1995). *Metalinguistic awareness and literacy acquisition in different languages.* Champaign, IL: University of Illinois.

Nagy, W., & Townsend, D. (2012). Words as tools: Learning academic vocabulary as language acquisition. *Reading Research Quarterly, 47*, 91-108.

National Center for Education Statistics. (2015). EDFacts file 141, Data Group 678; Common Core of Data, "State Nonfiscal Survey of Public Elementary and Secondary Education." Table 204.27.

National Center for Education Statistics. (2017). *English language learners in public schools.* Retrieved on November 22, 2017 from https://nces.ed.gov/programs/coe/indicator_cgf.asp

National Council for the Social Studies. (2016). *About National Council for the Social Studies.* Retrieved on December 12, 2016, from http://www.socialstudies.org/about

National Council for the Social Studies. (2017). *College, career, and civic life framework for social studies state standards.* Retrieved on February 18, 2017, from http://www.socialstudies.org/c3

National Research Council. (2013). *Next generation science standards: For states, by states.* Washington, DC: National Academies Press.

National Science Teachers Association (NSTA). (2000). NSTA position statement: The nature of science. Retrieved from http://www.nsta.org/about/positions/natureofscience.aspx

NGSS Lead States. (2013). *Next Generation Science Standards: For states, by states.* Washington, DC: The National Academies Press.

Nutta, J., Bautista, N. U., & Butler, M. B. (2011). *Teaching science to English language learners.* New York: Routledge.

Olsen, L. (2014). *Meeting the unique needs of long term English language learners: A guide for educators.* Washington, DC: National Education Association.

O'Malley, J. M., & Pierce, L. V. (1996). *Authentic assessment for English language learners: Practical approaches for teachers.* New York: Longman.

Opitz, M., Rubin, D., & Erekson, J. (2011). *Reading diagnosis and improvement: Assessment and instruction* (6th ed.). Boston: Pearson.

Orellana, M. F. (2001). The work kids do: Mexican and Central American immigrant children's contributions to households and schools in California. *Harvard Educational Review, 71*(3), 366-390.

Ortega, L. (2009). *Understanding second language acquisition.* London: Hodder Education.

Oxford, R. L. (1990). *Language learning strategies: What every teacher should know.* Boston: Heinle, Cengage Learning.

Paulson, E. J., & Freeman, A. E. (2003). *Insight from the eyes: The science of effective reading instruction.* Portsmouth, NH: Heinemann.

Perry, T., & Delpit, L. D. (1998). *The real Ebonics debate: Power, language, and the education of African-American children.* Boston: Beacon Press.

Pierce, K. M. (1999). I am a Level 3 reader: Children's perceptions of themselves as readers. *New Advocate, 12*(4), 359-375.

Quintero, I. (2014). *Gabi: A girl in pieces.* El Paso, TX: Cinco Puntos Press.

Ranney, S., Dillard-Paltrineri, B., Maguire, C., & Schornack, M. (2014). Academic language demands: Texts, tasks, and levels of language. *Minnetesol Journal.* Retrieved from http://minnetesoljournal.org/spring-2014/academic-language-demands-texts-tasks-and-levels-of-language

Razfar, A., & Rumenapp, J. C. (2014). *Applying linguistics in the classroom: A sociocultural approach.* New York: Routledge.

Reiss, J. (2008). *102 content strategies for English language learners: Teaching for academic success in grades 3-12.* Upper Saddle River, NJ: Merrill Prentice Hall.

Resau, L. (2009). *Red glass.* New York: Delacorte Press.

Ricento, T. K., & Hornberger, N. H. (1996). Unpeeling the onion: Language planning and policy and the ELT professional. *TESOL Quarterly, 30*(3), 401-427.

Rivera, C., Collum, E., Willner, L. S., & Sia, J. K., Jr. (2005). An analysis of state assessment policies regarding the accommodation of English language learners. In C. Rivera & Collum, E. (Eds.), *State assessment policy and practice for English language learners: A national perspective* (pp. 1-174). Mahwah, NJ: Lawrence Erlbaum.

Roe, B. D., & Ross, E. P. (2005). *Integrating language arts through literature and thematic units.* Boston: Pearson Allyn Bacon.

Rogers, R., & Mosley, M. (2008). A critical discourse analysis of racial literacy in teacher education. *Linguistics and Education, 19*(2), 107-131.

Rogoff, B. (1995). Observing sociocultural activity on three planes: Participatory appropriation, guided participation, and apprenticeship. In J. V. Wertsch, P. del Rio, & A. Alvarez (Eds.), *Sociocultural studies of mind* (pp. 139-164). Cambridge, UK: Cambridge University Press.

Rogoff, B. (1997). Evaluating development in the process of participation: Theory, methods, and practice building on each other. In E. Amsel & K. A. Renninger (Eds.), *Change and development: Issues of theory, method, and application* (pp. 265-285). Mahwah, NJ: Lawrence Erlbaum Associates.

Rogoff, B. (2003). *The cultural nature of human development.* Oxford, UK: Oxford University Press.

Rosenblatt, L. M. (2004). The transactional theory of reading and writing. In R. B Ruddell & N. J. Unrau (Eds.), *Theoretical models and processes of reading, 5th edition* (pp. 1363-1398). International Reading Association.

Rossell, C. H., & Baker, K. (1996). The educational effectiveness of bilingual education. *Research in the Teaching of English, 30*(1), 7-74.

Ruurs, M. (2015). *School days around the world.* Toronto: Kids Can Press.

Salinger, J. D. (1951). *The catcher in the rye.* New York: Little, Brown.

Samway, K. D. (2006). *When English language learners write: Connecting research to practice, K-8.* Portsmouth, NH: Heinemann.

Sanders, W. L., & Rivers, J. C. (1996). *Cumulative and residual effects of teachers on future student academic achievement.* Knoxville, TN: University of Tennessee Value-Added Research and Assessment Center.

Santos, M., Darling-Hammond, L., & Cheuk, T. (2012). Teacher development to support English language learners in the context of the Common Core State Standards. Paper presented at the Understanding Language Conference, Stanford, CA: Stanford University. Retrieved from http://ell.stanford.edu/sites/default/files/pdf/academic-papers/10-Santos%20LDH%20Teacher%20Development%20FINAL.pdf

Schmoker, M. (2011). *Focus: Elevating the essentials to radically improve student learning.* Alexandria, VA: ASCD.

Siegel, J. (2006). Language ideologies and the education of speakers of marginalized langauge varieties: Adopting a critical awareness approach. *Linguistics & Education, 17*(2), 157-174.

Short, D. J., Vogt, M. E., & Echevarría, J. (2011). *The SIOP model for teaching history-social studies to English learners.* Boston: Pearson.

Short, K. G., Harste, J. C., & Burke, C. (1996). *Creating classrooms for authors and inquirers* (2nd ed.). Portsmouth, NH: Heinemann.

Sims-Bishop, R. S. (1990). Walk tall in the world: African American literature for today's children. *Journal of Negro Education, 59*(4), 556-565.

Sin-wai, C. (Ed.). (2016). *The Routledge encyclopedia of the Chinese language.* Abingdon,

UK: Routledge.

Smith, F. (2006). *Reading without nonsense* (4th ed.). New York: Teachers College Press.

Smith, K., & Hudelson, S. (2001). The NCTE reading initiative: Politics, pedagogy, and possibilities. *Language Arts, 79*(1), 29-37.

Soltero, S. W. (2011). *Schoolwide approaches to educating ELLs: Creating linguistically and culturally responsive K-12 schools.* Portsmouth, NH: Heinemann.

Spady, W. G. (1994). *Outcome-based education: Critical issues and answers.* Alexandria, VA: American Association of School Administrators.

Spinelli, C. G. (2008). Addressing the issue of cultural and linguistic diversity and assessment: Informal evaluation measures for English language learners. *Reading & Writing Quarterly, 24*(1), 101-118.

Stein, M. (1999, May). Developing oral proficiency in the immersion classroom. *ACIE Newsletter, 2*(3). Retrieved from http://carla.umn.edu/immersion/acie/vol2/May1999.pdf

Suárez-Orozco, M., & Suárez-Orozco, C. (2006). Globalization, immigration, and education: Recent US trends. *Pontifical Academy of Sciences, 28*. Retrieved on November 22, 2017, from http://www.pas.va/content/dam/accademia/pdf/es28/es28-suarezorozco.pdf

Sutton, M., & Levinson, B. A. U. (Eds.). (2001). *Policy as practice: Toward a comparative sociocultural analysis of educational policy* (vol. 1). Westport, CT: Ablex.

Thomas, W. P., & Collier, V. (1997). School effectiveness for language minority students. *NCBE Resource Collection Series, No. 9*. Retrieved from http://www.ncela.us/files/rcd/BE020890/School_effectiveness_for_langu.pdf

Toliver, K. (1993). The Kay Toliver mathematics program. *Journal of Negro Education, 62*(1), 35-46.

Tomlinson, C. A. (2007, December-2008, January). Learning to love assessment. *Educational Leadership, 65*(4), 8-13.

Truax, E. (2015). *Dreamers: An immigrant generation's fight for their American dream.* Boston: Beacon Press.

Tung, R., Diez, V., Gagnon, L., Uriarte, M., Stazesky, P., de los Reyes, E., & Bolomey, A. (2011). *Learning from consistently high performing and improving schools for English language learners in Boston Public Schools.* Boston: Center for Collaborative Education.

Tyler, R. W. (1949). *Basic principles of curriculum and instruction.* Chicago: University of Chicago Press.

Uccelli, P., Galloway, E. P., Barr, C. D., Meneses, A., & Dobbs, C. L. (2015). Beyond vocabulary: Exploring cross-disciplinary academic-language proficiency and its association with reading comprehension. *Reading Research Quarterly, 50*, 337-356.

Van Lier, L., & Walqui, A. (2012). Language and the Common Core State Standards. In K. Hakuta & M. Santos (Eds.). *Understanding language: Language, literacy, and learning in the content areas*. Stanford, CA: Stanford University. Available: http://ell.stanford.edu/sites/default/files/pdf/academic-papers/04-Van%20Lier%20Walqui%20Language%20and%20CCSS%20FINAL.pdf

Versteegh, K. (2014). *The Arabic language* (2nd ed.). Edinburgh, UK: Edinburgh University Press.

Vogt, M., & Echevarría, J. (2008). *99 Ideas and activities for teaching English learners with the SIOP Model*. Boston: Pearson.

Vygotsky, L. S. (1962). *Language and thought*. Boston: Massachusetts Institute of Technology Press.

Vygotsky, L. S. (1978). *Mind in society: The development of higher psychological processes*. Cambridge, MA: Harvard University Press.

Walqui, A., & Heritage, M. (2012). Instruction for diverse groups of English language learners. Stanford, CA: Stanford University, Understanding Language Initiative. Available: http://ell.stanford.edu/sites/default/files/pdf/academic-papers/09-Walqui%20Heritage%20Instruction%20for%20Diverse%20Groups%20FINAL_0.pdf

Walqui, A., & van Lier, L. (2010). *Scaffolding the academic success of adolescent English language learners: A pedagogy of promise*. San Francisco: WestEd.

Wertsch, J. V. (2000). Is it possible to teach beliefs, as well as knowledge about history? In P. N. Stearns, P. Seixas, & S. Wineburg (Eds.), *Knowing, teaching, and learning history: National and international perspectives* (pp. 38-50). New York: New York University Press.

WIDA. (2007). *English language proficiency standards and resource guide*. Madison, WI: Author. Retrieved from https://www.wida.us/get.aspx?id=4

WIDA. (2012). *Amplification of the English language development standards: Kindergarten-grade 12*. Madison, WI: Author. Retrieved from https://www.wida.us/get.aspx?id=540

WIDA. (2016). *Can-do descriptors: Key uses edition, grades K-12*. Madison, WI: Author. Retrieved from https://www.wida.us/get.aspx?id=2043

Wiggins, G., & McTighe, J. (2005). *Understanding by design* (2nd ed.). Alexandria, VA: ASCD.

Wiggins, G., & McTighe, J. (2007). *Schooling by design: Mission, action, and achievement*. Alexandria, VA: ASCD.

Wiggins, G., & McTighe, J. (2011). *The Understanding by Design guide to creating high-quality units*. Alexandria, VA: ASCD.

Wiggins, G., & McTighe, J. (2012). *The Understanding by Design guide to advanced concepts in creating and reviewing units*. Alexandria, VA: ASCD.

Willig, A. C. (1985). A meta-analysis of selected studies on the effectiveness of bilingual education. *Review of Educational Research, 55*(3), 269-317.

Willis, J. (2006). *Research-based strategies to ignite student learning: Insights from a neurologist and classroom teacher.* Alexandria, VA: ASCD.

Wisconsin Center for Education Research. (2014). *SLIFE: Students with limited or interrupted formal education.* Madison, WI: Author.

Wood, D., Bruner, J. S., & Ross, G. (1976). The role of tutoring in problem solving. *Journal of Child Psychology and Psychiatry, 17*(2), 89-100.

Wrigley, T. (2000). *The power to learn: Stories of success in the education of Asian and other bilingual pupils.* London: Trentham Books.

Yang, G. L. (2006). *American born Chinese.* New York: First Second.

Young, D. J. (1991). Creating a low-anxiety classroom environment: What does language anxiety research suggest? *Modern Language Journal, 75*(4), 426-439.

Zentella, A. C. (Ed.). (2005). *Building on strength: Language and literacy in Latino families and communities.* New York: Teachers College Press.

Zhao, Y. (2012). *World class learners: Educating creative and entrepreneurial students.* Thousand Oaks, CA: Corwin.

Zwiers, J. (2014). *Building academic language: Meeting common core standards across disciplines, grades 5-12* (2nd ed.). Hoboken, NJ: Wiley.

인명

내용

저자 소개

Amy J. Heineke

Amy Heineke는 시카고 로욜라 대학교의 교육대학에서 이중언어 및 다문화 교육의 부교수로 영어 학습자를 위한 교사 양성을 전문으로 연구하고 있다. 에이미는 노스웨스턴 대학교에서 학사 학위를 취득했을 뿐만 아니라 애리조나 주립대학교에서 교육과정 및 수업으로 석·박사학위를 취득했다. 교육자 집안의 출신인 에이미는 애리조나주 피닉스에 있는 루스벨트 교육구에서 유치원 교사로 경력을 시작했으며, 그곳에서 영어 학습자를 가르치기 위해 전문성을 발달시키기 시작했다. 지난 15년 동안 에이미는 초·중등 교실 환경에서 학생들의 학습을 촉진하고 미국과 라틴 아메리카 전역의 영어 전용 및 이중언어 환경에서 언어적으로 다양한 학생들과 함께 일하는 여러 전문가들을 지원했다.

현재 에이미는 특히 영어 학습자를 중심으로 K-12 학교 전체에서 학생들의 교과 학습과 언어 개발을 촉진하기 위해 예비 교사 및 현직 교사를 준비시키는 데에 중점을 두고 있다. 그녀는 『교사교육 저널(Journal of Teacher Education)』, 『교사교육 실천(Action in Teacher Education)』, 『교사교육 및 실천(Teacher Education and Practice)』, 『도시교육(Urban Education)』, 『학교개선(Improving Schools)』, 『TESOl 저널(TESOL Journal)』, 『교사교육 계간지(Teacher Education Quarterly)』를 비롯한 학술 간행물에서 학생들의 언어 발달을 지원하기 위한 교사 준비에 관한 여러 학술지 논문을 출판하였다. 2016년 그녀는 「제한적인 언어 정책의 실천: 애리조나의 영어 학습자(Restrictive Language Policy in Practice: English Learners in Arizona)」라는 연구 기반 논문을 발표했다. 이 논문은 애리조나에서 영어 학습자들을 가르치는 현재의 접근 방식을 탐구하고 있다. 종합적으로 에이미의 연구는 다양한 문화적·언어적 배경을 가진 학생들을 위한 교육적 평등을 촉진하는 하나의 주요 목표를 중심으로 수렴된다. 관심 있는 독자들은 에이미에게 이메일(aheineke@luc.edu)과 트위터(@DrAJHeineke)로 연락할 수 있다.

Jay McTighe

Jay McTighe는 교육에서 다채롭고 다양한 경력을 통해 자신의 풍부한 경험을 제공해 주고 있다. 수행평가를 개발하고 공유하기 위해 주의 학교들이 함께 협력하고 작업하는 메릴랜드 평가 컨소시엄의 회장으로 활동하였다. 그 전에 제이는 메릴랜드주 교육청에서 학교 향상 프로젝트에 참여했으며, 그는 주 전체 수행 기반 평가의 개발을 포함하여 표준 기반 개혁을 주도하는 데 도움을 주었다. 제이는 교수에 관한 멀티미디어 데이터 기반인 수업 설계 프레임워크 개발을 지도하였다. 사고력 연구로 저명한 제이는 학생들의 사고의 질을 향상시키기 위한 수업 설계 전략, 교육과정 모형 그리고 평가 절차를 개발하기 위해 주 전체의 노력을 조정하였다. 주 수준에서 일한 경력 외에도 제이는 메릴랜드주 프린스 조지 카운티의 구 수준에서 교사, 자원 전문가 그리고 프로그램 코디네이터로 일한 경험이 있다. 또한 영재들을 위한 주 정부의 기숙학교 강화 프로그램을 지도했다.

제이는 베스트셀러이자 수상작 『이해 중심 교육과정(Understanding by Design)』 시리즈를 포함하여 14권의 책을 그랜트 위긴스(Grant Wiggins)와 공동 집필했다. 그의 책들은 6개 언어로 번역되었다. 제이는 또한 35개 이상의 논문과 책 챕터를 저술했으며 『Educational Leadership』, 『Education Week』를 포함한 주요 저널에 출판되었다.

전문성 개발의 폭넓은 배경지식을 가진 제이는 국가, 주 그리고 구 콘퍼런스 및 워크숍에서 정기적으로 강연한다. 그는 미국 내 47개 주, 캐나다 7개 주 그리고 국제적으로 6개 대륙의 37개국의 교육자들에게 프레젠테이션을 했다.

제이는 윌리엄 앤 메리 칼리지와 메릴랜드 대학교에서 각각 학사학위와 석사학위를 받았으며, 존스홉킨스 대학교에서 대학원 과정을 마쳤다. 그는 워싱턴 D.C. 교육리더십연구소(Institute for Educational Leadership)를 통해 교육 정책 펠로십 프로그램에 참여하도록 선발되었으며, 국가·주·지방 평가 정책과 관행의 개혁을 지지하는 교육 및 시민권 단체 연합인 국가평가포럼(National Assessment Forum)의 회원으로 활동했다. 관심 있는 독자들은 제이에게 이메일(jay@mctighe-associates.com)과 트위터(@jaymctighe)를 통해 연락할 수 있다.

역자 소개

강현석(Kang, Hyeon-Suk)
경북대학교 사범대학 교육학과
경북대학교 대학원 교육학 석사(교육과정 및 수업 전공)
경북대학교 대학원 교육학 박사(교육과정 및 수업 전공)
Univ. of Wisconsin-Madison Post-Doc. 연구원 역임
한국대학교육협의회 선임연구원 역임
현 경북대학교 교육학과 교수
    한국교육과정학회 회장

황선경(Hwang, Sun Kyung)
대구교육대학교 졸업
대구교육대학교 초등영어교육 석사 졸업
경북대학교 대학원 박사과정 이수
현 대구교대부설초 교사

이지은(Yi, Ji-Eun)
공주교육대학교 졸업
대구교육대학교 교육방법 석사 졸업
경북대학교 대학원 교육과정 박사 졸업
현 경북대학교 강사, 대구동평초 교사

김수영(Kim, Su-Yeong)
대구대학교 사범대학 지리교육과 졸업
경북대학교 교육대학원 교육과정 석사 졸업
현 경북대학교 대학원 교육과정 및 방법 박사과정
    경북대학교 중등교육연구소 연구원

노진규(Noh, Jin-Gyu)
부산교육대학교 초등교육과 졸업
한국교원대학교 교육과정 전공 석사 졸업
경북대학교 대학원 교육과정 전공 박사과정
현 경북파천초등학교 교사
    한국내러티브교육학회 편집간사

문화 · 언어 다양성을 위한 다문화 교실의 교육과정과 수업

교과 학습과 백워드 설계

Using Understanding by Design in the Culturally and
Linguistically Diverse Classroom

2022년 4월 15일 1판 1쇄 인쇄
2022년 4월 25일 1판 1쇄 발행

지은이 • Amy J. Heineke · Jay McTighe
옮긴이 • 강현석 · 황선경 · 이지은 · 김수영 · 노진규
펴낸이 • 김진환
펴낸곳 • ㈜ **학지사**

　　　　　04031 서울특별시 마포구 양화로 15길 20 마인드월드빌딩
대표전화 • 02-330-5114　　팩스 • 02-324-2345
등록번호 • 제313-2006-000265호

홈페이지 • http://www.hakjisa.co.kr
페이스북 • https://www.facebook.com/hakjisabook

ISBN 978-89-997-2673-6　93370

정가 20,000원

출판 · 교육 · 미디어기업 **학지사**

간호보건의학출판 **학지사메디컬** www.hakjisamd.co.kr
심리검사연구소 **인싸이트** www.inpsyt.co.kr
학술논문서비스 **뉴논문** www.newnonmun.com
교육연수원 **카운피아** www.counpia.com